Jewgenija Albaz:
Geheimimperium KGB
Totengräber der Sowjetunion

Aus dem Russischen
von Valeri Danilow
und Sergej Dmitriew

W0073170

Deutscher
Taschenbuch
Verlag

Deutsche Erstausgabe
Juli 1992
© 1992 Jewgenija Albaz, Moskau
© der deutschsprachigen Ausgabe:
1992 Deutscher Taschenbuch Verlag GmbH & Co. KG,
München
Umschlaggestaltung: Celestino Piatti
Umschlagabbildung: Alexander Schütz, München
Gesamtherstellung: C. H. Beck'sche Buchdruckerei,
Nördlingen
Printed in Germany · ISBN 3-423-30326-3

Das Buch

Mit der Auflösung des sowjetischen Imperiums hat eine Einrichtung nicht aufgehört zu existieren, der Experten eine maßgebliche Rolle als Totengräber der Sowjetunion zuweisen: das »Komitee für Staatssicherheit« – der KGB. Mehrfach hat er im Lauf der Geschichte des Sowjetkommunismus den Namen gewechselt, auch Boris Jelzin hat ihn umgetauft und einige Korrekturen angeordnet. Geblieben aber ist das »Organ«, das das tägliche Leben vergiftet und die Bevölkerung durch Angst, Mißtrauen und Korruption in Schach gehalten hat. In der Zeit der demokratischen Erneuerungsversuche unter Gorbatschow errang der KGB um so mehr Macht, je mehr die KPdSU niederging. Der KGB nutzte die politische und wirtschaftliche Zerrüttung, um zur geheimen Führungsmacht aufzusteigen. Ohne ihn funktionierte nichts mehr, und ihm stand eine »Armee« von siebenhunderttausend Mitarbeitern und Millionen von Informanten und Denunzianten zur Verfügung. Zahllose Schlüsselpositionen der Gorbatschow-Ära waren mit KGB-Leuten besetzt.
Jewgenija Albaz hat intensiv recherchiert, sich Zugang zu verschlossenen Archiven verschafft und Menschen gesprochen, die offen Auskunft gaben. Sie schildert die Tradition und Mentalität der sowjetischen »Staatssicherheit« seit den Anfängen der Tscheka und stellt Fragen zur jüngsten Entwicklung. Jede Zeile ihres Buches atmet das Temperament und die Leidenschaft einer Journalistin, die um die Zukunft der Menschen in ihrer Heimat besorgt ist.

Die Autorin

Jewgenija Albaz, 1958 in Moskau geboren, studierte Journalismus und wurde Mitarbeiterin verschiedener Zeitungen, darunter bei der unabhängigen Wochenschrift ›Moskowskije nowosti‹ (Moskau News). 1990 arbeitete sie in den USA bei der ›Chicago Tribune‹. Sie gehört zu den jungen Publizisten Rußlands, die dem Journalismus neue Impulse gaben und der unabhängigen Berichterstattung den Weg wiesen.

Inhalt

Für Rika und Lew Rasgon, die zusammen einunddreißig Jahre in Stalinschen Lagern und in der Verbannung verbracht haben.

Ich hatte zunächst nicht die Absicht, diese Vorrede zu schreiben, denn als ich im Mai 1991 mit der Arbeit an diesem Buch begann, glaubte ich, noch etwa ein halbes Jahr Zeit zu haben bis zu dem Tag X, da ein Staatsstreich das Land erschüttern und die militante Oligarchie, angeführt vom Komitee für Staatssicherheit, dem KGB, die Macht an sich reißen würde.

Doch alles kam viel früher, als ich angenommen hatte. Am 19. August 1991 wurde der Ausnahmezustand verhängt, und der demokratisch gewählte Präsident wurde abgesetzt. Die Macht in der UdSSR übernahm das Staatliche Komitee für den Ausnahmezustand, dem führende Vertreter der radikalen Oligarchie angehörten – unter ihnen Armeegeneral Wladimir Krjutschkow, der Vorsitzende des KGB, den Gorbatschow als die tragende Figur, den Hauptinitiator des Umsturzes bezeichnete.

So wurde das, was ich als mögliche Version bezeichnet hatte, in jenen Augusttagen zur Realität. Die Zeitbombe begann zwar gefährlich zu ticken, aber im Grunde genommen funktionierte ihr Mechanismus nicht. Warum das so war und was danach geschah, davon berichte ich in meinem Buch.

Als Gorbatschow, damals noch Präsident der UdSSR, nach seiner Gefangennahme in Foros auf der Krim wieder Moskauer Boden betrat, äußerte er sich in seiner ersten Stellungnahme zu den August-Ereignissen auch über den KGB: »Jetzt werden wir keinen Staat im Staat mehr dulden.«

Die Monate darauf waren erfüllt von Hoffnungen, Erwartungen und – Enttäuschungen. Die Sowjetunion verschwand von der Weltkarte, Gorbatschow mußte abdanken, ein neuer Präsident – Boris Jelzin – trat in Erscheinung, das Land erhielt einen neuen Namen: Gemeinschaft Unabhängiger Staaten. Auch der KGB änderte sein Firmenschild, er nannte sich Interrepublikanischer Sicherheitsdienst, dann Ministerium für Sicherheit und Innere Angelegenheiten und heißt jetzt, da ich diese Zeilen schreibe, Ministerium für Sicherheit der Russischen Föderation.

Das Volk hatte den Genozid, der in mehr als siebzig Jahren Sowjetmacht sechsundsechzig Millionen Menschenleben forderte, nicht vergessen und glaubte nun ganz fest an das Versprechen, den KGB zu reformieren oder gar aufzulösen, zumal die westlichen Medien von einer bevorstehenden Schließung dieser »Behörde« sprachen. Indessen existiert der KGB weiter, wenn auch unter anderen Namen. Schon bald nach dem mißglückten Staatsstreich hat er den Schock verwunden, er hört wieder die Telefone ab, kontrolliert die Post, wirbt neue Agenten an. Die schlimmsten Befürchtungen sind zur Gewißheit geworden: Die Demokraten hatten früher, als sie um Macht und Einfluß kämpften, jede politische Schnüffelei verurteilt, jetzt fordern sie sie wieder. Wartet die im November 1917 gelegte Zeitbombe immer noch auf den Tag X?

Nach reiflicher Überlegung habe ich mich entschlossen, die Kapitel, die vor dem denkwürdigen August-Putsch entstanden waren, unverändert zu lassen, ich ergänzte sie lediglich durch einige Dokumente, die mir zugänglich waren.

Erstens, weil ich mich zu dem, was ich schon geschrieben habe, bekenne. Der Leser mag selbst entscheiden, ob und inwieweit ich recht hatte.

Zweitens, weil jemand, der die Geschichte des KGB nicht kennt, auch nicht verstehen kann, warum es so schwer ist, die demokratischen Reformen bei uns durchzusetzen.

Drittens, weil ich fürchte, die Ereignisse vom August 1991 könnten lediglich Vorläufer weitaus folgenschwererer Vorgänge gewesen sein. Die Zeitbombe kann durchaus noch explodieren.

Viertens, weil der KGB nicht nur eine Behörde ist, in der heute hinter einem neuen Aushängeschild in denselben Gebäuden dieselben Leute arbeiten, sondern Ausdruck der Mentalität eines Staates, den die Welt als UdSSR kannte.

Gebe Gott, ich irre mich, gebe es Gott...

Jewgenija Albaz
Februar 1992

Wissen Sie, Herr General, was Angst ist?

Ein leitender Mitarbeiter des Komitees für Staatssicherheit der UdSSR hat der Redaktion der Wochenzeitung ›Moskowskije nowosti‹, wo ich seit gut fünf Jahren als Kolumnistin tätig bin, im Juni 1991 einen Artikel geschickt. Der Verfasser zog es vor, mit einem Pseudonym, Wjatscheslaw Artjomow, zu zeichnen. Sein richtiger Name ist durchaus nicht das größte Geheimnis des KGB: General Gurgenow, stellvertretender Leiter der Ersten (Haupt-)Verwaltung (Auslandsaufklärung), der noch Ende November 1991 im Amt war. Sein Artikel trug den Titel ›Schwertritterorden?‹ und setzte sich mit meinem Aufsatz ›Zeitbombe oder Versuch eines politischen Porträts des Komitees für Staatssicherheit der UdSSR‹, den ›Moskowskije nowosti‹ im April 1991 abgedruckt hatte, kritisch auseinander.

Der Artikel des Generals enthielt nichts Originelles oder Neues. »Sie, die Journalisten, beschimpfen uns immer nur, obwohl wir, die Mitarbeiter des KGB, uns schon lange umgestellt haben, wirklich gut geworden sind und gemeinsam mit dem ganzen Land den Weg vom Totalitarismus zur Demokratie gehen.« Das war der Haupttenor dieses Artikels. Was die tragische Vergangenheit betrifft, die das Land Millionen Opfer gekostet hat, so stellt sie der General nicht in Abrede, nur begreift er nicht, warum gerade er oder seinesgleichen dafür herhalten oder es bereuen sollen.

Der General, der nahezu dreißig Jahre in den Organen des Sicherheitsdienstes tätig gewesen ist, erwähnt nicht einmal die vielen Tausende von Menschen, die der KGB in den sechziger, siebziger und achtziger Jahren gebrochen hatte. Als wüßte er nichts von General Pjotr Grigorenko, einem Dissidenten, der von den »Organen« für viele Jahre in eine Nervenklinik eingewiesen wurde, obwohl er psychisch völlig gesund war. Als wüßte er nichts von dem Dichter und Bürgerrechtler Juri Galanskow, der 1972 mit zweiunddreißig Jahren in einem Straflager umkam und von dort geschrieben hatte: »Jeder Tag hier ist für mich eine Marter.«[1]

Wußte der General nichts von der Existenz Anatoli Martschenkos, der im Gefängnis von Tschistopol starb, und nichts von Andrej Sacharow, den Gorbatschow erst 1986 aus der Verbannung in Gorki zurückgeholt hatte? Er scheint nichts zu wissen von der Dichterin Irina Ratuschinskaja, die für die Menschenrechte eintrat und dafür mehr als vier Jahre im Straflager SchCh-385/3–4 für besonders gefährliche Staatsverbrecher verbringen mußte und 1987 – als Sonderbestrafung – die sowjetische Staatsbürgerschaft verlor. Er weiß offenbar auch nichts von der KGB-Sondertruppe »Alpha«[2] und deren Einsatz in jener schrecklichen, blutigen Nacht vom 12. zum 13. Januar 1991 in Vilnius, als vierzehn Menschen unter Panzern und im Kugelregen ihr Leben ließen.

Auf die Journalisten ist der General jedoch nicht gut zu sprechen. Sie und die Politologen, so schreibt er, eiferten sich in dem Bestreben, »die Tschekisten von der Gesellschaft zu isolieren, sie zu Parias zu machen, ihnen den Gedanken einzuflößen, ›Volksfeinde‹ der Perestroika-Epoche geworden zu sein.« Auf das Thema »Tschekisten als Parias des Volkes« gehe ich später ausführlich ein.

Die Leiter des heutigen KGB – besagter General bildet da keine Ausnahme – distanzieren sich bei jeder Gelegenheit von ihren Vorgängern: der Tscheka (Allrussische Außerordentliche Kommission zum Kampf gegen Konterrevolution und Sabotage) und dem NKWD (Volkskommissariat für Innere Angelegenheiten). Zur Erinnerung: Die Allrussische Außerordentliche Kommission wurde im Dezember 1917 gegründet, sie hat das Land in den ersten Jahren der Sowjetmacht mit Blut überschwemmt. Und das Volkskommissariat für Innere Angelegenheiten knüpfte in den Jahren des Stalin-Regimes an diese Tradition an. Die Leiter des sowjetischen Sicherheitsdienstes, die immerzu behaupten, der KGB sei weder Erbe noch Rechtsnachfolger jener Einrichtungen, nennen sich indes heute noch mit Stolz Tschekisten. Ich kann mir nicht vorstellen, daß Mitarbeiter des deutschen Sicherheitsdienstes sich in aller Öffentlichkeit »Gestapo« nennen würden.

Aus eigener Erfahrung weiß ich seit langem, daß es ein zweckloses Unterfangen ist, sich auf eine Polemik mit den »Kritikern« aus dem KGB einzulassen. Wir gehören, wie ein Dichter einmal treffend sagte, »verschiedenen Blutgruppen«

an. Gott ist mein Zeuge, daß ich das nie getan hätte, und schon gar nicht in einem Vorwort, hätte mich nicht ein Satz aus dem Artikel des Generals dazu veranlaßt. »Mitunter scheint mir«, heißt es dort, »daß viele Artikel und Pamphlete gegen den KGB auf das Syndrom immanenter Angst zurückzuführen sind, wobei der Grund für diese Angst die Angst an sich ist.«

Die Angst, so meinen Sie, Herr General, sei die Triebkraft unserer journalistischen Recherchen und auch meiner Untersuchungen? Ja, es ist die Angst! Sie haben ins Schwarze getroffen, Herr General! Ich kann Ihnen so manches über die Ursachen dieser Angst erzählen.

Als ich meine ersten Interviews mit Untersuchungsführern aus der Stalin-Zeit und mit KGB-Mitarbeitern von heute führte (und sie – nein, nicht Sie persönlich, Herr General, sondern Ihre Kollegen – mit allen Mitteln die Veröffentlichung zu verhindern suchten), hatte ich Angst, die gleiche Angst, die ein Kind vor dem Betreten eines fremden, dunklen, geschlossenen Raums befällt. Aber ich mußte in diesen Raum hinein, meine Neugier und mein beruflicher Ehrgeiz stachelten mich dazu an, und ich machte mich auf Ungeheuer und Gespenster gefaßt. So ist es nun einmal: Die Ungewißheit ist oft abschreckend, denn man weiß nicht, wie man ihr begegnen soll.

Kurzum, ich betrat diesen Raum und begann in den vergilbten Archivakten zu blättern. Die Opfer der Jahre während Bartholomäusnacht, die wie durch ein Wunder überlebten, berichteten davon, was die »ruhmreichen Tschekisten« ihnen angetan hatten. Später machte ich auch die »ruhmreichen Tschekisten« ausfindig. Sie nahmen Platz in diesem Raum, jeder in seiner Art: der eine mit Würde, der andere in der Haltung eines Lakaien, als wollte er mich fragen: Womit kann ich Ihnen, gnädige Frau, dienen? Sie redeten und redeten, ich hörte ihnen zu und kam nicht aus dem Staunen heraus: Wie unbeschreiblich groß ist die Fähigkeit dieser »Organe«, sich zu regenerieren und den neuen Realitäten anzupassen, aus einem Leben gleich zwei zu machen. Ich staunte über ihr Talent, aus den positiven Veränderungen in der Gesellschaft Vorteile zu ziehen und alle anderen wieder hintanzustellen. Damals lernte ich, in den Gesichtern der KGB-Leute von heute zu lesen.

Und dann betraten diesen Raum all jene, die den stalinistischen Völkermord überlebt hatten. Wissen Sie, Herr General, wonach ich sie fragte? – Wie soll ich mich verhalten, wenn jemand kommt, mich zu verhaften? Welche Sachen nehme ich mit? Sollte ich nicht für alle Fälle vorher einen kleinen Koffer packen? Wie kann ich als Frau im Gefängnis meine Würde verteidigen? Wie überwinde ich das Gefühl des Ekels? – Überaus nützliche Informationen, Herr General, denn die Ungewißheit macht jedem angst, und Überraschungen gehörten immer zu den bevorzugten Methoden der »Organe« ...

In der Folgezeit traf ich mich mit einigen noch aktiven Mitarbeitern des KGB. Auch sie verhielten sich im Gespräch mit mir recht unterschiedlich: Die einen blickten verängstigt auf die Türen und Telefonapparate und fragten, ob ich irgendwo »Wanzen« versteckt hätte, diese winzig kleinen Mikrophone von der Art, wie sie sie selber allzuoft in den Wohnungen der observierten Personen eingebaut oder an ihren Pelzmänteln befestigt hatten. Andere, beispielsweise General Oleg Kalugin, nahmen kein Blatt vor den Mund. Sie nannten Namen und erzählten mir viel Aufschlußreiches über die Tätigkeit des Komitees in der Ära Breschnew, Andropow, Tschernenko und Gorbatschow. Sie alle, Herr General, alle ohne Ausnahme, machten mir eines klar: Solange es in diesem Land den KGB gibt, hat unser Staat nichts Gutes zu erwarten.

Nach allem, was ich erfahren hatte, wurde mir wirklich angst und bange, Herr General.

Ich habe Angst, weniger um mich selbst, obwohl der Selbsterhaltungstrieb gewiß auch mir eigen ist, ich habe Angst um mein Kind, um die Zukunft meiner Tochter, um meine Familie, um meine Freunde und Kollegen und nicht zuletzt um mein (das Pathos sei mir verziehen) von allen Göttern verdammtes, leidgeprüftes Land.

Weil ich Angst habe, Herr General, schreibe ich dieses Buch.

Notwendige Vorbehalte

Die Leser, die von mir eine Geschichte des Komitees für Staatssicherheit der UdSSR oder eine Darstellung des KGB in der Zeit der Perestroika erwarten, werden enttäuscht sein. Das geht über meine Möglichkeiten. Einer solchen Aufgabe ist heute niemand gewachsen. Wie ein westlicher KGB-Forscher richtig bemerkte, kann die Geschichte dieses Amtes erst dann geschrieben werden, wenn die Öffentlichkeit Zugang zu allen Archiven erhält. Das Komitee läßt sich aber Zeit damit. Und aus freien Stücken wird es diesen selbstmörderischen Schritt gewiß nicht tun.

Einiges ist natürlich inzwischen bekanntgeworden. Manche Zeitungen und Zeitschriften haben Tatsachenberichte oder sogar Dokumente veröffentlicht, die zumindest die Grundlage für erste Analysen bilden. Zudem sind in den letzten zwanzig Jahren im Westen einige überaus interessante Untersuchungen über den KGB erschienen: ›KGB heute. Moskaus Spionagezentrale von innen‹ von John Barron, ›KGB. Police and Politics in the Soviet Union‹ von Emi Night sowie ›KGB. Die Geschichte seiner Auslandsoperationen von Lenin bis Gorbatschow‹ von Christopher Andrew und Oleg Gordiewsky.[3] Dem interessierten Leser vermitteln diese und viele andere Bücher zahlreiche Fakten vor allem über das Wirken des KGB im Ausland. Sie waren und sind auch eine Hilfe für mich, und dafür möchte ich den Autoren und Verlagen, die diese Bücher veröffentlicht haben, aufrichtig danken.

Mein Buch ist keine wissenschaftliche Darstellung, etwa in der Art der Monographie von Andrew und Gordiewsky, und richtet sich nicht an die Sowjetologen oder professionellen KGB-Forscher. Es ist ein Buch für Leser, denen die Ereignisse auf einem Sechstel der Erde nicht gleichgültig sind, für Menschen, die in einer ganz anderen Welt aufgewachsen sind als ich, auf einem scheinbar anderen Planeten, wo völlig andere Maßstäbe für die Beziehungen zwischen Staat und Bürger gelten. In diesem Buch wende ich mich an Menschen wie ich und will ihnen einiges von dem mitteilen, was mich selbst beschäftigt und bedrückt, von den Vorgängen in meinem bedauernswerten Land.

In der Sowjetunion nennt man Darstellungen solcher Art »journalistische Recherchen«. Mir scheint jedoch der Begriff »Version« treffender. Mein Buch ist folglich die Version einer Journalistin, die in der Sowjetunion lebt und arbeitet und in der Sowjetunion über den KGB der UdSSR schreibt.

Diesen Aspekt betone ich mit allem Nachdruck. Denn meine Version gründet sich nicht allein auf Gespräche und Interviews, die ich selbst geführt habe, oder auf die Analyse mündlicher und gedruckter Informationen, die mir hier und im Ausland zugänglich waren, sondern auch auf alle Realien und Nuancen unseres Lebens, die ein Ausländer in der Regel nicht sieht, selbst wenn er viele Jahre in der Sowjetunion gelebt hat. Der Schlüssel dazu liegt im sowjetischen Kulturbegriff. Ich verwende das Wort Kultur im westlichen Sinne – als Summe von Gewohnheiten, Sitten und Gebräuchen, Traditionen, Denkweisen, Umgangsformen, Kommunikationsmöglichkeiten und so weiter. Historisch gesehen, ist diese Kultur eine Mischung aus Europa und Asien, ergänzt durch Mutationsvorgänge, die von der sowjetischen Ideologie und Moral beeinflußt wurden – wobei das Ergebnis dieser Mutation meines Erachtens bis heute nicht erforscht ist.

Noch etwas. Der Aufsatz des Generals läßt mir keine Ruhe. Ich bitte den Leser um Nachsicht, wenn ich manchmal allzu scharf und emotional vorgehe.

Für mich ist der KGB keineswegs nur ein interessantes Forschungsobjekt, obwohl er dieses Interesse zweifellos verdient (darum befassen sich mit ihm so viele bemerkenswerte Bücher). Der KGB ist für mich wie für viele meiner Mitbürger ein Teil meines Lebens, ein unveräußerlicher Bestandteil, denn ich habe nicht die Absicht, das Land zu verlassen, es sei denn, besondere Umstände zwängen mich dazu.

Der KGB, das sind nicht nur Telefone, die ständig abgehört werden, das sind nicht nur »gutgemeinte« väterliche Warnungen: »Du gehst jetzt zu weit«, die ich über verschiedene Kanäle von mir unbekannten hochgestellten Persönlichkeiten höre, das sind nicht nur anonyme Drohbriefe.

Ich denke dabei auch an die Angst meines Großvaters, der sich im elften Jahr der Sowjetmacht eine Kugel in den Kopf jagte, an meinen Großonkel, der im blutigen Jahr 1937 erschossen wurde.

Der KGB, das ist für mich die Angst meines Vaters, eines Juden, der 1941 auf dem von den Deutschen besetzten sowjetischen Territorium als Kundschafter tätig war, seine Angst, als er mich in der Breschnew-Zeit bei der Lektüre von Solschenizyns ›Im ersten Kreis der Hölle‹ (das Buch war seinerzeit im Untergrund erschienen) überraschte und mich bat: »Bring nie so etwas nach Hause.« Wer damals Interesse für solche Bücher zeigte, konnte durchaus mit Zuchthaus rechnen.

»Genetisch verwurzelte Angst«, so hat es der KGB-General in seinem Artikel genannt. Ich gebe zu, diese Angst hat genetische Wurzeln.

Der KGB, das ist für mich auch der Frühling 1974, als ich in das Haus meiner Freundinnen Olga und Natascha Gastewa kam und dort ein Chaos vorfand: Tags zuvor hatte der KGB die Wohnung durchsucht. Ihr Vater, Juri Gastew, war ein bekannter Philosoph und Logiker, ein Dissident (gegenwärtig lebt er in Boston, seine Töchter in New York). Als ich an jenem Abend zu mir nach Hause kam, zerriß ich alle Briefe, die ich regelmäßig von meinen Freunden aus der Emigration erhielt.

Der KGB, das sind für mich viele meiner Freunde, die unser Land für immer verlassen haben oder im Begriff sind, es zu verlassen.

Der KGB ist für mich nicht von der Geschichte Rika und Lew Rasgons zu trennen, die mir unendlich wertvoll und nah sind. Ihnen habe ich mein Buch gewidmet.

Über die Liebe

Rika und Lew lernten sich in Woshajel kennen, auf einer Produktionsberatung, wo es um Holzbeschaffung ging. Das Jahr 1943 neigte sich dem Ende zu. Rika (oder Rewekka Jefremowna Berg, wie es in den Gerichtsakten hieß) arbeitete als Obernormiererin im Kontor der Lagerzentrale. Lew Emmanuilowitsch Rasgon war auch Obernormierer, aber im Ersten Lagerpunkt, dreißig Kilometer von Woshajel entfernt. Der gesamte Komplex hieß Ust-Wymlag (Postfach 243/11); bis zum nächsten »zivilisierten« Ort waren es mindestens hundert Kilometer, genauso weit wie nach Syktywkar, der Hauptstadt der Autonomen Republik der Komi.

Damals waren beide schon sogenannte Freisiedler, das heißt, sie hatten ihre Lagerstrafen abgebüßt. Rika wurde im November 1942, etwas früher als Lew, freigelassen. Sie war Häftling 58.10–11, also verurteilt nach Artikel 58.10–11 (konterrevolutionäre Aktivitäten), Lew war Häftling 58.10–1 (konterrevolutionäre Agitation in Friedenszeiten). Lews fünfjährige Strafe war im April 1943 abgelaufen, aber gleich danach hatte man ihm eine zweite Lagerstrafe aufgebrummt, wieder fünf Jahre, dann wurde – wie durch ein Wunder – die Strafe aufgehoben.

Die Freiheit, die sie wiedererlangt hatten, war eine Freiheit, wie sie das sowjetische Wörterbuch verstand. Sie saßen nicht mehr im Lager und wurden nicht mehr frühmorgens zum Appell und anschließend zur Arbeit geführt. Ihre »Freiheit« bestand darin, daß sie zwar die gleiche Arbeit verrichteten wie zuvor, aber ohne Bewachung dorthin gingen. Sie hatten immer noch keine Personalausweise und durften nicht das Lager, ja nicht einmal den Lagerpunkt verlassen. Sie waren weder Häftlinge noch freie Menschen, sondern Verbannte auf Zeit. Diese Verbannten oder Freisiedler nannte man »lageransässige Personen bis auf Widerruf«, wie Lew Rasgon in seinem berühmten Buch ›Nichterfundene Geschichten‹ schreibt.[4]

Und trotzdem waren sie glücklich. Rika hatte besonderes Glück: Die Lagerverwaltung teilte ihr ein Zimmer zu, eine Art kleine Wohnung in einer Baracke am Ufer der Wisljana. Sie besaß ein Kissen, ein Unterbett, einen richtigen Rock und eine Jacke, die ihr findige Lager-»Couturiers« aus dem Skianzug, den sie trug, als sie im November 1937 in ihrer Moskauer Wohnung in der Kriwoarbatski-Gasse festgenommen wurde, genäht hatten.

In die feuchte und kalte Wohnung (als im Sommer darauf das Haus renoviert wurde, brauchte man einen ganzen Balken, um die großen Löcher in den Wänden zu verstopfen) kam jeden Sonnabend Lew aus dem dreißig Kilometer entfernten Ersten Lagerpunkt zu Fuß zu ihr. Und dann »feierten« sie ihr Wiedersehen. Jeder von ihnen bekam auf Bezugschein einen halben Liter Pflanzenöl und etwas Sauerkohl; Hungersnot herrschte damals im Lager und draußen. Sie waren glücklich und – frei. Nicht die ihnen von der Sowjetmacht zugeteilte Freiheit genossen sie, sondern die Freiheit, die sie als junge Menschen ihrem verkrüppelten Leben selbst abzugewinnen verstanden.

Über sein Schicksal – siebzehn Jahre Lager und Verbannung – berichtet Lew Rasgon in seinem Buch. Mehrere Jahre hindurch war es ein Bestseller auf dem sowjetischen Buchmarkt der Glasnost-Zeit. Rika spielt darin natürlich auch eine Rolle, allerdings beschränkt sich Lew nur auf wenige Episoden, obwohl er ihr das Buch gewidmet hat. Darum möchte ich etwas ausführlicher über Rikas Lebensweg erzählen.

Sie wurde 1905 im Jahr der ersten russischen Revolution als Tochter des Petersburger Schlossers und Berufsrevolutionärs Jefrem Berg geboren.

Wie bei einem Berufsrevolutionär nicht anders zu erwarten, verbrachte Jefrem Berg einen großen Teil seines Lebens in der Verbannung und im Gefängnis; daher freute sich Rikas Mutter, Ida Saweljewna, als im Februar 1917 die Monarchie zusammenbrach. Das zermürbende Leben der Konspiration, die Observierung durch die Polizei, die zahllosen Pakete, die sie ihm schickte, die Besuche im Gefängnis – all das schien zu Ende zu sein.

Doch unglücklicherweise war Berg kein Bolschewik, sondern gehörte der Opposition an, er war führendes Mitglied der rechten Sozialrevolutionäre. Die einstigen Mitstreiter im Kampf gegen den Zarismus kerkerten ihn im Juni 1918 ein. Für Rikas Mutter war das ein schwerer Schlag, von dem sie sich nicht mehr erholte.

Seit sie mit ihrer Mutter den Vater im Untersuchungsgefängnis in der Gorochowaja-Straße 2 besuchte und ihm zu essen brachte, kennt Rika die sowjetischen Gefängnisse, Lager, Zuchthäuser und Verbannungsorte, zunächst über ihren Vater und später aus eigener Erfahrung. 1918 war Rika dreizehn Jahre alt, 1953 eine Frau von fast fünfzig.

Der Haft in der Gorochowaja-Straße 2 in Petrograd folgte das Butyrskaja-Gefängnis, allgemein Butyrki genannt. Hier hatte Rika ihren Vater jeden Sonntag besucht. Als man Rika 1937 verhaftet und aus dem Inneren Gefängnis der Lubjanka, der NKWD-Zentrale in der Moskauer Innenstadt, nach Butyrki gebracht hatte, fühlte sie sich hier wie zu Hause. »In Butyrki kannte ich alles.«

Rikas Vater kam in ein Gefängnis irgendwo bei Susdal, Rika besuchte ihn auch dort. 1922 fand im Säulensaal des Gewerkschaftshauses in Moskau der berühmte Prozeß gegen die rechten Sozialrevolutionäre statt. Pjatakow führte in der Verhandlung den Vorsitz, Krylenko, Lunatscharski und Pokrowski traten als Ankläger auf. Die Angehörigen der Angeklagten durften in den ersten Reihen sitzen. Auf die Frage: »Bekennen Sie sich schuldig?« erwiderte Jefrem Berg (Rika hörte das mit eigenen

Ohren): »Ich bekenne mich schuldig, zu wenig gegen Sie gekämpft zu haben. Aber ich werde weiterkämpfen.«

Viele erhielten damals die höchste Strafe: Tod durch Erschießen. Später haben die Bolschewiki sie begnadigt (allerdings nur bis 1937) und die Todesstrafe in Lagerstrafen umgewandelt. Berg wurde zu fünf Jahren verurteilt, wie 1937 Rika auch. Zwei Jahre davon verbrachte er in einer Einzelzelle des Lubjanka-Gefängnisses, den Rest in der Verbannung in Berg-Dagestan. Dort starb Rikas Mutter.

Dagestan war für Jefrem Berg die Endstation. Jedenfalls verlieren sich dort seine Spuren; er wurde später in ein anderes Gefängnis überführt, aber nur die KGB-Archive können darüber Aufschluß geben, wohin man ihn gebracht hat. Bekannt ist lediglich, daß er 1938 erschossen wurde.

Um diese Zeit saß Rika bereits in Butyrki und wartete auf den Transport in ein Straflager in der Autonomen Republik der Mari.

Als die Sicherheitsleute kamen, um sie abzuholen, erschrak sie nicht: »Ich wußte seit langem, daß man mich einsperren würde.« Ein halbes Jahr zuvor hatte das NKWD versucht, sie als Informantin anzuwerben. Sie hatte abgelehnt und zu ihrem Mann Nikolai, der dem Dichter Jessenin ähnlich sah und recht erfolgreich war, später allerdings auch ins Straflager geriet, gesagt: »Schluß jetzt.«

Rika wurde in die Lubjanka gebracht, und hier machte sie sich klar, daß ihr Leben zu Ende war, sie würde nie mehr in der Lage sein, *das alles* abzuschütteln. Sie hatte die bitteren Erfahrungen ihres Vaters vor Augen.

Ich wollte aber von Liebe erzählen …

Das war eine Liebe ganz besonderer Art. Natürlich hatte man Lew eine Zeitlang verboten, nach Woshajel zu kommen. Liebe – so etwas ging der Lagerleitung gegen den Strich, denn Liebe war ja mit Freiheit identisch! Unzucht, Sittenverderbnis – bitte sehr, das ging noch an, aber nicht Liebe.

Lew setzte sich über das Verbot hinweg, und wenn er nicht kommen konnte, telefonierten sie miteinander – die Lagerverwaltungen hatten Gott sei Dank Telefone – und legten nicht auf, bis die Telefonistin, ihrer Liebesgespräche müde geworden, die Verbindung unterbrach.

1945 ging der Krieg zu Ende. Rika und Lew setzten unter

großen Mühen ihre »Abmeldung« durch, das heißt, sie erhielten Personalausweise mit dem Vermerk, daß sie nicht in Moskau, Leningrad und zweihundert weiteren Städten des Landes wohnen durften. Beide bekamen Urlaub und fuhren nach Moskau.

Hier sah Lew seine Tochter Natascha wieder, vielmehr lernte er sie kennen, denn sie war erst ein Jahr alt, als man ihn verhaftete. Natascha lebte bei ihrer Großmutter. Ihre Mutter Oxana, Lews erste Frau, starb im Alter von zweiundzwanzig Jahren, noch bevor sie das Straflager erreicht hatte. Auf Rika wartete niemand in Moskau. Ihre Schwester Anetschka starb im Krieg während der Evakuierung. Kurz darauf erlaubte man beiden, das Lager für immer zu verlassen.

Sie wohnten illegal in Moskau bei Lews Mutter, bis eine Nachbarin sie anzeigte. Sie fuhren dann nach Stawropol, eine kleine Stadt in Südrußland. Dort führten sie ein hartes und karges Leben: Lew arbeitete als Berater in einem »Kabinett für Kulturarbeit«, Rika als Stenotypistin. Nie hatten sie Geld, dennoch war es eine schöne Zeit. Sie wohnten bei der Krankenschwester Shenja; hinter dem Vorhang stand eine schmale, mit braunem Kunstleder bespannte Liege, ihr einziges Möbelstück.

Im März 1949 wurde Rika verhaftet.

Die »Zweitauflage« erfolgte ohne Begründung, es schien zu genügen, daß Rika schon einmal gesessen hatte. Die Untersuchung dauerte nicht lange, und Rika konnte ihre Gefängnis-Erfahrungen vervollständigen. War es zum Beispiel 1937 noch gestattet, tagsüber in der Zelle zu liegen, so durfte sich der Häftling 1949 erst nach dem Schlafsignal hinlegen. 1937 gab es in den meisten Gefängniszellen keine Hocker, 1949 gab es welche, aber sie waren am Fußboden festgeschraubt, so daß der Sitzende sich nicht anlehnen oder am niedrigen Tisch abstützen konnte, es sei denn beim Essen.

Rika wußte nun schon reichlich Bescheid. Sie wußte, daß man den Gummi aus ihrem Schlüpfer herausnehmen würde, und sie wußte, wie man den Schlüpfer oben verknotet, damit er nicht rutscht. Sie wußte, daß man ihr die Strumpfhalter wegnehmen würde, und sie wußte, wie man die Strümpfe festmacht und ohne Wäsche auskommt. Eines Tages führten sie eine Frau in die Zelle, eine Dame, offenbar aus der Oberschicht. Die Tür wurde zugeschlagen, der Schlüssel drehte sich im Schloß, das Guckloch öffnete sich und klappte dann wieder zu. Die Frau blieb regungslos stehen, Tränen rollten ihr über die Wangen.

»Was haben Sie?« Rika ging sogleich auf sie zu. Der Frau war anzusehen, daß man sie noch nicht geschlagen hatte.

»Ich«, ihre Stimme überschlug sich, »sie haben mir mein Mieder weggenommen.« Sie zeigte auf ihren üppigen Busen.

»Mein Gott, und deshalb weinen Sie?«

Die anderen Zelleninsassen, die so manches über sich hatten ergehen lassen müssen, brachen in schallendes Gelächter aus. »Sie grämt sich wegen ihres Mieders ... Sie nehmen uns nicht nur das Mieder, sondern das Leben!«

Rika wußte, wie man im Dampfbad mit nur einem Kübel Wasser auskommt und dazu noch die Leibwäsche wäscht, wie man als Frau die Hygiene nicht zu kurz kommen läßt, wenn man absolut nichts bei der Hand hat, nicht einmal Wasser, nur Schnee. Rika achtete immer sehr auf sich. Fischgräten, die sie in der Suppe fand, warf sie nicht weg, denn sie ersetzten ihr im Gefängnis die verbotenen Nähnadeln. Hatte sie keine Fischgräten, so machte sie sich Nadeln aus Streichhölzern: Das Streichholzende wurde an einem Zuckerwürfel spitzgeschliffen. Die Fäden zog sie aus dem Stoff ihrer Kleidung heraus. Dafür eigneten sich auch baumwollene Turnhemden, die man im Kiosk kaufen konnte. (Man stelle sich vor: Turnhemden aus Baumwolle, heute absolute Mangelware, gab es damals im Gefängniskiosk!) Sie wußte, wie man das Gefühl des Ekels unterdrückt, wenn man aus einer Tasse trinken mußte, aus der soeben eine Syphilitikerin getrunken hatte, wie man mit Kriminellen umgeht, wie man sich gegen zudringliche Aufseher und das männliche Personal des Lagers zur Wehr setzt.

Lew brachte ihr regelmäßig Lebensmittelpakete. Stundenlang stand er vor dem Gefängnistor und lieferte das Mitgebrachte den Aufsehern ab. Sie durften einander nicht schreiben, trotzdem gelang es Lew mit verschiedenen Tricks, die Gefängnisleitung zu überlisten.

Auf eine Eierschale zum Beispiel schrieb er das Datum der ihnen einst vergönnten Lagerfreiheit. Einem Gefängniswärter sagten diese Zahlen nichts, Eier waren ja oft mit irgendwelchen Zahlen versehen. Rika indes bedeuteten sie viel, sie waren eine zärtliche Erinnerung an all das, was sie miteinander verband. Mit einem Nagel ritzte Lew ganze Wörter in die Kringel, denn er rechnete damit, daß die Aufpasser im Gefängnis nicht jeden Kringel unter die Lupe nehmen würden. Seine Nachrichten fand Rika auch auf dem Kamm, den er ihr schickte.

Rika konnte ihm nicht in gleicher Weise antworten, deshalb unterschrieb sie jede Quittung, wenn sie Lews Päckchen in Empfang nahm, sehr deutlich mit ihrem Vor-, Vaters- und Familiennamen und setzte das Datum darunter, um Lew zu verstehen zu geben, daß es ihr gutging, daß sie seine Nachricht erhalten hatte und sich Sorgen um ihn machte, sich nach ihm sehnte ... Wie signalisierte sie ihm, daß sie ihres »Hochzeitstags« gedachte? Sie hatte aus diesem Anlaß das Rauchen aufgegeben, so ließ sie ihm ausrichten, er solle ihr keine Zigaretten mehr bringen. Sie bat die Gefängniswärter: »Sagen Sie ihm bitte, ich habe am 15. Juni aufgehört zu rauchen.« Mit der Zeit hatten sie gelernt, wie sie im Gefängnis, während des Transports und im Straflager überleben konnten.

Sie hatten dann Rika zu »ewiger« Verbannung, so stand es in den Gerichtsunterlagen, verurteilt. Sie wurde in das kleine sibirische Dorf Biriljussy im Gebiet Krasnojarsk gebracht. Das Urteil erschreckte Rika nicht, sie wußte ja, *dieses* Schicksal würde sie von jetzt an nie mehr los. Sie machte sich allein um Lew große Sorgen.

Lew Rasgon blieb noch fast ein Jahr auf freiem Fuß. Er schaffte es sogar, Rika in Biriljussy zu besuchen, und wohnte eineinhalb Monate in Rikas winziger Kammer, »hinter einem breiten russischen Ofen in einem nach unseren mittelrussischen Vorstellungen riesigen Blockhaus einer Bauernfamilie«. Abends waren sie oft bei jemandem zu Gast. Wenn sie zu Hause blieben, briet Rika Fisch, und sie genossen ihre Mahlzeiten wie nie zuvor. Immerhin waren sie zusammen, fühlten sich wohl in ihrem »außerehelichen« Zusammenleben, obwohl die Gerichtsakten sie als Ehepaar auswiesen. So lebten sie, liebten einander und schmiedeten Pläne für ihre gemeinsame Zukunft im fernen Sibirien.

Von Lews Verhaftung erfuhr Rika, als an einem Freitag das zwischen ihnen vereinbarte Telegramm ausblieb. Einige Tage darauf erhielt sie aus Stawropol einen Brief, in dem ihr die

Krankenschwester, bei der sie gewohnt hatten, schrieb: »Lew ist von der gleichen Krankheit befallen ...«

Rika war elend zumute, doch insgeheim hatte sie schon lange damit gerechnet, daß sie Lew über kurz oder lang wieder einsperren würden. Sie wartete jetzt nur auf die Mitteilung über seinen neuen Verbannungsort. Dann würden sie sich wieder vereinigen, sie würden die so humane Sowjetmacht überreden, die lebenslängliche Verbannung gemeinsam verbringen zu dürfen.

Lew erhielt zehn Jahre Straflager nach Artikel 58.10, wegen konterrevolutionärer Agitation. Als Rika erfuhr, daß Lew nicht zu Verbannung, sondern zu Straflager verurteilt worden war, weinte sie aus Wut und Hilflosigkeit.

Sie schrie, wie sie in ihrem Leben noch nie geschrien hatte. Ihr war völlig klar: Noch zehn Jahre Straflager hält Lew nicht aus, er überlebt das nicht, und sie durfte den Ort ihrer »ewigen« Verbannung selbst für kurze Zeit nicht verlassen. Und sollte sie es doch wagen, dann wären ihr fünfundzwanzig Jahre Zuchthaus sicher. Folglich war ein Besuch bei ihm im Lager ausgeschlossen.

Ich kann nicht ruhig darüber schreiben. Ich versuche mich in die Lage dieser fünfundvierzigjährigen, also nicht mehr jungen Frau zu versetzen, die sich allen Widerwärtigkeiten des Lagerdaseins zum Trotz leidenschaftlich verliebt, in menschenunwürdigen Verhältnissen unbeschreiblich glückliche sechs Jahre verlebt hatte und nun vor einem Abgrund stand. Weder Witwe noch Ehefrau und ein kaltes, leeres Bett ...

Und Lew, was muß er empfunden haben?

Beim Verhör brüllte er seinem Untersuchungsrichter Godai ins Gesicht: »Ich werde durchkommen! Ja, ich werde auch im Lager leben! Merk dir das! Ich werde Bücher lesen, Wodka saufen, mit Krankenschwestern und Ärztinnen, mit den Frauen der Lagerleitung schlafen! Ich bin erst zweiundvierzig, wenn ich rauskomme, bin ich zweiundfünfzig ... Ich hab noch genug Zeit!«

Er schrie, er brüllte, wußte aber als erfahrener, 1939 dem Skorbut entronnener Strafgefangener allzugut, was zehn Jahre Straflager bedeuteten.

Fünf Jahre lang haben beide sich fast täglich geschrieben. Rika zerriß Lews Briefe gleich nach der Lektüre. Sie wollte nicht, daß sie bei der nächsten Verhaftung in die Hände der NKWD-Leute fielen und gelesen wurden.

Rika kehrte 1954 nach Moskau zurück, Lew ein Jahr darauf. Sie hatten kein Dach überm Kopf, kein Hab und Gut – absolut nichts! Nichts als zusammengerechnet einunddreißig Jahre Straflager.

Als sie in einem Moskauer Standesamt offiziell die Ehe geschlossen hatten, brachten sie nicht einmal das Geld für einen Viertelliter Wodka auf, um das Ereignis zu begießen.

Wie ging es mit beiden weiter? Lew schrieb Bücher, Rika machte Schreibarbeiten. Sie zogen die kleine Natascha auf. Für Rika war es zu spät, eigene Kinder zu haben, obwohl die Ärzte ihr bestätigten, daß sie zum Gebären vom Herrgott wie geschaffen sei. Aber der Herrgott ist das eine, die Sowjetmacht das andere ... Dabei hat Rika Kinder gern. Sie bekamen zunächst ein Zimmer, dann eine achtundzwanzig Quadratmeter große Wohnung, in der sie noch heute wohnen.

Wenn sie sich mit anderen unterhalten, verwenden sie immer noch Ausdrücke aus dem Lagermilieu, zum Beispiel Paika (Ration), Sprawka (Bescheinigung) und andere.

Sie lassen ihre Schlüssel nie außen in der Tür stecken, immer ist ihnen gewärtig, wie die Gefängniswärter ihre Zellentüren abgeschlossen haben.

Was ist den beiden noch geblieben? Was? Die Liebe. Und das Leben.

Dann kam die Perestroika, und Lew Rasgon durfte sein Buch veröffentlichen, an dem er in den letzten zwanzig Jahren, sozusagen »auf Vorrat«, Kapitel für Kapitel geschrieben hatte und das sogleich großen Anklang fand.

Sie besuchten Italien, England, Frankreich ... Rika meinte lachend: »Dreiundachtzig Jahre mußte ich werden, um zum ersten Mal ins Ausland fahren zu dürfen ...«

Im Sommer 1991 trat ein Filmteam an Lew Rasgon heran und bat ihn, mit ihm und über ihn einen Film drehen zu dürfen. Sie brachten ihn nach Butyrki, dort führten sie ihn in die Zelle, die er sehr gut kannte. Mit zitternden Händen kam er zurück, er weinte.

Inzwischen hat sich im Butyrki-Gefängnis vieles geändert, sagte er. In den Zellen gibt es Leitungswasser zum Waschen, der stinkende Urinkübel ist durch ein modernes Klosettbecken ersetzt worden, in jeder Zelle sitzen nicht, wie zu Rasgons Zeiten, siebzig, sondern nur vierzig Häftlinge ...

Doch als der diensthabende Kochgehilfe die »Balanda«, eine trübe, ungenießbare Brühe, den Inhaftierten in die Zellen trug, wurde Lew plötzlich schlecht.

»Ich weiß nicht, warum, aber auf einmal fühlte ich mich wieder wie einer von denen, die in den Zellen saßen. Ja, sie sind Kriminelle, sie haben Verbrechen begangen. In Butyrki, wo die Welt sich in Gefängniswärter und Häftlinge teilt, war ich einfach nicht imstande, mich auf die Seite des Gefängnispersonals zu stellen.«

Ich fragte Rika einmal: »Als man Sie aus der Verbannung entlassen hatte, dachten Sie nicht daran, daß sie es vielleicht noch einmal, zum dritten Mal, mit Ihnen versuchen würden?«

»Dieser Gedanke läßt mich auch heute nicht los«, erwiderte sie.

Mir bereitet es Freude, die beiden zu beobachten. Rika kann sich nach mehreren Knochenbrüchen zwar nur mühsam fortbewegen, aber von ihr geht Würde aus, das verraten ihre Hände, ihre Kopfhaltung.

Sie schweigt zumeist, während Lew gerne spricht, und ich sehe, wie sie leise lächelt, wenn er redet, dann blicken ihre Augen liebevoll und nachsichtig auf ihn. »Reg dich nicht auf!« Der Altersunterschied fällt bei ihnen kaum ins Gewicht, drei Jahre machen da nichts aus. Mit sechsundachtzig hat Lew viel Jungenhaftes.

Wenn sie auf der Bank sitzen, nimmt Lew immer ihre Hände. Wenn sie sich mit jemandem oder miteinander unterhalten, streichelt Rika pausenlos den Handrücken ihres Ljowotschka. Sie fühlen sich beide wohl.

Großer Gott! Sie haben ein langes, schweres Leben hinter sich und sind immer noch wie zwei Verliebte. Wenn es Liebe auf der Welt gibt, falls es sie gibt, so sind Rika und Lew Rasgon für sie auserwählt.

Erstes Kapitel
Eine Erklärung und ihr Hintergrund

Als der KGB-Vorsitzende Wladimir Krjutschkow Mitte Dezember 1990 in der besten Fernsehzeit, um 21.30 Uhr, vor etwa hundertfünfzig Millionen Zuschauern eine Erklärung verlesen hatte, meldeten viele Nachrichtenagenturen und Zeitungsreporter aus Moskau, in der Sowjetunion habe allem Anschein nach ein unblutiger Staatsstreich stattgefunden. Das stimmte aber nicht. Ein solcher Schluß hatte nahegelegen, wenn man das Verhalten Michail Gorbatschows einen Monat zuvor in Erwägung zog. Denn er bekannte sich zunächst öffentlich zum radikalen Programm der Wirtschaftsreformen »Fünfhundert Tage«, das eine Gruppe von Wirtschaftsexperten mit Schatalin und Jawlinski an der Spitze vorgeschlagen hatte, und schwenkte dann ganz unerwartet um.

War Gorbatschow immer noch Präsident der UdSSR oder nur eine Marionette in den Händen eines Schattenkabinetts? fragten sich Journalisten und Politologen. Diese beiden Fragen gingen von falschen Prämissen aus. Eine solche Alternative ist völlig fehl am Platz in einem Land wie der Sowjetunion, allein schon wegen der hier herrschenden Machtverhältnisse. Statt »oder« sollte man besser »und« einsetzen, dann wäre das Ganze klar. Nach Stalins Tod waren alle sowjetischen Staatschefs – Gorbatschow bildete da keine Ausnahme – als ranghöchste Staatsbeamte Herrscher des Landes und *zugleich* Marionetten in den Händen eines immer präsenten, zuweilen verschieden einflußreichen und mächtigen Schattenkabinetts.

Doch was hat die sowjetischen Intellektuellen und die internationale Presse an den Äußerungen des KGB-Vorsitzenden so schockiert? Warum lösten seine Worte eine regelrechte Panik aus?

Der KGB-Chef sagte sinngemäß: Gewisse extrem radikale politische Bewegungen und destruktive Elemente, die »mannigfaltige moralische und materielle Unterstützung aus dem Ausland erhalten«, hätten sich zum Ziel gesetzt, »unsere Gesellschaft und unseren Staat zu unterwandern und die Sowjetmacht zu liquidieren«.[5] Das sowjetische Publikum, das die

Kunst, zwischen den Zeilen zu lesen, perfekt beherrscht, hatte sogleich begriffen, daß Krjutschkow unter »radikalen politischen Bewegungen« und »destruktiven Elementen« in erster Linie die nationalen Befreiungsbewegungen in den Republiken der Union und die demokratischen Kräfte im Zentrum meinte, wo solche Persönlichkeiten an die Macht gekommen waren wie Boris Jelzin in Rußland, Gawriil Popow in Moskau, Anatoli Sobtschak in Leningrad. Alle drei waren aus der Kommunistischen Partei ausgetreten.

Im Grunde hatte Krjutschkow recht. Die Demokraten hatten nie ihre Absicht verhehlt, die amorphe Gesellschaft und den verbrecherischen Staat, der seit mehr als siebzig Jahren einen permanenten Krieg gegen das eigene Volk führt, ins Wanken zu bringen und diese menschenfeindliche Macht zu liquidieren. Daß der KGB-Chef selber von »materieller Unterstützung aus dem Ausland« sprach, von »ausländischen Nachrichtendiensten und Organisationen, die einen ›geheimen Krieg‹ gegen den Sowjetstaat führen«, war für die einfachen Sowjetbürger von besonderer Bedeutung und verlieh seinen Worten einen verhängnisvollen Sinn. Krjutschkow hatte Feindbilder gezeichnet. Was es damit auf sich hat, weiß jeder in der Sowjetunion aus der jüngsten Geschichte.

Zudem wies der KGB-Vorsitzende mehr als einmal auf die »wirtschaftliche Sabotage« hin, die seinen Worten zufolge von eben jenen »destruktiven Kräften« gefördert würde. Offenbar wollte er den Sowjetmenschen die Ursache für die leeren Geschäfte erklären und die Schuldigen benennen. Die Lebensmittelkrise erreichte wohlgemerkt im Dezember 1990 ihren Höhepunkt: In Moskau wurden die Schlangen vor den Brotläden immer länger, Salz und Streichhölzer waren wie vom Erdboden verschluckt. So etwas hatte die Bevölkerung seit den ersten Nachkriegsjahren nicht mehr erlebt; daher die Wut der Leute und ihre Frustration. Das aggressive Verhalten gegen die Mächtigen, auch gegen die Demokraten, hatte fast den Siedepunkt erreicht.

Es waren also Feinde am Werk, die Staatssicherheit mußte sie bekämpfen. Daher rief Krjutschkow alle »rechtschaffenen Bürger« auf, den KGB über Anschläge und Verschwörungen gegen die »sozialistische Staats- und Gesellschaftsordnung« zu informieren, das heißt, die eigenen Mitbürger zu denunzieren.

Zieht man den autoritären Ton Krjutschkows in Betracht, seine selbstbewußte Haltung, dann kann man sich die Stimmung der Sowjetmenschen vorstellen, die trotz allem immer noch an die Perestroika glaubten. Krjutschkow hatte ihnen jede Hoffnung genommen. Ehrlich gesagt, wir warteten nur darauf, wann die nächste Verhaftungswelle beginnen würde. Niemand zweifelte daran, daß die Machthaber sich eindeutig zu einer politischen Wende – zurück zu sozialistischen Verhältnissen – entschlossen hatten.

Der Westen, wo die »Gorbimanie« anhielt und der Name Gorbatschows immer noch Euphorie auslöste, und das nicht ohne Grund, las in Krjutschkows Auslassungen nur das eine: Gorbatschow hatte die Macht verloren.

Gewiß, man kann sich kaum vorstellen, daß ein Mann, der die Epoche der Reformen in der UdSSR eingeleitet, dem Westen die Angst vor der sowjetischen Kriegsgefahr genommen und die Berliner Mauer beseitigt hatte, eine so schroffe Kursänderung nach rechts vollziehen und die Sprache des »kalten Krieges« wieder einführen würde.

Das wäre in der Tat schwer vorstellbar, wenn man die Entwicklung in der Sowjetunion nach den Wertbegriffen der westlichen Demokratien beurteilt, wo es seit Jahrhunderten eine Regierung und eine Opposition gibt und die Opposition von freien Bürgern getragen wird. In einer solchen Gesellschaft ist das politische Spektrum deutlich abgegrenzt: Konservative, Liberale, Linke, Radikale. Ein Politiker im Machtzentrum kann sich nicht erlauben, plötzlich von Plus auf Minus oder umgekehrt zu schalten, seine Meinung und seine Haltung prinzipiell zu ändern, da er sonst seine Position verlieren würde.

Die Sowjetunion indes ist ein totalitärer Staat. Eine Demokratie hatte es hier nie gegeben, demokratische Traditionen fanden mithin keinerlei Nährboden, denn sie existierten auch im vorrevolutionären Rußland nicht, das fünf Jahrhunderte lang eine absolute, sehr straff geführte Monarchie gewesen war. Die Demokratie in Rußland hatte eben erst zu keimen begonnen, als die Bolschewiki an die Macht kamen und die Diktatur einer Partei aufbauten.

Doch zurück zum Winter 1990/91.

Der weitere Gang der Ereignisse schien die düstersten Vermutungen westlicher Journalisten und Politologen bestätigt zu haben.

Januar 1991. In Vilnius und Riga kommt es zum Blutvergießen. In den drei baltischen Republiken Litauen, Lettland und Estland werden illegale »Komitees zur nationalen Rettung« gebildet, die zum Sturz der Regierungen aufrufen, weil diese sich von der UdSSR lösen wollen. In Tallinn wird ganz offensichtlich – ich war selbst in jenen Tagen dort – ein Blutgemetzel vorbereitet. Es ist zu beobachten, wie sich die Ereignisse in den drei Hauptstädten nach ein und demselben, in Moskau erarbeiteten Szenario entwickeln.

Auf einer Sitzung des Obersten Sowjets schlägt Gorbatschow vor, das Pressegesetz, das erstmals die Zensur beseitigt hat, vorübergehend aufzuheben.

Februar 1991. Gorbatschow hält eine große, programmatische Rede in Minsk und wiederholt wortwörtlich die Thesen aus der Erklärung des KGB-Vorsitzenden vom vergangenen Dezember. Er stempelt die Demokraten zu destruktiven Kräften ab und bezichtigt sie, sich von »fremden Forschungszentren und fremden Köpfen« (das heißt vom Westen) steuern zu lassen; die Losungen und Ideen der Demokraten würden, so Gorbatschow weiter, »sonstwem nützen, nur nicht uns, nicht Ihnen«.[6]

Februar 1991. Ministerpräsident Pawlow wirft dem westlichen Finanzkapital offen vor, einen Krieg gegen die Sowjetunion zu führen.[7] Und er wiederholt das, was der KGB-Vorsitzende schon gesagt hat …

War es also doch ein Staatsstreich? Nein, der Staatsstreich fand nicht statt, weil es keinen Sinn ergibt, die Macht sich selbst wegzunehmen.

Kurz darauf, im Juni 1991, liefert der »parlamentarische Putsch« eine weitere Bestätigung dafür. Mit dem gleichen Zorn und mit den gleichen Worten (»destruktive Kräfte«), mit denen er im Februar über die Demokraten hergezogen ist,[8] wettert Gorbatschow nun gegen ihre Widersacher, die parlamentarische Gruppe »Sojus«, die sich für das Weiterbestehen des Sowjetreiches und des kommunistischen Regimes einsetzt. Diese Gruppe findet sowohl beim KGB-Chef Krjutschkow,[9] der erneut alle Mißstände in der UdSSR auf die »Umtriebe der CIA-Agenten« zurückführt, als auch beim Verteidigungsminister Dmitri Jasow und dem Innenminister Boris Pugo Unterstützung.[10] Gorbatschow weist auch diese drei in die Schranken.

Im Dezember 1990 geschah etwas ganz anderes. Und dies ist im Hinblick auf unsere Zukunft besorgniserregend. Kurz vor Ende des fünften Perestroika-Jahres drückte Krjutschkow in seiner Fernseherklärung das aus, was in unserem Land längst schon Realität ist: Der KGB ist ein Bestandteil der Macht und nicht nur deren Instrument.

In den Monaten darauf führte der KGB vor aller Augen vor, daß er die politische und wirtschaftliche Zerrüttung sowie die Schwäche der staatlichen Strukturen – eine Folge der Perestroika – zu nutzen verstanden und eine Macht erlangt hatte, wie er sie nie gehabt hatte.[11]

Mehr noch: Der KGB war aus der Peripherie der Machttriade (KGB – KPdSU – militärisch-industrieller Komplex) ins Zentrum getreten und zur verborgenen Führungsmacht der sowjetischen Oligarchie geworden.

Das geschah nicht über Nacht und nicht spontan. Das System, das unter dem Namen »Komitee für Staatssicherheit« bekannt ist, wurde in mehr als siebzig Jahren sowjetischer Gesellschaftsordnung aufgebaut und entwickelt. Der heutige Stand ist das logische, objektive Ergebnis der Geschichte eines totalitären Staates.

Zweites Kapitel
Der Staat im Staat

Im Sommer 1990 war ich einige Monate bei einer amerikanischen Zeitung tätig. Jeden Morgen las ich auf dem Bildschirm alle Informationen, die verschiedene Nachrichtenagenturen aus Moskau sendeten. Das war die Zeit, als der ehemalige KGB-General Oleg Kalugin nun als Volksdeputierter in sensationellen Interviews mit dem KGB abrechnete und kurz danach deswegen sämtlicher Ränge, Auszeichnungen und Rentenansprüche verlustig ging. Kurzum, ich hatte vielfältiges Material über den KGB zur Hand.

Es ist bezeichnend, daß jeder, der über den KGB schrieb, dem Leser eingangs erläuterte, der KGB, das seien die CIA und das FBI zusammengenommen. Der Leser wurde aufgeklärt, daß sich der KGB mit der Feindaufklärung (CIA), der Spionageabwehr (FBI) wie auch mit der Bekämpfung des organisierten Verbrechens, der Drogenmafia und des Terrorismus befaßt, da dies ebenfalls zur Kompetenz des FBI gehört.

Ich will nicht verhehlen: Jedesmal, wenn ich so etwas las, hatte ich das Bedürfnis, dem Redakteur zu sagen: Fügen Sie doch noch hinzu, daß der KGB außerdem politische Bespitzelung betreibt, die Funktionen der Geheimpolizei ausübt und gerade diesem Umstand seinen zweifelhaften Ruhm verdankt.

Aber ich hielt mich zurück, denn meine amerikanischen Kollegen, die noch nie in der Sowjetunion waren, hätten sogleich eingewandt: Aber das FBI befaßt sich ja auch mit politischer Bespitzelung. Denken Sie nur an die fünfziger und sechziger Jahre, an den McCarthyismus oder an den Watergate-Skandal ... Daraufhin hätte ich erwidern müssen, daß nach den 1979 vom US-Kongreß bestätigten FBI-Statuten es diesem Amt nicht gestattet ist, Aktivitäten zu untersuchen, die mit religiösen oder politischen Willensäußerungen der Bürger verbunden sind. Ich hätte ihnen sagen müssen, daß Watergate auch dem FBI viele Unannehmlichkeiten bereitet hatte. In den USA wurden schon 1974 das sogenannte Privacy-Gesetz (über die Unantastbarkeit der Privatsphäre) und noch früher, 1966, das Gesetz über die Informationsfreiheit verabschiedet, während die UdSSR nichts dergleichen aufzuweisen hat. Ich hätte weiterhin einräumen müssen, daß ich aufgrund dieser beiden Gesetze und der Änderung Nr. 1 zur Verfassung (Recht auf Informationen) beim FBI meine eigene Akte beantragt hatte und kurz darauf die Antwort erhielt, eine solche Akte besitze das FBI nicht ... Ich glaubte dieser Antwort nicht, weil ich noch vor meiner Anfrage den FBI-Chef von Chicago, wo ich damals arbeitete, interviewt hatte und dieser hohe Beamte nicht verhehlte, daß sie bestimmte Informationen über mich besaßen. Folglich hatten sie schon Auskünfte über mich eingezogen ...

Wahrscheinlich habe ich mich auf ein Wortgefecht, wie ich es eben beschrieben habe, gar nicht erst eingelassen, denn das hätte meinen von klein auf anerzogenen »sechsten Sinn« eines Sowjetmenschen, den sowjetischen »Patriotismus«, verletzt. Möglicherweise ist meine tiefe Abneigung gegen alle Geheimdienste daran schuld, denn ich bin davon überzeugt, daß sie sich alle von ihrem Wesen her gegen den Menschen richten.

Als ich nach Moskau zurückkam, begann ich gemeinsam mit meiner Kollegin Natalija Geworkjan, die viel über die gegenwärtige Tätigkeit des KGB schreibt, Material zu sammeln, das später, am 3. März 1991, in ›Moskowskije nowosti‹ unter dem Titel ›Der unbekannte KGB. Struktur und Funktion‹ veröffentlicht wurde.

Wir lasen ausländische Artikel, nahmen Kontakt zu den »heimischen Quellen« – pensionierten oder noch aktiven KGB-Mitarbeitern – auf und kamen aus dem Staunen nicht heraus.

Das, was wir erfuhren, war in der Tat mehr als verblüffend. Wir glaubten, recht gut über den KGB informiert zu sein, und doch hatten wir keine Vorstellung gehabt vom Ausmaß seines Einflusses, seiner Machtfülle, seiner Fähigkeit, alle Lebensbereiche der sowjetischen Gesellschaft zu durchdringen.

Womit beginnen? Am besten mit Zahlen.

Westlichen Quellen zufolge schwankt die Stärke des KGB zwischen vierhunderttausend und siebenhunderttausend Mitarbeitern.[12] Exaktere Zahlen sind leider nicht zu beschaffen, der KGB hütet dieses Geheimnis sorgsam. Im Oktober 1991 gab Wadim Bakatin, der neue KGB-Vorsitzende seit dem August-Putsch, bekannt, daß das Komitee insgesamt vierhundertachtundachtzigtausend Mitarbeiter beschäftige, darunter zwei-hundertzwanzigtausend Soldaten und Offiziere der Grenz-truppen. Ich stehe dieser Zahl sehr skeptisch gegenüber. Mög-licherweise ist Bakatin vorsätzlich desinformiert worden. In einem Interview mit mir meinte er, der KGB zähle hundert-fünfzigtausend bis hundertachtzigtausend Offiziere. Selbst wenn diese Zahl der Realität nahekommt, sollte man sie ver-vierfachen. Das würde nach Aussagen sachkundiger KGB-Leute dem realen Verhältnis zwischen KGB-Offizieren und Mitarbeitern am ehesten entsprechen. Mithin beläuft sich die Zahl auf vierhundertachtzigtausend bis sechshunderttausend.

Nach den Worten von Oleg Gordiewsk,[13] einem ehemaligen KGB-Oberst, der vom britischen Sicherheitsdienst SIS ange-worben wurde, sind allein im Moskauer Zentralapparat des KGB fünfundsechzigtausend Offiziere tätig. In Moskau arbei-ten insgesamt, einschließlich der Moskauer Hauptverwaltung, der dortigen Grenzbeamten und der Mitarbeiter in den For-schungsinstituten des KGB, neunundachtzigtausend Tscheki-sten. Zum Vergleich: Das FBI-Hauptquartier zählt einund-zwanzigtausend Mitarbeiter.

Kalugin meinte, das KGB-System beschäftige mehr Leute als alle Geheimdienste Europas zusammengenommen. Allein in der Parteiorganisation des KGB-Zentralapparates befänden sich mehr Leute (nach Kalugin »immerhin sechsunddreißig-tausend«) als bei der CIA und dem FBI.[14] Kalugin meinte des weiteren, die Zahl der Mitarbeiter im KGB könnte – und soll-te! – um fünfzig Prozent gesenkt werden. In den letzten fünf-undzwanzig Jahren hat sich die Zahl jedoch systematisch er-höht.

Die Einwohner von Moskau konnten das mit eigenen Augen beobachten. Besaß die KGB-Zentrale für Moskau und das Moskauer Gebiet Mitte der sechziger Jahre unter Chrusch-tschow nur zwei Gebäude am Lubjanka-Platz, so kamen in der Folgezeit weitere fünf hinzu. Ich frage mich oft: Wie hatte es die Moskauer Ochrana, die Geheimpolizei vor der Revolution, bloß geschafft, mit den vielen Oppositionsparteien – Bolsche-wiken, Menschewiken, Kadetten, Sozialrevolutionären und anderen – fertig zu werden, wenn ihr lediglich vierundzwanzig Offiziere zur Verfügung standen.[15]

Der KGB befehligt eigene Truppen, die sogenannten Grenztruppen, deren Zahl sich auf zweihundertzwanzigtausend Soldaten und Offiziere beläuft. Es mag seltsam klingen, aber Anfang der dreißiger Jahre, als die Sowjetunion das einzige sozialistische Land in der Welt war und sich, wie es damals hieß, »von Feinden umgeben« sah, kamen die Grenztruppen offiziellen Statistiken zufolge mit nur einem Siebentel der heutigen Stärke aus.[16]

Dem KGB sind außerdem einige Sondereinheiten, Pioniertruppen und Regierungs-Fernmeldetruppen, unterstellt.[17] Vor kurzem erhielt der KGB weitere Einheiten. Man spricht von drei Divisionen. Die genaue Zahl wird geheimgehalten. Der erste Stellvertreter des KGB-Vorsitzenden, Armeegeneral Filipp Bobkow (seit Februar 1991 im Ruhestand), erwähnte in einem Interview ganz nebenbei, daß der KGB »nur drei Divisionen« (Sondereinsatztruppen) befehlige, die »ausschließlich an der Staatsgrenze zum Einsatz kommen«.[18] Es gibt aber Hinweise darauf, daß sie auch zur Bekämpfung der Unruhen im eigenen Land eingesetzt werden können.[19] Ein hochrangiger Mitarbeiter im Generalstab des sowjetischen Verteidigungsministeriums erklärte jüngst, dem KGB seien zwei weitere Divisionen zugeteilt worden: die bei uns allgemein bekannte Luftlandedivision Witebsk und die Heeresdivision Nachitschewan (in deren Reihen auch Soldaten dienen, die den Krieg in Afghanistan mitgemacht haben).

Vielen KGB-Verwaltungen stehen außerdem eigene Spezialkommandos (»Speznas«) zur Verfügung. Die Sondergruppe A–7 (in der Presse oft auch »Gruppe Alpha« genannt) untersteht der Siebenten Verwaltung. Diese Sondergruppe – und nicht die Armee, wie es unser Präsident, der Verteidigungsminister Jasow, der Innenminister Pugo und viele andere der Öffentlichkeit weismachen wollten – war für die blutigen Ereignisse in Vilnius in der Nacht vom 12. zum 13. Januar 1991 verantwortlich.[20]

In dieser Nacht kamen bei der Besetzung der Gebäude des litauischen Fernsehfunks vierzehn unbewaffnete Zivilisten ums Leben, getötet wurde auch ein Mitarbeiter des KGB: Leutnant Viktor Schatskich. Nach seinem Tod konnten die Behörden nicht umhin einzugestehen, daß an den Vorgängen in Vilnius KGB-Leute beteiligt waren.

Ein eigenes »Speznas« gehört auch zum Bestand der Ersten

(Haupt-)Verwaltung: die »Gruppe B« und die berüchtigte Einsatzgruppe »Kaskad«, die den Palast des damaligen afghanischen Präsidenten Amin im Dezember 1979 besetzt hatte, und die Gruppe »Zenit«. Angeblich seien diese Gruppen vor allem für terroristische Aktionen außerhalb der UdSSR vorgesehen. Wer garantiert dafür, daß sie unter bestimmten Bedingungen nicht auch gegen das eigene Volk eingesetzt werden?

Wieviel Divisionen und Spezialgruppen stehen dem KGB also zur Verfügung? Ich weiß es nicht. Einigen Quellen zufolge mehr als in den Seestreitkräften der USA.[21] Andere Quellen besagen, daß die Sonderkommandos des KGB sechzig- bis siebzigtausend Mann zählen.[22]

Hier drängt sich die Frage auf: Wozu braucht ein Land, das die ganze Welt um Hilfe bittet, ein Land, in dem achtzig Millionen Menschen unter der Armutsgrenze leben, solch ein Riesenheer von Sicherheitsleuten? Womit befassen sie sich? Ist es überhaupt möglich, eine so große Zahl von geheimen Polizisten sinnvoll zu beschäftigen?

Ja, das ist möglich! Der ehemalige KGB-General Kalugin, der nach dreißig Jahren Tätigkeit im KGB die Materie gut kennt, meinte: »Es gibt keinen einzigen Bereich unseres Lebens, vom Sport bis zur Kirche, wo das Komitee nicht seine eigenen Ziele verfolgen würde.«

Verständlicherweise sammeln die meisten KGB-Mitarbeiter ihre Informationen im Ausland. Verantwortlich dafür ist die Erste (Haupt)Verwaltung (PGU), das »Gehirn« des KGB. Einigen Quellen zufolge sind hier mehr als zwölftausend Mitarbeiter tätig.[23]

Ich frage mich, ob diese Zahl auch die Tschekisten einschließt, die in den sogenannten Botschafts-Residenturen der PGU, getarnt als Diplomaten, Journalisten, Vertreter von Außenwirtschafts- und Reisefirmen und anderen Unternehmen, im Ausland arbeiten.[24] Von ihnen gibt es gewiß viele Hunderte in der ganzen Welt!

Die PGU ist nach dem regionalen Prinzip in Abteilungen und Sektoren untergliedert, zum Beispiel USA und Kanada, Lateinamerika, Benelux-Staaten, englischsprachiges Afrika. Jede Abteilung hat für die einzelnen Bereiche eigene Funktionspläne.

Die Abteilung »K« befaßt sich beispielsweise mit der Spionageabwehr. Zu ihren Funktionen gehört es, das Wirken ausländischer Spionagedienste in der UdSSR zu verhindern, mit anderen Worten, sie richtet ihr Augenmerk auf die westlichen Geheimdienste, zum Beispiel CIA, FBI, Nationale Sicherheitsbehörde der USA, und auf die Observierung der Sowjetbürger im Ausland. »T« beschäftigt sich mit wissenschaftlich-technischer Aufklärung, »RT« mit der Aufklärung von Spionageakten auf dem Territorium der UdSSR, »S« mit illegalen Aktionen, »OT« mit operativ-technischer Versorgung und so weiter.

Der PGU gehört ferner die Informationsverwaltung an, die alle eingehenden Aufklärungsdaten analysiert und bewertet und jeden Tag Berichte an die Staatsführung liefert. Soviel mir bekannt ist, gibt es seit kurzem neben den schon bestehenden vier Informations- und Auswertungsstellen eine weitere riesige und wichtige Analyse-Abteilung. Nach meiner Kenntnis hat sie die Aufgabe, die laufenden Ereignisse auszuwerten und der Staatsführung eine Prognose für die weitere Entwicklung vorzulegen. Auf das Informationsmonopol des KGB gehe ich später ein, denn daraus erklärt sich aus meiner Sicht die erstrangige Rolle des KGB in den Machtstrukturen.

Die PGU beschränkt sich nicht allein auf die Erfassung authentischer Informationen, sondern fertigt auch falsche Informationen an. Diesen Aufgabenbereich erfüllt ein Sonderdienst der »aktiven Schritte«, der »A«-Dienst. Diese Gruppe zeigte unter anderem großes Interesse für die Friedensbewegungen im Ausland und spielte dort eine nicht unwesentliche Rolle. Besonders aktiv war der »A«-Dienst in den Ländern der Dritten Welt, wo er Falschmeldungen verbreitete.

Als Journalistin hatte ich die Möglichkeit, eine dieser Fälschungen unter die Lupe zu nehmen, die seinerzeit in Umlauf gebrachte Version, das AIDS-Virus sei ein Ergebnis der amerikanischen Experimente bei der Entwicklung biologischer Kampfstoffe.

Ich erinnere mich noch sehr gut, wie eifrig man 1986 und 1987 versucht hat, diese Version der Presse schmackhaft zu machen. Einige Zeitungen, so die ›Literaturnaja gaseta‹, fielen darauf herein, andere, zum Beispiel ›Moskowskije nowosti‹, weigerten sich, ein solches Material zu veröffentlichen. ›Moskowskije nowosti‹, seinerzeit noch ein Organ der Presseagentur Nowosti (APN), kam in Konflikt mit dem damaligen APN-

Chef und Sekretär des ZK der KPdSU, Walentin Falin, der zuvor Botschafter in Bonn gewesen war und als gebildeter Mann galt. Ich habe selbst gesehen, wie Falin auf den Chefredakteur Jegor Jakowlew einredete und ihn zwingen wollte, das Material über die »haarsträubenden Verbrechen der amerikanischen Soldateska« zu veröffentlichen. Jakowlew gab nicht nach. In den Auseinandersetzungen stand ihm der hervorragende Immunologe Rem Petrow zur Seite, der in einem Gespräch mit mir diese Version als Hirngespinst verwarf.

Gewiß ist der »A«-Dienst nur ein Teil der PGU. Große Anziehungskraft für uns Journalisten hat zweifellos die Abteilung »S« (illegale Aktionen). Für Kriminalromane und Spionagegeschichten habe ich zwar nicht viel übrig, aber ich horchte auf, als sich herumsprach, daß die Achte Abteilung der PGU die Funktionen der berüchtigten Abteilung »W« übernommen hatte, die, als »Killer-Kommando« bekannt geworden, Terrorakte vorbereitete und durchführte.

Wir erfuhren, daß das Politbüro des ZK der KPdSU nach der Ermordung von Stepan Bandera, dem Führer der ukrainischen Nationalisten, und der Verhaftung seines Mörders Staschinski, eines Mitarbeiters des KGB, Aktionen dieser Art bis auf wenige Sonderfälle untersagt hatte.

Als ein solcher »Sonderfall« galt allem Anschein nach die Bitte des bulgarischen Sicherheitsdienstes, den Dissidenten Georgi Markow umzubringen. Dem Wunsch des Geheimdienstes aus dem »Bruderland« wurde stattgegeben. Der damalige KGB-Vorsitzende Juri Andropow war, wie Kalugin sagte, gegen jedwede Beteiligung des sowjetischen Sicherheitsdienstes an dieser Aktion. Aber Krjutschkow, damals Leiter der Ersten (Haupt-)Verwaltung und später Vorsitzender des KGB, blieb hart und überzeugte Andropow, den Genossen aus Bulgarien entgegenzukommen. Markow wurde 1978 in London ermordet.[25]

Der nächste »Sonderfall« trug sich 1979 zu: die Ermordung des damaligen afghanischen Präsidenten Amin. Manchen Angaben zufolge wurden sieben Teilnehmer dieser Aktion, einige von ihnen postum, mit dem Titel »Held der Sowjetunion« ausgezeichnet. Danach begann der Krieg gegen Afghanistan (aber nicht durch Amins Tod verursacht), der acht Jahre dauerte und die Sowjetunion 13 833 Tote, 49 985 Verwundete, Hunderttausende moralisch verkrüppelte junge Menschen kostete. In die Millionen geht die Zahl der Opfer Afghanistans.

»Sonderfälle« zur Zeit der Perestroika sind mir bis heute nicht bekannt. Allerdings erregten in den letzten Jahren einige mysteriöse Morde an Vertretern der russischen orthodoxen Kirche Aufsehen, vor allem die Ermordung des Priesters Alexander Men, eines orthodoxen Geistlichen jüdischer Abstammung, der sich als Dichter und volksnaher Prediger einen Namen gemacht hatte und vor der Perestroika Verfolgungen durch weltliche und kirchliche Behörden ausgesetzt gewesen war. Die vom Innenministerium angestrengte Untersuchung ist, soviel ich weiß, in die Sackgasse geraten. Es mangelt zwar nicht an Spekulationen, aber ich glaube, wir werden den Namen des Mörders nicht so bald erfahren.

Nicht zuletzt verfügt »das geistige Zentrum« des KGB über eine Abteilung, die es sich zur Aufgabe macht, das Anwerben sowjetischer Agenten durch westliche Geheimdienste zu verhindern. Die Tschekisten selber nennen sie »Abteilung für Folterungen und Erschießungen«. Allem Anschein nach arbeitet diese Abteilung nicht allzu erfolgreich: Waren von 1960 bis 1980 nur drei KGB-Mitarbeiter in den Westen geflüchtet, so stieg diese Zahl seitdem auf dreiundzwanzig.[26]

Spionageabwehr und innere Sicherheit (in den USA im Kompetenzbereich des FBI) obliegen im KGB der Zweiten (Haupt-) Verwaltung. Ihr unterstellt ist eine Reihe kleinerer Verwaltungen, die offenbar eine geringere Rolle spielen und doch nicht unwichtig sind. So bekämpft zum Beispiel die Dritte Verwaltung die Spionage in den Streitkräften und in den Organen des Innenministeriums. John Barron zufolge kontrolliert diese Verwaltung das Verteidigungsministerium und den Generalstab, die Hauptverwaltung Aufklärung dieses Ministeriums, die See- und Luftstreitkräfte, das Heer und alle Einheiten, die Kernwaffen bedienen. Emi Night geht davon aus, daß die Dritte Verwaltung etwa dreitausendfünfhundert Leute beschäftigt. Außerdem gibt es noch die Vierte Verwaltung, die für die Spionageabwehr im Transportwesen und in der Luftfahrt verantwortlich ist. Sie kontrolliert auch die Post und die Telekommunikation.

Die Bekämpfung der wirtschaftlichen Spionage obliegt der Sechsten Verwaltung. Sie kümmert sich um die Rüstungsbetriebe, Industriewerke und Forschungsinstitute, für die sich ausländische Geheimdienste interessieren. Zweifellos müssen Staatsgeheimnisse geschützt werden. Einer unserer Gesprächspartner warf mit bitterer Ironie ein, daß es wohl »nur noch in den Schokolade- und Spielzeugfabriken keine Mitarbeiter dieser Verwaltung« gebe.

Dennoch ist es bemerkenswert, daß gerade wirtschaftliche Geheimnisse, von »kommerziellen Geheimnissen« ganz zu schweigen, auf rätselhafte Weise unablässig ins Ausland gelangen. Die sowjetische Presse berichtet fortwährend von Erfindungen sowjetischer Wissenschaftler, die im Ausland patentiert und praktisch verwertet werden. Wie haben unsere »ruhmreichen Tschekisten« das zugelassen? Wie auch immer.

Das Interesse des KGB gilt in erster Linie dem Sowjetbürger. Vor ihm schützt der KGB die Nomenklatura der Partei und natürlich sich selber. Barron schreibt, daß sechs von insgesamt zwölf Abteilungen der Zweiten (Haupt-)Verwaltung das Geld des sowjetischen Steuerzahlers für die Bespitzelung ausländischer Diplomaten, für die Unterbindung ihrer Kontakte mit Sowjetbürgern ausgeben; andere Abteilungen observieren Touristen und ausländische Studenten. Barrons Angaben stammen aus der Breschnew-Zeit. Heute sind Kontakte mit Ausländern legal und allein deshalb recht umfangreich, weil es inzwischen eine beträchtliche Zahl Gemeinschaftsunternehmen gibt.

Diese Joint ventures werden vom KGB kontrolliert, der daraus gar kein Geheimnis macht.[27] Der ehemalige Mitarbeiter der Zweiten (Haupt-)Verwaltung, Oberstleutnant a. D. Valentin Koroljow, behauptet: »Operative Informationen über Mitbürger, die nur einen einzigen schriftlichen Kontakt mit Ausländern hatten, werden gespeichert und können jederzeit gegen den Betreffenden verwendet werden.«[28] Zugegeben, aber ich kann mir kaum vorstellen, daß der KGB in der Lage wäre, jeden Sowjetbürger zu beschatten, der sich mit Ausländern trifft oder sie zu Hause empfängt, andererseits ...

Die Politik des »Neuen Denkens« im internationalen Geschehen engte offenbar die Interessen des KGB im Ausland ein, und so wandte er sich, wie viele meinen, verstärkt den Angelegenheiten im Innern zu. Was mich nicht wundert bei den Riesenscharen von KGB-Mitarbeitern, die ja für ihre Gehälter etwas tun müssen.

Wie dem auch sei, die Leiter der Zweiten (Haupt-)Verwaltung behaupten heute, sie hätten sich in die Bekämpfung des organisierten Verbrechens und der Wirtschaftssabotage eingeschaltet. Das sagte auch Viktor Gluschko, erster Stellvertreter des KGB-Vorsitzenden und vormals Chef der Zweiten (Haupt-) Verwaltung, der wegen seiner Beteiligung am August-Putsch aller Ämter enthoben und verhaftet wurde. Das wäre gar nicht so schlecht, denn auch das FBI setzt etwa sechzig Prozent seiner Aktivitäten für die Bekämpfung des Gangstertums ein, dann folgen erst die Spionageabwehr und der Kampf gegen extremistische Organisationen.[29]

Was die Wirtschaftssabotage angeht, so ist dieser für die meisten unverständliche Begriff juristisch nicht exakt definiert, obwohl alle wissen, daß in den ersten Jahren der Sowjetmacht die »Saboteure« von der Tscheka unverzüglich erschossen wurden. »Ausgehend vom Beschluß des Rates der Volkskommissare«, hieß es in der Zeitung ›Iswestija‹ vom 23. November 1918, »sieht sich die Allrussische Außerordentliche Kommission im Kampf gegen Konterrevolutionäre, Spione, *Spekulanten*, Einbrecher, Randalierer, *Saboteure* (Hervorhebung von mir) und andere Schmarotzer gezwungen, diese schonungslos auf der Stelle zu vernichten.«

Einem Präsidentenerlaß zufolge haben die KGB-Mitarbeiter und die Vertreter des Innenministeriums (Miliz) heute das Recht, »Räumlichkeiten von Betrieben, Einrichtungen, Unternehmen ... sowie Produktionsräume ungehindert zu betreten, die von den Bürgern für die Ausübung der individuellen Betriebstätigkeit genutzt werden.«[30] Eine Genehmigung des Staatsanwalts wird dazu nicht benötigt! Da jedoch viele Firmeninhaber ihre Büros vorläufig zu Hause einrichten müssen, verstößt der Präsidentenerlaß gegen die von der Verfassung garantierte Unverletzlichkeit der Wohnung.

Wozu hat das geführt? Sind die Saboteure gefaßt worden? Sind die Läden mit Lebensmitteln und anderen Waren gefüllt? Nichts dergleichen! Indes haben die Sowjetbürger erneut zu spüren bekommen, daß sie nach wie vor unter der wachsamen Aufsicht der Tschekisten stehen.

Eigentlich gehört das Privatleben der Bürger in die Kompetenz eines anderen Bereichs des KGB, und zwar der Abteilung »S« zum Schutz der verfassungsmäßigen Ordnung. In der Vergangenheit war es die sattsam bekannte Fünfte Verwaltung (ideologische Abwehr) gewesen, die Andersdenkende und Dissidenten bekämpfte.

Sie steht im Mittelpunkt vieler Bücher und Abhandlungen, vor allem ausländischer Verfasser. Die Fünfte Verwaltung war es, die Solschenizyn hetzte, Rostropowitsch aus dem Land vertrieb, Daniel und Sinjawski einen Gerichtsprozeß machte. Unter den Mitarbeitern gab es, wie wir inzwischen herausfanden, viele profunde Kenner der Literatur und Kunst. Erst vor kurzem erfuhr ich, daß ein hochrangiger KGB-Beamter, der den einzigartigen avantgardistischen Maler Michail Schemjakin (er lebt heute in New York) zur Ausreise gezwungen hatte, ein glühender Verehrer seines Talents war. Er sammelte seine Bilder, die der KGB bei der Schließung mehrerer illegaler Ausstellungen beschlagnahmt hatte.

Die Fünfte Verwaltung wurde von Armeegeneral Filipp Bobkow geschaffen, der sie lange Jahre hindurch leitete, später als erster Stellvertreter des KGB-Vorsitzenden arbeitete und sich Anfang 1991 in den Ruhestand versetzen ließ – eine in ihrer Art bedeutende Persönlichkeit, die in die Geschichte des KGB und des ganzen Landes einging.

Bobkow hatte seine Laufbahn im KGB 1945, noch unter Berija, begonnen. Er überdauerte zwölf Vorsitzende und avancierte in den letzten Jahren zum eigentlichen Leiter des KGB. 1991 hatte er die wichtige Funktion eines Beraters im sowjetischen Verteidigungsministerium inne und zog immer noch die Fäden im Komitee, wie die aktiven KGB-Mitarbeiter behaupten. (Ich fürchte, daß er trotz seines Weggangs in der Tat dort nach wie vor präsent ist.)

Die alte Führung des KGB will die sowjetischen Mitbürger glauben machen, daß sich das Komitee für ihre Gedanken, Taten (sofern sie der Verfassung nicht zuwiderlaufen), politischen Ansichten und ihren Glauben nicht mehr interessiert und die Abteilung »S« lediglich um den Schutz der Verfassung besorgt ist.

Noch 1988 wurde auf Beschluß des Kongresses der Volksdeputierten das Komitee für Verfassungsschutz gebildet, eigens mit dem Ziel, Verstöße gegen die Verfassung nicht zuzulassen. Aber unsere Konstitution kommt offenbar ohne den KGB nicht mehr aus. Schließlich obliegt der Abteilung »S« nicht allein ihr Schutz. Nach wie vor existiert dort ein Sektor, der sich mit den informellen gesellschaftlichen Organisationen, das heißt mit neuen politischen Parteien und Bewegungen, befaßt. »Es gilt«, so meint Oberstleutnant Alexander Kitschichin, ein Mitarbeiter der Abteilung »S«, »die neu entstehenden Parteien zu kontrollieren, damit sie nicht eines Tages die Staatsordnung und die Verfassungsrechte der Bürger in Frage stellen.«[31]

Auch das Interesse an der Kirche läßt nicht nach. Zuständig dafür ist die Vierte Verwaltung. Und das, obwohl noch im Sommer 1990 das Gesetz über die Gewissensfreiheit verabschiedet wurde, das dem dreiundsiebzig Jahre währenden Kampf der Sowjetmacht gegen verschiedene Konfessionen ein Ende bereiten sollte. Mit diesem Gesetz distanzierte sich der Staat von jedweder Einmischung in die Angelegenheiten der Kirche. Aber im Juli 1991 stellte sich heraus, daß der stellvertretende Vorsitzende des Rates für die Angelegenheiten der Religionen beim Ministerrat der UdSSR, Jewgeni Milowanow, ein Oberst des KGB ist.

Der Priester der Diözese Kostroma, Georgi Edelstein, behauptet, daß jeder zweite Geistliche offizieller oder inoffizieller Mitarbeiter des Komitees für Staatssicherheit gewesen ist. »Ich kenne keinen einzigen Geistlichen«, sagte er in einem Interview mit der Wochenschrift ›Argumenty i fakty‹, »der nicht zu einem Gespräch ins KGB vorgeladen worden wäre.« Ähnlich äußert sich auch der ehemalige Vorsitzende des Rates für die Angelegenheiten der Religionen, Konstantin Chartschenko: »Nicht ein einziger Bischof, ganz zu schweigen von Mitgliedern des Heiligen Synod, wurde ohne Billigung des ZK der KPdSU und des KGB in seinem Amt bestätigt ...« In der KGB-Verwaltung St. Petersburg arbeitet bis heute Oberstleutnant Alexander Grigorjew alias Priester Alexander, der einer sehr bekannten Gemeinde der Stadt vorsteht und beliebt ist ...

Doch das ist nur die Spitze des Eisbergs. Vor gut zwei Jahren ist mir das Stenogramm einer Sitzung des Militärgerichts des Nordkaukasischen Militärbezirks in die Hände geraten. Das Gericht befaßte sich mit dem Fall des Majors Chwostikow aus der KGB-Verwaltung des Gebiets Rostow.

Dieses Dokument enthält viel aufschlußreiches Material darüber, wie man einige Geistliche zu KGB-Agenten machte und zugleich gegen »antisowjetische« Predigten anderer Priester auftrat. Ich zitiere hier einige Auszüge aus der Anklageschrift: »Der zur Sache vernommene Bevollmächtigte für die Angelegenheiten der Religionen beim Ministerrat der UdSSR im Gebiet Rostow, Kolganow, sagte uns, daß er gleich in den ersten Tagen seiner Tätigkeit zum Abteilungsleiter des Gebiets-KGB, Genossen Mestscherjakow, bestellt worden sei, dieser habe ihm – in Anwesenheit eines Vertreters des Gebietskomitees der KPdSU – die Anweisung gegeben, alle Personalfragen der Geistlichen und anderer kirchlicher Würdenträger im Gebiet Rostow an die entsprechende KGB-Abteilung als zuständige Entscheidungsinstanz weiterzuleiten. Diese Anweisung habe seine Arbeit behindert und zu Bestechungen seitens der Kirche geführt.

Der Zeuge Kolganow sagte weiter aus, daß die ehemalige Buchhalterin der Kleinen Kathedrale von Rostow, Frau Koscheljajewa, wegen finanzieller Unregelmäßigkeiten und Veruntreuung hoher Geldsummen von ihrer Arbeit suspendiert worden sei ... Kurz darauf sei die Koscheljajewa mit Wissen Chwostikows als Vorsitzende des Kirchenrates der Alexander-Kirche eingestellt worden und habe erneut hohe Geldsummen veruntreut. Die Gemeindemitglieder und andere Bürger hätten sich über die Koscheljajewa beschwert und ihre Entlassung gefordert. Chwostikow habe aber ihrer Entlassung nicht zugestimmt und sich darauf berufen, daß sie für den KGB wichtig sei ...«

»Chwostikow, der von September 1972 bis Januar 1984 auf die russische orthodoxe Kirche angesetzt war, hat von Geistlichen und anderen kirchlichen Würdenträgern der Diözese Rostow Bestechungsgelder erpreßt. In dem genannten Zeitraum erhielt Chwostikow hundertzweiundvierzigtausend Rubel ... Vom Vorsitzenden des Kirchenrates des Pokrowski-Gebetshauses in Schachty, Chartschenko, verlangte er vierhundert Rubel monatlich und bekam das Geld – bis zu seiner Verhaftung. Chartschenko zahlte ihm insgesamt fünfzigtausend Rubel.«

Was versprachen sich die Geistlichen davon, daß sie dem KGB-Major zahlten? Nach dem Dokument zu urteilen, waren ihre Wünsche ziemlich bescheiden. Sie wollten ihre Gemeinden nicht verlieren und nicht im Gefängnis landen, weil der

KGB ihre Predigten als »antisowjetische Reden« eingestuft hatte.

»Kolganow hatte erfahren, daß der Geistliche Gejko während des Gottesdienstes antisowjetische Predigten hielt und den religiösen Fanatismus der Gläubigen schürte. Deshalb war er gegen seine Versetzung aus Donezk in die Diözese Rostow. Davon wußten die Mitarbeiter des KGB ... Trotz Kolganows Einwänden wurde Gejko, weil er dem KGB vermeintlich Nutzen brachte, nach Rostow versetzt und erhielt dort eine Gemeinde. Später wurde Kolganow bekannt, daß Gejko für seine Versetzung fünftausend Rubel gezahlt hatte.«

Der Mitarbeiter des Rostower KGB, der mir dieses Material besorgt hat, ist überzeugt, daß die in der Anklageschrift angegebene Summe höchstens ein Fünftel der gezahlten Bestechungsgelder ausmacht, da ein wesentlicher Teil dieser Gelder nach oben, das heißt an die KGB-Zentrale, abgeführt wurde. Das ist aber schon eine ganz andere Geschichte. Sie interessiert mich nicht, die »schmutzige Wäsche« der Tschekisten will ich nicht waschen.

Womit befaßt sich diese Verwaltung, die angeblich die sowjetische verfassungsmäßige Ordnung schützt, denn noch? Unseren Quellen zufolge mit der Kultur und mit dem Sport. »In jedem Sportverband des Landes sitzt ein Mann von uns«, erfahren wir. Wie kann es denn anders sein? Unsere Sportler fahren ins Ausland, Sportler aus dem Ausland kommen zu uns ... Sehr reges Interesse zeigt diese Verwaltung für Streikkomitees, doch davon später. Die Abteilung läßt auch die »separatistischen«, die nationalistischen Gruppen nicht außer acht. Mit ihnen befaßt sich eine Sonderabteilung für zwischennationale Beziehungen. Nach einigen Angaben tut diese Abteilung alles, um die Spannungen zwischen der russischsprachigen und der einheimischen Bevölkerung in den einzelnen Republiken, besonders im Baltikum, zu schüren. Auch die Abteilung Zionismus besteht weiter.

Der schon erwähnte Mitarbeiter der Abteilung »S«, Oberstleutnant Kitschichin, war davon überzeugt, daß die KGB-Leute überall sind: in jedem Ministerium, in jedem Institut, in jedem Werk, in jeder Hochschule. Sie sitzen in jeder Zeitungs- und Zeitschriftenredaktion, selbstverständlich auch im Rundfunk und Fernsehen und in den Nachrichtenagenturen. Es handle sich hierbei, so Kitschichin, nicht immer um hauptamtliche Mitarbeiter.

»Wenn uns ein hoffnungsvoller junger Journalist auffällt, spielen wir ihm sensationelles Material zu, oder wir helfen ihm bei der Lösung des Wohnungsproblems und fördern seine Laufbahn. Mit der Zeit nimmt er einen wichtigen Posten in einem Presseorgan ein, und wir bauen über ihn unseren Einfluß aus.«

»Welchen Einfluß? In welcher Form?« fragte ich. »Die unabhängigen Zeitungen haben sich heute von der Zensur und von der Parteivormundschaft befreit. Wer wird schon auf Sie hören?«

»In manchen Fällen braucht man gar nicht viel zu tun, zum Beispiel die Veröffentlichung eines Artikels etwas zu verzögern. Dann findet dieser Artikel eine viel geringere Resonanz, und entsprechend geringer ist auch der Schaden für den KGB oder die KPdSU. Und außerdem ... Vergessen Sie bitte nicht, daß die Papiere für eine Auslandsreise immer noch unser Ressort sind.«

Offen gestanden, hörte ich meinem Gesprächspartner mit großer Skepsis zu. Ich glaube, die KGB-Mitarbeiter neigen oft dazu, die eigenen Möglichkeiten hochzuspielen, um sich aufzuwerten.

Es stimmt, Mitarbeiter oder »Vertrauensleute« des KGB sind in den Massenmedien, besonders in den offiziellen, oft anzutreffen, speziell in den Personalabteilungen und Außenstellen im Ausland. Auf die redaktionelle Politik üben sie jedoch keinen ernsthaften Einfluß aus. Diese »Handlanger« stehen vor allem im Dienst der Ersten (Haupt-)Verwaltung, also der Auslandsaufklärung. Anders ist es jedoch mit den geheimen Agenten, die Kitschichin im Auge hat. Von ihnen wird noch die Rede sein.

Die Grenzen zwischen den KGB-Verwaltungen sind manchmal ziemlich verschwommen. Nehmen wir zum Beispiel die Siebente Verwaltung, deren Mitarbeiter im KGB-Jargon »Schleicher« genannt werden. Das sind Agenten, die ausländische und sowjetische Bürger gleichermaßen beschatten. Verständlicherweise arbeitet die Abteilung »S« oder die Spionageabwehr mit ihnen eng zusammen. Darüber hinaus hält die Siebente Verwaltung Kontakt zu verschiedenen staatlichen

Institutionen, die mit der privaten Sphäre der Bürger unmittelbar zu tun haben: mit verschiedenen Hausverwaltungen in den Stadtbezirken, die für den Zustand der Wohnhäuser verantwortlich sind, aber insbesondere (in der Vergangenheit weitaus mehr als jetzt) das Privatleben der Mieter überwachen, mit den Standesämtern, von denen der KGB umfassende Auskünfte über die eigenen Mitbürger einholt und so an die Traditionen des Stalinschen NKWD anknüpft, denn damals waren alle Mitarbeiter der kommunalen Dienste, vom Hausmeister bis zum Totengräber, vom Volkskommissariat erfaßt worden.

Die Achte (Haupt-)Verwaltung, eine der wichtigsten im KGB-System, ist mit anderen Bereichen ebenso eng verflochten. Sie arbeitet an verschiedenen Chiffren zum Schutz geheimer Meldungen, die über Telefon, Telefax, Telegraph, Computer abgesetzt werden, sie überwacht und entschlüsselt die aus dem Ausland eingehenden Informationen.

Nach meiner Kenntnis werden sämtliche Chiffrierdienste des Landes, die Dienste des Außenministeriums, der Regierung und sogar des Präsidenten (darunter auch die gesamte Korrespondenz) eingeschlossen, vom KGB kontrolliert. Die Chiffrierer, die im Außenministerium oder beim Präsidenten arbeiten, können durchaus dem KGB-Personalbestand angehören. Der Vorsitzende des Unionsrates des Obersten Sowjets der UdSSR, Iwan Laptew, äußerte sich bei der Erörterung des Gesetzes über den KGB folgendermaßen: »Wenn ein Mitarbeiter (des KGB) anderswohin delegiert wird, erhält er dort ein symbolisches Gehalt, um diese Summe wird ihm im Komitee sein eigentliches Gehalt gekürzt.«[32] Die KGB-Mitarbeiter kommen also nicht in den Genuß einer »Sonderzulage«.

Das ist aber nicht die einzige Informationsquelle des KGB über die führenden Persönlichkeiten des Landes. In der Verfügungsgewalt des KGB befinden sich zwei Vermittlungsstellen – ATS 1 und ATS 2 –, im allgemeinen »Kremlverbindung« oder »heißer Draht« genannt, eine Hochfrequenzverbindung und eine Sonderabteilung für die Telefonverbindung mit der Regierung. Die ehemalige Neunte Verwaltung ist für den Schutz des Präsidenten und anderer hochrangiger Politiker zuständig. Ihr Leiter, General Plechanow, der früher an der Spitze der Zwölften Verwaltung, dem Abhördienst, gestanden hat, wurde am 21. August 1991 wegen seiner Beteiligung am Putsch verhaftet.

Ich habe erfahren, daß die Leiter des Abhördienstes der KGB-Zentrale immer sehr nahestanden, in der Regel brachten sie es zu Assistenten des KGB-Vorsitzenden. Was mich nicht wundert, schließlich hat jeder Leiter ein Telefon, und jeder kann sich einmal die Zunge verbrennen. Nach den Angaben, die Natalija Geworkjan und mir vorliegen, sind allein in der Moskauer Zwölften Verwaltung mehrere tausend Mitarbeiter, vornehmlich Frauen, tätig.

Die Achte (Haupt-)Verwaltung, die für den persönlichen Schutz der Politiker verantwortlich ist, und die Abhörabteilung liefern dem KGB alle Informationen über die Exekutive und damit auch über den Präsidenten. Mithin überwacht der KGB nicht nur diese Personen, sondern steuert auch alle ihre Vorhaben. Die Leibgarde verfolgt jeden Schritt des Präsidenten, berichtet über sein Privatleben, seine Schwächen, seinen Umgang und beeinflußt ihn bei der Wahl und Intensität seiner Kontakte zu anderen. So schieden aus der Umgebung des Präsidenten zuletzt solch liberal denkende Männer aus wie Alexander Jakowlew, Eduard Schewardnadse, Stanislaw Schatalin. Hat der Präsident das gewollt, oder ...?

Das Gerücht über angebliche Verbindungen Jakowlews und Schewardnadses zur CIA wurde jedenfalls ganz bewußt vom KGB in Umlauf gesetzt. Doch warum ließ sich Gorbatschow so leicht steuern? Ich habe da meine Vermutungen. Mich wunderte immer wieder, daß Gorbatschow, der die Geschichte des Sturzes von Chruschtschow kennt, die Überwachung durch den KGB so gelassen hinnahm. Möglicherweise war er nicht imstande, daran zu rütteln. Schlimmer wäre es, wenn er daran gar nicht hätte rütteln wollen.

Zum Schluß sei noch die Operativ-technische Verwaltung des KGB erwähnt. Ihr gehören viele Labors und Forschungsinstitute an, die wahre Wunder an Abhör-, Aufnahme- und sonstiger Technik entwickeln. An erster Stelle stehen hier das Zentralinstitut für Spezialforschung (ZNIISI) und das Zentralinstitut für Spezialtechnik (ZNIIST), in denen die besten Wissenschaftler und Ingenieure tätig sind, namenlose Genies, deren Dissertationen und Abhandlungen mit dem Aufdruck »Streng geheim« versehen werden und deren geistige Fähigkeiten heute die zerrüttete, vorsintflutlich anmutende sowjetische Industrie so dringend braucht. Hier sieht man es ganz deutlich, wie der totalitäre Staat die geistige Elite der Gesellschaft zu seinem Schutz eingespannt hat.

Unter dem Dach der Operativ-technischen Verwaltung arbeitet das berühmte Labor Nr. 12, das sich auf die Entwicklung verschiedener Giftstoffe spezialisiert hat. »Auf der Suche nach geeigneten Methoden zur Durchführung von Giftmorden ordnete Berija den Aufbau eines streng geheimen Labors an, das die Wirkung der Gifte an den zu Höchststrafen Verurteilten testete«, hieß es in der Anklageschrift gegen Berija, Merkulow und Kobulow, die Leiter des NKWD und Oberhenker des Stalinschen Regimes.[33]

Oleg Kalugin berichtete, daß der bulgarische Dissident Markow mit Gift aus diesem Labor getötet wurde. Es befand sich in der Spitze eines gewöhnlichen Regenschirms. Kalugin erwähnte noch andere Tötungsmethoden. Das Gift kann beispielsweise auf den Türgriff eines Privatautos aufgetragen werden. Der ahnungslose Autobesitzer wird zwei Tage später ins Krankenhaus eingeliefert, wo er an einem Herzinfarkt stirbt.

Oleg Gordiewsky, ein ehemaliger Kollege Kalugins und derzeitiger Mitarbeiter des britischen SIS, behauptete, daß die Operativ-technische Verwaltung die Fälschung von Dokumenten und Pässen glänzend beherrsche. Um 1971 hätten die Mitarbeiter der Verwaltung »eine Meisterleistung vollbracht, als ihnen die nahezu sichere Fälschung des amerikanischen Passes gelang, für den bekanntlich ein ganz besonderes Papier verwendet wird«.[34]

Einige Worte zur Zehnten Verwaltung, den Archiven. Hier wird die noch längst nicht bis in alle Einzelheiten bekannte tragische Geschichte des sowjetischen Staates und seines Volkes aufbewahrt. Hier müssen, wahrscheinlich nicht ohne Mitwirkung der Elften Verwaltung – sie koordinierte früher die Aktivitäten der Sicherheitsdienste in den ehemaligen sozialistischen Ländern –, einige Archivbestände der tschechoslowakischen Staatssicherheit, der ostdeutschen Stasi, der rumänischen Securitate gelandet sein. Auch Litauen vermißt unterdessen einen Teil seiner geheimen Archive.

So manch einer wird enttäuscht sein, wenn die Archive zugänglich gemacht werden. Es gibt Hinweise darauf, daß der KGB die Akten über Sacharow und Solschenizyn[35] inzwischen vernichtet hat. »Damit niemand erfährt, womit wir uns bisher befaßt haben, wurde den Mitarbeitern ... die mündliche Anweisung gegeben, alle Unterlagen aus den Tresoren zu entfernen«, berichtet Kitschichin.

Ich schließe indes nicht aus, daß alle diese »authentischen Informationen« über die Vernichtung der Archive vorsätzliche Falschmeldungen sind, die die Bürger davon abhalten sollen, Einblick in diese Papiere zu nehmen. Andere KGB-Leute beteuern wiederum, das Komitee würde nie wichtige Akten vernichten. Die Informationen würden auf Disketten übertragen und in die Datenbank des KGB eingespeichert. Nun, es läßt sich durchaus mit dem Wesen eines totalitären Staates vereinbaren, daß auf der einen Seite Archive vernichtet, auf der anderen aber atomsichere Bunker für die Staatsführung errichtet werden.

Damit hat die Fünfzehnte Verwaltung zu tun, die in KGB-internen Kreisen Bunkerverwaltung heißt. Übrigens erhielt der frühere KGB-Chef Viktor Tschebrikow, der sich zwischen 1982 und 1988 durch den Bau solcher Spezialbunker in Moskau verdient gemacht hatte, den Ehrentitel »Held der sozialistischen Arbeit«. Der Fünfzehnten Verwaltung obliegen außerdem der Bau von Villen für die Regierungselite und die Ausbildung des Personals (zum Beispiel Zimmermädchen) für die Betreuung dieser Objekte und ihrer Bewohner. Zur Ausbildung, so vermute ich, gehört hier gewiß mehr als Staubwischen ...

Die Sechzehnte Verwaltung speichert alle Nachrichten von außen und dechiffriert sie mit Hilfe der EDV-Technik. Hier sind hervorragende Mathematiker tätig. Die Verwaltung verfügt über einen großen EDV-Komplex im Moskauer Zentrum und ein Forschungslabor am Rande der Stadt. In mehr als sechzig Ländern der Welt befinden sich in den diplomatischen Vertretungen und Handelsmissionen der Sowjetunion EDV-gestützte Anlagen der KGB-Aufklärung.

Selbstverständlich unterhält die Sechzehnte Verwaltung engsten Kontakt zur Hauptverwaltung Aufklärung (GRU) des Verteidigungsministeriums. Doch während sich die GRU auf die Dechiffrierung der abgefangenen militärischen Informationen konzentriert, sind die elektronischen »Ohren« dieser Verwaltung vor allem auf codierte Signale wirtschaftlichen und diplomatischen Inhalts gerichtet.

Fazit: Der KGB verfügt über Aufklärungs- und Abwehrdienste, Geheimpolizei, Nachrichtenverbindungen der Regierung, Leibgarde, militärische Abwehr, Grenztruppen, Fahndungseinheiten, darunter die Abteilung zur Bekämpfung des organisierten Verbrechens, und schließlich über eine eigene Armee. Hinzu kommt ein Netz »geschlossener« und »offener« Forschungseinrichtungen. Wie ›US News & World Report‹ treffend bemerkt, trägt sich der KGB mit der Absicht, »grün« zu werden. Vor kurzem erklärte ein Sprecher, man wolle eine Verwaltung für ökologische Fragen einrichten. Wenn man bedenkt, daß der KGB für alle Lebenssphären – von der Religion bis zum Sport – Interesse zeigt, ist die Bezeichnung vom »Staat im Staat« nichts anderes als zutreffend.

Naturgemäß benötigt dieser »Staat« sehr viele wirtschaftliche, technische und medizinische Einrichtungen: unvorstellbar, daß sich die KGB-Mitarbeiter in gewöhnlichen Kliniken behandeln lassen. Selbstverständlich gibt es all das schon. Vonnöten ist die ständige Erneuerung des Personalbestands; zu diesem Zweck besteht ein Netz über das ganze Land verstreuter Ein- bis Zweijahresschulen, ganz zu schweigen von der KGB-Hochschule, die neunzig Prozent meiner Gesprächspartner besucht haben. Das Ausbildungsniveau hier ist sehr hoch. Die Zeitung ›Komsomolskaja Prawda‹ schrieb vor kurzem, daß an manchen Fakultäten mitunter sechs Bewerber auf einen Studienplatz kommen.

Wie teuer ist dieser »Staat« für den Steuerzahler?

Ganz im Sinne der Glasnost hat der KGB im Frühjahr 1991 sein Budget veröffentlicht: knapp fünf Milliarden Rubel jährlich, die Ausgaben für die Grenztruppen eingeschlossen. Um diese Zahl anschaulicher zu machen, wurden die Angaben aller US-Geheimdienste angeführt: zweiunddreißig Milliarden Dollar.[36] (Das FBI-Budget beträgt eine Milliarde Dollar).[37]

Unser KGB scheint eine sehr sparsame Behörde zu sein. Bedenkt man allerdings, daß nach Angaben der amerikanischen Presse der KGB die Funktionen von fünfundzwanzig verschiedenen amerikanischen Spionage- und Sicherheitsdiensten,[38] Rechtsschutzorganen und Agenturen erfüllt, zieht man die sechzig elektronischen Überwachungsstationen im Ausland in Betracht, dann …

Folglich haben wir beschlossen, den offiziellen Zahlen nicht zu glauben und eigene Berechnungen anzustellen. Wir teilten die 4,9 Milliarden Rubel durch die verschiedentlich angeführte minimale Zahl von vierhunderttausend KGB-Mitarbeitern und klammerten die zweihundertzwanzigtausend Grenzsoldaten aus. Und das Ergebnis? Der KGB gibt jährlich zwölftausendzweihundertfünfzig Rubel je Mitarbeiter, also gut tausend Rubel im Monat, aus. Diese Summe dürfte für Gehalt und Uniform reichen.

Woher nimmt aber die Operativ-technische Verwaltung das Geld für die Entwicklung technischer Geräte? Nach meiner Information beläuft sich der Etat nur eines Forschungsinstituts dieser Verwaltung auf zwei Millionen Dollar im Jahr, Dollar wohlgemerkt. Welcher Fonds bedienen sich das Labor Nr. 127, der Abhördienst oder die Achte (Haupt-)Verwaltung, die eine aufwendige Technik für den Schutz der Chiffriermittel baut?

Ist der KGB etwa zur Eigenfinanzierung übergegangen? Oder hat er sich in kommerzielle Geschäfte gestürzt? Letzteres ist gar nicht so abwegig, doch davon später.

Lassen wir das Raten beiseite. Selbst einem Kind leuchtet ein, daß in Wirklichkeit ganz andere, weitaus beträchtlichere Summen im Spiel sind.

Am 8. Oktober 1991 erklärte der KGB, sein Jahresbudget betrage sechseinhalb Milliarden Rubel, aber auch das ist eine Lüge.

»Es scheint paradox, aber für die sowjetische Perestroika ist es typisch, daß trotz der augenfälligen Fortschritte beim Aufbau eines freieren, demokratischeren Systems der KGB seine immense Bedeutung in der Sowjetunion behalten hat«, schrieb Emi Night in ihrem Artikel ›Die Zukunft des KGB‹.

Ein Paradoxon also? Oder die Tragödie der Perestroika? Hätte es überhaupt anders kommen können? Nicht umsonst hatte man eine besondere Art von Menschen gezüchtet, die die Aufgaben des KGB erfüllten. Das Volk wurde jahrelang angehalten, diese »Organe« zu dulden. Jahrelang, jahrzehntelang.

Drittes Kapitel
Der stalinistische Terror

Manchmal geschehen Wunder. Und ich erzähle von einem Wunder. Oder war es nur Journalistenglück? Nennen Sie es, wie Sie wollen, 1987 war es wie ein Wunder.

Der Schalter des Moskauer Informationsdienstes neben dem Hotel ›Intourist‹, fünf Minuten Fußweg vom Kreml entfernt, war geöffnet. Keine Schlange. Die Frau am Schalter, um die Vierzig, mit grauem, ungesundem Teint, reichte mir ein Formular.

»Füllen Sie das aus!«

Ich mußte angeben, wen ich suchte.

Mit den ersten drei Punkten hatte ich keine Schwierigkeiten: Nachname, Vorname, Vatersname – Chwat Alexander Grigorjewitsch. Geburtsort – diese Spalte konnte ich nicht ausfüllen. Beruf – ich schrieb: Untersuchungsführer des NKWD.

Ich wußte, es war völlig hoffnungslos. Zum einen hatte das NKWD seitdem zweimal seinen Namen geändert: zuerst in MGB (Ministerium für Staatssicherheit), dann in KGB (Komitee für Staatssicherheit). Zum anderen war der Mann, den ich suchte, wahrscheinlich längst schon pensioniert, nicht ausgeschlossen, daß er vor seiner Pensionierung anderswo gearbeitet hatte.

Alter – da mußte ich nachrechnen: 1940 war Chwat Oberleutnant des NKWD, folglich war er einige Jahre zuvor zu der Organisation gestoßen, denn Oberleutnant wurde man ja nicht gleich. Vielleicht hatte ihn 1938 der Komsomol angeworben, unmittelbar nach der zweiten »Säuberung« des NKWD durch Stalin. Damals wurden die Kader des ehemaligen Volkskommissars Jeshow entfernt und durch neue Leute aus der Mannschaft von Berija ersetzt. Wie alt konnte Chwat damals gewesen sein? Fünfundzwanzig? Dreißig? Ich schrieb: Jahrgang 1910. Der siebente, letzte Punkt lautete: Vermuteter Wohnbezirk – das eben wollte ich erfahren.

Ich gab das ausgefüllte Formular zurück. Jetzt konnte ich nur noch warten. Der Mann, den ich schon seit Wochen suchte, Alexander Chwat, Untersuchungsführer des NKWD, leitete

1940 den Fall eines bekannten Genetikers: des Akademiemitglieds Nikolai Wawilow. In jenem Jahr war Wawilow verschwunden, man hatte ihn verhaftet und wie Millionen seiner Mitbürger zum Tod durch Erschießen verurteilt. Ein Jahr verbrachte er in einer Zelle für Todeskandidaten. Das Todesurteil wurde auf Berijas Anordnung in zwanzig Jahre Gefängnis umgewandelt. Wawilow, der berühmte Genetiker, Botaniker, Biologe und Geograph, Präsident der Allunionsakademie der Landwirtschaft und Direktor des weltbekannten Instituts für Pflanzenzucht, Begründer der einzigartigen Getreidesamen-Sammlung, siechte in der Zelle Nr. 56, Block III des Saratower Gefängnisses dahin, er hatte die Ruhr. Als er im Januar 1943 im Sterben lag, bat er die Wärter: »Geben Sie mir bitte ein paar Körner Reis.« Vergeblich. »Reis steht einem Volksfeind nicht zu.«[39]

Ich schrieb über Wawilow einen Aufsatz. Bei der Durchsicht des mehrere hundert Seiten umfassenden Archivmaterials und der im Westen erschienenen Erinnerungen[40] war ich auf den Namen Chwat gestoßen.

Ich rief im Pressezentrum des KGB an – damals war das die einzige Kontaktstelle der Journalisten mit der Lubjanka – und bekam zur Antwort: »Alexander Grigorjewitsch Chwat ist vor langem gestorben.«

Meine Intuition sagte mir: Sie lügen wieder.

Mir blieb nur ein Weg, auf dem einfache Sowjetbürger nach einfachen Sowjetbürgern suchen: die Schalter des Moskauer Informationsdienstes. Aber Chwat war kein einfacher Sowjetbürger. Und solche Sowjetbürger sind in den Meldebüchern des Moskauer Informationsdienstes nicht verzeichnet.

Die Frau lehnte sich aus dem Fenster und winkte mich heran.

»Das kostet Sie vierzig Kopeken«, sagte sie und gab mir den Antrag zurück.

Das Geburtsjahr 1910 war in 1907 verändert worden. Mit einem Kugelschreiber hatte jemand die Adresse geschrieben: Gorkistraße 41, Wohnung 88.

Das war das Wunder.

Ich stand auf dem Bürgersteig, die Menschen eilten an mir vorbei, stießen mich an, und ich stand wie vom Donner gerührt, las zum zehnten Mal die Adresse und überlegte, was ich mit diesem Wunder anfangen sollte.

Als ich später, nach meinem Besuch bei Chwat, ins Büro des Chefredakteurs Jegor Jakowlew stürzte und herausplatzte: »Ich habe den Untersuchungsführer von Wawilow interviewt«, sah Jakowlew mich müde an und sagte leise: »Das hat mir gerade noch gefehlt.«

Das war im Herbst 1987, in einer düsteren und merkwürdigen Zeit. Nach einem Exemplar der ›Moskowskije nowosti‹ standen die Menschen Schlange, aber oben beschimpfte man die Zeitung und ihren Chefredakteur. Glasnost war schon verkündet worden, aber es gab sie eigentlich noch nicht. Noch wütete überall die Zensur, besonders »heiße« Artikel mußten der Propagandaabteilung des ZK zur »Billigung« vorgelegt werden, also auch Zensur. Man hatte gerade erst von den Repressalien unter Stalin zu schreiben begonnen, in der Presse war noch kein einziges Interview mit einem Untersuchungsführer des NKWD erschienen – alle warteten die Rede von Gorbatschow zum siebzigsten Jahrestag der Oktoberrevolution ab.

Über diese Rede wurde viel gestritten, vor allem über seine Einschätzung der Stalinschen Repressalien; unsere Parteiführer hatten immer noch Angst, das zu sagen, was von Chruschtschow schon 1956 gesagt worden war. Zwei Jahre zuvor hatte Gorbatschow noch die hohen Verdienste Stalins im Krieg hervorgehoben, seine Worte wurden im Kreml mit stürmischem Beifall aufgenommen. Kurzum, für uns Journalisten hing von dieser Rede ab, ob wir veröffentlichen können, was wir schreiben, oder ob die Zensur unsere Artikel wie früher verunstalten oder gar verbieten wird.

Doch als ich da auf der Straße stand, vor Überraschung den Kopf schüttelte und Chwats Adresse auswendig lernte, interessierten mich weder Gorbatschows Rede noch die politischen Spiele da oben. Ich überlegte, ob ich Chwat anrufen sollte, da ich die Adresse hatte, konnte ich die Telefonnummer leicht herauskriegen, und ein Treffen verabreden oder gleich zu ihm fahren sollte. Wenn ich anrufe, ist er aufgescheucht und nimmt womöglich mit jemandem aus der KGB-Führung Verbindung auf – das wäre das Ende meines Unternehmens. Wenn ich aber nicht anrufe und einfach auftauche? Erstens ist das ohne vorherigen Anruf unhöflich, und zweitens kann er mich vor die Tür setzen.

Ich entschloß mich zu fahren.

Nach fünfzehn Minuten stand ich vor einem düsteren, bedrückenden großen Haus, einem stalinistischen Bau mit wuchtigen Holztüren, die heute nicht mehr hergestellt werden, und Marmorwänden innen, und suchte den Eingang. Auf einer Bank im Hof saßen einige ältere Leute und plauderten einträchtig miteinander. Sie waren um die achtzig, offensichtlich wärmten sie sich ein wenig auf und genossen die letzten herbstlichen Sonnenstrahlen. Ich wollte zu ihnen gehen und sie nach der Wohnung fragen. Doch ich entschied mich anders.

Diese freundlichen alten Leute sind bestimmt, ganz bestimmt aus der berüchtigten Mannschaft von Berija oder Abakumow. Das Haus gehört ja dem NKWD, Ende der dreißiger Jahre für seine Mitarbeiter gebaut – die Moskauer wußten davon. Nein, ich hatte keine Angst, natürlich nicht, was sollte ich jetzt noch fürchten, aber ich, geboren fünf Jahre nach Stalins Tod und vier Jahre nach Berijas Erschießung, sah mich zum ersten Mal Menschen gegenüber, die das Leben vieler meiner Bekannten und Nächsten zerstört und den Tod in die Familie Albaz gebracht hatten, Menschen, die ich früher nur aus Büchern kannte.

Da tauchte plötzlich ein Bild vor mir auf, ich sah das alles, obwohl ich das gar nicht sehen konnte, denn ich war damals noch gar nicht auf der Welt. Vor meinen Augen standen diese freundlichen alten Leute, wie sie vor vierzig oder fünfzig Jahren ausgesehen hatten. In der Morgendämmerung kamen sie in schwarzen Limousinen in dieses Haus, jung, kräftig, in Feldblusen mit Schulterriemen. Sie waren müde und übernächtigt, als hätten sie die ganze Nacht hindurch schwer gearbeitet.

Die Untersuchungsführer kehrten von den nächtlichen Verhören zurück, um sich drei oder vier Stunden auszuruhen und dann wieder, mit demselben Auto oder mit der Straßenbahn zum Dienst zu fahren, wieder Haussuchungen durchzuführen, Anklagen zu schreiben (Vorbeugungsmaßnahme, Erschießung...), Menschen zu Tode zu prügeln. Männer wie aus Stahl. Aus Stahl?

Dann stöhnten irgendwo in den Zellen des NKWD-Gefängnisses Lubjanka-Platz 2 oder in Butyrki die von ihnen Gemarterten...

Ich sah die Untersuchungsführer, wie sie mit Fahrstühlen in ihre Wohnungen fuhren und wie ihre verschlafenen Frauen sie begrüßten. Nein, sie wurden nicht begrüßt, sie öffneten selbst die Tür, zogen im Flur leise die Stiefel aus, schlichen auf Zehenspitzen ins Bad – nach solcher »Arbeit« muß man sich schließlich die Hände waschen –, und dann in die Küche, wo ein spätes Abendessen oder das Frühstück auf sie wartete. Dann warfen sie vielleicht einen kurzen Blick ins Kinderzimmer, sahen voller Rührung auf ihre Kinder – Chwat hatte vier Kinder –, gingen ins Schlafzimmer, wo sie auf die Frage: »Bist du müde?« antworteten: »Ja, ich habe heute eine sehr schwere Nacht gehabt.« Und sie legten sich zu ihren Frauen und liebkosten sie mit diesen Händen . . .

Vielleicht hat so manch einer ganz anders geantwortet? Vielleicht beichtete jemand seine schlimmen nächtlichen Sünden oder wälzte sich, von Angst geplagt, und dachte: Was ist, wenn auch mich plötzlich die eigenen Leute in die Hände bekommen – mir irgendeine Geschichte anhängen – ein japanischer Spion – und mich zwingen, das zuzugeben – die Methoden sind ja bekannt. Vielleicht biß sich jemand die Lippen blutig, weil er keine Kraft mehr hatte, morgen wieder dorthin zu gehen und die gleiche Arbeit zu erledigen.

Ich fuhr in den dritten Stock und klingelte. Eine Frau mittleren Alters öffnete.

»Wohnt Alexander Grigorjewitsch Chwat hier?«

»Papa«, rief sie leise.

Er kam aus dem Nebenzimmer. Ein hochgewachsener Mann mit breiten Schultern. Der kahle Schädel umkränzt von kurzgeschnittenem, grauem Haar. Der schlurfende Gang und der gekrümmte Rücken verrieten sein Alter, obwohl man ihm seine achtzig sonst nicht ansah. Er krümmte den Rücken, als laste etwas auf ihm, zwinge ihn zu einer grotesken Verbeugung und drücke ihn zu Boden. Später begriff ich: Nicht allein das Alter bedrückte ihn, sondern auch Angst.

Mit geübter Handbewegung nahm er meinen Presseausweis, prüfte ihn aufmerksam und sah sich das Foto an.

»Was führt Sie zu mir?«

»Kann ich hereinkommen?« fragte ich, um Zeit zu gewinnen, bevor er mich vor die Tür setzte.

»Bitte.« Er öffnete das Zimmer und ließ mich vorangehen.

Im Zimmer stand ein Doppelbett. An den Kissen merkte man, daß er sich gerade hingelegt hatte, als ich kam. Neben dem Bett standen zwei Wäschetruhen, ein Schrank und einige Stühle. Das war alles.

Chwat schob einen Stuhl ans Fenster, damit mir das Licht ins Gesicht fiel, er setzte sich auf einen Stuhl an der Wand, mir gegenüber.

»Sie haben beim NKWD als Untersuchungsführer gearbeitet.«

»Ja.«

»Erinnern Sie sich an den Fall des Akademiemitglieds Wawilow im Jahre 1940?«

»Ja, natürlich, ich erinnere mich.«

Chwats ergebene Haltung verblüffte mich und machte mich befangen. Alles hatte ich erwartet, nur das nicht. Die Aggressionen, die sich bei mir angestaut hatten, fielen von mir ab.

Vor mir saß ein alter Mann. Einfach ein alter Mann. Müde und offenbar krank.

Ich mußte ihn daran erinnern, daß er elf Monate lang Wawilow gequält und ihn vierhundert Mal zu langen, vielstündigen Verhören geholt hatte, daß Augenzeugen zufolge Wawilow nach diesen Verhören nicht mehr gehen konnte, die Gefängniswärter schleppten ihn bis zur Zelle 27 und ließen ihn an der Tür liegen. Die Zellengenossen halfen ihm auf die Pritsche und zogen ihm die Schuhe von den angeschwollenen, blau angelaufenen Füßen.[41] Man quälte ihn, er mußte »stillstehen«, was bedeutete, daß er sich zehn und mehr Stunden nicht hinsetzen durfte. Manchmal dauerte das mehrere Tage, und dann platzten den Gefangenen die Venen an den Beinen. Ein halbes Jahr nach dieser Untersuchung war Wawilow, der Spionage und Sabotage angeklagt, ein kräftiger, stutzerhafter Mann von dreiundfünfzig Jahren, zum Greis gealtert.

»Die Zeugen behaupten, daß Sie bei Wawilow ...«, ich suchte nach milderen Worten, »grausame Methoden angewandt haben.«

»Das weise ich kategorisch zurück«, erwiderte Chwat schnell und wie einstudiert. »Es gab noch einen anderen Untersuchungsführer, Albogatschew.« Damit verriet er seinen Kollegen. »Ein Nazmen«, fügte er hinzu. »Nazmen« ist die russische Abkürzung für nationale Minderheiten. So nennen die Russen abfällig die Zugezogenen aus Mittelasien und dem Kaukasus.

»Albogatschew war ein ungebildeter Mann. Und dazu ein Nazmen, das spricht doch für sich selbst«, wiederholte Chwat. Er habe sich mit ihm (mit Wawilow – Chwat war hartnäckig und nannte Wawilow nicht beim Namen, sondern gebrauchte nur »er« und »mit ihm«) nicht sonderlich vertragen ...

Das war eine bekannte stalinistische Methode, die auch in den folgenden Jahren der Sowjetmacht, welche zum »Internationalismus« und zur »Völkerfreundschaft« aufrief, mit Erfolg eingesetzt wurde. Wawilow, ein Russe, mußte folglich von einem Nazmen gefoltert werden. Wie hätte er, Chwat, ein Russe, einem Russen so etwas antun können?

Chwat suchte bei mir Verständnis. Ich muß bekennen, er fand es nicht.

»Haben Sie wirklich geglaubt, daß Wawilow ein Spion war?«

»An Spionage habe ich natürlich nicht geglaubt, dafür lagen keine Beweise vor. Es gab aber ein Gutachten von der Agentenabteilung – sie unterstand damals der Hauptverwaltung für Wirtschaftsfragen.« Heute ist das wohl die Siebente Verwaltung, die »Schleicher«. »Und darin stand: Spion. Die Agentenabteilung hat ihn auseinandergenommen, aber Fakten legten sie uns nie vor, die behielten sie für sich. Sie stellten in solchen Fällen auch den Haftbefehl aus. Was aber die Sabotage betrifft, so hatte irgendwas mit seiner Agrarwissenschaft nicht gestimmt ... Ich habe damals eine Expertenkommission gebildet, die ein Akademiemitglied leitete, sie waren bei Trofim Lyssenko. Die Akademiemitglieder und Professoren haben daraufhin bestätigt: Sabotage.«

Wawilow wurde am 20. August 1955 auf Beschluß des Militärkollegiums des Obersten Gerichts der UdSSR wegen »Mangels an Beweisen« rehabilitiert.

»Hat Wawilow Ihnen nicht leid getan? Schließlich drohte ihm die Erschießung. Hat er Ihnen als Mensch nicht leid getan?«

Ich wartete auf seine Antwort, überzeugt, daß er gleich sagen würde: Ja, er hat mir leid getan, aber, wissen Sie, damals waren die Zeiten nun einmal so ... Denn noch vor fünf Minuten konnte Chwat seine Tränen nicht zurückhalten, als er mir erzählte, wie man ihm Anfang der sechziger Jahre zur Zeit der Rehabilitierung unter Chruschtschow das Parteidokument weggenommen und ihm den zustehenden Pensionszuschlag »wegen Verletzung der sozialistischen Gesetzlichkeit während der Arbeit beim NKWD« gestrichen hatte. Ich erwartete von ihm Mitgefühl für den Mann, der sterben mußte. Aber wie naiv war ich damals!

Chwat lachte mir ins Gesicht. Er lachte!

»Was soll das heißen: leid tun?« Genauso sagte er es. »Wer war er schon, der einzige etwa?«

»Er war nicht der einzige, das ist wahr, Millionen Unschuldige sind unter die Erde gebracht worden. Aber Nikolai Wawilow war kein gewöhnlicher Mensch, er war ein Genie. Im Gefängnis schrieb er seine letzte Arbeit: ›Weltgeschichte der Landwirtschaft‹. Das Manuskript ist verschwunden oder wird vielleicht im Labyrinth der KGB-Archive aufbewahrt. Doch im Angesicht des Todes und angesichts der Qualen, die sie erlitten, sind alle gleich.«

»Was soll das heißen: leid tun?« sagte Chwat. Das sagte kein junger Mann, kein Oberleutnant des NKWD von dreißig, sondern ein Greis, der mit einem Bein im Grab stand.

Daran wäre gar nichts Besonderes, und es lohnte nicht, darüber zu schreiben, wenn Chwat und seine Kollegen von ihrem Wesen her Sadisten und Henker gewesen wären. Natürlich gab es bei der Tscheka und beim NKWD auch solche Leute, sehr viele sogar. Aber um die geht es hier nicht. Chwat war ein normaler Mensch. Ganz normal. Nach der Veröffentlichung meines Artikels über Chwat in ›Moskowskije nowosti‹[42] kam sein Neffe, ein Physiker aus Leningrad, zu mir. Er war erstaunt, geradezu niedergeschmettert von dem, was er über seinen Onkel gelesen hatte.

»Wissen Sie«, sagte er, »Onkel Sascha war ein guter Geist unserer Familie, er hat mich und meine Verwandten während der Blockade in Leningrad vor dem Hungertod gerettet. Ich weiß, daß er auch anderen Leuten geholfen hat ...« Ein hilfsbereiter Mensch. Wahrscheinlich stimmt das auch. Und für seine Tochter Natascha, sie arbeitete noch 1991 als hauptamtlicher Sekretär der Parteiorganisation im Keldysch-Institut für angewandte Mechanik, wie auch für die anderen drei Kinder war er der beste, der liebste Vater. Selbst als verschiedene Zeitungen über ihn schrieben, hielten sie ihn für lieb. Was ihnen, meiner Meinung nach, nur zur Ehre gereicht.

Zu der Zeit, als der gute »Onkel Sascha« Fremde und Verwandte aus dem sterbenden Leningrad rettete, brachte Chwats Kollege, Unterleutnant Nikolai Krushkow, Leningrader Wissenschaftler, die vieles zur Verteidigung der Stadt leisteten, hinter Gitter. Das »Bekenntnis« ihrer Schuld, also die Unterzeichnung der von Krushkow ausgedachten Lüge, brachte den vom Hunger gezeichneten, zu Skeletten abgemagerten Wissenschaftlern hundertfünfundzwanzig Gramm Brot ein. Krushkows Sohn, auch ein Wissenschaftler, allerdings an der Moskauer Universität, wollte meinem Kollegen Jaroslaw Golowanow einreden, daß sein Vater ein herzensguter Mensch sei, der lediglich Befehle auszuführen hatte.

Normale Menschen also. Normale sowjetische Bürger? Chwat wuchs in einer vielköpfigen Familie armer Bauern auf. Wahrscheinlich ging er zunächst (vor der Oktoberrevolution) in eine Schule der Kirchengemeinde und war folglich vertraut mit dem Wort Gottes. Dann besuchte er die Parteischule, wo er die Werke der Begründer des Marxismus-Leninismus studierte. In die Parteischule wurden nicht alle aufgenommen, man nahm nur junge Leute aus der »richtigen Klasse«, das heißt Bewerber proletarischer oder bäuerlicher Herkunft. Und sogleich wurde ihm eines klar: Er, Chwat, war für die Sowjetmacht der »Richtige«, einer ihrer »Blaublütigen«, die anderen, die Kinder der Adligen, der Kaufleute, die Kinder aus den Familien der »Ausbeuter«, die von der Schule ausgeschlossen waren, die man wegen ihrer sozialen Herkunft nicht in Institute oder Universitäten aufnahm, waren die Feinde. Dann folgte die übliche Laufbahn: Arbeit im Kreiskomitee der Partei, im Komsomol. Er kämpfte sich durch – denunzierte seine Mitarbeiter. Daraufhin versetzte man ihn in die Hauptstadt und gab ihm einen Posten im Zentralrat der Organisation zur Förderung der Luftfahrt und der Chemieindustrie.

Nachdem Berija Volkskommissar des NKWD geworden war, lud man Chwat, inzwischen achtunddreißig, zu einem Gespräch ein und eröffnete ihm, das ZK der Partei hätte ihn für die Arbeit im NKWD empfohlen. Chwat lehnte anfangs ab, wie er behauptete. »Ich habe keine höhere Schulbildung und kenne mich nicht in juristischen Dingen aus«, soll er gesagt haben. »Wir brauchen Sie aber«, gab man ihm zur Antwort. »Wir helfen Ihnen, wir bringen Ihnen das Wissen bei, das geht schon in Ordnung.« Man machte ihn darauf aufmerksam, daß ihm bei einer Absage das Parteidokument weggenommen würde. So stimmte er denn zu. Was hatte er schon für Kenntnisse, was wußte er schon? Er hatte in der Tat keine gute Ausbildung, richtige Bücher hatte er, aus Zeitmangel und weil ihm das fremd war, nicht gelesen.

Chwat kannte sich nur in den Denkkategorien seiner Lehrmeister gut aus. Lenin, Stalin, Wyschinski, Kaganowitsch – das waren seine »Universitäten«.

Alle Lautsprecher und Zeitungen verkündeten: Feinde, Feinde, Feinde. Wenn die Kinder aus der Schule kamen, erzählten sie, Iwanows Vater sei ein Spion, die Mutter brachte von der Arbeit die Neuigkeit mit, Petrowas Mann sei ein Saboteur, und in der Schlange nach Milch hieß es: »Habt ihr schon von Tuchatschewski gehört? Ein Spion. Man erzählt, daß auch die Frauen von Budjonny, Molotow und Kalinin Spionage betrieben haben.« Und viele glaubten es, obwohl vor einem Jahr, ja vor einem Monat noch in den Zeitungen gestanden hatte: »Unser Marschall Tuchatschewski, Held des Bürgerkrieges.«

»Spion« war der verbreitetste Beruf im Land. Nach Angaben des NKWD stieg die Zahl der im Jahre 1937 wegen Spionage Verhafteten im Vergleich zu 1934 auf das Fünfunddreißigfache an (Spione aus Japan gab es dreizehnmal, aus Deutschland zwanzigmal und aus Lettland vierzigmal soviel).

Von 1934 nahm die Zahl derer, die sich ganz plötzlich als »Trotzkisten« angeklagt sahen, um das Sechzigfache zu, obwohl Trotzki bekanntlich schon 1929 aus dem Land verjagt worden war.

Im gleichen Zeitraum gab es fünfhundertmal so viele Verhaftungen wegen Zugehörigkeit zu »bürgerlich-nationalistischen Gruppierungen«. Ob das nicht Chwats Lehrstunden in Wachsamkeit waren?

»Wo gehobelt wird, da fallen Späne«, meinte Chwat in unserem Gespräch und wiederholte damit eine seinerzeit geläufige Wendung. Daß diese »Späne« Menschen waren, hatte er auch mit seinen achtzig nicht begriffen.

Mit diesem Rüstzeug kam Chwat also zum NKWD. Und dort hat man ihm wirklich »geholfen« und das Nötige »beigebracht«: »Die Untersuchungen des NKWD sind nach den Bestimmungen der Strafprozeßordnung durchzuführen. Die Begründung für die Einleitung eines Strafverfahrens ist allerdings *etwas weiter zu fassen,* als es die Strafprozeßordnung vorsieht.« Und er mußte sich zu eigen machen: »Den Angeklagten niemals seine Überlegenheit spüren lassen ... Den Angeklagten während der Untersuchung fest im Griff haben. Schließlich geht es um einen harten Kampf gegen einen Feind, der überführt und zum Geständnis gebracht werden soll.«

Und auch das durfte der Untersuchungsführer nicht vergessen, wenn er nicht selber hinter Gittern landen wollte: »Die Verweigerung eines Geständnisses (das der Angeklagte früher schon abgegeben hatte) bedeutet, daß der Verhaftete sich dem Einfluß des Untersuchungsführers entzieht, was nicht zulässig ist. Es ist zu beachten, daß der Verhaftete nach dem Geständnis ein Feind bleibt, der immer nach einer Möglichkeit sucht, der Verantwortung zu entgehen. Geständnisverweigerungen zeugen von schlechter Arbeit des Untersuchungsführers.«

Alle drei Zitate sind einem Lehrbuch für Mitarbeiter des NKWD entnommen, das die Untersuchungsführer Wladimirski, Uschakow und Schwarzman noch im Auftrag des Volkskommissars Jeshow verfaßt hatten und das vom Volkskommissar Berija nach Jeshows Erschießung zum verbindlichen Arbeitsmaterial erklärt worden war. Im Januar 1938 faßte das Plenum des ZK der KPdSU eigens einen Beschluß, der die Gesetzesverstöße des NKWD verurteilte. Daraufhin wurden einige Verurteilte aus den Gefängnissen und Lagern entlassen (um später erneut verhaftet zu werden). Allerdings belegen unzählige Dokumente, daß es solche »Gesetzesverstöße« vor, während und nach dieser Plenarsitzung gegeben hat.

Das ungeheuerliche, einmalige Schauspiel, das die Bolschewiki schon in den Jahren des »roten« Terrors auf der Bühne, die die ganze UdSSR umfaßte, aufgeführt hatten, setzte sich ungehindert fort.

Was verstand man beim NKWD unter guter Arbeit?

Uns liegen zum Beispiel die Aussagen von Arkadi Jemeljanow (er wurde 1937 verhaftet), dem ehemaligen Leiter der Hauptverwaltung des Volkskommissariats für Nahrungsgüterproduktion der UdSSR vor, die er nach seiner Rehabilitierung 1955 in Gegenwart des Staatsanwalts der Obersten Militär-

Staatsanwaltschaft der UdSSR, Major Koshur, gemacht hatte.[43]

» ›Wissen Sie, warum Sie verhaftet wurden?‹ fragte mich Luchowizki. (Luchowizki hatte als Untersuchungsführer den Fall Jemeljanow bearbeitet.) ›Nein, ich weiß es nicht.‹ Luchowizki trat einen Schritt vor, spuckte mir ins Gesicht und stieß grobe Beschimpfungen aus. Ich stürzte mich auf ihn. Darauf hatte er gewartet und trat mich in die Genitalien. Ich verlor das Bewußtsein.

In der Toilette, die dem Zimmer gegenüber lag, kam ich zu mir, ich lag auf dem Boden, in nasser, blutbefleckter Kleidung, mit aufgeplatzten Lippen und gebrochener Nase. Neben mir standen Luchowizki und ein Feldscher, der mir eine Medizin gab, den Puls fühlte und sagte: ›Nichts Ernstes.‹ Sie brachten mich in das Zimmer zurück und stellten mich an die Wand. Luchowizki drohte, mich so lange stehen zu lassen, bis ich das Geständnis unterschrieben hatte. Er verhörte mich bis zum Morgen. Dann löste ihn ein anderer ab, ein Mann Mitte zwanzig, mit blondem krausem Haar. Er blieb bis Mittag und redete auf mich ein, alles zu gestehen. Danach kam ein Zivilist Anfang zwanzig, den am späten Abend wieder Luchowizki ablöste. So ging das drei Tage.

Ich mußte die ganze Zeit stehen. Zu essen kriegte ich nichts. Wenn Luchowizki an der Reihe war, gaben sie mir kein Wasser und erlaubten mir nicht zu rauchen. Am vierten Tag platzten mir die Adern an den geschwollenen Beinen, die Beine waren zu einer formlosen, blutigen Masse geworden. Ich begann zu phantasieren, verlor zeitweise das Bewußtsein und fiel um. Sie halfen mir auf und ›stimulierten‹ mich, wie Luchowizki sich ausdrückte, mit Flaschenkorken. In die Korken hatte man Nadeln gesteckt und ließ sie zwei bis drei Millimeter hervorstehen. Damit stachen sie mir in die Hüften und in die Füße. Sie wandten auch andere Methoden zur ›Stimulierung‹ an: Sobald ich die Augen schloß, rissen sie mir Haare aus dem Bart.

›Schreiben Sie auf ein Stück Papier, wer Sie angeworben hat, wir werden kein Protokoll anfertigen.‹ – ›Gegen wen soll ich denn aussagen?‹ – ›Das wissen Sie selber. Es muß aber eine bekannte Persönlichkeit unseres Landes sein, unbedingt jemand aus der Parteiführung.‹ – ›Ein Mitglied des ZK?‹ – ›Lassen Sie sich nur nicht in Verlegenheit bringen, es kann auch ein Mitglied des Politbüros sein, schließlich haben wir schon einige Mitglieder des Politbüros hinter Gitter gebracht: Rudsutak, Kossior, Tschubar, Eiche.‹ – ›Was für Aussagen würden Sie denn interessieren?‹ – ›Die Stichpunkte bekommen Sie von uns. Alles andere ist dann Ihre Sache.‹ Ich war nicht mehr in der Lage, mich einem Untersuchungsführer nach dem anderen vorführen zu lassen, und schrieb: ›Ich halte es für zwecklos, mich dem Untersuchungsführer zu widersetzen. Ich gestehe alles ...‹

Wenige Tage darauf rief mich der Untersuchungsführer wieder zu sich. ›Wann werden Sie endlich Ihre Aussage machen?‹ ›Ich habe doch schon ausgesagt, was wollen Sie denn noch?‹ – ›Ach was, wir brauchen ein richtiges Geständnis.‹ Ich schwieg. ›Wir bringen Sie jetzt ins Gefängnis Lefortowo, da werden Sie schon schreiben, was man von Ihnen verlangt.‹

Zwei oder drei Tage später verhörten mich Luchowizki und zwei andere Untersuchungsführer des Nachts in Lefortowo, eine Stunde lang schlugen sie mit Gummiknüppeln und Peitschen aus blankem Kupferdraht auf mich ein und traten mich mit Füßen.

Dann holten sie Tjomkin (Aron Tjomkin, Leiter der Versorgungsverwaltung des Volkskommissariats für Nahrungsgüterproduktion). Tjomkin sagte: ›Ich war Zeuge, als der Volkskommissar Jemeljanow den Auftrag gab, Mikojan zu töten.‹ Danach wurde Tjomkin sofort aus dem Zimmer geführt. ›Bestätigen Sie Tjomkins Aussage?‹ – ›Jetzt verstehe ich alles.‹ – ›Tjomkins Aussage reicht für die Todesstrafe, Ihr Schicksal hängt jetzt von Ihnen ab.‹ Das mir vorgelegte Verhörprotokoll unterschrieb ich nicht. Wieder schlugen sie mich und zwangen mich, still dazustehen. Sie traten mir mit dem Absatz auf die Zehen, rissen die Nägel ab. Im Oktober, einen Monat darauf, setzte ich meinen Namen unter das Protokoll, ohne es zu lesen.«

Arkadi Jemeljanow unterschrieb das zweiundachtzig Seiten lange »eigenhändig geschriebene«, das heißt vom Untersuchungsführer diktierte Geständnis. Er wurde zu fünfzehn Jahren Lager verurteilt.

Im selben Dokument findet sich folgender Bericht von Aron Tjomkin: »Luchowizki fragte mich, ob ich wisse, wo ich mich befinde, und holte seine Folterwerkzeuge heraus. Er verlangte von mir, daß ich rede. ›Was soll ich Ihrer Meinung nach getan haben?‹ – ›Diese Frage ist ein Versuch, den Untersuchungsführer auszuhorchen.‹ Und sofort begann er mich zu schlagen. Einige andere kamen und schlugen auch auf mich ein. Zwischendurch setzte sich Luchowizki an den Tisch, spielte mit den Folterwerkzeugen und sang: ›Ich will mich satt sehen an dir‹. Er lachte. Als ich besinnungslos auf den Boden fiel, übergossen sie mich mit kaltem Wasser ... Gegen Morgen kam ich in der Zelle wieder zu mir, der Arzt hatte mir eine Spritze gegeben (Kampfer). Er meinte voller Mitgefühl, ich hätte mich wahrscheinlich beim Sturz auf der Treppe verletzt. Mein Körper war so geschwollen, daß ich keine Unterwäsche tragen konnte. Ich machte die sonderbarsten Aussagen. Luchowizki zerriß sie, ohne sie zu lesen, und schlug mich mit seinem Ledergürtel, wobei er darauf bedacht war, die schmerzhaften Stellen mit der Schnalle zu treffen. Er spuckte mir auf den Mund. Sie erwarteten von mir eine Aussage von mindestens hundertzwanzig Seiten.«

Tjomkin unterschrieb das hundertzwanzig Seiten lange »eigenhändig geschriebene« Geständnis. Man verurteilte ihn zu zwanzig Jahren Lager.

Luchowizki arbeitete bis 1951 beim NKWD und wurde als Oberst pensioniert.

Ich fragte die Mitarbeiter der Obersten Militär-Staatsanwaltschaft, ob Luchowizki psychisch gesund war. »Gesünder als Sie und ich«, erhielt ich zur Antwort.

Nachdem ich Dutzende solcher Dokumente gelesen hatte, hörte ich auf, derartige Fragen zu stellen. Ich wunderte mich nicht mehr darüber, daß sich die Menschen damals durch höchstunwahrscheinliche »eigenhändig geschriebene Aussagen« selber beschuldigten, daß sie ihre Kollegen, Freunde und allernächsten Menschen verleumdeten, daß Männer ihre Frauen und Frauen ihre Männer verrieten ... Davon zeugt auch eine wörtliche Mitschrift des Berichts von Nikolai Gusalow, einem ehemaligen Stalin-Häftling, der bis zu seiner Verhaftung Vorsitzender der staatlichen Plankommission in Nordossetien war. »Iwan Gazojew, Leiter der Organisationsabteilung im Gebietskomitee der Partei, sagte gegen sechshundert Personen aus (das heißt, er bezichtigte sie konterrevolutionärer Aktivitäten gegen die Sowjetmacht), Kokow gegen fünfhundert Personen. Was sollte das? Die da oben hätten ihnen sagen müssen, daß sie über eine bestimmte Zahl von Anklagen nicht hinausgehen durften.«

»Der NKWD hatte für jeden eine besondere Foltermethode«, erklärte mir Lew Rasgon. Auch er hatte alles unterschrieben. Sie schlugen ihn nicht. Sie teilten ihm nur vertraulich mit,
daß Oxana, seine an Zucker leidende Frau, kein Insulin mehr
bekommen würde, falls er nicht unterschreiben sollte. »Natürlich war ich einverstanden, denn Oxana das Insulin wegzunehmen hieße, sie umzubringen«, sagte Rasgon.

Trotzdem nahmen sie ihr das Insulin weg, sie starb auf dem
Weg ins Lager. Sie war zweiundzwanzig Jahre alt.

Ich wiederhole: Das, was Luchowizki tat, war seinerzeit üblich und zulässig. Diese Praxis wurde von psychisch gesunden,
völlig normalen sowjetischen Untersuchungsführern angewandt. Und diese Praxis war von oben offiziell sanktioniert, von
dem Mann, vor dem alle NKWD-Leute, vom Volkskommissar
bis zum einfachen Mitarbeiter, eine tödliche Angst hatten und
dem sich alle widerspruchslos unterordneten – Josef Stalin.

Am 10. Januar 1939, ein Jahr nach der Plenarsitzung des ZK
der KPdSU, als die Gesetzesverstöße des NKWD verurteilt wurden, sandte Stalin ein chiffriertes Telegramm an alle Sekretäre
der Gebiets- und Rayonkomitees, an die Zentralkomitees der
Unionsrepubliken, die Volkskommissare für innere Angelegenheiten und die Verwaltungsleiter des NKWD. Darin hieß es:
»Das ZK der KPdSU erklärt, daß die Anwendung physischer
Gewalt in der Praxis des NKWD seit 1937 mit Einverständnis des
ZK der KPdSU zulässig ist ... Es ist bekannt, daß alle bürgerlichen Geheimdienste physische Mittel gegen Vertreter des sozialistischen Proletariats anwenden, und das auf sehr grausame Art.
Es erhebt sich also die Frage, warum die sozialistische Aufklärung mit den berüchtigten Agenten der Bourgeoisie, den Erzfeinden der Arbeiterklasse und der Kolchosbauern, humaner umgehen soll. Das ZK der KPdSU vertritt die Meinung, daß physische
Gewalt auch künftig in Ausnahmefällen gegen offene und unversöhnliche Feinde des Volkes als eine völlig gerechtfertigte und
zweckmäßige Methode Anwendung finden soll.«[44]

Wundert es da, daß diejenigen Untersuchungsführer, die –
sagen wir – freundlicher im Umgang mit den Häftlingen waren,
sie also nicht schlugen, Verdacht erweckten? Man sah sie als
Sympathisanten des Feindes an.

Eine solche »weiche« Haltung widersprach der Forderung, die »Verhöre der Häftlinge zu straffen«, wie es in den ›Prinzipien der Führung von Untersuchungen im Ministerium für Staatssicherheit (MGB)‹ hieß. Diese ›Prinzipien‹ waren unter Leonow, dem Leiter der Untersuchungsabteilung im KGB, ausgearbeitet und von Abakumow, Minister des MGB, 1950 gebilligt worden.[45]

Was bedeutete es schon, wenn der Staatsanwalt eine Verhaftung nicht bestätigte (die Straforgane hatten übrigens von 1932 bis 1954 ihre eigenen »ressortgebundenen« Staatsanwälte), wenn man den Verhafteten monate- oder jahrelang die Anklagepunkte vorenthielt, wenn der Angeklagte trotz allem einsitzen mußte oder selbst nach seiner Freisprechung erschossen wurde ... Wozu noch darüber sprechen? Das war die Regel. Ihr, allein ihr folgte Chwat.

Und wie stand es um die Gesetze? – Gesetze? Die gab es natürlich. So faßte zum Beispiel das Oberste Gericht der UdSSR am 2. Januar 1928 auf der 18. Plenarsitzung einen Beschluß ›Über unmittelbare und mittelbare Ziele konterrevolutionärer Verbrechen‹, in dem erläutert wurde, was ein Richter unter konterrevolutionären Handlungen zu verstehen hatte. Punkt b) zufolge waren das »Handlungen, die der Täter zwar *ohne unmittelbar konterrevolutionäres Ziel* ausführte, sie aber bewußt zuließ oder deren gefährliche Folgen für die Gesellschaft *er hätte voraussehen müssen*«.[46] (Hervorhebung von mir.)

In den darauffolgenden zwanzig Jahren wurden auch aufgrund dieser ›Erläuterungen‹ Millionen in Lager geschickt, einzig deshalb, weil der Untersuchungsführer meinte, es könnte sich in ihren Köpfen der Gedanke an konterrevolutionäre Handlungen einnisten. Die Handlung selbst nachzuweisen war gar nicht erforderlich.

Von welchen Gesetzen kann hier also die Rede sein? Außerdem kannte Chwat sie überhaupt nicht, weil er wie die meisten seiner Kollegen nicht das geringste juristische Wissen besaß.

Als ich Chwat fragte: »Wie konnten Sie denn ohne juristische Ausbildung arbeiten?«, antwortete er mir: »Ich führte die Untersuchung so, wie ich es für richtig hielt.« Wie er es »für richtig hielt« ...

Wenn ein Fall der »Sonderkommission« vorgelegt wurde, jenem »Ersatzgericht«, das auf Beschluß des Zentralen Exekutivkomitees (ZEK) und des Rates der Volkskommissare (SNK) vom 5. November 1934 entstanden und dem Volkskommissariat für innere Angelegenheiten unterstellt war, schlug ausgerechnet der Untersuchungsführer die Strafmaßnahme vor, der die Sonderkommission in der Regel zustimmte. Und er konnte vorschlagen, was immer er wollte – bis hin zur Erschießung.[47]

Selbst wenn Chwat die Gesetze gekannt hätte, was hätte das geändert? »Es gibt Perioden in der Entwicklung einer Gesellschaft, besonders der unseren, in denen die Gesetze veraltet scheinen und eine Zeitlang unbeachtet bleiben müssen.« Das sagte nicht irgendein Parteifunktionär, sondern Wyschinski, der oberste Staatsanwalt der UdSSR, also die oberste gerichtliche Instanz des Landes, die über die Durchführung der Gesetze wachte.[48]

Um die Gesetze kümmerte sich niemand, die Willkür war schrankenlos. Jene »Sonderkommission«, der laut einer Weisung der Staatsanwaltschaft der UdSSR aus dem Jahre 1935 die Fälle vorgelegt wurden, »in denen es *wegen Mangels an konkreten Beweisen* zu keiner Verhandlung kam«, fällte die Urteile: ohne Beisitzer, ohne Zeugenaussagen, ohne Gutachten des Staatsanwalts, ohne das Recht auf Verteidigung und – gar nicht so selten – ohne den Angeklagten selbst.

Wer der Teilnahme an einem Attentat oder der Mitgliedschaft in einer »terroristischen Organisation« beschuldigt wurde, verlor das Recht auf Berufung und Gnadengesuch. Die Todesstrafe (Erschießung) wurde unverzüglich nach der Urteilsverkündigung vollstreckt.[49]

Neben der »Sonderkommission« gab es bis September 1955 verschiedene, aus zwei oder drei Personen bestehende Spezialkollegien oder Sonderausschüsse. An einem einzigen Tag, am 18. Oktober 1937, bearbeitete eine »Sonderkommission«, der nur zwei Personen angehörten, der oberste Staatsanwalt der UdSSR Wyschinski und der NKWD-Volkskommissar Jeshow, fünfhunderteinundfünfzig Fälle, die alle mit dem Urteil: »Erschießen!« abgeschlossen wurden.[50]

Das also waren die »Gesetze«, nach denen Chwat handelte.

Aber es mußte doch moralische, menschliche Schranken geben. Schließlich war Chwat von einer Frau zur Welt gebracht worden, von einer Frau und nicht von einer Wölfin. Er hatte Großeltern, sehr fromme Menschen. Er ging in die Kirche, lernte in der Schule die christlichen Gebote. Die bäuerlichen Familien in Rußland waren gottesfürchtige Leute. Ein Rest davon mußte ihm doch trotz seiner »Schulung« geblieben sein. Offenbar hatte er zuwenig von alledem mitbekommen.

Chwat war sieben Jahre alt, als der Erste Weltkrieg ausbrach, und zehn, als die Revolution begann, als Brüder gegen Brüder und Söhne gegen ihre Väter in den Kampf zogen. Die Revolutionstribunale fällten blutige Urteile, sie folgten dabei dem »kommunistischen Rechtsbewußtsein und dem Gewissen eines Revolutionärs«. Sie hoben die Gesetze des zaristischen Rußland auf. Chwat war elf, als der Bürgerkrieg begann, als die Weißgardisten ganz Rußland mit Terror überzogen und daraufhin der »Rote Terror« einsetzte.

Er organisierte sich rasch: Am 7. (20.) Dezember 1917, knapp drei Monate nach dem bolschewistischen Umsturz, wurde die Tscheka gegründet. Anfangs hatte sie die Aufgabe, den Kampf gegen Konterrevolution und Sabotage zu führen, später waren dafür die Abteilung »S« und die Sechste Verwaltung des KGB zuständig. Bald übernahm sie auch andere Funktionen: den Kampf gegen Spekulation, dienstliche Vergehen und Spionage, heute die Zweite (Haupt-)Verwaltung, die Bekämpfung konterrevolutionärer Gruppen und des sich ausweitenden Bandenwesens, heute Sondertruppen des KGB, die Gewährleistung der Sicherheit öffentlicher Verkehrsmittel (Vierte Verwaltung) und der Roten Armee (Dritte Verwaltung), die Sicherung der Staatsgrenzen (Grenztruppen).

Am 21. Februar 1918 billigte der Rat der Volkskommissare Lenins Dekret ›Das sozialistische Vaterland ist in Gefahr!‹, wo es in Punkt 8 hieß: »Feindliche Agenten, Spekulanten, Einbrecher, Unruhestifter, konterrevolutionäre Agitatoren und deutsche Spione werden auf der Stelle erschossen«.[51]

Und sie wurden erschossen. Dutzende, Hunderte, später Tausende, Hunderttausende.

Seitdem hieß die Abkürzung WTschK: Wsjakomu Tscheloweku Kaput – das Aus für jeden Menschen.

Der große Humanist Wladimir Lenin, der unerschrockene Kämpfer gegen die Gesetzlosigkeit des zaristischen Regimes, schrieb hysterische Briefe: »Genosse Fjodorow! In Nishni Nowgorod wird offenbar ein weißgardistischer Aufstand vorbereitet. Wir müssen alle unsere Kräfte konzentrieren, eine

Dreierkommission bilden, Massenterror organisieren, Hunderte von Prostituierten, die die Soldaten betrunken machen, und ehemalige Offiziere erschießen und abtransportieren. Keine Minute Aufschub. Mit aller Gewalt vorgehen. Massendurchsuchungen. Wegen Waffenbesitz erschießen. Die Lagerwachen ablösen und durch zuverlässige Leute ersetzen.«[52]

Er schickte Telegramme: »Verschwörer und *Zweifler* erschießen, ohne jemanden zu fragen oder idiotische Verzögerungen zuzulassen.«[53]

Er diktierte Briefe an die Front: »Strengt Euch an, faßt die Astrachaner Spekulanten und Schmiergeldeinstreicher und erschießt sie. Mit diesen Halunken ist zu verfahren, daß es so bald niemand vergißt«.[54]

Niemand hat es vergessen. Wir können es bis heute nicht vergessen. Auf diese Weise wurde der Grundstein für das totalitäre Regime, die totalitäre Rechtsprechung und die sowjetische Moral gelegt.

Am 5. September 1918, nach dem Mord am Vorsitzenden der Petrograder Tscheka, Urizki, und dem Attentat auf Lenin, erließ der Rat der Volkskommissare eine Verordnung über den Roten Terror. Das war das Signal, alle Hemmungen fallenzulassen. In den nächsten vier Jahren ertrank Rußland buchstäblich im eigenen Blut.

»Mit eisernem Besen kehren wir den Unrat aus Sowjetrußland«, schrieb Lazis, der Vorsitzende der Ukrainischen Tscheka. »Suchen Sie nicht nach belastendem Material, ob und inwieweit sich der Angeklagte mit Waffen oder Worten gegen die Sowjetmacht aufgelehnt hat. Ihre erste Pflicht ist es, ihn zu fragen, welcher Klasse er angehört, welcher Abstammung er ist, welche Bildung und welchen Beruf er hat. Solche Fragen müssen über das Schicksal des Angeklagten entscheiden. In diesem Sinne ist der Rote Terror zu verstehen.«[55]

Die Tscheka erhielt unbeschränkte Rechte, das Recht auf eigenmächtige Durchsuchungen, Festnahmen und Erschießungen. Die Geiselnahme wurde eingeführt, eine der abscheulichsten Methoden, durch die völlig unschuldige Menschen bei Razzien auf der Straße, in den Wohnungen, auf Bahnhöfen oder im Theater festgenommen wurden. Sie wurden gefaßt und erschossen, nur weil irgend jemand irgendwo einen Mord oder einen Terrorakt verübt hatte.

Zur Abschreckung veröffentlichte die ›Wochenzeitung der Tscheka zum Kampf gegen Konterrevolution und Spekulantentum‹ Listen mit den Namen der Erschossenen.

»Als Antwort auf die Ermordung des Genossen Urizki und das Attentat auf den Genossen Lenin«, hieß es in Nummer 3 der ›Wochenzeitung‹ vom 6. Oktober 1918, »wurden folgende Personen dem Roten Terror ausgesetzt: drei Piloten – Kreis-Sonderkommission Sumi; achtunddreißig Gutsbesitzer – Gebietskommission Smolensk; Alexandra, Natalia, Jewdokia, Pawel und Michail Rosljakow – Sonderkommission Noworshew; einunddreißig Personen (fünf Mitglieder der Familie Schalajew, vier Mitglieder der Familie Wolkow) – Sonderkommission Poschechon ...«

»Laut Anordnung der Petrograder Sonderkommission«, teilte die ›Wochenzeitung‹ in Nummer 5 vom 20. Oktober 1918 mit, »wurden fünfhundert Geiseln erschossen.« Fürsten, Grafen und Vertreter des alten Regimes, Minister, Gendarmen, Mitglieder der Oppositionsparteien, allesamt »Klassenfeinde«, wurden als Geiseln genommen und getötet (»gefaßt wurden ... insgesamt hundertvierundachtzig namhafte Vertreter des Großbürgertums und Verräter des Sozialismus«, stellte die »Sonderkommission« von Iwanowo-Wosnessensk in Nummer 3 der ›Wochenzeitung‹ fest). Man tötete auch Geiseln aus der »eigenen Klasse«: Bauern, die sich zu einem Aufstand erhoben, und Arbeiter, die einen Streik ausgerufen hatten. Allein im Konzentrationslager Koshuchow in der Nähe von Moskau hielt man 1921/22 dreihundertdreizehn Bauern aus Tambow als Geiseln fest, unter ihnen waren auch Kinder im Alter von einem Monat bis zu sechzehn Jahren.[56]

»Im Uraler Gouvernement hatte ein Aufstand stattgefunden, der mit grausamen Mitteln, die dem Mittelalter angehörten, niedergeschlagen worden war. Nach offiziellen Angaben wurden zehntausend Bauern erschossen, inoffiziellen Quellen zufolge waren es mehr als fünfundzwanzigtausend. Wenn man mit den Arbeitern und Bauern spricht, erscheint es seltsam, daß sich die Bolschewiki halten können, weil etwa neunundneunzig Prozent der Bevölkerung gegen sie sind. Das ist nur möglich, weil die Bevölkerung völlig verschreckt ist.«[57]

»In meiner Kartei, die sich allein auf 1918 bezog, versuchte ich, die soziale Zugehörigkeit der Erschossenen jenes Jahres

zu ermitteln«, schreibt Melgunow in seinem Buch ›Der Rote
Terror in Rußland 1918–1923‹ (er lebte zu dieser Zeit in Moskau). »Die spärlichen Daten, derer ich habhaft wurde, ergaben
folgendes Bild: 1286 Intellektuelle, 1026 Geiseln, 962 Bauern,
468 Angehörige der Mittelklasse, 450 Unbekannte, 438 Kriminelle, 187 wegen Dienstvergehen Verurteilte, 118 Bedienstete,
28 Soldaten und Matrosen, 22 Personen aus der Bourgeoisie,
19 Geistliche.«[58]

Man verhaftete Frauen wegen ihrer Männer, Männer wegen
ihrer Frauen, Kinder wegen ihrer Eltern, Eltern wegen ihrer
Kinder, Nachbarn wegen Nachbarn, Diener wegen ihrer Her-
ren. Ein gewisser Student P. tötete den Kommissar N., dafür
wurden seine Eltern, seine beiden Brüder (der jüngere war
fünfzehn Jahre alt), seine Deutsch-Lehrerin und ihre achtzehn-
jährige Nichte hingerichtet. Später fand auch der Student den
Tod ...

Geistlicher, Ingenieur, Feldscher, Kaufmann, Fabrikant, Redakteur, Förster, ehemaliger Wachsoldat, pensionierter Artille-
rist, Leiter der Ortsgruppe der Partei ›Wille des Volkes‹,
Student (gab sich für einen Matrosen aus) – so lauteten die
Berufsangaben in den Listen der Erschossenen, die die ›Wochenzeitung‹ der Tscheka veröffentlichte.

Das war maßlose Gewalt. »Es wäre absurd, die Tätigkeit der
Tscheka in einen juristischen Rahmen zu pressen«, schrieb der
Tschekist Schklowski in der ›Wochenzeitung‹ (Nr. 6). Das wä-
re in der Tat absurd gewesen.

Im ganzen Land wüteten die Tschekisten, sie vergewaltigten
Gymnasiastinnen und Gutsfräulein, Kinder sahen zu, wie ihre
Eltern getötet wurden, sie pfählten, schlugen mit Eisenhand-
schuhen, »bekränzten« den Kopf des Verurteilten mit Leder-
streifen, begruben bei lebendigem Leibe, sperrten in Zellen,
deren Boden von Leichen mit zertrümmerten Schädeln über-
sät war ...

Warum ich an all das erinnere? Weil ich mich frage, warum
sich die Mitarbeiter und Leiter des KGB nicht schämen, sich
weiterhin Tschekisten zu nennen, sie werden nicht einmal rot
dabei. Es ist unerträglich, das ›Archiv der russischen Revolution‹ von Gessen[59] oder ›Der Rote Terror‹ von Melgunow zu
lesen. Es ist unerträglich für mich zu wissen, daß ich in einem
Land lebe, dessen Erde um irgendeiner »lichten Zukunft« wil-

len zu einem Massengrab geworden ist. »Zu diesem Terror wurden wir gezwungen«, tönten die bolschewistischen Führer. »Das ist kein Terror der Tscheka, sondern der Arbeiterklasse.«

Nein, das ist nicht wahr, das war Terror der Tscheka, entgegnen ihre Augenzeugen und Historiker. »Ganz Rußland war mit einem Netz von Sonderkommissionen überzogen … Es gab keine Stadt, keinen Bezirk, wo nicht eine Abteilung der allgewaltigen Tscheka ihre Tätigkeit aufgenommen, den wichtigsten Nervenstrang der staatlichen Verwaltung gebildet und selbst die Reste des Rechts für sich vereinnahmt hätte«, schreibt Melgunow und fügt hinzu: »Keine andere Macht der Welt ist in der Verherrlichung des Mordes als Machtmittel so weit gegangen.«[60]

Eines Tages schien Lenin, immerhin ein studierter Jurist, das ganze Ausmaß erfaßt und die schreckliche, zerstörerische Gewalt begriffen zu haben. Auf der Sitzung des Politbüros am 1. Dezember 1921 legte er den Entwurf eines Beschlusses vor, der die Kompetenz der Tscheka einschränken und die Macht der Justizorgane stärken sollte. Aber es war schon zu spät – sein Entwurf wurde abgelehnt.[61] Ein Jahr zuvor, im Dezember 1920, hatten das Allrussische Zentralexekutivkomitee und der Rat der Volkskommissare die Erschießung abgeschafft. Diese Verfügung war lediglich vier Monate rechtswirksam. Die Lawine rollte weiter …

Wie viele Menschen fanden bei dem Gemetzel den Tod? Darüber gibt es keine genauen Angaben. Der Verfasser des Buches ›Der Rote Terror‹ nimmt an, daß in den Folterkammern der Tscheka (außerdem gab es Sonderabteilungen, Revolutionstribunale in den Gouvernements, Sonderkommissionen im Verkehrswesen, bei den Truppen und andere) jeden Tag fünf Menschen auf dem Altar der Revolution geopfert wurden, also eineinhalb Millionen Menschen im Jahr …[62]

Da gab es noch den Weißen Terror. In weitaus geringerem Umfang, aber es gab ihn. Auch dort Galgen, Folter, Erschießungen. Wie sollten also Leute wie Chwat moralische Hemmungen haben?

Der Schriftsteller Maxim Gorki erklärte die Brutalität der Revolution aus der Brutalität und Rückständigkeit des russischen Volkes. War die Brutalität der Französischen Revolution folglich das Ergebnis der Aufgeklärtheit des französischen Volkes? Nein, meiner Meinung nach ist die Revolution ein von der Nation unabhängiges Phänomen. An dem russischen Gemetzel beteiligten sich Russen, Juden, Ukrainer, Letten, Georgier, Armenier, und jede Nation hatte ihre eigenen Gründe dafür. Wozu sie alle aufzählen? Am besten, man schlägt im Lexikon ›Völker der UdSSR‹ nach. Ich glaube, die Revolution an sich entbehrt jeder Moral, denn sie stützt sich unvermeidlich auf den Mob, auf die finsteren und zügellosen Instinkte des Pöbels, auf jene unteren Schichten des Volkes, für die die Revolution eine Möglichkeit bietet, sich das zu nehmen, was aus den verschiedensten Gründen auf einem anderen Wege nicht erreicht werden kann.

Die Methoden der Revolution sind zwangsläufig gewaltsam, sie verderben die Menschen. Es ist eine alte Weisheit: Wer einmal Menschenfleisch gekostet hat, der wird zum Menschenfresser, man kann ihn nicht mehr davon abhalten. Auch wer fremdes Blut vergießt, der überschreitet eine unsichtbare Grenze in seinem Wesen und ist bereit, es noch ein zweites, ein drittes, ein zehntes Mal zu tun. Die psychologische Seite dieser Erscheinung hat Fjodor Dostojewski in seinem Roman ›Schuld und Sühne‹ glänzend beschrieben: »Es genügt, ein einziges Mal so weit zu gehen ...«, sagt Raskolnikow, nachdem er eine ihm verhaßte alte Frau getötet hat. Das ganze Volk, das ganze Land besteht aus solchen wie er. Muß man sich da wundern, daß dieses Volk den stalinistischen Massenmord so ohne weiteres hinnahm und gar rechtfertigte?

»Die revolutionäre Macht schuf sich eine eigene Schicht revolutionstreuer Mörder, die bald zu Mördern der Revolution wurden«, schrieb der erste Volkskommissar für Justiz, Steinberg, der dem linken Flügel der Sozialrevolutionäre angehörte.[63] Es gab diese Schicht aber gar nicht, sondern es war ein ganzes Land von Mördern. Sie waren nicht die »Mörder der Revolution«, sondern die Vollstrecker ihrer Prinzipien.

Unmoralisch ist jede Idee, ob kommunistisch oder nationalsozialistisch, wenn sie die Menschheit nach Klassen (Ausbeuter und Ausgebeutete), Rassen (Arier oder Nichtarier) oder anderen Merkmalen in Kategorien unterteilt, jede Idee, die aufgrund sozialer oder nationaler Unterschiede die einen für besser, die anderen für schlechter erklärt, die den besseren das

Paradies verspricht – natürlich auf Kosten des Untergangs der vermeintlich schlechteren.

»Die Opfer, die wir fordern, sollen die Rettung bringen, den Weg zur lichten Herrschaft von Arbeit, Freiheit und Recht freimachen«, schrieb seinerzeit die Tscheka-Zeitung ›Rotes Schwert‹.[64] Eine solche Idee braucht Straforgane, die darüber wachen, daß – Gott behüte! – die »schlechteren« sich nicht heimlich in die Kaste der »besseren« einschleichen. Und damit die »besseren« nicht merken, daß ihr Paradies ein riesiges Konzentrationslager ist, hat man die Tscheka, das NKWD und die Gestapo geschaffen.

»Wir sind zwei Seiten ein und derselben Idee, des Parteistaates«, sagt der SS-Mann Liss zum Bolschewiken Mostowski in Wassili Grossmans Roman ›Leben und Schicksal‹.[65] »Es ist gar nicht wichtig, wer von uns diesen Krieg gewinnt, wenn ihr siegt, werden wir in euch weiterleben, siegen wir, lebt ihr in uns weiter …«

Die Sowjetunion siegte. Und Tausende von sowjetischen Kriegsgefangenen, die das Fegefeuer der faschistischen Lager überlebt hatten, wurden in sowjetische Lager nach Sibirien geschickt. Die ostdeutschen Lager Buchenwald, Sachsenhausen und andere, elf insgesamt, wurden vorerst nicht aufgelöst, sondern dem NKWD übertragen. Am 12. August 1945, drei Monate nach der bedingungslosen Kapitulation Deutschlands, tauchten in Buchenwald, einem Symbol der faschistischen Hölle, die ersten Gefangenen des NKWD auf. Nach westdeutschen Angaben starben in den Sonderlagern der sowjetischen Besatzungszone etwa fünfundsechzigtausend Männer, Frauen und Kinder.[66]

1950 wurden diese Lager geschlossen. In der siegreichen Sowjetunion hingegen wütete zu dieser Zeit eine neue Welle der Repressalien, nicht minder schrecklich als 1937. Wegen Mangels an Todesschützen und wegen der großen Zahl an Verurteilten setzte man Vergasungswagen ein, die als geschlossene Getreidewagen getarnt waren, und tötete die Menschen mit Auspuffgas … Vielleicht hatte es diese »todesfreundlichen« Erfindungen schon Mitte der dreißiger Jahre gegeben, noch vor den Krematorien von Auschwitz?[67] Vielleicht war das eine »russische« Erfindung, die von der Gestapo übernommen wurde?

Nichts entsteht aus dem Nichts. Die Idee hat die Tscheka hervorgebracht, die Tscheka ihrerseits das NKWD, und dessen Erfahrungen kamen der Gestapo zugute. Die Idee zerstörte die Moral und ersetzte sie durch eine Antimoral – im Interesse der Klasse. Die Interessen der Klasse ließen theoretisch wie praktisch den Mord um höherer Ziele willen zu.

»›Du sollst nicht töten!‹ war ein scheinheiliges Gebot, das Proletariat hält sich daran, streng sachlich, wenn die Klasse daraus Nutzen ziehen kann. Der Mord am unversöhnlichen Feind der Revolution, der organisierte, vom Klassenkollektiv im Namen der proletarischen Revolution vollzogene Mord ist moralisch berechtigt. Der metaphysische Wert des menschlichen Lebens existiert für das Proletariat nicht, ihm sind nur die Interessen der proletarischen Revolution heilig«, schrieb Professor Salkind in seinem Buch ›Revolution und Jugend‹, das 1924 in Moskau veröffentlicht wurde.[68]

Mord wurde zur Norm.

»Ein zwölfjähriges Mädchen kann kein Blut sehen ... Wir müssen eine Liste von Büchern anfertigen, deren Lektüre das Mädchen zwingt, den instinktiven Abscheu vor dem Roten Terror abzulegen«, empfiehlt eine ›Aufgabensammlung für die außerschulische Arbeit der Bibliotheken‹ von 1920.[69]

Damals war Chwat dreizehn Jahre alt. Als er zweiundzwanzig wurde, begann in den Dörfern der »große Umbruch«: die Kollektivierung. Die Mitarbeiter der OGPU, der Politischen Sonderverwaltung beim NKWD, wie die Tschekisten jetzt hießen, verurteilten Millionen von Bauernfamilien zu Hunger und Tod in Sibirien. Nach offiziellen Angaben wurden eineinhalb Millionen »Kulaken«-Familien ausgesiedelt. Wenn man davon ausgeht, daß jede Familie im Durchschnitt aus sechs Mitgliedern bestand, ging die Zahl in die Millionen.

Wie sollten sich hier menschliche Hemmungen herausbilden? Woher sollte das Mitgefühl mit dem einzelnen kommen, da es keine Angst vor fremdem Blut und fremdem Tod mehr gab? Wie hätten die Untersuchungsführer der Tscheka, der OGPU, des NKWD oder KGB anders handeln sollen, da sie ja selber oder ihre Lehrer diese Schule des Terrors und Brudermords durchlaufen haben?

Aber entschuldigt das wirklich Chwat und seinesgleichen? Spricht sie das frei? Verringert es ihre persönliche Schuld all jenen gegenüber, die zum Tod durch Erschießen verurteilt worden sind? Den Frauen gegenüber, die früh zu Witwen gemacht wurden? Den Kindern gegenüber, den vielen Waisen, die ihre Kindheit verloren und – schlimmer noch – in die Heime und Erziehungsanstalten für »Kinder der Volksfeinde« eingewiesen wurden?

Kinder ... Für mich ist dies eine besonders schmerzliche Seite des Staatsterrors. Kinder, die gerade gelernt hatten zu sprechen und des Nachts »Mama!« riefen, wenn sie die mütterliche Wärme brauchten, wurden plötzlich in den Strudel schrecklicher Ereignisse geworfen. Wofür? Wie konnte dieses Land das ertragen? Warum verfluchte Gott nicht dieses Land, das aus den Fugen zu geraten schien?

In den Unterlagen des NKWD-Untersuchungsführers Alexander Lanfang, der seine Laufbahn als Generalleutnant beendete, befand sich ein an »Onkel Josef Wissarionowitsch Stalin« adressierter Brief.

»Lieber Onkel Josef Wissarionowitsch!

Meine Schwester Rosa und ich besuchen die Schule Nr. 151 des Leningrader Bezirks in Moskau. Ich gehe in die fünfte Klasse, Rosa in die zweite. Wir haben beschlossen, Ihnen einen Brief zu schreiben, damit wir beruhigt sind und besser lernen können. Am 15. September 1937 haben sie unseren Papa Wassili Tarassowitsch Tschemodanow abgeholt. Mama war zu der Zeit wegen einer schweren Operation im Krankenhaus. Man hat ihr einen Kaiserschnitt gemacht, damit unser Schwesterchen Swetlanotschka auf die Welt kommen konnte. Jetzt ist sie schon dreieinhalb Monate alt. Zwei Monate nach unserem Papa kamen sie, um Mama abzuholen. Sie haben sie nicht mitgenommen, weil Swetlanotschka erst drei Wochen alt war und es der Mama sehr schlecht ging. Sie mußte aber unterschreiben, daß sie Moskau nicht verlassen wird. Josef Wissarionowitsch, wir bitten Sie, daß sie unserer Mama nichts antun, weil sie gut zu uns ist und wir sie sehr lieb haben. Wir bitten Sie um eine Antwort auf unseren Brief. Und wir versprechen, daß wir in der Schule nur noch Einsen und Zweien haben werden.

Leningrader Chaussee, Haus 36, Wohnung Nr. 191. Grischa Tschemodanow, Rosa Tschemodanowa und Grischa für Swetlanotschka.«

Das schreiben die Kinder von Wassili Tschemodanow, einem Mann, der im Moskau der dreißiger Jahre berühmt, ja legendär war. Er, »Comrado Tschemo«, vertrat den Komsomol in der Kommunistischen Jugendinternationale. Er wurde bald nach seiner Verhaftung erschossen.

Der Untersuchungsführer Lanfang hatte den Fall geleitet. Deshalb wurde der Brief an den »besten Freund der Kinder«, wie Stalin damals in den Zeitungen genannt wurde, an ihn weitergeleitet – und blieb in seinem Safe liegen.

Generalmajor a. D. Boris Viktorow, Ende der fünfziger, Anfang der sechziger Jahre stellvertretender Militär-Oberstaatsanwalt der UdSSR, entdeckte diesen Brief im Archiv und gab ihn mir.

Tschemodanows Kinder fand ich 1988. Grischa lebte nicht mehr, er war 1941 gefallen. Als ich Rosa und Swetlanotschka den Brief vorlas, brachen sie in Tränen aus und erzählten mir ihre Geschichte.

Nach der Verhaftung des Vaters lebten Grischa und Rosa eine Zeitlang bei ihrer Großmutter. Dann kam die Mutter mit Swetlanotschka aus dem Krankenhaus. Olga Abramowna war schwer krank, eine mißlungene Bluttransfusion führte zur Lähmung ihrer beiden Beine und eines Arms.

Geld hatten sie nicht. Ihr ganzer Besitz wurde nach der Verhaftung des Vaters konfisziert, die NKWD-Leute transportierten einen vollen Lastwagen ab. Sie ließen nur das Bett stehen, in dem die Kinder schliefen. Als die Tschekisten den Besitz auflisteten, sah Rosa durch den Spalt der angelehnten Tür, wie sie die Sachen unter sich aufteilten: den Plattenspieler bekommst du, das Kleid da nehme ich, die rosa Puderdose auch.

Da ihre Mutter einen Ausweis hatte, fanden Rosa und Grischa Arbeit in einer Heimarbeiter-Genossenschaft. Sie klebten Papiertüten für Grütze. Für das verdiente Geld kauften sie Milch für Swetlanotschka (die Mutter konnte nicht mehr stillen) und Brot. Manchmal klopfte jemand, und wenn sie öffneten, stand eine Tasche mit Lebensmitteln neben der Wohnungstür. Die Nachbarn halfen ihnen, wagten aber nicht, die Wohnung eines Verhafteten zu betreten.

Sie brauchten auch Geld, um dem Vater jeden Monat fünf Rubel schicken zu können, zuerst ins Butyrki-Gefängnis, dann nach Lefortowo. Dort nahm man bis 1941 ihr Geld in

Empfang, bis der Krieg ausbrach – Wassili Tschemodanow war bereits im November 1937 erschossen worden.

Eines Tages erhielt die Mutter einen Anruf von ihrer früheren Maniküre, sie bot sich an, sie anzulernen und ihr auch Feile, Schere und so weiter zu kaufen. »Sonst verhungern Sie«, meinte sie. Olga Abramowna wurde als Frau eines »Volksfeindes« von niemandem eingestellt.

Als Rosa dreizehn Jahre alt war, nahm sie eine Arbeit als Nieterin in einer Fabrik auf. In die Schule mußte sie nicht mehr gehen. Swetlanotschka kam bei Ausbruch des Krieges in ein Kinderheim. Von dort erhielten sie einen Brief: Die Kinder sind verlaust, leiden an Hunger, werden zu Dutzenden beerdigt. Falls sie Swetlanotschka lebend wiedersehen wollten, sollten sie sie holen. Ihre Moskauer Nachbarn holten sie – zum Glück hielten sie sich gerade in Kasan auf, wohin das Kinderheim evakuiert worden war. Als Swetlanotschka aus dem Kinderheim zurück war, schrie sie auf, wenn sie Brot auf dem Tisch sah – aus Angst, sie könnte nichts davon abbekommen.

Mitte der fünfziger Jahre wurde Wassili Tschemodanow rehabilitiert. Olga Abramowna und ihre Töchter erhielten ein Schriftstück: In der Spalte »Gestorben in« war ein Strich, in der Spalte »Gestorben an« ebenfalls ...

Wenn ich wissen möchte, wie die Henker zu Henkern geworden sind, wie der Untersuchungsführer Chwat zum Blutrichter geworden ist, sieht das aus, als wolle ich sie rechtfertigen. Das ist gewiß nicht meine Absicht. Ich will vielmehr wissen, wie dieser Typus eines Sowjetbürgers entstanden ist. Noch 1991 ergab eine Umfrage, daß Dzierżyński, der Gründer der Tscheka, als einer der fünf größten Helden der Sowjetunion angesehen wird.[70] Dieser sowjetische Typus wie Chwat oder Luchowizki – sie sind keine Mißgeburten, keine Mutanten, sie sind Menschen wie du und ich.

Schuld – gibt es eine schwierigere Frage? Die Frage nach der Schuld eines Menschen, der auf Befehl gehandelt hat, wiegt doppelt schwer und kann juristisch nicht eindeutig beantwortet werden.

Wegen der Genehmigung für die Verhaftung Wawilows, des Häftlings von Chwat, wandte sich Berija an Molotow, den Vorsitzenden des Rates der Volkskommissare. Viele Personen wurden aufgrund von Listen festgenommen, die der NKWD aufgestellt und Stalin vorgelegt hatte. »Dieser setzte Kreuze, Pfeile und andere Zeichen hinter die Namen derjenigen, die verhaftet werden sollten, und er gab mitunter auch Hinweise, wie die Untersuchung zu führen sei.«[71] An den Verhören nahmen die höchsten Persönlichkeiten des Staates teil: Woroschilow, Kaganowitsch, Malenkow. Folterungen waren von oben sanktioniert. Eine Mörderbande regierte das Land. Und keiner von ihnen, Berija ausgenommen, erhielt dafür eine Strafe.

Viele Menschen wurden auf Denunziationen hin verhaftet. Eine Flut von Anzeigen, von einfachen Sowjetbürgern verfaßt, ergoß sich ins NKWD. Die Anzeigen wurden geschrieben, um den unliebsamen Direktor aus dem Weg zu schaffen, den Konkurrenten auszuschalten und die eigene Karriere auszubauen. Sie wurden geschrieben, um die eigenen Wohnverhältnisse zu verbessern: Man brachte den Nachbarn hinter Gitter und erhielt zum Lohn sein Zimmer in der gleichen Wohnung, in der man jahrelang Seite an Seite mit ihm gelebt hatte. Frauen zeigten ihre Männer an, weil ein Liebhaber aufgetaucht war und sie den Ehemann loswerden mußten. Männer denunzierten ihre Frauen. Natürlich wurden die Anzeigen auch aus Angst geschrieben, um sich zu retten oder weil die Tscheka-Leute ihren »staatlichen Verhaftungsplan« erfüllen mußten.

Man schrieb, zeigte an, informierte. Nach Einschätzung von Experten arbeitete jeder zweite Erwachsene auf irgendeine Weise mit dem NKWD zusammen! Ganz abgesehen von den Millionen, die auf Versammlungen bereitwillig für den Ausschluß der Frau eines »Volksfeindes« aus der Partei oder seines Sohnes aus dem Komsomol stimmten, obwohl sie genau wußten, daß der Ausschluß die Kündigung, die Entfernung aus dem Institut, die Verweigerung eines Hochschulstudiums nach sich zog. Der Mensch war gebrandmarkt für sein ganzes Leben. Abgesehen von den Millionen, die schweigend schluckten, was ihnen die Zeitungen servierten, ohne sich die Mühe zu machen, daran zu zweifeln. Nur so konnten Chwat und seinesgleichen schalten und walten und morden.

Ich lebte damals noch nicht. Vielleicht hat meine Haltung, die Haltung eines Menschen, der, wie die Dichterin Anna Achmatowa sagte, in eine »vegetarische Zeit« hineingeboren wurde, etwas allzu Absolutes an sich … Das Maß der Schuld ist natürlich verschieden. Ist das aber Grund genug, zu vergeben, zu vergessen?

Rechtfertige ich etwa Chwat? Natürlich nicht. Ich bin kein Richter, und Gott verhüte, daß ich jemals entscheiden sollte, jemanden zu bestrafen oder zu begnadigen. Ich hasse jede Vereinfachung, die es möglich macht, Ursache mit Wirkung zu verwechseln und damit auch die Gründe, aus denen Tausende gewöhnlicher Menschen zu Henkern wurden, zu relativieren.

Dahinter verbirgt sich die Erklärung, warum in einem Land, das die Hölle der Lager und Folterkammern durchlebt hat, der KGB seine Macht nicht nur erhalten, sondern sogar ausweiten konnte. Obwohl seine »Organe« heute ihre Macht auf zivilisiertere Weise ausüben.

Wieviel Zeit muß noch vergehen, bis die Intelligenz und die heutigen Demokraten sich zu ihrer Schuld an alledem bekennen, was die Sowjetmacht jahrzehntelang in diesem Land angerichtet hat?

Wir alle sind schuld, weil wir es zugelassen haben. In den dreißiger und vierziger Jahren ließen wir zu, daß sie töteten (wir halfen ihnen dabei, denunzierten, billigten alles, spornten sie durch unseren Glauben an), in den fünfziger Jahren ließen wir zu, daß sie die Menschen erniedrigten, in den siebziger und achtziger Jahren ließen wir zu, daß man jenen, die all das nicht zulassen wollten, die Arbeitsmöglichkeiten nahm, ihnen keine Visa gab, sie in Nervenkliniken einwies oder sie einsperrte und dann des Landes verwies.

Oft überlege ich: Was würden wir alle tun, wenn wir nicht in jeder Periode unserer Geschichte die richtigen offiziellen Schuldigen gehabt hätten: Stalin, Chruschtschow, Breschnew – und Gorbatschow?

Ich bin überzeugt, daß in diesem Land niemand schuldlos ist, die Kinder ausgenommen. Wir alle, auch ich, sind an diesem Alptraum beteiligt. Und weil wir die Schuld unserer Väter und Großväter geerbt haben, tragen wir alle die Schuld daran, daß in diesem Land ein schrecklicher Rekord aufgestellt wurde: Über sechsundsechzig Millionen Menschen wurden von Oktober 1917 bis 1959 Opfer der staatlichen Repressionen und des Terrors – unter Lenin, Stalin, Chruschtschow …[72]

Wer wollte zählen, wie viele Schicksale nach 1959 zerstört wurden, als wir weiterhin devot schwiegen?

Natürlich ist Chwat schuldig, zumindest nach den Normen der menschlichen Moral. Ja, er ist schuldig, obwohl das von der Obersten Militär-Staatsanwaltschaft 1957, noch unter Chruschtschow, gegen ihn eröffnete Strafverfahren aufgehoben wurde. Nach meinem Verständnis ist Chwat schuldig, weil Menschenblut an seinen Händen klebt, weil er kein blindes Kätzchen war, kein kleines Kind, das nicht weiß, was es tut. Erinnern Sie sich: »An Spionage glaubte ich natürlich nicht.« Er wußte und durchschaute alles. Und ihm war auch bewußt, daß er unschuldige Menschen in den Tod schickte.

Als das Gericht 1955 den Untersuchungsführer Schwarzman fragte: »Waren Sie sich darüber im klaren, daß Sie einen großen Befehlshaber und verdienten Mann mißhandelten?« (Gemeint war der Armeegeneral Merezkow, der im Sommer 1941 verhaftet worden war), antwortete Schwarzman: »Der Befehl kam von ganz oben, da konnte es gar keine Diskussion geben.«[73]

Diskussionen gab es nie. So verdienten sie sich ihre Orden, Beförderungen, ihr Geld (mit der Zulage für den Dienstgrad betrug ihr Gehalt das Zehn- oder Zwanzigfache des Durchschnittsverdienstes), ihre Wohnungen, den Zugang zu Sanatorien und Lebensmittelgeschäften für die Elite. So machten sie Karriere.

Chwat beförderte man 1946 zum Leiter der Abteilung »T« im NKWD, die für den »Kampf gegen den Terrorismus« zuständig war. Ein unschuldiges Lamm machte beim NKWD keine Karriere und erhielt demzufolge auch keine Wohnung im Zentrum von Moskau, wo absoluter Wohnungsmangel herrschte.

Aber Chwat kam in den Genuß von alledem.

Apropos Wohnungen: Angesichts der Wohnungsnot, die in der UdSSR immer herrschte – in jenen Jahren ganz besonders –, war es sehr vorteilhaft, einen potentiellen »Volksfeind« zu verhaften, wenn dieser eine gute Wohnung hatte.

So verhaftete zum Beispiel der Untersuchungsführer Bojarski in Nordossetien das Ehepaar Zurow, setzte dessen zwölfjährige Tochter auf die Straße und übernahm die Wohnung mitsamt Möbeln.

1950 wurde zwischen dem MGB und der Moskauer Stadtverwaltung eine Abmachung getroffen, wonach die Wohnungen der Häftlinge dem MGB zufielen, der auf diese Weise die Wohnungsprobleme seiner Mitarbeiter »löste«.

Meiner Meinung nach reizte einen Untersuchungsführer beim NKWD nicht so sehr die Karriere oder das Gehalt, sondern die Macht über andere Menschen: Die Nachbarn fürchteten sie, ihren Frauen ließ man in den Schlangen vor den Geschäften den Vortritt, Schulfreunde duckten sich vor ihnen, Spielgefährten aus der Kindheit, die sie früher herumkommandiert hatten, suchten ihre Protektion.

Die größte Genugtuung aber bereiteten ihnen die Verhöre: einen Akademiker zu beschimpfen, einen Marschall zu mißhandeln, jemanden zu verhöhnen, der noch vor kurzem Mitglied des Politbüros war, dessen Porträt auf Demonstrationen mitgeführt wurde und der gestern noch mit einem einzigen Wort denselben Untersuchungsführer in Staub hätte verwandeln können ... Für diese Zwerge, die meist ungebildet und nicht sonderlich intelligent waren, beladen mit den Komplexen eines Impotenten, von ihren eigenen Frauen betrogen – für sie war es ein Vergnügen, eine Genugtuung, andere zu treten, zu erniedrigen.

Die kommunistische Theorie mit ihren Prinzipien der abstrakten Gleichheit und Gerechtigkeit hatte die Menschen vergessen lassen, welchen Platz sie in der Gesellschaft einzunehmen haben, daß eine Köchin nicht den Staat regieren kann, sondern an den Herd gehört. Darin ist nichts Schändliches. Die Menschen kommen verschieden auf die Welt: die einen klug, die anderen dumm, die einen für die Wissenschaft begabt, die anderen nicht, die einen können einen Staat regieren, den anderen liegt das nicht. Gleich sind die Menschen nur vor Gott, auf der Erde hingegen gibt es keine Gleichheit, es kann sie gar nicht geben. Die Gesellschaft muß demokratische Institutionen schaffen, die den Begabten, Klugen die Möglichkeit geben, ungeachtet ihrer sozialen Herkunft ihre Fähigkeiten zu beweisen.

Obwohl die kommunistische Theorie anerkennt, daß die natürlichen Anlagen bei jedem Menschen anders sind, verkündete sie nichtsdestotrotz: Ihr seid alle gleich. Der Mensch ist nicht immer in der Lage, seine eigenen Fähigkeiten zu beurteilen, und denkt bei sich: Ihr habt mir ja gesagt, daß ich den

Staat regieren kann, und jetzt seid ihr (ja, ihr!) verpflichtet, mir diese Chance zu geben. Mit all diesen Versprechen wurde der Beruf der Köchin abgewertet.

In einem Arbeiter- und Bauernstaat war es nicht gut, ein Arbeiter oder ein Bauer zu sein. Daher der Neid auf die Klügeren, Gebildeteren, Erfolgreicheren. Daher der glühende Wunsch, zu erniedrigen, zu zertreten, zu zerquetschen. Der Wille zur Macht à la Nietzsche? Ich glaube nicht. Eher Selbstbestätigung »auf bolschewistisch«, geboren aus der Idee von der abstrakten Gleichheit.

Kriecher von Chwats Art hatten die Macht in Rußland übernommen, sie konnten die Gleichheit, ihr Recht, höher zu stehen, nicht anders zum Ausdruck bringen als mit Gewalt und Mord. Das bestätigen alle kommunistischen Regime des 20. Jahrhunderts in Europa, Lateinamerika und Afrika – ohne Ausnahme. Ein System abstrakter Gleichheit und abstrakter Gerechtigkeit behauptet sich zwangsläufig durch Gewalt. Es entstehen neue Klassen, Stände und Kasten, mit dem Unterschied allerdings, daß Nichtigkeit und Durchschnittlichkeit, gepaart mit Aggressivität, die neue Elite der Gesellschaft auszeichnen.

Zurück zu den unvergeßlichen dreißiger und vierziger Jahren, zu den stalinistischen Untersuchungsführern. Gab es unter ihnen auch welche, die sich dem Unrecht widersetzten? Gab es im NKWD Leute, die sich weigerten, die Aussagen aus den Häftlingen herauszuprügeln, sie zu quälen? Ja, es gab sie! Man erzählte mir von Terenti Deribas, Leiter der NKWD-Verwaltung für den Fernen Osten, der es abgelehnt hatte, aufgrund gefälschter Aussagen Verhaftungen vorzunehmen – er wurde erschossen. Von Untersuchungsführer Glebow, der eine Anzeige gegen den Armeeführer Jakir nicht entgegengenommen hatte – er wurde erschossen. Von den Verwaltungschefs des NKWD Kapustin und Wolkow – beide erschossen sich. Von Nuskulter, Staatsanwalt der Stadt Witebsk, der auf die seltsame Idee gekommen war, die Beweggründe für die Verhaftung der in Untersuchungshaft Einsitzenden zu überprüfen – er wurde erschossen.[74]

Ich hörte auch von Untersuchungsführern, die sich nicht widersetzten und nicht erschossen wurden. Sie schlossen den Raum, in dem der Häftling verhört wurde, und sagten: »Ich werde jetzt brüllen, Sie beschimpfen und mit der Faust auf den Tisch schlagen. Und Sie – schreien. Das ist für die dort, die hinter der Tür ...« Gewiß gab es noch andere, deren Namen ich nicht kenne, von denen ich nicht gelesen, nicht gehört habe – die einfach verschwunden sind.

Ich glaube, die Liste ihrer Namen ist kurz, obwohl in den Jahren der stalinistischen Inquisition – nach Berichten des KGB – dreiundzwanzigtausend Tschekisten umkamen.[75] Mögen sie in Frieden ruhen. Die meisten von ihnen starben allerdings nicht, weil sie dem verbrecherischen Regime Widerstand leisteten, sondern wegen Stalins »Säuberungen«, der nach und nach die alten Tschekisten tötete und sie durch neue Leute ersetzte.

Man geht allgemein davon aus, daß die Straforgane, die später den Namen KGB trugen, in den Jahren des Stalin-Regimes den Höhepunkt ihrer Macht erreichten. Das war zweifellos die blutigste Zeit in der Geschichte dieser Organisation. Allmächtig war in dieser Diktatur aber nur einer: Josef Stalin. Zu seiner Zeit spielte das NKWD die Rolle eines tatkräftigen Erfüllungsgehilfen, den der Diktator wohl instinktiv als Gefahr erkannt hatte, der ihn jedoch weitaus mehr fürchtete.

Über den Köpfen der Mörder, die im ganzen Land ihr Unwesen trieben, hing immer das Damoklesschwert der unabwendbaren Säuberungen. Kleinere oder größere Säuberungen gab es schon unter Volkskommissar Jagoda und unter Jeshow, es gab sie dann unter Berija und später unter den Volkskommissaren des NKWD und des MGB Abakumow, Merkulow und Ignatjew.

Stalin ließ Jagoda und Jeshow erschießen. Ich zweifle nicht daran, daß er auch Berija hätte erschießen lassen, hätten ihn nicht Krankheit und Alter daran gehindert. Das tat Chruschtschow für ihn.

Nach Volkskommissar Jagoda wurden alle achtzehn ihm nahestehenden Sicherheitskommissare der ersten und zweiten Reihe hingerichtet. Dem Volkskommissar Jeshow folgten einhunderteins hohe NKWD-Funktionäre, nicht nur seine Stellvertreter, sondern auch nahezu alle Abteilungsleiter der NKWD-Zentrale, die Volkskommissare für innere Angelegenheiten der Unions- und der autonomen Republiken sowie die Leiter vieler Gebiets-, Rayons- und Stadtverwaltungen.[76]

Außer den »Allerhöchsten« wurden in den Kellern der sowjetischen Gestapo Tausende und Abertausende Untersuchungsführer erschossen. (Chwat blieb wie durch ein Wunder am Leben: Anfang der fünfziger Jahre lag ein Haftbefehl gegen ihn vor.)

»Mir fehlen die Worte, um zu erklären, was damals mit mir vorging. Ich war kein gequälter Mensch, sondern vielmehr ein zu Tode gehetztes Tier«, schrieb der Untersuchungsführer Uschakow-Uschimirski aus dem Gefängnis an die Zentrale des NKWD.

Er war einer von denen, die den »faschistischen Militärstreich« in der Roten Armee erdichtet und das »Geständnis« aus Marschall Tuchatschewski herausgeprügelt hatten. 1938 wurde er verhaftet und kurz darauf erschossen. »Ich mußte in Lefortowo (aber nicht nur dort) Feinde des Volkes und der Sowjetmacht schlagen, ich hatte überhaupt keine Vorstellung von den Qualen und Gefühlen der Häftlinge. Wir schlugen aber nicht so bestialisch, wir verhörten und schlugen nur, wenn es unvermeidbar war, es waren schließlich Feinde... Kurz gesagt, ich gab auf, ich konnte weder die Schläge noch die Erinnerungen an sie länger ertragen...«[77]

Der Diktator war nicht dumm: Solche Zeugen mußten rechtzeitig aus dem Weg geschafft werden.

Der Diktator war klug: Die Hinrichtung bot die einzige Möglichkeit, diese Leute, die das Blut anderer Menschen rasend gemacht hatte, in Schach zu halten, anderenfalls würden sie auch über ihn herfallen, so wie ein Rudel Wölfe über das Leittier herfällt, wenn es seine Schwäche spürt. Die Angst, die allgegenwärtige, quälende animalische Angst war es, mit der er das riesige, immer größer werdende Heer der Staatssicherheit als Instrument und »Transmissionsriemen« der totalitären Macht beherrschte.

Mit anderen Worten: Ein solcher Staat im Staat wie der KGB kann nur unter Kontrolle gehalten werden und wird nicht selbst an die Spitze der Macht drängen, wenn die absolute Diktatur einer Person herrscht. Denn Menschen, die nur die Sprache der Gewalt kennen, verstehen keine andere Sprache. Jede Schwäche, jede Konzession dieses Regimes erweitert die Macht ähnlicher Strukturen, und das Instrument der Macht wird dann zur Macht selbst.

Chwat weinte. Er tat mir leid, dieser Greis, der ein langes und unrühmliches Leben hinter sich hatte, der Henker und das Opfer.

Viertes Kapitel
Einem weiteren Täter auf der Spur

1953: Stalin ist tot und der Chef-Gendarm, Lawrenti Berija, »entpuppt« sich als »britischer Spion« und wird hingerichtet. So endete die erste, kannibalistische Phase, die Steinzeit des totalitären Staates. Eine neue, zivilisiertere Periode folgte, als man aufhörte, den Leib zu töten, und sich auf die Tötung der Seele konzentrierte. Da begann die eigentliche Expansion des KGB.

Nikita Chruschtschow, der kein zweiter Stalin sein konnte, war sich der Gefahr, die für ihn persönlich von den »Organen« ausging, völlig bewußt. Er bewegte sich sein Leben lang in den höchsten Sphären der Macht und ahnte, wozu sie fähig war, wenn er die Zügel schleifen ließ.

Die Sicherheitsorgane wurden von einer neuen, diesmal weitgehend unblutigen Säuberungsaktion erfaßt, was auf ein verändertes Kräfteverhältnis zwischen dem Oberhaupt des totalitären Staates und den »Organen« hindeutete und gewissermaßen Chruschtschows Ende besiegelte.

Wladimir Semitschastny, der als KGB-Chef Breschnews Staatsstreich vom Oktober 1964 deckte, hatte nichts mit Berija gemein. Der Umstand jedoch, daß Chruschtschow kein zweiter Stalin geworden ist, den die »Organe« mehr als den Tod gefürchtet hatten, machte es dem Sicherheitsdienst möglich, zum Mitverschwörer, wenn nicht gar zur treibenden Kraft der Verschwörung zu werden. Chruschtschow fand sich unverhofft in der Situation eines »alten Wolfes«, dessen Schwächen das Rudel sofort ausnutzte. Halbherzigkeiten bei der Begnadigung oder Bestrafung sind in einem totalitären Staat fehl am Platz. Die Bestraften hatten keine Angst, sie begehrten auf. Die Begnadigten begriffen, daß er kein richtiger Führer war.

Die Erschießung Berijas im Jahre 1953 und kurz darauf seiner nächsten Helfershelfer Kobulow und Bagirow, der Leningrader Prozeß von 1954, wo gegen den Minister für Staatssicherheit Abakumow und gegen Leonow, den Chef der Ermittlungsbehörde im Ministerium für Staatssicherheit (MGB), verhandelt wurde,[78] Höchststrafe für den Initiator des berühmten »Ärzteprozesses«, den MGB-General Rjumin, und einige Handlanger – das alles hatte die »Organe« verständlicherweise schockiert. Die Erfahrung sagte ihnen, daß noch Schlimmeres zu erwarten war.

1955 kehrten Tausende von Menschen, die ihre Peiniger in guter Erinnerung hatten, aus den Straflagern zurück. In der Militär-Oberstaatsanwaltschaft (GWP) wurde eine Gruppe unter Leitung von Boris Viktorow, heute Generalleutnant a.D., gebildet, die den Auftrag erhielt, die seinerzeit konstruierten Fälle zu revidieren und die Betroffenen zu rehabilitieren.[79] Später entstanden solche Gruppen überall im Land. An ihrer Arbeit beteiligten sich natürlich auch die Beamten des – wie man glaubte – erneuerten KGB: Viele ehemalige Mitarbeiter des NKWD-MGB wurden entlassen. »An unsere Stelle«, beschwerte sich Chwat bei mir, »traten Laien aus dem Zentralkomitee der Partei«, diejenigen also, die die Repressalien befohlen hatten.

Einige professionelle »Kämpfer« sind aber geblieben, beispielsweise Filipp Bobkow, der 1945 seinen Dienst in den »Organen« aufgenommen hatte und erst im Januar 1991 als erster Stellvertreter des Vorsitzenden des Komitees in den Ruhestand versetzt wurde. Die »Organe« wechselten das Aushängeschild, das Ministerium für Staatssicherheit hieß jetzt »Komitee für Staatssicherheit der UdSSR«, ermittelte aber nach demselben Artikel 58.10 (konterrevolutionäre Agitation), mit dem Unterschied, daß man jetzt nicht für Witze über Stalin, sondern für Witze über Chruschtschow einsperrte. Der neue Mann an der Spitze des Komitees war General Iwan Serow, Berijas Stellvertreter Ende der dreißiger Jahre, jener »heldenhafte« Organisator der Massendeportation kaukasischer Völker während des Krieges, der übrigens auch den Fall des Akademiemitglieds Nikolai Wawilow leitete. Chwat hat sich des öfteren bei ihm Rat geholt. Eine Erneuerung par excellence ...

Was geschah mit der mehrtausendköpfigen Armee der Untersuchungsbeamten im NKWD-MGB?

Im großen und ganzen nichts.

Achtunddreißig NKWD-Generale verloren ihren Rang, zum Beispiel Alexander Awsejewitsch, der zu jenen gehörte, die 1937 den Korpskommandeur Vitali Primakow gezwungen hatten, bestimmte Aussagen zu machen, woraufhin er als Teilnehmer einer »militärisch-faschistischen« Verschwörung in der Roten Armee vor Gericht gestellt wurde. Im Unterschied zu seinem Kollegen Uschakow-Uschimirski hat Awsejewitsch Berijas »Säuberung« überstanden, er wechselte zu den Luftstreitkräften über und avancierte zum Generalleutnant.

Hunderte Tschekisten mußten ihre Parteibücher abgeben, aber nicht gleich. So bekleidete Chwat nach seinem unfreiwilligen Abschied von den »Organen« fünf Jahre lang den Posten des Parteisekretärs in einer Abteilung des sowjetischen Ministeriums für mittleren Maschinenbau (bekannt als Atom-Ministerium oder Slawski-Behörde). Als Chwats Strafsache wegen »Verjährung« eingestellt wurde, griff ein anderer Stellvertreter des Militär-Oberstaatsanwalts, General Dmitri Terechow, durch und erreichte schließlich, daß Chwat 1962 per Beschluß der Parteikontrollkommission beim ZK aus der Partei entfernt wurde. Das Ministerium legte zwar gute und sehr gute Charakteristiken seines Parteifunktionärs vor, aber das half nicht. Warum sollten die Charakteristiken schlecht ausgefallen sein? Ich zweifle nicht im geringsten daran, daß Chwat, der eine solche Schule des NKWD-MGB absolviert hatte, ein hervorragender Parteisekretär gewesen ist.

Dutzende treuer Kämpfer, nun auf dem Altenteil, verloren ihre hohen, personengebundenen Renten, was sie verständlicherweise verbitterte. Chwat büßte sie ebenso ein wie der uns bekannte Luchowizki. Luchowizki wurde schon 1951 aus Gesundheitsgründen aus den »Organen« entlassen, aber nach der Rehabilitierung von Jemeljanow und Tjomkin legte die Staatsanwaltschaft Revision gegen seine Rente ein: Aufgrund von »Tatsachen, die dem Ruf eines Offiziers schaden«, wurden seine monatlichen Bezüge auf vierzehnhundert Rubel (vor der Geldreform von 1961) gesenkt.[80] Als Rika Berg nach langer Lagerstrafe nach Moskau zurückkehrte, bekam sie dreihundertfünfzig (alte) Rubel im Monat.

Auf der Anklagebank landeten nach Aussage des Generals Viktorow indessen nur einige wenige Foltermeister der mehrere tausend Mann starken NKWD-Armee, in erster Linie jene, die zuviel wußten und als unerwünschte Zeugen der neuen Macht unbequem waren. In Schnellverfahren hinter geschlossenen Türen wurden sie zum Tode verurteilt.

Der Prozeß gegen Abakumow war öffentlich, das heißt für

Presse und Rundfunk zugänglich, so öffentlich wie in den sechziger und siebziger Jahren die Prozesse gegen die Dissidenten. Sogenannte Vertreter oder Delegationen der »Öffentlichkeit« erhielten Sonderausweise: soundso viele für das Werk, soundso viele für die Schrittmacher der Produktion aus der Fabrik, eine bestimmte Zahl für die Bezirksparteileitung und so weiter. Es war dafür gesorgt, daß keiner von ihnen dem Prozeß von Anfang bis Ende beiwohnte.[81] Die Gründe dafür waren klar. Es sind die gleichen Gründe, die das Bekanntwerden des »internen« Referats ›Über den Personenkult und seine Folgen‹ von Nikita Chruschtschow auf dem 20. Parteitag der KPdSU bis 1989 unmöglich machten.[82] Der totalitäre Staat war nicht daran interessiert, die geheimen Methoden der Steuerung des eigenen Volkes publik zu machen. Noch weniger wünschten das die »Organe«, die einen wichtigen Bestandteil dieses Machtmechanismus bildeten.

Ich denke, es gab auch rein praktische Gründe, diese Prozesse hinter verschlossenen Türen zu führen. Zum einen durften Sowjetbürger keinen Einblick in die Arbeitsweise des NKWD-MGB erhalten, denn sie hat sich ja seitdem überhaupt nicht verändert.

»Was hat sich verändert? Was hat sich verändert?« äffte mich der ehemalige KGB-Chef Semitschastny mürrisch nach. »Eingesperrt wurde niemand mehr, das hat sich verändert.«[83] Das mit dem Einsperren – hier muß ich den General korrigieren – stimmt so nicht ganz. Genauso klar ist, daß sich darüber hinaus wirklich nichts verändert hat. Zugegeben, Massenrepressalien blieben aus, dafür gebührt Chruschtschow unser Dank. Des weiteren sollten die geheimnisumwitterten Prozesse im Volk die Illusion wecken, daß sie serienweise geführt wurden.

Der KGB-Chef Krjutschkow erklärte 1991 in einem Interview, daß etwa fünfzehnhundert Untersuchungsbeamte des NKWD-MGB wegen »Verletzung der Gesetzlichkeit«[84] verurteilt worden seien, aber mir scheint, daß er diese Information von Leuten erhalten hat, die sich in der sowjetischen Gerichtsbarkeit nicht besonders gut auskennen.

Es ist ganz offensichtlich, daß diese Zahl auch diejenigen einschließt, die unter Jeschow und Berija den Säuberungsaktionen als »Volksfeinde« zum Opfer fielen,[85] nicht etwa deshalb, weil sie irgendwelche Gesetze verletzt hätten.

Wie gelang es den Untersuchungsbeamten des NKWD-MGB, der Bestrafung zu entgehen? Hier gab es mehrere Möglichkeiten. Eine von ihnen war die Amnestie vom 27. März 1953, die der Machtapparat Berijas zum Gedenken an den kurz zuvor verstorbenen Führer und Lehrmeister Stalin ausgearbeitet hatte. Unter sie fielen nicht nur Kriminelle (von politischen Häftlingen war hier nicht einmal die Rede), sondern auch Strafgefangene, die Dienst- und Militärverbrechen begangen hatten (»Amtsmißbrauch«, »Unterlassung«, »Pflichtversäumnis«) – nach Artikel 193.17, Paragraph b. Genau dieser Artikel wurde bei NKWD-MGB-Beamten angewendet. Aber dank der Amnestie konnte sich zum Beispiel Luchowizki der Gerichtsverhandlung entziehen. Die Verjährungsfrist betrug zehn Jahre. Mithin durfte Chwat für den von ihm konstruierten Fall Nikolai Wawilow nicht mehr verurteilt werden, weil 1955 schon vierzehn Jahre seit der Straftat vergangen waren. Auch er entzog sich dem Gericht.

Kamen nicht doch einige von ihnen hinter Gitter? Gewiß. Hinter Gitter kamen jene, die nach dem berüchtigten, unmenschlichen, gesetzwidrigen Artikel 58 abgeurteilt wurden, einem Artikel, der zahlreiche »Konterrevolutionäre«, »Spione«, »Terroristen«, »Saboteure« und »Landesverräter« – also die Opfer des NKWD – das Leben gekostet hatte. Dieser Artikel schloß eine Verjährung aus.[86]

So wurde im Dezember 1957 der ehemalige Untersuchungsführer und spätere Generalleutnant des MGB Lanfang verurteilt; er hatte Strafbeweise gegen die führenden Mitarbeiter der Komintern Pjatnizki, Knorin, Anweld und Tschemodanow konstruiert.

»Ich sitze schon sechseinhalb Monate im Gefängnis. Ich habe gehofft, daß die Untersuchung meine völlige Unschuld beweist. Doch nun ist offensichtlich alles verloren. Ich bin zutiefst erschrocken. Ich erkläre noch einmal, daß ich vor der Partei und der Sowjetmacht keine Schuld trage. Ich war und bleibe der ergebenste Anhänger und Verteidiger der Sowjetmacht. Ich war und bin heute noch bereit, mein Leben für unser sozialistisches Vaterland hinzugeben. Aber ich kann nicht, ich will und darf nicht in einem sowjetischen Gefängnis sitzen und für die rechtstrotzkistische Konterrevolution vor Gericht gestellt werden, denn ich habe sie nie vertreten, sondern, im Gegenteil, immer bekämpft.« So schrieb Pjatnizki aus dem Gefängnis an das Politbüro der KPdSU. Das sind Worte des Chefs der sowjetischen KP-Delegation in der Komintern, der sich 1937 erlaubt hatte, den NKWD-Volkskommissar Jeschow öffentlich zu kritisieren. Der Brief wurde unlängst im Archiv von Lanfang gefunden.[87]

Lanfang erhielt fünfzehn Jahre, genausoviel wie Oberst Krushkow, der während der Leningrader Blockade Wissenschaftler inhaftieren ließ. Nach Artikel 58 wurde der gefürchtetste NKWD-Untersuchungsführer, Oberst Schwarzman, erschossen, einer der »Schöpfer« der »neuen militärisch-faschistischen Verschwörung«. Das Gericht verhängte damals Todesstrafen gegen sechs sowjetische Armeegenerale, in einer Zeit, als die Deutschen vor Moskau standen.

Lanfang und Krushkow wurden folglich als »Saboteure« verurteilt (Artikel 58.7), Schwarzman als »Terrorist« (58.8), Abakumow und Leonow als »Hochverräter« (58.1). Keiner von ihnen mußte sich wegen Gesetzesverletzung verantworten.

Die Militärstaatsanwälte freuten sich nicht lange über ihre Machtbefugnisse. 1958 wurden neue »Grundlagen der sowjetischen Strafgesetzgebung« angenommen, die den Artikel 58 in seiner ursprünglichen Fassung glücklicherweise nicht mehr enthielten. Bei anderen Artikeln gab es die Verjährungsklausel. Sie bot den Untersuchungsbeamten des NKWD-MGB eine Chance, die Einstellung ihrer Fälle zu erwirken. Es gelang ihnen, die Untersuchungen bis zur Annahme neuer Bestimmungen zu verschleppen, über die Vorbereitung eines neuen Gesetzes waren sie gewiß informiert.

Selbst wenn ein neues Gesetz sie nicht begünstigte, wenn sie nicht unter die Amnestie von 1953 fielen oder die Verjährungsfrist nach Artikel 193.17 noch nicht abgelaufen war, dann ... ließ man einfach ganze Aktenordner mit Ermittlungsmaterial verschwinden, die Ordner, die dem Gericht aussagekräftige Beweise hätten liefern können. So geschah es mit Oberstleutnant Bojarski, von dem in diesem Kapitel noch ausführlicher die Rede sein wird.

Schließlich gab es noch andere Möglichkeiten, die jenseits des Strafrechts lagen. Die Militärstaatsanwälte standen unter ständigem Druck. »Wenn Sie wüßten, wie wir unter diesem

Druck litten«, rief General Viktorow unter dem Hagel meiner Fragen aus. »In den meisten Fällen war die Ermittlungsarbeit unheimlich schwer. Die meisten Augenzeugen der Folter und Qualen lebten nicht mehr, die einen wurden erschossen, die anderen in Kerkern zu Tode geprügelt, oder sie waren in den Lagern umgekommen ... Und außerdem müssen Sie sich vorstellen, daß vor unseren Zimmern viele Tausende auf ihre eigene oder auf die Rehabilitierung ihrer Männer, Väter, Mütter warteten. Die Lebenden brauchten eine Bestätigung über die Rehabilitierung, damit sie wieder leben konnten.«

Ich wollte ihm entgegenhalten, daß die Verurteilung der Untersuchungsführer dem gleichen Zweck diente: die Menschen in diesem Land leben und nicht dahinvegetieren zu lassen. Aber ich habe es mir überlegt: Nichts ist leichter, als Militärstaatsanwälten mangelnde Prinzipientreue zu unterstellen, zumal jeder weiß, daß neunundneunzig Prozent von uns sie ebenfalls vermissen ließen und sie heute noch vermissen lassen. Außerdem würde sich ohnehin nicht viel ändern, wenn das ganze System unangetastet bliebe.

Und doch hätte sich etwas verändert, wenn wir eigene »Nürnberger Prozesse« gewagt hätten.

Das Land der Sowjets hatte nur eine einzige Chance, die Gerechtigkeit wiederherzustellen und die Mörder zu bestrafen: Die Verbrechen der Stalin-Ära mußten offiziell zum Völkermord und zu Verbrechen gegen die Menschlichkeit – was sie ja waren – erklärt werden. Anders ausgedrückt: Die Untaten der Untersuchungsbeamten des NKWD-MGB und die Verbrechen der Erfinder von Auschwitz und Buchenwald mußten auf die gleiche Stufe gestellt und den Greueltaten jener Verbrecher, die die sowjetischen Gerichte auch heute noch zur Höchststrafe verurteilen, gleichgesetzt werden.

Doch das sowjetische Nürnberg fand nicht statt, weil es nicht möglich war, weil es den kriminellen Charakter des Systems und die allem zugrunde liegende Idee bloßgestellt hätte.

Mit der Inhaftierung oder Erschießung mehrerer Dutzend MKWD-MGB-Mitarbeiter wollte das Regime den typisch russischen Wunsch nach Vergeltung befriedigen und demonstrieren: Hier sind sie, die Obersten und Generale, die an euren Qualen und Foltern schuld sind, die viele Menschenleben ausgelöscht haben. Keinem Staatsführer kam weder damals noch später in den Sinn, die Verderbtheit des Systems der Staatssicherheit (von der Staatsordnung ganz zu schweigen) öffentlich einzugestehen. »Einer der ersten Akte Westdeutschlands nach Beendigung des Krieges«, schreibt Lew Rasgon, »war die öffentliche Entschuldigung für die Ermordung unschuldiger Menschen durch die Nazis, war die weitgehende materielle Entschädigung der Hinterbliebenen. Auch die DDR, die ihre kommunistischen Führer stürzte, bat, noch ehe sich Deutschland vereinte, die Weltöffentlichkeit um Verzeihung für das, was in der Vergangenheit geschehen war.«[88] In der Sowjetunion ist bis jetzt nichts dergleichen geschehen. Für ehemalige Lagerhäftlinge hat sich bis heute kein Geld gefunden. »Wir haben nichts zu bereuen«, sagte der KGB-Vorsitzende Krjutschkow.[89]

Wohin sind die Untersuchungsbeamten des NKWD-MGB verschwunden? Ich habe nicht gehört, daß einer von ihnen gezwungen worden wäre, das Land zu verlassen. Den »Organen« allein deshalb treu ergeben, weil diese sie seinerzeit vor Gericht, Gefängnis und möglicherweise auch vor der Höchststrafe bewahrt hatten, bildeten sie eine in der Tat unschätzbare Kaderreserve des KGB. Von einem solchen Mann will ich erzählen.

Die Geschichte begann für mich, als ich mich auf Chwats Vergangenheit konzentrierte, und endete zweieinhalb Jahre später, im Frühjahr 1990, mit meinem Aufsatz: ›Lubjanka – Ist ein Ende abzusehen?‹[90]

Ich will nicht chronologisch vorgehen, sondern setze mittendrin ein, am 5. September 1988. An diesem denkwürdigen Tag fand ein Ereignis statt, das in der sowjetischen Geschichte ohne Beispiel ist. Einem Schurken und Mörder, einem Tschekisten mit fünfzig Jahren Erfahrung, haben Menschen, die in Todesangst vor solchen wie ihm erzogen wurden, an diesem Tag öffentlich, mit schriftlichen Beweisen in der Hand, ins Gesicht sagen können: Du bist ein Schurke, ein Mörder!

Dieser Mann ist ehemaliger NKWD-Untersuchungsführer, der mindestens hundertsiebzehn Menschenleben auf dem Gewissen hat: Siebenundfünfzig wurden erschossen, vier starben an den Folgen der Folterungen während der Untersuchung, die anderen wurden in Lager geschickt, wo viele von ihnen ums Leben kamen.[91] Er wird unter anderem bezichtigt, »einen weiblichen Häftling auf eine für das Opfer sehr qualvolle Weise, unter Ausnutzung der hilflosen Lage, ermordet zu haben«.[92] Er ist Träger der höchsten Auszeichnung des KGB, des Ordens »Ehren-Tschekist«, er ist dort Fachmann für die Intelligenz: Oberstleutnant der Staatssicherheit a. D. Wladimir Bojarski.

Er ist Doktor der Geschichtswissenschaften und habilitierter Doktor der Technik, Leiter des Labors für Geschichte des Bergbaus, Dozent an der Hochschule für Bergbau, Mitglied des Journalistenverbandes der UdSSR, Lebemann und Herzensbrecher, gern gesehener Gast in den renommiertesten Moskauer Künstlerklubs und auf Intellektuellenparties.

Über Bojarski habe ich in einem früheren Aufsatz ziemlich flüchtig, auf nur zwei bis drei Seiten geschrieben (warum, verrate ich später), aber bereits dieser Aufsatz enthielt Fakten, die das Ansehen des Professors erschütterten.

Bojarskis Kollegen, Wissenschaftler wohlgemerkt, ahnten natürlich nichts von seiner KGB-Tätigkeit, und falls sie Verdacht geschöpft haben sollten, dann nur vage, zumal sie nicht darauf aus waren, etwas Konkretes zu erfahren. In der Breschnew-Zeit war jedes Gespräch über Repressalien tabu, und KGB-Spitzel schienen buchstäblich hinter jeder Ecke zu lauern. Seit Anfang der siebziger Jahre vermerkte Wladimir Ananjewitsch Bojarski in allen Fragebögen wieder voller Stolz, er habe in den »Organen« des NKWD-MGB gearbeitet, während er zur Zeit Chruschtschows bescheiden angegeben hatte: »Militärdienst«.

Die Information über Bojarskis Doppelleben schlug im Institut und an der Akademie der Wissenschaften wie eine Bombe ein. Die älteren Kollegen erinnerten sich plötzlich an ihre vertraulichen Aussprachen mit dem Professor und fanden keine Ruhe mehr, andere konnten nicht mehr schlafen, weil sie befürchten mußten, daß die Namen, die während der ausgedehnten Gespräche fielen, bei ihren Kollegen ganz bestimmte Reaktionen auslösen würden. Ich nenne hier niemanden beim Namen, will aber eines betonen: Solche Leute gab es recht viele unter den Forschern wie unter den Journalisten und Schriftstellern.

Bojarski selbst nahm meine Enthüllungen in der ›Moskowskije nowosti‹ gelassen hin, und ich muß diesem Routinier Willensstärke und Ausdauer bescheinigen.

Natürlich war ihm unangenehm zumute, als er am Vorabend des 9. Mai 1990, dem Gedenktag des Sieges über Deutschland, im Institut in der Galerie der Teilnehmer des Großen Vaterländischen Krieges unter seinem Foto das Wort »Henker« erblickte. Unangenehm war ihm auch, daß jeder im Institut seiner ausgestreckten Hand auswich. Die Aussprache mit dem neuen Institutsdirektor, dem korrespondierenden Akademiemitglied Kliment Trubezkoi, verdarb ihm noch mehr die Laune. Trubezkoi, der erst wenige Monate das hohe Amt bekleidete, war von dem Vorfall überrascht und machte aus seiner Gereiztheit kein Hehl. Jetzt fragte ihn jeder: »Ach, Sie leiten das Institut, wo dieser Schurke arbeitet?« – »Sollte das Zeitungsmaterial eine Lüge sein«, sagte Trubezkoi zu Bojarski, »dann können Sie ihre Ehre nur vor Gericht verteidigen.« Selbstverständlich ging Bojarski nicht vor Gericht, ein Oberst der Staatssicherheit ist schließlich ein alter Hase. Reue gehörte anscheinend nicht zu seinen Tugenden.

Bojarski legte die Hände nicht in den Schoß. Auf alle Fragen gab er ein und dieselbe Antwort: »Alles Lüge.« Natürlich habe er im NKWD gearbeitet, aber nicht als Untersuchungsführer, außerdem habe er niemanden ins Gefängnis gebracht. Daraufhin zeigte er irgendwelche Papiere mit gewichtigen Unterschriften und ließ durchblicken, daß er Beziehungen zu den höchsten Kreisen habe. Er nannte Namen bekannter ZK-Sekretäre und Politbüro-Mitglieder. Das war kein Bluff, seine guten Beziehungen rührten noch von früher her. Seine damalige hohe Stellung ist allein daraus ersichtlich, daß ich seinen Namen in einem Brief Stalins an Klement Gottwald, den Führer der Tschechoslowakischen Kommunistischen Partei, entdeckte.[93]

Bojarski sagte mir, die Oberstaatsanwaltschaft habe ihn Ende der fünfziger Jahre belangt, weil er sich mit Nikita Chruschtschow angelegt hatte.

Und, wie gesagt, er blieb nicht untätig: Er sammelte kompromittierendes Material gegen mich, telefonierte mit den Leuten, die sich von meinen früheren Artikeln über die Mißstände am Institut für Geologie getroffen fühlten. Diese merkten bald, worum es ging, und warnten mich. Dafür war ich ihnen sehr dankbar. Schließlich informierte Bojarski die Institutsleitung, daß ich entlassen worden sei oder demnächst entlassen würde, daß die Redaktion ein Dementi veröffentlichen wolle und ›Moskowskije nowosti‹ nur noch wenige Tage existieren werde.

Zweifellos war Bojarski ein würdiger Gegner, Chwat konnte ihm nicht das Wasser reichen; er hielt mich in Trab und ließ mich den Kampf in vollen Zügen genießen ...

Zur großen Freude des Professors gab Jegor Ligatschow, damals zweiter Mann in der Partei- und Staatsführung, auf der 19. Parteikonferenz der KPdSU eine negative Einschätzung der ›Moskowskije nowosti‹. »In dieser schmutzigen Geschichte wird bald der Schlußpunkt gesetzt«, schlußfolgerte der Oberstleutnant.

Kurz danach rief mich Trubezkoi an. Er war nervös und fragte mich: »Sind Sie sicher, daß die Fakten in Ihrem Artikel stimmen? Kann sich nicht herausstellen, daß Bojarski recht hat?« Nein, absolut nicht. Über Bojarski wußte ich zu dem Zeitpunkt wahrscheinlich mehr als seine Familie und seine nächsten Freunde. Trotzdem verstand ich Trubezkois Besorgnis. Als korrespondierendes Mitglied der Akademie, Institutsdirektor und Mitglied der Partei wurde er von verschiedenen Seiten bedrängt. Ich schließe nicht aus, daß man ihn ins Bezirkskomitee der Partei zitiert und ihm die politische Brisanz des Ganzen vor Augen geführt hat. Vielleicht hat man ihn noch anderswo vorgeladen. In jedem Bezirkskomitee gab es eine unscheinbare Tür, ohne Namensschild, mit einer kleinen Klingel – die Bezirkszentrale des KGB.

Die Belegschaft des Instituts verlangte Tatsachen, wollte die Dokumente und Unterlagen einsehen, um sich von der Richtigkeit dessen, was ich in dem Artikel geschrieben hatte, selbst zu überzeugen.

Sie bekamen alles. Der Versammlungsraum des Instituts war überfüllt. Unter den geladenen Gästen befanden sich Generalmajor Wladimir Prowotorow, Abteilungsleiter der Militär-Oberstaatsanwaltschaft der UdSSR, und ich.

Bojarski erfuhr hier Tatsachen, deren Belege er für längst verschwunden hielt, unter anderem auch Einzelheiten aus seiner Personalakte 0I-4630 aus dem Archiv des Komitees für Staatssicherheit der UdSSR.[94]

»Hiermit gebe ich zu Protokoll, daß Genosse Bojarski von 1932 bis 1936 als geheimer Mitarbeiter des NKWD in der

Nordossetischen ASSR tätig war: von Januar bis August 1932 als Informant, später als Resident im Werk ›Sewkawzink‹ in Ordshonikidse. Von August 1932 bis April 1936 wirkte er als bezahlter Resident, warb Mitarbeiter für die Agentur an und beteiligte sich an der Planung der Agenteneinsätze. Unter direkter Mitwirkung des Genossen Bojarski wurden mehrere Agentenfälle eingeleitet und erfolgreich abgeschlossen ... gegen antisowjetische trotzkistische Gruppen, denen Professoren und Dozenten sowie Studenten der Hochschulen von Ordshonikidse angehörten. Zur Tarnung wurde Genosse Bojarski damals als Student an der Hochschule für Buntmetalle immatrikuliert. Von 1932 bis 1936 arbeitete Genosse Bojarski unter meiner Anleitung.« Unterschrift: Oberst Gorodnitschenko, 22. VIII. 47.

Das war das früheste Dokument seiner glorreichen Biographie. Dieses Dokument blieb bis März 1990 unveröffentlicht. Ich verlas es zwar in der Versammlung, aber danach jagten alle möglichen Zensurstellen diesem Papier nach, angefangen vom ZK der KPdSU bis zum KGB-hörigen Glawlit, der heutigen »Agentur zum Schutz von Staatsgeheimnissen in den Massenmedien«. Kurz vor der Publikation meines zweiten Artikels über Bojarski, ›Anatomie der Widerwärtigkeit‹, wurde dieses Dokument nach Redaktionsschluß aus dem Satz genommen. Die Redaktion protestierte. Die Antwort lautete: Publikationen dieser Art geben die Geheimnisse der KGB-Methoden preis ...

»Als operativer Bevollmächtigter der 4. Abteilung führte Genosse Bojarski die Agentengruppe ›Lehranstalten, Professoren und Intellektuelle‹ an. Innerhalb eines Jahres leitete er die Ermittlungen folgender Fälle: ›Strafsache gegen Dozenten der Nordkaukasischen Pädagogischen Hochschule‹ (insgesamt fünf Personen, konterrevolutionäre trotzkistische Gruppe), den Fall ›Faschisten‹ (konterrevolutionäre faschistische Jugendgruppe der Saboteure, elf Personen), den Fall ›Unverschämte und Agrarier‹ (konterrevolutionäre faschistische Aufstandsorganisation, sechs Personen), den Fall ›Kampfgefährte‹ (konterrevolutionäre faschistische bürgerlich-nationalistische Organisation, neun Personen) ... Außerdem beteiligt er sich an Ermittlungen in nachfolgenden Strafsachen gegen konterrevolutionäre Aktivitäten faschistischer Prägung: ›Koryphäe‹, ›Kameraden‹, ›Arier‹, ›Mückenplage‹, ›Esperanto‹, ›Nationalist‹, ›Freunde‹, ›Faschisten‹, ›Schakal‹ … Bojarski ist geistig sehr flexibel und verfügt über eine große Kombinationsgabe.« Soweit die Charakteristiken in der Personalakte 0I-4630 der Sonderinspektion des MGB.

Die Sonderinspektion besteht heute nicht mehr. Ihren Arbeitsbereich übernahmen die Personalverwaltung und die Inspektionsverwaltung des KGB. Diese Behörde hatte überaus wichtige Funktionen, sie war eine Art geheime Polizei, die die Geheimpolizei überwachte. Hier gingen die wichtigsten Informationen über die Mitarbeiter der Staatssicherheit ein: Beförderungen, personelle Daten, schriftliche Berichte an die Leitung, Vermerke über verschiedene Entscheidungen der Leitung und andere. Hier stapelte sich auch die »schmutzige Wäsche« der Tschekisten.

In jeder Personalakte gab es hierfür eine besondere Rubrik: »kompromittierendes Material«, das heißt Denunziationen der Mitarbeiter untereinander, Anzeigen der Frauen gegen ihre Männer und deren Geliebte, Denunziationen der Nachbarn, anonyme Anzeigen, Angaben über Amtsmißbrauch, Agentenmeldungen von der Art: »Quelle Schwan meldet«, »Agent Jurist sagte aus«, »Anwohner des Treppenflurs teilen mit« – eine bewegende und aufschlußreiche Lektüre.

Aus diesen Unterlagen ist zu erfahren, wie Bojarski von Stufe zu Stufe auf der Leiter der Hierarchie stieg. Er begann 1936 als einfacher operativer Bevollmächtigter, drei Jahre später war er schon Leiter der geheimpolitischen Abteilung in der NKWD-Verwaltung Nordossetien. 1937 wurde er zum Sergeanten ernannt (damals wurden die Dienstgrade erst eingeführt), nach knapp zwei Jahren war er Leutnant, ein Jahr darauf Oberleutnant der Staatssicherheit. Was bedeutete das im Alltag? Majore und Oberste der Armee mußten sich zum Beispiel erheben, wenn er den Offiziersklub betrat.

Ende des Krieges hatte Bojarski den Rang eines Obersten. Er leitete damals im Militärbezirk Primorje die Spionageabwehr »Smersch« (Tod den Spionen) der Fünften Armee (Erste Fernöstliche Front). Aber ich eile den Ereignissen voraus.

Ich war mir sicher, er würde am 5. September 1988 nicht zur Versammlung in die Akademie kommen. Schön und gut, dachte ich, er ist zynisch, aber er sollte in einer solchen Situation

Scham empfinden, nein, nicht Scham oder Reue, zumindest Hemmungen oder Unbehagen, denn er mußte seinen Kollegen, den Studenten, seinen langjährigen, ahnungslosen Freunden die ganze Wahrheit über sein »erstes« Leben sagen. Er war aber doch gekommen, nicht allein, sondern mit seinem etwa zwanzigjährigen Enkel, der alles auf Tonband aufnehmen sollte.

Bojarski sah müde, angeschlagen aus, wie einer, den man zu Unrecht beleidigt hatte. Nichts von der straffen Haltung und dem etwas provinziellen Gehabe eines Weltmannes, das er mir bei unserer ersten Begegnung ein halbes Jahr zuvor demonstriert hatte. (Er hatte mir damals Kaffee angeboten. »Nein, danke«, sagte ich. »Was denn, meinen Sie, ich will Sie vergiften?« Ich staunte und dachte bei mir: Dieser Mensch muß Gründe für solche Gedankengänge haben.)

Bojarski meldete sich als erster zu Wort. »Ich will mich nicht rechtfertigen«, begann er, »ich bin gekommen, die Wahrheit zu sagen.« Er sprach lange, führte Details an. Er verwendete viele Modewörter des heutigen Alltags: Rechtsstaat, Glasnost, Demokratie ... Er hat es ja immer verstanden, sich der Umgebung, den Umständen anzupassen.

Ende der dreißiger Jahre hatte er in einem Bericht an den stellvertretenden Volkskommissar für innere Angelegenheiten der Nordossetischen ASSR geschrieben: »Seit Ende 1936 habe ich darauf hingewiesen, daß wir nicht so arbeiten, wie es erforderlich wäre, daß wir Rationalisierung und Stachanow-Methoden brauchen.«[95] (In den Jahren 1937 und 1938 behandelte die NKWD-»Troika« der Nordossetischen ASSR 2313 Gerichtsfälle. 1032 Angeklagte wurden zum Tode, 1281 zu Freiheitsstrafen von acht bis zehn Jahren verurteilt.)[96] In den fünfziger Jahren, als Chruschtschow das politische »Tauwetter« einleitete, verfaßte Bojarski für die zentrale Presse – ›Trud‹, ›Kommunist‹, ›Meshdunarodnaja shisn‹ – Beiträge, die er etwa in der Art ›Schrittmacher der neuen Welt‹ betitelte. Sie handelten von der Wiedergeburt des Landes in der poststalinistischen Zeit. Von ihm stammt auch das Buch ›Geburtstag einer neuen Welt‹.

Seine Rede war gekonnt. Er legte wirkungsvolle Pausen ein, variierte den Tonfall, erwähnte ganz nebenbei bestimmte Fakten und ließ sich ausgiebig über andere Tatsachen aus. Über seine Arbeit in der zweiten Hälfte der vierziger Jahre, als eine neue Welle von Repressalien, die weitaus schlimmer waren als 1937, das Land heimgesucht hatte, wollte er sich nicht verbreiten. »Ich arbeitete in Moskau, dann im Ausland.«

»In Moskau« – damit meinte er seine Tätigkeit als stellvertretender Leiter der MGB-Abteilung für die Stadt und das Gebiet Moskau. In dieser Eigenschaft überwachte er das Ermittlungsressort, und das in aller Strenge, wie die ehemaligen Mitarbeiter bezeugen. »Wer wenige Nachtverhöre hatte, wer es bei Vernehmungen am Tage auf weniger als zehn Stunden brachte, wer Verhaftete nicht genug quälte und aus ihnen kein Schuldbekenntnis herauspreßte, der war bei der Leitung als unfähiger Mitarbeiter schlecht angeschrieben«, sagte der ehemalige Untersuchungsführer Gennadi Kolessow.[97]

»Bojarski ist ein blutrünstiger Gendarm, ein Unmensch und Provokateur seiner Natur nach, ein professioneller Henker und rücksichtsloser Karrierist. Er demonstrierte uns eigene Methoden der Vernehmung, mit ihrer Hilfe konnte er alle, die unschuldig waren, zu einem ›Geständnis‹ zwingen und solche Leute retten, deren Verbrechen auf der Hand lagen«, schrieb der dreimal verhaftete Journalist Jefim Dolizki,[98] der 1948 Bojarski im Kerker des Butyrki-Gefängnisses kennengelernt hatte.

Und seine Arbeit »im Ausland« sah folgendermaßen aus: 1950 wurde er zum Hauptberater im Nationalkomitee für Staatssicherheit der Tschechoslowakei ernannt. Faktisch war er Minister für Staatssicherheit in dem neuen sozialistischen Staat und bezog ein Monatsgehalt von 29 000 Kronen, was dem Höchstgehalt eines tschechoslowakischen Ministers entsprach. Bojarski war es auch, der in dem berüchtigten Slansky-Prozeß die Fäden zog. Davon später.

Blieb Bojarski einsilbig, was diese Zeit betraf, so berichtete er um so ausführlicher von seinen Taten im Krieg. Er habe Partisanengruppen ausgebildet, sie hinter die Frontlinie geschickt, im Wald Spione aufgespürt; er sei mit fünf Orden und zehn Medaillen ausgezeichnet worden; er sei mit der Fünften Armee Erste Fernöstliche Front als Chef der Spionageabwehr ›Smersch‹ in die Mandschurei einmarschiert ...

»Im Sommer 1945 ... eignete sich Oberst Bojarski in Charbin das Vermögen von Frau Arkus, die in Charbin wohnte,

gesetzwidrig an«, entnehme ich der Rubrik »kompromittierendes Material« aus der Personalakte des Tschekisten. »Bojarski
nahm die Arkus fest und ließ ihr gesamtes Eigentum – Gold,
Brillanten, Silber, Pelze, Porzellan, Kleidung, Möbel – einpak-
ken und an seine Familie nach Spassk-Dalni abtransportieren... Im Juni 1946 ließ er alles in einen Fünfzig-Tonnen-LKW
verladen und nach Moskau befördern ... Die Arkus befand
sich ohne Haftbefehl des Staatsanwalts drei Monate lang in
Untersuchungshaft... Bojarski übte Druck auf die Arkus aus,
die eine schriftliche Aussage unterschrieb, daß sie keinerlei
Ansprüche an das Organ stelle, das sie festgenommen hatte...
Bojarski entwendete aus der Wohnung der Arkus ein Vermögen von knapp einer Million Rubel.«[99]

»Die Ermittlungsbrigade, der auch ich angehörte, hat sich
mit diesem Fall eingehend beschäftigt«, erzählte mir 1989 Major der Justiz a.D. Wolynski, nach dem Krieg Militär-Oberstaatsanwalt der Fünften Armee. Als Wolynski meinen Artikel
gelesen hatte, schrieb er mir aus Charkow einen Brief und kam
dann selbst nach Moskau. »Das war eindeutig ein kriminelles
Delikt, wir hatten allen Grund, Bojarski wegen Raubes hinter
Schloß und Riegel zu bringen, die Unterlagen wurden aus
Moskau angefordert, und dort, im NKWD, ist der Fall hängen-
geblieben ...«

Elsa Aronowna Arkus war Inhaberin einer großen Parfümfa-
brik in Charbin. Bojarski, der sie verhaftet hatte, wurde bald
nach der Rückkehr in die Hauptstadt seiner sozialistischen
Heimat befördert und in die Moskauer Verwaltung für Staatssicherheit berufen. Später, in der Tschechoslowakei, so steht es
im »kompromittierenden Material«, »leistete er sich allzu großen Luxus und mißbrauchte seine Dienststellung«. Er hatte
das Lebensmittel-Eingangsbuch der sowjetischen Militärmis-
sion beschlagnahmt und vernichtet. Dafür wurde er zum
Oberstleutnant degradiert. Man darf nun mal nicht die eigenen
Leute bestehlen.

Bojarski machte in der Versammlung den Eindruck, als würde er kein Blatt vor den Mund nehmen. Er ließ sich nicht
davon irritieren, daß zumindest zwei Personen im Zuschauer-
raum, Generalmajor Prowotorow und ich, das Märchen seiner
Laufbahn bereits kannten und durchschauten.

Was den Beginn seiner Laufbahn betrifft, so seien die in der

Zeitung angeführten Tatsachen natürlich Lügen. Wie ist es denn wirklich gewesen? Bitte sehr: Als halbwüchsiger Komsomolze habe er Versammlungen und Konferenzen besucht und – an dieser Stelle hob er die Stimme – gesellschaftliche Arbeit im Jugendverband geleistet. (Daß er in den Mußestunden, nach der gesellschaftlichen Arbeit, seine eigenen Freunde aus dem Komsomol denunzierte, davon sagte er kein Wort.) 1936 sei er, damals Student im vierten Studienjahr, vom ZK des Komsomol zum NKWD delegiert worden, wo er ausschließlich technische Arbeiten erledigt hätte. Die Chefs schrieben nicht gern und hatten ihn beauftragt, Protokolle aufzusetzen. Seine Stimme zitterte nahezu. »Hinter den Türen, die für mich geschlossen waren, verübte man Verbrechen, von denen ich junger Komsomolze keine blasse Ahnung hatte ...«

Nichts weiter als ein »junger Komsomolze«?

»1938 berichtete Bojarski in einer Sitzung der ›Troika‹ über den Fall der Brüder Wladimir und August Latz«, erzählte 1940 während einer Vernehmung die Sekretärin der ›Troika‹, Olga Slawina, die zu zweieinhalb Jahren Gefängnis verurteilt wurde, weil sie den Namen einer ihr nicht genehmen Person ins Erschießungsprotokoll eingetragen hatte. »Soweit ich mich erinnere, gab es mehr Beweismaterial über Wladimir als über August ... Als Bojarski für Augusts Erschießung plädierte, erwiderte Mirkin (NKWD-Volkskommissar in Nordossetien), er sei zu jung, zehn Jahre reichten völlig aus.«

Bojarski beharrte auf Erschießung, und August Latz wurde auf Beschluß der ›Troika‹ zum Tode durch Erschießen verurteilt.« Als ich das Protokoll der Sitzung getippt hatte und es Mirkin zum Abzeichnen vorlegte, las er das Papier durch und sagte: ›Wir müssen vorsichtiger mit Bojarski umgehen, sonst legt er uns herein. Ich wollte August Latz der zweiten Kategorie zuordnen (Lagerstrafe statt Erschießung), er ist jung, wir haben wenig Material über ihn, aber Bojarski hat ihm den Garaus gemacht.‹ Auf meine Bemerkung, er hätte als Vorsitzender der ›Troika‹ doch seine Meinung durchsetzen können, entgegnete Mirkin nach kurzem Überlegen: ›Lassen wir das, schließlich ist Latz ein Deutscher.‹«[100]

Bojarski beteuerte, nicht dabeigewesen zu sein, »hinter geschlossenen Türen« habe man die Verbrechen verübt. Die Wirklichkeit sah anders aus: »Ich habe in Bojarskis Arbeitszimmer den Dichter Alibalow mit gefesselten Händen gesehen, man hatte ihn geschlagen, sein Gesicht war blutüberströmt. Bojarski forderte das Geständnis von ihm. Alibalow starb in seinem Arbeitszimmer, während des Verhörs. Bojarski aber berichtete der ›Troika‹ den Fall so, als würde Alibalow noch leben. Daraufhin beschlossen sie, ihn zur Höchststrafe zu verurteilen. Eine Akte über seine Erschießung wurde angelegt, obwohl er schon lange tot war.« Das sagte der Zeuge Iwan Kutschijew aus, ein Kollege Bojarskis im NKWD.[101]

1939 wurde der »junge Komsomolze« aus der Provinzstadt Ordshonikidse in die Zweite (Haupt-)Verwaltung (Spionageabwehr) der NKWD-Zentrale in Moskau versetzt, wahrscheinlich wegen besonderer Verdienste. So entging er übrigens der Säuberung der Jeshow-Kader. Eine Strafakte gegen ihn war schon angelegt, das »kompromittierende Material« lag schon bereit. Aber er hatte Glück. »Das Ermittlungsmaterial über Bojarski ist abzuliefern und abzulegen«, lautete die Entscheidung der NKWD-Inspektion.[102]

Irgend jemand (nicht der Herrgott, er gewiß nicht) schien Bojarski zu beschützen. Dieser Jemand war der Kommissar der Staatssicherheit und spätere KGB-General Viktor Iljin. 1937 inspizierte Iljin die Nordossetische KGB-Verwaltung und lernte dort Bojarski kennen. Mitte der sechziger Jahre wurde Iljin Sekretär des Moskauer Schriftstellerverbandes für organisatorische Fragen, also noch ein Spezialist für die Intelligenz ...

»Warum führen Sie uns an der Nase herum?« rief jemand aus dem Saal, als Bojarski seine Auslassungen zum Thema »junger Komsomolze« beendet und Prowotorow und ich die Dokumente verlesen hatten. Eine rhetorische Frage. Warum wohl? Weil er sich sowohl in seinem »ersten« Leben als Tschekist wie auch im »zweiten«, als Tschekist und Professor, bestens darauf verstand. Er hatte Übung darin.

»Wenn wir keinen Rechtsstaat aufbauen«, fuhr Bojarski fort, als hätte er die Frage überhört, »könnten sich viele schreckliche Dinge, von denen wir gegenwärtig nach und nach erfahren, irgendwann wiederholen.«

Bei diesen Worten lief der neben mir sitzende Prowotorow rot an. Er erhob sich langsam von seinem Platz und strich seine Uniformjacke mit den goldenen Schulterstücken glatt. Es hatte den Anschein, als wollte er Bojarski zum Duell herausfordern oder ihm zumindest eine Ohrfeige versetzen. (»Wo denken Sie hin!?« sagte er mir später. »Ich würde mir an diesem Lumpen nicht die Hände schmutzig machen.«)

Der General öffnete bedächtig eine vergilbte Archivakte und verlas folgendes Dokument: »Bojarski ermittelte gegen die Lehrerin Fatima aus dem Alagiro-Ardonski-Bezirk, die nach seiner Meinung eine Sozialrevolutionärin war. Wenn er sie verhörte, wandte er harte Methoden an. Er ließ sie lange Zeit in seinem Arbeitszimmer stehen ... Trotzdem stritt die Verhaftete kategorisch ihre Schuld ab. Sie behauptete, ihr Mann sei einer Lüge zum Opfer gefallen, sie würde eher sterben, als gegen sich selbst falsch auszusagen ... Durch das lange Stehen war ihr Körper geschwollen, sie hatte keine Kraft mehr und brach oft zusammen. Bojarski wies uns an, sie an die Wand zu binden.« Scheschukow, dessen Aussagen der General verlas, und Sarubin waren Hörer an einer Offiziersschule der Grenztruppen in Charkow. Da die Schule damals dem NKWD Nordossetiens unterstellt war, wurden beide Bojarski als Assistenten zugeteilt. »Er selbst legte der Verhafteten Handschellen an und befahl uns, ihre gefesselten Hände mit einem Strick an einem Haken in der Wand zu befestigen. Außerdem schlug er uns vor, einen Strick unter die Arme der Verhafteten zu schlingen und ihn ebenfalls an einem Nagel in der Wand festzumachen. Danach packte Bojarski ihre Zöpfe und band sie an einem Nagel fest, damit ihr Kopf nicht auf die Brust oder zur Seite, auf die Schultern, fallen konnte. Abwechselnd bewachten wir beide die Verhaftete in dieser Stellung. Man gab ihr nichts zu essen und nichts zu trinken. Man brachte sie auch nicht zur Toilette, so daß sie übel roch. Von Zeit zu Zeit kam Bojarski herein und verlangte von ihr eine Aussage, aber sie lehnte ab, worauf Bojarski erklärte: ›Du bleibst hier hängen, bis du krepierst, oder du sagst aus.‹ Allmählich schien die Inhaftierte dem Wahnsinn nahe, sie stöhnte, anfangs laut, dann immer leiser. Gegen vier oder fünf Uhr morgens starb sie. Etwa eine halbe Stunde vor ihrem Tod hob sie den Kopf und flüsterte: ›Du kannst deinem Chef sagen, daß ich sterbe und daß er von mir keine Lügen über mich hören wird.‹«[103]

Die Lehrerin Fatima Dodojewna Agnajewa starb am 14. September 1937. Nach einer Aussage von Olga Slawina, der Sekretärin der ›Troika‹, ließ Bojarski die Agnajewa siebzehn Tage lang stehen: »Die Agnajewa hielt bis zum Schluß durch und schrie immerzu, ihr Mann Michel sei kein Feind, sondern ein ehrlicher Mensch …«[104]

Das Publikum im Saal war erschüttert und empörte sich.

»Das ist eine Lüge, sie haben mich diffamiert!« Bojarskis Stimme überschlug sich.

Prowotorow nahm einen weiteren vergilbten Ordner zur Hand, schlug ihn auf und wandte sich an die Versammelten: »Das sind die Verhörprotokolle, sehen Sie.« Er wendete ein Blatt nach dem anderen um. »Jedes Blatt ist mit Bojarskis Unterschrift versehen. Bojarski, erkennen Sie Ihre Unterschrift?« Bojarski schwieg. »Das hier ist die Vernehmung des Arztes Chait, der die Leiche obduzierte und auf Bojarskis Drängen eine Bescheinigung ausstellte, daß die Leiche angeblich keine Spuren eines gewaltsamen Todes aufwies. Dies hier sind die Aussagen anderer Hörer der Offiziersschule: Sarubin, Smolew, Abramow, datiert von 1958.«

»Warum ist Bojarski nicht vor Gericht gestellt worden?« In einer der hinteren Reihen erhob sich ein hagerer, bleicher junger Mann. »Ich habe eine kleine Tochter, ich …, ich habe Angst … Wieviel Bestien wie ihn gibt es noch?« Es bereitete ihm Mühe, das Wort »Bestien« auszusprechen, er war ein intelligenter junger Mann, im Geist der Hochachtung gegenüber der älteren Generation erzogen. Er sah Bojarski an, ich sah mir den Enkel des Tschekisten an. Der schien absolut ruhig. In der einen Hand hielt er das Tonbandgerät, in der anderen das Mikrophon.

Warum hat man diese Menschen nicht vor Gericht gestellt? – Weil man sie noch brauchte! Man brauchte sie als Fachleute, die unter einem anderen Dach für den KGB tätig waren.

Für Bojarski hatte man die Akademie der Wissenschaften gewählt. Man benötigte diese professionellen Agenten, die mit den angeworbenen freiwilligen Denunzianten nicht zu vergleichen sind, um die Leute in den jeweiligen Institutionen unter die Lupe nehmen zu können. Sie gehörten zur Elite und förderten allerorts die Karriere ihrer Schützlinge, in Wissenschaft und Kultur, in den Industrieministerien und Behörden. Sie nahmen sich jener an, die moralisch nicht vorbelastet waren und für einen guten Sold, versteht sich, ihre Bereitschaft erklärten, der Partei, dem Staat und den »Organen« zu dienen, weil *diese* Partei, *dieser* Staat und *diese* Organe es von ihnen verlangten.

Warum machte man Bojarski keinen Prozeß? Ansätze dazu gab es.

Die Parteikontrollkommission schloß ihn 1956 wegen »schwerwiegender Verletzungen der sozialistischen Gesetzlichkeit in den Jahren 1937 bis 1939« aus der Kommunistischen Partei aus. (Man könnte annehmen, daß er in den vierziger Jahren Blumen gezüchtet hat.)

Im selben Jahr leitete der Militärstaatsanwalt des Nordkaukasischen Militärbezirks gegen einige Untersuchungsbeamte aus dem ehemaligen NKWD Nordossetiens, darunter auch gegen Bojarski, Strafverfahren ein. Bojarski wurde der Sabotage beschuldigt (nach Artikel 58.7 StGB der RSFSR). Die Ermittlungen gingen schleppend voran, der Militärstaatsanwalt stand offenbar unter Druck, die Klage wurde schließlich umgewandelt (Dienstvergehen nach Artikel 193.17), und die Sache schien ohne viel Aufhebens im Sande zu verlaufen, »wegen Verjährung der Straftat«.

Aber Bojarski hatte Pech. Der Erste Sekretär des Nordossetischen Gebietskomitees der KPdSU gab sich nicht zufrieden und beschwerte sich bei Nikita Chruschtschow. Der erinnerte sich an Bojarski und gab der Oberstaatsanwaltschaft entsprechende Anweisungen. So wurde der Fall 1958 wieder aufgerollt.[105]

Eine Gruppe von Militärstaatsanwälten unter Oberstleutnant Dmitri Wassiljewitsch Kaschirin nahm sich Bojarskis und seines nordossetischen Chefs Gorodnitschenko an. Mit Kaschirin unterhielt ich mich kurz vor seinem Tod und erfuhr, daß seine Gruppe etwa dreihundert Tatbestände gegen ihn vorbringen konnte. Das Material lieferte eindeutige Beweise dafür, daß Bojarski höchstpersönlich Leute festgenommen, gefoltert und der Erschießung preisgegeben hatte. Kaschirin machte mehrere Untersuchungsbeamte und einige Dutzend noch lebende Augenzeugen ausfindig. »Bojarski war ein Virtuose«, sagte er mir, »ein virtuoser Foltermeister.«[106]

Bojarski wollte Zeit gewinnen und verweigerte die Aussage, selbst dann, wenn man ihm Zeugen gegenüberstellte. Schließlich wurde er 1958 doch festgenommen und für vier Wochen nach Butyrki geschickt. Zur gleichen Zeit wurde ein Sonder-

verfahren wegen seiner Aktivitäten in den vierziger und fünfziger Jahren eingeleitet. Verhandelt wurde wegen einiger Vergehen, die nicht unter die Amnestie von 1953 fielen und nicht
nach Artikel 193.17 verjährt waren. Hierbei ging es in erster
Linie um Bojarskis Einsatz in der Tschechoslowakei und in
Litauen, wo er nach der Degradierung zum Oberstleutnant
auf Betreiben des MWD-Kollegiums als Leiter der MWD-Ver-
waltung im Gebiet Schauljai tätig gewesen war. Zwischen
März 1953 und März 1954 war das Ministerium für Staatssicherheit (MGB) mit dem Ministerium für Inneres (MWD) zu-
sammengeschlossen.

Bojarski hielt sich bis Ende November 1953 in Litauen auf.
Er ging gegen die »Grünen Brüder« vor, jene bewaffnete li-
tauische Einheiten, die gegen die Sowjetmacht und die sowjetischen Besatzungstruppen in Litauen kämpften. Vitautas Vo-
lotko, den er »bearbeitet« hatte, setzte jedesmal neben die
Unterschrift unter die eigenen »freiwilligen« Aussagen zwei
lateinische Buchstaben: SP (»swerski prinushdjon« = unter
bestialischen Foltern erzwungen). Bojarski war sich eben bis
zum Ende treu ...

Aus Butyrki wurde er »wegen Krankheit«[107] entlassen. Im
Februar 1959 unterschrieb der Stellvertreter des Militär-Oberstaatsanwalts, General Boris Viktorow, die Anweisung über
die Einstellung der Strafsache, da die Straftaten inzwischen
verjährt waren.[108]

»Ja, ich habe mir diese Sünde damals aufgebürdet«, gestand
er mir in einem Gespräch.

Das von Chruschtschow eingeleitete Tauwetter näherte sich
damals seinem Ende.

Wladimir Ananjewitsch Bojarski, Doktor der Geschichtswissenschaft, seit 1958 Dozent an der Moskauer Hochschule
für Polygraphie, leitender Lektor im sowjetischen Akademie-
Verlag, kehrte nach kurzem Aufenthalt in Butyrki an den
Platz seiner operativen Arbeit zurück. Eines konnte ich freilich nicht aufklären: Wurden ihm die vier Wochen in Butyrki
als Urlaub oder als Krankheit angerechnet?

Bald darauf überschüttete Bojarski den Leiter der Militär-
oberstaatsanwaltschaft, General Viktorow, mit Beschwerden.
Seit Beginn der Perestroika forderte er seine Rehabilitierung
und wollte wieder der KPdSU beitreten. Aus unerfindlichen

Gründen glaubte er, mit der Perestroika sei seine Stunde gekommen ...

General Viktorow, der mir das erzählte, ist schon seit langem in Pension, er hatte mehrere Herzanfälle hinter sich, hielt aber immer noch einen engen Kontakt zur Militäroberstaatsanwaltschaft. Er studierte deren Archive und bereitete ein Buch zum Druck vor.

Ich bin weit davon entfernt, Viktorow zu idealisieren, denn er war, wie man heute sagt, ein Mensch seiner Zeit. Doch er beeindruckte mich durch seine ungebrochene Aufrichtigkeit. Das überrascht bei einem Menschen, der so viele Jahre in der sowjetischen Militärjustiz gearbeitet hat. Später war er stellvertretender Minister für innere Angelegenheiten und ging schließlich in den Ruhestand. Trotz allem hat er sich seine Integrität bewahrt.

Eines Tages rief er mich an und gestand reumütig: »Ich muß noch eine Sünde bekennen: Ich habe Redens rehabilitiert ...« Redens war mit der Schwester von Stalins Frau (aus der Familie Allilujew) verheiratet und leitete das Moskauer NKWD in den dreißiger Jahren. Er war über und über mit Blut besudelt und wurde während Berijas »Säuberungen« verhaftet und erschossen. 1956 stellte die Familie Redens den Antrag auf Rehabilitierung. Viktorow studierte die Akte des Moskauer NKWD und lehnte ab. Daraufhin kam ein Schreiben von Chruschtschow: »Bitte um sorgfältige Prüfung.« Die sowjetische Justiz prüfte »sorgfältig« und rehabilitierte Redens. Warum sollte nicht auch Bojarski rehabilitiert werden?

Von Viktorow erfuhr ich vieles über Bojarski. Der heutige Professor und einstige Untersuchungsführer habe die Menschen gepeinigt und müsse zur Rechenschaft gezogen werden, aber man habe es nicht gestattet. Damals schrieb ich gerade über Chwat, ich war von meinen erfolgreichen Recherchen beflügelt und konnte mir nicht vorstellen, daß mir der Professor Schwierigkeiten machen würde.

Ich fand Bojarskis Namen mühelos im Register der Akademie der Wissenschaften, wo man ihn gut kannte: »Ja, natürlich, unser Wladimir Ananjewitsch ...«

»Unser Wladimir Ananjewitsch« war immer liebenswürdig, hilfsbereit, umgänglich – das hörte ich von verschiedenen Seiten. Zweifellos war er intelligent (anders als Chwat), auf seine

Art begabt, zwar nicht sonderlich geistvoll, aber auch nicht ohne gesellschaftlichen Schliff, so daß er in den Künstlerklubs der Hauptstadt bald ein gern gesehener Gast war.

Da seine Frau in dem privilegierten Institut für Balneologie arbeitete, besorgte er seinen Kollegen Medikamente, die schwer zu haben waren. Er ließ seine Beziehungen spielen und trug in seiner Funktion als Leiter des Redaktionskollegiums für populärwissenschaftliche Literatur im Editionsbeirat der Akademie dazu bei, daß manche Autoren ihre Arbeiten schnell veröffentlichen konnten. Gewiß half er nicht allen, nur jenen, die ihm nützlich waren oder seine Zuneigung genossen. Die Menschen in seiner Umgebung würden Bojarski nie für einen Mörder und Verbrecher gehalten haben.

Bei Frauen war er besonders beliebt, denn er konnte mit ihnen gut umgehen. Gutaussehend, draufgängerisch, selbstsicher – er besaß alle Voraussetzungen, um das schöne Geschlecht für sich zu gewinnen. Und das tat er denn auch ausgiebig. Meine Gesprächspartner vom KGB sagten, daß Frauen sich gern als Agenten anwerben lassen (besonders dann, wenn der Werber gut aussieht) und häufig wertvollere Informationen liefern als Männer ...

In der Versammlung trat eine aufgebrachte Dame um die Vierzig auf und nahm Bojarski in Schutz. Sie war in Begleitung mehrerer Professoren aus verschiedenen Instituten gekommen. Die Professoren verhielten sich bald ruhig, während sie alle Argumente in den Wind schlug und leidenschaftlich bis zum Ende kämpfte.

Wie war ich mit Bojarski in Kontakt gekommen? Der Anfang war mühsam gewesen. Ich hatte ihn im Institut angerufen. Ich stellte mich vor und sagte ihm, daß ich schon einiges über ihn wisse und an Informationen über die Geschichte des Komsomol in Nordossetien interessiert sei, denn ich hätte gehört, daß er dort gearbeitet habe, allerdings im NKWD.

»Ich war nie im Leben Untersuchungsführer«, fiel er mir sogleich ins Wort, »in Nordossetien habe ich nie gearbeitet, ich studierte dort an einem Institut, heiratete und zog dann nach Moskau.«

Selbstverständlich hatte er keine Zeit für ein Gespräch mit mir. Er sei ein vielbeschäftigter Mann, befasse sich gegenwärtig mit einem wichtigen Regierungsauftrag und leite ein Programm

110

zur Erforschung der sowjetischen Rohstoffvorkommen. Das sei eine verantwortungsvolle Aufgabe (wer könnte daran zweifeln?), sie stehe unter ständiger Kontrolle des Ministerrates und des ZK ... Gleich nach unserem Telefongespräch werde er sich dorthin begeben, der Passierschein liege schon im zweiten Aufgang bereit ...

Für einen Ausländer mag dies wie ein ganz normaler Dialog zwischen zwei Gesprächspartnern erscheinen, für einen sowjetischen Journalisten liegt sein verborgener Sinn klar auf der Hand. Bojarski wollte mir folgendes zu verstehen geben: Merken Sie sich, ich habe hervorragende Beziehungen zu den höchsten Kreisen (den zweiten Aufgang im ZK-Gebäude benutzen der Generalsekretär des ZK, die Mitglieder des Politbüros und die ZK-Sekretäre – die Kaste der Auserwählten), dort werde ich geschätzt und geachtet, also, Mädchen, paß auf, daß du dir nicht die Zähne ausbeißt ...

»Und noch etwas, geben Sie mir die Nummer Ihres Chefredakteurs«, sagte der Professor mit eiskalter Stimme. »Ich werde klären, wer Sie auf mich angesetzt hat und warum.«

Ich fühlte mich wie ein Schulmädchen abgekanzelt, gab ihm die Telefonnummer (die Zustimmung des Chefs hatte ich vorher eingeholt) und verabschiedete mich.

Mir wurde klar, er war ein harter Brocken. Ich würde viele Umwege machen müssen, um an die gewünschten Dokumente heranzukommen. Erst wenn ich die schriftlichen Beweise in der Hand hatte, konnte ich Bojarski wieder aufsuchen. Die Frage war, woher ich sie nehmen sollte.

Damals war es ziemlich aussichtslos, die Militär-Oberstaatsanwaltschaft anzusprechen, schließlich hatte ich mir schon an Wawilow und Chwat die Finger verbrannt. Die Staatsanwaltschaft behauptete, ihre Archive seien leer, der KGB log erst recht. Trotz Glasnost und »grenzenloser Demokratie« verweigert der KGB den Familien der unschuldig Ermordeten die Einsicht in die Ermittlungsakten ihrer Väter, Mütter und Großeltern. Dabei verlangen sie gar nicht viel, sie wollen lediglich erfahren, wann ihre Nächsten umgekommen und wo, in welchem Lager sie begraben sind. Ein gottloses Land!

Mir blieb nichts übrig, als Viktorow und noch jemanden, dessen Namen ich hier nicht nennen kann, um Hilfe zu bitten. Viktorow stimmte sofort zu. »Bojarski ist ein ganz klarer Fall.«

Der andere war auch einverstanden. Sie suchten im Archiv der Militäroberstaatsanwaltschaft das Material heraus, das ich brauchte: die Anklageschrift von 1959 und die Zeugenaussagen des Offiziersschülers über den qualvollen Tod der Lehrerin Fatima Agnajewa, die General Prowotorow dann in der Versammlung verlas. Viel war das nicht, aber immerhin.

Als ich mich in die Schriftstücke vertiefte, war ich Bojarski dankbar dafür, daß er mir eine Pause gegönnt hatte. Angst überkam mich damals, ich könnte den Verstand verlieren, wenn ich ihn zu Gesicht bekäme.

Bojarski rief mich eines Tages höchstpersönlich an, nicht in der Redaktion, sondern zu Hause. Natürlich fragte ich nicht, woher er meine Nummer hatte (ich wohne außerhalb von Moskau, meine Nummer steht nicht im dortigen Telefonbuch), ich wußte es ja.

Diesmal war er sehr liebenswürdig, als sei er ein Freund der Familie. Er wußte vieles über meinen Mann und meine Schwestern und hatte auch über mich Auskünfte eingeholt. (»Ich habe Auskünfte über Sie eingeholt«, sagte er wörtlich.) Er habe auch meine früheren Artikel gelesen und schätze meine Prinzipientreue und Kompromißlosigkeit. – »Unsere Zeit braucht das!« meinte er.

Darauf folgten die Namen von gemeinsamen Bekannten, die in Journalistenkreisen in hohem Ansehen standen. Später riefen mich einige dieser »Bekannten« an und erzählten mir von dem netten und hilfsbereiten Wladimir Ananjewitsch, der vielen geholfen habe (um welche Hilfe es da ging, danach fragte ich nicht), es lohne daher nicht, in der nebelhaften Vergangenheit zu wühlen, damals sei er doch ein unerfahrener junger Mann gewesen (ein »junger Komsomolze«, das hatten wir schon gehört).

Schließlich gelang es mir, einen Termin mit Bojarski zu vereinbaren: 12. April 1988. Vorher traf ich mich noch mit Oberstleutnant Kaschirin, der den Fall Bojarski in der Militär-Oberstaatsanwaltschaft betreut hatte, und telefonierte mit Chassan Ikajew, der 1937, vor seiner Verhaftung, Erster Sekretär des Irafski-Gebietsparteikomitees in Nordossetien war.

Er erzählte mir: »Ich mußte zwei, drei Tage lang in Bojarskis Arbeitszimmer stehen. Er ließ mich nicht schlafen und gab mir nichts zu trinken, ich bekam lediglich eine salzige Brühe ...

Wenn ich um Wasser flehte, öffnete Bojarski seinen Hosenschlitz und sagte: ›Jetzt werde ich deinen Durst aus meinem Wasserhahn stillen.‹«[109] Später schrie Ikajew in die Videokamera: »Bojarski, du hast damit gerechnet, daß alle tot seien, doch einige leben noch, auch ich, Chassan Ikajew!«

Mit der Zeit kannten immer mehr Opfer Bojarskis und ihre Kinder meine Telefonnummer.

Als ich zu Bojarski ging, gab ich meinem Mann Telefonnummer und Adresse und schärfte ihm ein: Wenn ich nach drei Stunden nicht wieder zu Hause bin, fahr mit unseren Freunden dorthin. (Warum nicht gleich in die Lubjanka?) Ich bin sonst kein Hasenfuß, obwohl ich nicht allein in einem dunklen Wald spazierengehen würde und obwohl ich, wenn ich des Nachts ein mir nicht bekanntes Moskauer Haus betrete, immer eine Spray-Dose mit Nervengas in der Manteltasche trage. Ich war damals schwanger, eine Zeit im Leben einer Frau, die Experimenten nicht förderlich ist, dreieinhalb Monate vor der Entbindung.

Bojarski wohnte in einem Haus im Stalinschen Zuckerbäckerstil, fast im Zentrum, Gartenring, Ecke Kalinin-Prospekt. Das Haus stand in einem privilegierten Viertel, aber nicht das allein war bemerkenswert. Im übernächsten Gebäude befindet sich die Botschaft der USA, in ihrer Nähe, so war zu hören, wohnten Leute, die der KGB eingehend überprüft hatte. In den Wohnungen konnte der KGB verschiedene Geräte zur Observierung der Botschaft installieren. Ob das stimmt oder nicht, das weiß ich nicht.

Bojarski besaß eine wirklich schöne Wohnung, die gediegen eingerichtet war, ohne aufdringlichen Luxus. Voller Interesse betrachtete ich die Möbel, ob er sie wohl aus dem Haus der Millionärin Elsa Arkus gestohlen hatte? Oder woanders?

Wir saßen in seinem Arbeitszimmer, das aussah wie jedes Arbeitszimmer eines Professors. Viele Bücher. Bojarski zeigte mir, was er geschrieben hatte: publizistische Arbeiten, eine wissenschaftliche Monographie. Auf dem Zeitungstisch standen ein Teller mit frischem Kuchen, eine Kaffeekanne und geschmackvolle Tassen. Als ich Kaffee und Kuchen ablehnte, fragte er, ob ich Angst hätte, er wolle mich vergiften.

Er erzählte mir mit trauriger Stimme, daß seine Frau vor einem Jahr gestorben sei, ich senkte den Kopf. Er bedauerte, daß ich im zarten Alter meinen Vater verloren habe (dieser Hurensohn wußte alles!), ich senkte den Kopf noch mehr, um meine Gereiztheit zu verbergen. Dann zeigte er mir Fotos aus seiner schönen Komsomolzeit. Er war ein attraktiver Mann, das mußte man ihm lassen: schlank, breitschultrig, hochgewachsen. Das Gesicht etwas zu breit, offenbar kein Adel. Eindrucksvoll aber die braunen Augen unter den kühn geschwungenen Brauen. Das schwarze Haar – besser: die Mähne – hochgekämmt, gleichsam eine Fortsetzung des etwas vortretenden stolzen Kinns. Die straffe Haltung hat er trotz seiner fünfundsiebzig Jahre nicht eingebüßt. Das Haar färbt er offenbar leicht, um die in seinem Alter oft zu beobachtende gelbliche Färbung zu kaschieren.

Als ich den Namen Fatima Agnajewa nannte, zuckte er zusammen und versuchte mich auszuforschen. Schließlich sagte er mit Tränen in den Augen (»Verzeihen Sie bitte, aber ich muß an meine Frau denken, wir hatten einander so lieb ... Warum mußte sie als erste gehen, und nicht ich?«): »Alles Verleumdung.« Man habe ihn aus Neid verleumdet, weil er ein so erfolgreicher Komsomolze gewesen sei. (»Ich hatte unbestrittene Führungseigenschaften, von mir sagten alle: Er ist unser Pawel Kortschagin.«) Man neidete ihm – das war nicht zu verhehlen – auch seinen Erfolg bei den Mädchen. Und dann wiederholte er: Er sei nie NKWD-Untersuchungsführer gewesen, wohl aber in der Spionageabwehr, als Abteilungsleiter, bei der Bekämpfung der amerikanischen Agenten, heute könne man davon schon reden. Aber Untersuchungsführer, nein, keine Spur, eine viel zu schmutzige Arbeit. Nein, nein. Gott habe ihn davor bewahrt. Eine Strafsache gegen ihn in der Oberstaatsanwaltschaft? Chruschtschow hegte tiefe Abneigung gegen ihn, wollte ihn opfern, aber es habe sich doch alles geklärt, er sei unschuldig.

Dann sprachen wir über seine wissenschaftliche Laufbahn. Wie war es ihm gelungen, wollte ich wissen, ohne Geschichtsstudium, nach siebzehn Jahren angestrengter Arbeit in den »Organen«, genau ein Jahr nach seiner Entlassung aus dem Ministerium für Staatssicherheit zum Doktor der Geschichtswissenschaft zu promovieren? Die Frage ließ er unbeantwortet, denn alle Papiere flatterten plötzlich auf den Fußboden, und er begann, sie ächzend (»Man wird alt!«) aufzulesen. Als er damit fertig war, war die Frage vergessen.

Ich stellte ihm eine andere Frage: »Wie hieß das Thema Ihrer Dissertation?« – »Die Ostslawen in der Hussitenbewegung«. Meine Verwunderung entging ihm nicht. Aus der Schule wußte ich: Jan Hus, berühmter tschechischer Prediger, Vater der Reformation in Böhmen in der ersten Hälfte des 15. Jahrhunderts. Wem hatte er ein so diffiziles Material gestohlen? Hastig fügte er hinzu: »Mein Vater war Historiker, ich habe sein Material verwendet.«

Er log wiederum auf der ganzen Linie. Sein Vater war nicht Historiker, sondern ein gewöhnlicher Lehrer gewesen, und seine Dissertation hieß völlig anders: »Zerschlagung der Interventen und Weißgardisten an der Ostfront (Sommer 1918 bis Anfang 1919).«[110] Freilich erfuhr ich das erst später, nach Sichtung der Archive des Attestationsausschusses. Dort werden die Unterlagen aller promovierten und habilitierten Wissenschaftler, zumindest der aus Moskau, aufbewahrt.

Damals hatte ich freilich eine andere Vermutung, daß er nämlich, als er Anfang der fünfziger Jahre Hauptberater im Nationalkomitee für Staatssicherheit der Tschechoslowakei war, irgendeinem Wissenschaftler, den er ins Gefängnis gebracht hatte, bei einer Hausdurchsuchung das Material gestohlen und später als seine Dissertation ausgegeben hatte. Ich hatte versucht, diese Spur zu verfolgen, aber in unserem »Bruderland« ČSSR war es damals im Frühjahr 1988 auch nicht weit her mit der Perestroika, ich erhielt keinen Zugang zu Prager Archiven. Die dortigen »Organe« hüteten die Geheimnisse ebenso streng wie ihre sowjetischen Kollegen.

Auch wenn ich hinsichtlich seiner Dissertation auf einer falschen Spur war, ergab sich doch Interessantes über seinen Aufenthalt in der Tschechoslowakei. Bojarski, damals Oberst Bojarski, fuhr Ende Juli 1950 in die Tschechoslowakei und blieb dort fünfzehn Monate.

Im Sommer 1950 wurden die Voruntersuchungen des Raubüberfalls auf die Wohnung der Parfümherstellerin Elsa Arkus in der Mandschurei abgeschlossen. In dieser Zeit wurde Bojarski ganz unerwartet zum Hauptberater ernannt. Gerüchten zufolge kam ihm dabei die Million, die er der bedauernswerten Frau aus Charbin gestohlen hatte, zugute.[111] (Auf sein Betreiben hatte man Elsa Arkus gezwungen, für das MGB zu arbeiten.) Dem sowjetischen Ministerium für Staatssicherheit stand damals Viktor Abakumow vor, von dem es hieß, er sei bestechlich, nehme aber nur große Scheine.

Bei Abakumow hatte Bojarski einen Stein im Brett. Während des Krieges freundete sich Bojarski mit Belkin an, der Verwaltungschef der Spionageabwehr »Smersch« an der Nordkaukasischen Front war, das sowjetische Aufklärungsbüro für Mitteleuropa leitete und die als »Schauprozesse« bekannten, fingierten Verfahren gegen führende Persönlichkeiten der »Volksdemokratien« koordinierte. Belkin gab Bojarski eine schriftliche Empfehlung an Abakumow.[112] Ob Bojarski ihn »geschmiert« hat oder nicht, kann ich nicht beurteilen, denn seine Kandidatur für das Amt des Hauptberaters wurde vom ZK selbstverständlich bestätigt.[113]

In der Tschechoslowakei lebte Bojarski auf großem Fuß. Ich kann nicht umhin, ihm zu bescheinigen, daß er es immer glänzend verstand, sich auf neue Umstände einzustellen. Dem Luxus nicht abgeneigt, bewohnte er in Prag ein sehr schönes Haus, hatte vier Bedienstete, Leibwächter, fünf Hunde. Ein unvorstellbarer Lebensstil für einen Sowjetmenschen, zumal in der Stalin-Zeit, nur zu vergleichen mit der Position eines Politbüromitglieds. Bojarskis Frau, Irina Achmatowa, der sich ganz neue Chancen boten, schwirrte der Kopf. Anfangs wußte sie nicht, wie sie mit dem Personal umgehen sollte, aber bald schon jagte sie die Leute durch die ganze Stadt, mit dem Auftrag, neue Kleider und Stoffe zu kaufen...[114] Natürlich wurden diese Vorkommnisse nach Moskau gemeldet, dafür sorgten seine Kollegen. Schließlich standen unter dem Kommando des künftigen Professors fünfzig sowjetische Berater,[115] die in der tschechoslowakischen Sicherheitsbehörde ihren Dienst versahen.

Bojarski hatte Irina Achmatowa noch während des Krieges kennengelernt und zu sich in die »Smersch« geholt, dort wirkte auch sein Gruder Georgi, der später an der Staatlichen Hochschule für Filmwesen studierte. Irina war ihm eine treue Lebens- und Kampfgefährtin – bis sie sich scheiden ließen. Dann denunzierte sie ihn.[116]

In der Mandschurei hatten sie sich beide der Elsa Arkus »angenommen«. Ihre Häuser standen dicht beieinander, und Irina kam des öfteren bei der alten Dame vorbei, um mit ihr zu plaudern und festzustellen, wo ihre Wertsachen lagen. Elsa

Arkus schloß die Russin ins Herz, beschenkte sie oft, hatte vor ihr keine Geheimnisse. Als die Eheleute sie überfielen, wußten sie, wo sie suchen mußten.[117] Ich nehme an, aus der Tschechoslowakei sind sie auch nicht mit nur einem Koffer zurückgekommen.

Die Kollegen meldeten der Zentrale, daß Bojarski ein verschwenderischer Gourmet sei, in nur drei Monaten habe er fürs Essen über zweihunderttausend Kronen ausgegeben, die Kollegen hingegen zusammen nur sechshunderttausend.[118] Ich kann seine Kollegen verstehen, zumal Bojarski das beachtliche Gehalt von neunundzwanzigtausend Kronen im Monat bezog. Über Bojarskis Machtfülle sagte der damalige Minister für Staatssicherheit Ladislav Kopriva später: »Ohne Konsultation des Hauptberaters habe ich keine prinzipiellen Entscheidungen getroffen. Der Hauptberater hatte für die kommunistischen Funktionäre mehr Gewicht als ein Minister.«[119] Das hohe Gehalt war also nicht grundlos.

Auch vorher war er nicht schlecht bezahlt, Wladimir Ananjewitsch konnte sich über seine Besoldung in Moskau nicht beklagen. Er bekam dreitausendsechshundert Rubel Grundgehalt, dreizehnhundert Rubel für den Dienstgrad, fünfzehn Prozent vom Gehalt für die Dienstjahre – insgesamt fünfeinhalbtausend (»alte«) Rubel im Monat.[120] Zum Vergleich: Lew Rasgon, ehemaliger Häftling, wissenschaftlicher Oberassistent im »Kabinett für Kulturarbeit« in Stawropol, erhielt in demselben Jahr, 1949, ganze sechshundert Rubel. Mein Vater, Funkingenieur von Beruf, promoviert, Sektorenleiter in einem streng geheimen, rüstungsorientierten Forschungsinstitut (für Rüstungsforschung zahlte Stalin immer gut), hatte einschließlich Prämien ein Monatsgehalt von achtzehnhundert bis zweitausend Rubel, eine für damalige Verhältnisse horrende Summe.

Bojarski wurde erneut in die Tschechoslowakei entsandt, um einen der »Schauprozesse« zu organisieren. In Ungarn hatte schon ein solcher Prozeß gegen László Rajk (Innenminister und einer der populärsten KP-Funktionäre), in Bulgarien gegen Kostow stattgefunden. Nun war der tschechoslowakische KP-Generalsekretär Rudolf Slansky an der Reihe.

Auf diese Art bestrafte Stalin seine Nachkriegsverbündeten für ihre Idee vom »besonderen Weg« zum Sozialismus, das heißt für ihr Streben nach nationaler Selbständigkeit. Damit wollte er jeden vagen Versuch einer Allianz mit dem jugoslawischen »Abtrünnigen« Josip Broz Tito im Keim ersticken. (Die sowjetischen Zeitungen druckten damals Artikel von der Art: ›Tito und seine Clique‹ und veröffentlichten bissige Karikaturen des jugoslawischen Diktators.) Stalin brauchte Geschlossenheit und Einheit, die Einheit aller sowjetischen Kolonien, die unfreiwillig den Weg zum Sozialismus beschritten hatten. Der sowjetische Führer verlangte bedingungslose Unterwerfung unter seinen Willen. Er trug sich mit Plänen eines bewaffneten Feldzugs gegen Europa.

Im Januar 1951 fand in Moskau eine geheime Beratung der KP-Führer aus den Ostblockstaaten und des sowjetischen Generalstabs statt. Stalin erklärte, die Verbündeten sollten ihre militärische Überlegenheit nutzen und sozialistische Regime in allen europäischen Ländern installieren. Die Militärs meinten, die für die Sowjets günstige außenpolitische Situation in Europa würde noch drei, vier Jahre bestehen bleiben. So begannen die Vorbereitungen zum Dritten Weltkrieg... Gott ließ es nicht zu: Stalins Tod im März 1953 verhinderte eine schreckliche Katastrophe.

Voller Eifer machte sich Bojarski an die Arbeit. Allein bis Februar 1951 ließ er fünfzig höhere tschechoslowakische Funktionäre verhaften, darunter die Führungsspitze im Nationalkomitee für Staatssicherheit – eine Säuberungsaktion nach allerbesten Traditionen des NKWD-MGB.

Vorher wanderte der Erste Sekretär der Brünner KP-Leitung, Otto Schling, in den Kerker, ihm folgten seine Mitgenossen aus der Leitung, die er als einflußreicher Mann förderte, sowie einige Gefährten aus dem Krieg in Spanien, wo Schling in den Interbrigaden gekämpft hatte.

Anfangs schien Bojarski die nicht ganz eindeutigen Weisungen aus Moskau mißzuverstehen; möglicherweise war Klement Gottwald, seit 1948 Präsident der Tschechoslowakei, noch nicht bereit, seinen Generalsekretär zu opfern. Wie dem auch sei, der sowjetische Hauptberater führte die Ermittlungen zunächst in Sachen einer Verschwörergruppe *gegen* Slansky. Otto Schling kam dabei eine Schlüsselrolle zu. Am 4. Februar 1951 »gestand« Schling seine Absicht, den Generalsekretär zu liquidieren.[121]

Ich kann nicht ausschließen, daß Gottwald und Slansky den

Verhaftungen zustimmten, weil sie insgeheim darauf bauten, sich so von Stalin »loszukaufen«. Vielleicht würden diese Opfer den Diktator zufriedenstellen. Gottlose Kommunisten!

Mir sagte Bojarski, er habe trotz der Weisung aus Moskau versucht, Slansky zu retten, deshalb sei er nach Moskau abberufen worden. Daß er jemanden retten wollte, kann ich nicht glauben. Die Historiker sind sich darin einig, daß es Bojarski war, der den »Fall Slansky« inszenierte. Kaum hatte er seine Koffer aus Moskau in der neuen Residenz abgestellt, begann er voller Eifer, aus den Zeugen belastendes Material gegen den Generalsekretär herauszupressen. Alle Protokolle verschloß er vorerst in seinen Schreibtisch, später benutzte er sie als Argument, um den tschechoslowakischen Spitzenpolitikern zu beweisen, daß es jemanden gibt, der über Schling steht und die Fäden zieht ...

Mit Bojarskis Ankunft änderte sich auch der Charakter der Verhaftungen, sie nahmen eine eindeutig nationale und antisemitische Prägung an. Die tschechoslowakischen Prozesse waren als ein Schlag gegen das Weltjudentum und den Weltzionismus, gegen den internationalen jüdischen Imperialismus geplant. Die Verhaftung Schlings, der aus einer jüdischen Familie stammte, war ein erstes Signal. Auch Slansky war Jude sowie elf andere von insgesamt vierzehn Verurteilten. In der Sowjetunion tobte zu dieser Zeit der Kampf gegen die »Kosmopoliten«. Juden wurden aus allen Positionen vertrieben, man bereitete ihre Deportation nach Sibirien und in den Fernen Osten vor ...

Stalin setzte das fort, was Hitler mit stillschweigendem Einverständnis der Westmächte – England, Frankreich und USA – begonnen hatte. Der in Nürnberg auch von sowjetischen Juristen verurteilte Nazi-Staat existierte auf einem Sechstel unserer Erde weiter.

Zurück zu Bojarski. Pech für ihn, daß er ausgerechnet diesen Fall so stümperhaft vorbereitet hatte. Er ging, so denke ich, nach alter Gewohnheit vor. Er ließ seine Opfer stundenlang strammstehen, gab ihnen salzige Brühe und Wasser aus der Klospülung, und schon hatte er seine »Trotzkisten«, »Faschisten« und »Terroristen«. Weder er noch das Richterkollegium brauchten schlüssige Beweise.

Bei alledem ließ er jedoch eines außer acht: Die Tschechoslowakei, ein Land im Herzen Europas, war nicht die Sowjetunion, man schrieb das Jahr 1951, und die Amerikaner besaßen die Atombombe. Auch Slansky war nicht irgendwer, sondern KP-Generalsekretär. Stalin hatte es gern, wenn solche Prozesse nach außen hin ohne Fehl und Tadel, mit einem Quentchen Glaubwürdigkeit gewürzt, abliefen. Dann würde sich auch jetzt – warum nicht? – ein Walter Durant bereitfinden, die ganze Welt über die »berechtigte und fundierte Anklage« zu informieren. Der amerikanische Journalist war zu dem berühmten Moskauer Prozeß 1938 gegen den »rechtstrotzkistischen Block« zugelassen. Er »nahm fast alle Beschuldigungen gegen Bucharin und andere für bare Münze, später tönte er in der ganzen Welt von seiner ›Unterstützung‹ des Prozesses«, schreibt Robert Conquest in ›Der große Terror‹.[122]

Kurzum, Stalin war unzufrieden. Bojarskis Bericht aus Prag enttäuschte ihn maßlos. Das Material entbehre jeder brauchbaren Argumentation für die Anklage gegen Slansky, es fehle eine glaubwürdige Basis für die Prozeßeröffnung, schrieb er am 21. Juli 1951 an Gottwald und schloß den Brief mit dem Satz: »Das beweist, daß Bojarski nicht ernsthaft genug in seiner Arbeit ist, und deshalb beschlossen wir, ihn nach Moskau zurückzubeordern.«

Gottwald war verstimmt. Bojarski »leistet uns sehr große Hilfe im Zusammenwirken mit dem Ministerium für nationale Sicherheit«, antwortete er und bat, den Oberst in Prag zu lassen. Doch Stalin blieb hart: »Die Ergebnisse seines Einsatzes in der Tschechoslowakei haben gezeigt, daß Bojarski nicht die Qualifikation besitzt, um den verantwortungsvollen Pflichten eines Beraters nachzukommen.«

Armer Wladimir Ananjewitsch! Er hatte schon mit dem Generalsrang geliebäugelt und mußte jetzt sogar auf die drei Sterne eines Obersten verzichten! Die Verhaftung Slanskys wurde dem MGB-General Alexej Bestschastnow aufgetragen, er bekam alle Vollmachten, den Fall erfolgreich zu Ende zu führen, und wurde dafür entsprechend belohnt.[123] Die neuen Genossen aus Moskau berichteten, daß sich im MGB tiefgreifende Veränderungen abzeichneten. Im Herbst 1951 wurde Bojarskis Schirmherr Abakumow festgenommen.

Über den Prager Prozeß und die anderen »Schauprozesse« gibt es Dutzende von Büchern. Ich will bereits Bekanntes nicht noch einmal wiedergeben, mir macht es auch kein Vergnügen nachzuerzählen, wie Kommunisten sich gegenseitig ausrotten.

Während Bojarski in der Tschechoslowakei gegen das Weltjudentum zu Felde zog, zogen sich dunkle Gewitterwolken über ihm zusammen. Alle früheren Agentenmeldungen über seine Bediensteten, über seine unzähligen Anzüge und die vielen Kleider seiner Frau, über die verschwenderischen Mahlzeiten verblaßten angesichts seines Versagens, wenngleich ihm auch die »alten Sünden« angekreidet wurden. Die Anklage hatte zur Folge, daß er ein »Sternchen« verlor.

Die wichtigste Meldung, die alles entschied, stammte von Jessikow, der den Hauptberater vertrat. (Ich nehme an, das nachstehende Material könnte Slansky-Experten etwas Neues bieten. Diese makabren Fakten habe ich der Personalakte Bojarskis in der MGB-Sonderinspektion entnommen.)

Genosse Jessikow meldete seinen Moskauer Vorgesetzten, Bojarskis Haltung erscheine ihm unaufrichtig und falsch. Insbesondere sei ihm folgendes aufgefallen: Bojarski »reagierte nicht in angemessener Weise, als bei den Sicherheitsorganen der Tschechoslowakei Unterlagen über feindselige Aktivitäten jüdischer bürgerlicher Nationalisten entdeckt wurden. Einige dieser Nationalisten haben sich im Staats- und Parteiapparat verschanzt ... Genosse Bojarski förderte die Aufarbeitung dieser Unterlagen nicht und richtete erst unter Druck des Beraters Jessikow und einiger anderer Mitarbeiter eine Denkschrift an das MGB der UdSSR.«

Ich kann mir die Entrüstung des Genossen Bojarski ausmalen: Er, der in aller Öffentlichkeit den »internationalen Zionismus, dessen Agenten über die ganze Welt verstreut sind, als unseren Hauptfeind« anprangerte,[124] er soll die Aufarbeitung dieser Unterlagen verhindert oder nicht gefördert haben? Schließlich hatte er alles daran gesetzt, um dem eingeschworenen Antisemiten Andrej Koppert den Weg zu bahnen und ihn zum Leiter einer der maßgeblichen Verwaltungen in der tschechoslowakischen Staatssicherheit zu machen! Koppert wurde nachgesagt, daß er einen Mitbürger schon aufgrund seiner Hakennase vor Gericht stellte oder ins Gefängnis steckte.

Jessikow ließ nicht locker. Als er auf Bojarskis Haarfarbe

anspielte, wurde die Sache plötzlich ernst. Eine Staatsaktion begann. Kein Geringerer als der Stellvertreter des Ministers für Staatssicherheit der UdSSR, Generalmajor Pitowranow, nahm sich nun des Falls an. Er meldete »nach oben«, ins ZK: »Einige Mitarbeiter des MGB der UdSSR vermuten, daß Genosse Bojarski falsche Angaben zu seiner Nationalität (Ukrainer) gemacht hat. Sie halten ihn seinem Auftreten und seiner äußeren Erscheinung nach für einen Juden ...«[125]

Der Glückspilz Bojarski hatte eine Pechsträhne. Warum mußte ausgerechnet ihm so etwas zustoßen? Warum wurde gerade ihm das Verbrechen, Jude zu sein, angelastet? Er hatte etwas Ähnliches schon einmal durchgemacht, vor mehreren Jahren. Damals hatte er sich vor dem Minister Abakumow rechtfertigen müssen. Und nun wieder dasselbe ... Aber er konnte bald aufatmen: »Die Prüfung der biographischen Daten Bojarskis«, schrieb Pitowranow, »bestätigte die Vermutungen nicht.« Die Prüfung bestätigte nicht ... Ich hoffe, sie haben ihn bis ins siebente Glied geprüft.

Mich interessiert eigentlich herzlich wenig, ob der Oberst Jude ist oder nicht (ein erst vor kurzem gefundenes Dokument bestätigt eindeutig, daß er nicht Jude ist). Und wenn? Oft entpuppt sich gerade ein Jude, der seine Abstammung verheimlicht, als grausamer, abscheulicher, unverbesserlicher Antisemit.

Als Jüdin interessiert mich etwas anderes: Warum gab es unter den gefürchtetsten Untersuchungsführern des NKWD-MGB so viele Juden? Eine Frage, die mich sehr bewegt. Ich habe viel über sie nachgedacht, qualvoll nachgedacht.

Ich sagte mir: Prozentual gesehen, hatte es im NKWD nicht mehr Juden als beispielsweise Russen oder Letten gegeben. Dabei fiel mir ein, was Shabotinski, der Vater des Zionismus, schon im 19. Jahrhundert gesagt hat: »Geben Sie jedem Volk das Recht, eigene Schurken zu haben.« Warum sollten die Juden nicht auch ihre Schurken haben?

An meinem geistigen Auge zogen Ereignisse aus der Geschichte vorüber: das blutige Massaker gegen die Juden um die Jahrhundertwende in Kischinjow, Pogrome Anfang des Jahrhunderts in Odessa, blindwütige Judenvernichtung in der Ukraine im Bürgerkrieg ... Ich redete, argumentierte, wiederholte mir bekannte Fakten, doch das brachte mich nicht weiter. Ein leidgeprüftes Volk sollte den Preis von Leid und Elend besser kennen.

Für die Juden im Russischen Reich, wo sie in Reservaten, den »Mestetschki« (Stedtl), lebten, wo grausame Pogrome stattfanden, wo ihre Rechte beschnitten wurden und die jungen Juden nicht studieren konnten (die »Kinder der Nikolaus-Soldaten« und Abkömmlinge der Kaufleute der ersten Gilde ausgenommen), war der Umsturz im Oktober 1917 gewiß ein Akt der Befreiung. Die Juden unterstützten die Revolution, denn sie verbanden mit ihr die Hoffnung auf Überleben, auf gleiches Recht für alle. Doch: »Was ist Revolution? Die Revolution kommt und schießt herum . . .«, sagt Isaak Babel.

Jede Revolution setzt Kräfte frei und bringt auch den Abschaum an die Oberfläche. Das war 1917 nicht anders. Das blutige Handwerk des NKWD übten jene aus, die sich bestätigen, ihre Ambitionen durchsetzen und ihre Ängste unterdrükken wollten. Die Juden unterschieden sich da in nichts von anderen NKWD-Kollegen, es sei denn, sie waren gebildeter (in den jüdischen Familien stand die Bildung von jeher hoch im Kurs) und kamen schneller voran. Mit großem Eifer gingen sie ans Werk, getrieben von der genetischen Angst, einer zu »milden« Gangart gegenüber ihresgleichen bezichtigt zu werden. Die Abrechnung kam dann früher, als sie geglaubt hatten, sie war vorprogrammiert.

Die Erniedrigung eines Volkes birgt große Gefahren für die ganze Menschheit in sich. Die Amerikaner müssen heute für ihren schwarzen Rassismus teuer bezahlen. Israel wird noch lange die palästinensischen »Schulden« begleichen. Welchen Preis wird die UdSSR für die jahrzehntelange Demütigung des sowjetischen Volkes wohl zahlen müssen?

Für ihre Ideen haben die Juden im Zweiten Weltkrieg sechs Millionen Leben geopfert. Kein Volk hat so hoch bezahlen müssen.

Ich verstehe bis heute nicht, wie Bojarski nach Stalins niederschmetternder Kritik überleben konnte, zumal Abakumow damals schon im Gefängnis saß. Nach den klassischen Spielregeln hätte er als Intimus aus dem Verkehr gezogen werden müssen. Hinzu kam noch folgende Anschuldigung: Er »wertete die ihm verfügbaren Informationen (kompromittierendes Material wurde auch gegen den Minister gesammelt!), denen zufolge der ehemalige Minister Abakumow Umgang mit ›leichten Mädchen‹ hatte, nicht angemessen aus … Auf Bojarskis Schreibtisch in Moskau stand Abakumows Bild.« Mithin reichten Bojarskis Beziehungen bis weit oben, ins Zentralkomitee der ruhmreichen KPdSU. Der »Führer« wurde aber alt und hatte Angst vor seiner eigenen, blutrünstigen Meute.

Die Anklageschrift des MGB-Kollegiums erwähnte Stalin mit keinem Wort. Im Mittelpunkt der Anklage stand das schon genannte Lebensmittel-Eingangsbuch. »Wegen Unzulänglichkeiten in der Arbeit und unwürdigen Verhaltens zum Oberstleutnant degradieren«, lautete der Befehl des MGB Nr. 5522 vom 13. Dezember 1951.[126] So endete das »erste Leben« Bojarskis.

Und so begann sein »zweites Leben«: »1950–1951 hielt ich mich in der Tschechoslowakei auf, wo ich als Berater tätig war. Dort sammelte ich Material für meine Dissertation, was maßgeblich zu meiner Abberufung im Juli 1951 beitrug …«,[127] schrieb er 1979 (!) in seinem Lebenslauf. Ganz schön kühn, nicht wahr?

Als ich im April 1988 bei Bojarski war, wußte ich leider nichts von dem, was ich soeben erzählt habe. Ich brauchte gut zwei Jahre, um alles zu recherchieren.

Jene Begegnung im April war eigentlich recht angenehm. Bevor ich ging, diktierte er mir das Rezept für eine Abmagerungskur (damals für mich besonders wichtig), brachte mich zur Tür, küßte mir die Hand und sagte beiläufig: »Demnächst fahre ich nach Jugoslawien, ich leite eine Gruppe des Journalistenverbandes.« Ich staunte. »Oh, da sind wir ja Kollegen.«

Seine Haltung war bewundernswert.

Im Moskauer Journalistenverband stöberte ich Bojarskis Personalakte auf. Der Mann, der den Reporter Jefim Dolizki gefoltert und seine Unterschrift unter die Anklageschrift gegen den Journalisten Alexander Litwak gesetzt hatte, wurde im September 1960 in den Journalistenverband aufgenommen, zwei Jahre nach seiner Entlassung aus dem Butyrki-Gefängnis und vier Jahre nach seinem Ausschluß aus der Partei.

Damals gab es in der UdSSR keine Journalistik im eigentlichen Sinne des Wortes, die Journalisten waren der ideologische Vortrupp der Partei. Mit mehr oder weniger Begabung mühten sie sich ab, den Mythos einer Wirklichkeit, die ihnen die Partei diktierte, an den Mann zu bringen. Wen die Partei ausgestoßen hatte, der durfte nie und nimmer damit rechnen, in den Verband aufgenommen zu werden. Bei einem parteilosen Bewerber wurde unter Umständen ein Auge zugedrückt, aber nicht bei einem, der den Namen der Partei geschändet hatte. Man sehe und staune: Bojarski wurde trotz alledem aufgenommen.

Aus den spärlichen Angaben in der Personalakte entnahm ich, daß Bojarski sich schon seit 1931 mit Journalismus befaßte. In der Anlage befanden sich ein ausführliches Verzeichnis seiner Publikationen in der Bezirks-, Gebiets- und zentralen Presse sowie ein Papier, das mich belustigte. Darin stand, daß an einer Sitzung des Sektionsbüros (also in einem vertrauten Kreis) des Akademie-Verlages, wo auch Bojarski arbeitete, der stellvertretende Chefredakteur »bestätigte, daß Bojarski aus der Partei ausgeschlossen und nicht wieder aufgenommen wurde. Die Ursache für den Ausschluß war Gen. Kowaljow nicht bekannt, weil sie mit der Arbeit des Gen. Bojarski in den Organen zusammenhing.«[128] Punkt. Unterschrift. Keine Fragen. Gescheite Leute stellen den »Organen« keine Fragen.

Kurzum, Bojarski fuhr mit der Delegation des sowjetischen Journalistenverbandes nach Jugoslawien, während ich mich einem nicht minder aufregenden Abenteuer hingab, der Veröffentlichung meines Aufsatzes ›Pardon wird nicht gegeben. Notizen einer nach dem 20. Parteitag Geborenen‹. Ich brauche wohl nicht zu sagen, daß mein Aufsatz auf dem Tisch des Zensors landete (jede Redaktion hatte damals einen Zensor), der ihn prompt an die Abteilung Agitation und Propaganda des ZK der KPdSU weiterleitete. Die Parteibonzen stürzten sich sofort auf die Abschnitte über Bojarski. »Woher wissen Sie das? Woher nehmen Sie den Mut dazu? Ein solch hoch angesehener Mann …« Ich hatte den Eindruck, der Aufsatz kam für sie nicht unerwartet.

Ein verbissener Kampf entbrannte um den Absatz über die brutale Mißhandlung der Lehrerin Fatima Agnajewa, denn das hätte das Aus für den Professor bedeutet.

»Sie müssen uns Beweise vorlegen«, entschied das ZK. Diese Forderung war nicht an mich persönlich gerichtet. Woher sollte ich den Inhalt des Gesprächs per »heißen Draht« kennen? »Heißer Draht« ist ein besonderes Telefonnetz (übrigens unter KGB-Kontrolle) für hohe sowjetische Funktionäre. Der Chefredakteur unserer Zeitung, der eine solche Verbindung nicht hatte (auch heute nicht), war von allen wichtigen Informationsquellen abgeschnitten. Von einem »normalen« Apparat ist die Nomenklatura nicht zu erreichen. Die Sekretärin dort weiß genau, mit wem sie verbinden soll. Wer keinen »heißen Draht« hatte, gehörte in der sowjetischen Kastengesellschaft zu den Menschen »zweiter Klasse«.

Da ich nicht der Partei angehörte, konnten sie mir ohnehin nicht trauen. Darum knöpften sie sich meinen stellvertretenden Chefredakteur Juri Bandura vor, der den Artikel für den Druck freigegeben hatte. Das war zwei Jahre vor der Aufhebung der Zensur, deshalb konnte die Redaktion das ZK nicht mit dem Versprechen abspeisen, die Beweise dem Gericht vorzulegen. Sie lagen in meiner Aktentasche, aber ich war nicht befugt, sie publik zu machen, sonst hätte ich diejenigen in Gefahr gebracht, die sie mir besorgt hatten.

Wir hatten eine geniale Idee. Wir entschlossen uns, die Militär-Oberstaatsanwaltschaft anzurufen und sie um die Bestätigung der Sachverhalte in meinem Aufsatz zu bitten.

Ich wählte die Nummer des Oberstaatsanwalts Generalmajor Prowotorow, der später in Bojarskis Institut auf der Versammlung sprach. Ich las ihm das Material vor ... Er war überrascht. »Wo haben Sie das her?« Ich wich einer Antwort aus und fragte ihn: »Aber das stimmt doch?«

Nach einiger Zeit – er mußte in den Archiven nachsehen – rief er zurück und bestätigte: »Ja, es stimmt.« Er kam aus dem Staunen nicht heraus. »Einige Formulierungen stimmen mit der Anklageschrift unserer Staatsanwaltschaft von 1959 wörtlich überein ...« Ich schwieg dazu.

Die Würfel waren gefallen. Das Erscheinen des Aufsatzes öffnete mir die Türen zum Archiv der Militär-Oberstaatsanwaltschaft und damit zur Strafsache Professor Bojarski.

Die achtzehn Bände der Strafsache Nr. 06-58, die ich dort las, haben mich tief erschüttert.

Ich will die Bedeutung von Solschenizyns ›Archipel GULAG‹, des ›Steilen Weges‹ von Jewgenija Ginsburg oder Lew Rasgons ›Nichterfundene Geschichten‹ und andere Bücher keineswegs schmälern, aber ich muß sagen, daß diese achtzehn Bände in der literarisch unbearbeiteten Fassung ein hochbrisanter Sprengstoff sind, der dem totalitären Staat zum Verhängnis werden wird. Und ich begriff, warum diese dreißig bis fünfzig Jahre alten Papiere so sorgfältig gehütet wurden. Meiner Meinung nach sollten alle diese Dokumente unverfälscht, in ihrer Originalfassung publik gemacht werden.

Die Öffentlichkeit würde zum Beispiel erfahren, daß ein Schneider verhaftet wurde, weil er kein passendes Futter für einen Anzug fand, ein Musiker, weil er nicht in Hochform war und einen Konzertfan aus dem NKWD enttäuschte, eine Lehrerin, weil sie die Leistung der Tochter eines Untersuchungsbeamten nicht entsprechend zensierte ... Die Öffentlichkeit würde erfahren, daß gefolterte und mißhandelte Menschen aus Angst vor einem heißen Einlauf bereit waren, alles zu gestehen, daß sie in fünfzig mal fünfzig Zentimeter großen Zellen – solche Zellen gab es in Nordossetien – den Verstand verloren, wie man aus den schon zum Tode Verurteilten Aussagen herausprügelte.[129]

Foltern hieß nicht immer brutal mißhandeln. Man kam auch ohne Prügel aus, wenn man den Häftling stundenlang verhörte und nicht in die Toilette gehen ließ. »Erst unterschreiben, dann in die Toilette.« Man gab ihm tagelang nichts zu essen und verzehrte vor seinen Augen genüßlich die eigene Mahlzeit. Schlafentzug. Das Verbot, die Finger und Zehen zu bewegen. Oder man gab dem durstigen Häftling Spülwasser aus der Toilette zu trinken, man schickte ihn ins »kalte Bad«, man fesselte ihn an den heißen Heizkörper und drohte, das auch mit seiner Tochter zu machen ...[130] Das alles habe ich der Strafsache nur eines Untersuchungsführers entnommen.

Und hier der Auszug aus einer anderen Strafsache: »Wir haben ihn die ganze Nacht, siebzehn Stunden, verhört ... Ohne Schlaf, ohne Essen ... Wir wollten Falschaussagen von ihm ...« Zeitpunkt: 1988, drittes Jahr der Perestroika. Tatort: Moskau.[131]

In den Archiven lagern, vermodern oder verschwinden die Beweise für die Tragödie eines großen Volkes, Zeugnisse der wirklichen Geschichte dieses Landes. Wir kennen diese Geschichte bis heute nicht und konnten folglich keine Lehren aus ihr ziehen. Statt dessen wiederholen wir immer wieder die gleichen Fehler.

Als ich an diesem Buch schrieb, begriff ich plötzlich voller Entsetzen, daß die unschätzbaren Dokumente, die Zeugnisse fremder Qualen, sich möglicherweise in Nichts auflösen könnten. Sie wurden von lebendigen, damals noch lebendigen Menschen geschrieben. Und seitdem verfolgt mich unablässig das Gefühl, diese Menschen zum zweitenmal zu beerdigen.

»Mit den Ermittlungen wurde Tekajew beauftragt. Er ließ mich oft in sein Arbeitszimmer bringen, Gorodnitschenko und Bojarski kamen später hinzu und fragten mich, ob ich ein Geständnis machen wolle. Sie fesselten meine Hände und Füße und schlugen abwechselnd mit einem Gummischlauch auf mich ein ... Ich konnte nicht mehr gehen, die Aufseher mußten mich stützen. Das Foltern ging vom Abend bis zum Morgen, mit Ausnahme der Nacht vom Sonntag auf Montag. Sie schlugen mich, bis ich das Bewußtsein verlor, dann begossen sie mich mit kaltem Wasser und schlugen weiter ... Sie schlugen auf die eiternden Wunden auf meinem Rücken, die von früheren Prügeln herrührten, gnadenlos; die Haut an meinen Hüften hatte sich von den Knochen gelöst, und der Eiter floß aus den Wunden, aber ich bekam keine ärztliche Hilfe. Ich hatte Nervenkrämpfe, und ehe ich dem Wahnsinn verfiel, wollte ich mir das Leben nehmen. Ich zog in der Bade-Baracke einen verrosteten Nagel aus der Wand und ließ ihn im Kübel mehrere Tage liegen, dann führte ich ihn in die Vene am linken Arm ein, wo ich ihn vierundzwanzig Stunden stecken ließ. Ich wollte eine Blutvergiftung. Zu meiner Verwunderung klappte das nicht. Dann hängte ich mich im Bad an einem Haken auf, aber der Haken löste sich unter meiner Last ... Das letzte Mal prügelten sie mich am 16. Mai 1939 von sieben Uhr abends bis zum Sonnenaufgang. Sie wollten, daß ich ein kurzes, vorher schon abgetipptes Protokoll unterschreibe ... Einige Tage saß in meiner Zelle Anton Scharikjan, der Sekretär des KPdSU-Stadtkomitees Ordshonikidse, er war halb lebendig, halb tot. Er mußte den Verstand verloren haben, denn er fragte immerzu, ob draußen noch die Sowjetmacht herrschte oder nicht ... Sie ließen ihn zwölf Tage stehen, dann schlugen sie ihn ... Bei meinem Prozeß mußten Kokow und Maurer zusehen ... Obwohl ich sie vor der Verhaftung gut kannte, erkannte ich sie jetzt nur an ihren Stimmen. Dem Gericht erzählte ich alles: wie mich Gorodnitschenko, Tekajew und Bojarski gefoltert und gezwungen hatten, Falschaussagen zu unterschreiben. Vor und nach dem Prozeß blieb ich in der Einzelzelle, den Staatsanwalt bekam ich nie zu Gesicht, ich hatte kein Papier, um eine Beschwerde zu schreiben, darum mußte ich meine Erklärung auf das Rückenteil meines Unterhemds nähen, und als das entdeckt wurde, schrieb ich sie mit abgebrannten Streichhölzern an die Zellenwand ...«[132]

Ich weiß, dieses Zeugnis steuert nichts Neues zu dem bei, was ich und viele andere bereits zu Papier gebracht haben. Aber ich will, daß zumindest dieser Einzelfall, der Fall Romasan Gaitejewitsch Bitemirow, nicht spurlos verschwindet. Damit mein Gewissen zumindest vor diesem mir völlig unbekannten Menschen sauber ist ... Und was ist mit den anderen, deren verzweifelte Todesschreie aus meinem Notizbuch zu hören sind?

Bojarskis Strafsache ließ mich der spannendsten aller Fragen nachgehen: Wie war es ihm gelungen, sein »zweites Leben« so perfekt zu führen? Wie konnte er es zu einer so hohen Stellung, zu Anerkennung und Autorität bringen?

Ich frage nicht, wie Bojarski 1949, als er MGB-Chef für die Stadt und das Gebiet Moskau war und keine Geschichtsausbildung besaß, die Vorpromotionsprüfungen (ohne sie wird man nicht zur Verteidigung der Dissertation zugelassen) im Fach UdSSR-Geschichte erfolgreich ablegen konnte. Die Antwort liegt auf der Hand: Damals saß die Hälfte der Moskauer Intellektuellen in Untersuchungshaft. Vermutlich waren unter ihnen auch Dozenten der Moskauer Pädagogischen Hochschule, an der Oberst Bojarski alle sechs Vorprüfungen mit »ausgezeichnet« bestand. Meine Vermutung wurde durch einen anonymen Informanten, der mit »Tschekist« unterschrieb, bestätigt. Der anonyme Brief, in Blockschrift mit Bleistift geschrieben, war der MGB-Personalakte beigefügt. Der anonyme Verfasser informierte darin, daß Bojarski seine Prüfungen nicht dort abgelegt hat. Er »nutzte seine Dienststellung aus: der Direktor des Instituts ist Resident, die Professoren sind geheime Agenten. Die Prüfungen fanden im Gebäude der MGB-Verwaltung statt.«[133]

Und wie war es mit der Verteidigung der Dissertation? Und wie mit der Habilitationsschrift? Das Spektrum seiner Interessen ist verblüffend: ›Die Zerschlagung der Interventen und Weißgardisten‹ im Bürgerkrieg (Dissertation) bis ›Wissen-

schaftlich-technische Grundlagen der Erschließung von Erz-
vorräten in der UdSSR im Tagebauverfahren. Versuch einer
historischen Recherche‹ (Habilitationsschrift). Wer hat sie geschrieben? Schließlich besaß er keine Hochschulbildung, er
konnte lediglich ein fingiertes Diplom der Hochschule für
Buntmetalle in Ordshonikidse vorweisen (dorthin wurde er
zur »Tarnung« delegiert). Ich war neugierig, warum er so häufig sein Geburtsdatum änderte. Warum tauschte er in der
MGB-Personalakte seines Bruders Georgi (angeblich ein Student der Filmhochschule) alle Unterlagen über dessen Ausbildung und Herkunft aus? Ich wollte ergründen, wie in diesem
Land die »Legende« um einen geheimen KGB-Mitarbeiter ge-
webt wurde.

Im Archiv der Obersten Attestationskommission (OAK)
fand ich seinen Lebenslauf von 1979. »1951 bis 1953 war ich in
der Litauischen SSR tätig, wo ich die Arbeit an der Dissertation abschloß...« Das ist sehr interessant, wenn man bedenkt,
daß der Verfasser damals die Zweite Abteilung der MWD-Ver-
waltung im Gebiet Schauljai leitete, das heißt gegen die litauischen Freischärler kämpfte. »1953 wurde ich nach Moskau
abkommandiert und im Zusammenhang mit meiner Bewer-
bung für eine Aspirantur in die Reserve versetzt...« In die
Reserve versetzt wurde Bojarski nach Berijas Verhaftung im
Zusammenhang mit der »Säuberung« des MGB-Apparats sowie wegen des gegen ihn vorliegenden »kompromittierenden
Materials«. Deshalb rechnete man mit ihm ab, um die Aspirantur kümmerte sich die Oberinspektion wenig.

Es wäre aber sträflich anzunehmen, Bojarski habe sich nach
der Versetzung in die Reserve von den »Organen« getrennt.
Der Oberst wurde der »effektiven Reserve« zugeteilt und arbeitete operativ weiter. Erst 1963 hieß es im Befund der ressort-
eigenen KGB-Poliklinik: »Für die weitere operative Arbeit
nicht geeignet...« Und weiter: »Geeignet für den Dienst außerhalb der aktiven Truppe in Friedenszeiten. Beschränkte
Eignung 1. Grades in Kriegszeiten.«[134]

Er selbst schreibt: »1954 verteidigte ich die Dissertation und
entschied mich für die Forschung, eine Arbeit, die ich schon
immer angestrebt habe.« Seine Doktorarbeit habe ich nirgendwo gefunden, weder in der Staatlichen Lenin-Bibliothek, wo
alle Dissertationen – außer denen mit einem Geheimhaltungs-

stempel – aufbewahrt werden, noch im Archiv der Obersten Attestationskommission. Wurde sie nach Ablauf der Aufbewahrungsfrist aus dem Archiv entfernt? Nein, denn man hatte sie dort schon vor zwanzig Jahren gesucht – ohne Erfolg.[135]

Erstaunlicherweise ist die Personalakte des Kandidaten nicht abhanden gekommen, sie enthält nicht wenig aufschlußreiche Fakten. Mein Interesse weckten einige Stellen aus den Äußerungen von Professor Nikolai Wolkow in der Sitzung des Wissenschaftlichen Beirates der Historischen Fakultät an der Moskauer Pädagogischen Hochschule. »Der Verfasser zitiert ausgiebig aus verschiedenen englischen Dokumenten, aus *tschechoslowakischen Dokumenten* (Hervorhebung von mir). Wenn es um unsere sowjetischen Truppen geht, mangelt es ihm jedoch an Material.«[136] Nichtsdestoweniger besticht die Dissertation, so der Professor, »durch eine neue Sicht.«

Also hatte ich doch recht, daß der Oberstleutnant sich im »Bruderland« einiges Material unter den Nagel gerissen hatte. Das Material wird so umfangreich gewesen sein, daß er zwischen zwei Themen wählen konnte: »Hussiten« und »Intervention«.

Warum hat er sich dennoch für das zweite Thema entschieden? Eine plausible Antwort darauf gibt das wissenschaftliche Gutachten eines »schwarzen Rezensenten«, dessen Namen der Kandidat nicht erfährt. »Die Dissertation ist eine Kopilation bekannter Materialien. Im Grunde genommen ist sie eine nicht allzu geistreiche Wiedergabe der Zusammenfassungen aus dem ›Kurzen Lehrgang der KPdSU‹, Kapitel 8.«[137] Der Autor des ›Kurzen Lehrgangs‹ war bekanntlich Stalin. Wer würde 1954 gewagt haben, eine Studie zu mißbilligen, die sich derart eingehend mit den Werken des großen Führers befaßte? Das Gutachten wurde erst 1956 geschrieben, das heißt nach der Anprangerung des »Personenkults«, als die OAK allem Anschein nach den Versuch wagte, die hochgeschraubten Ambitionen des Möchtegern-Historikers zu zügeln. Der Gutachter fährt fort: »In der Regel führt der Verfasser keine Quellen an, das heißt, er nennt nicht die authentischen Archivquellen, denen er die einen oder anderen Tatsachen, Zahlen oder Wertungen entnommen haben will ...«[138]

Wurde hier der Oberstleutnant auf frischer Tat ertappt? Denn im Klartext hieß das: Lieber Genosse! Sie haben vergessen anzugeben, wo Sie die Fakten, die Ihrer Forschungsarbeit zugrunde liegen, gefunden haben. Haben Sie sie vielleicht gestohlen? Haben Sie nicht ein Plagiat begangen?

Zu einem ähnlichen Schluß kommt ein zweiter, namentlich genannter Gutachter, Dozent Berchin, ein Experte für die Geschichte des Bürgerkrieges. »Die Hinweise auf Archive entsprechen nicht den allgemein üblichen Richtlinien, es fehlen die Nummern der Archivsammlungen, die Aktenbezeichnungen und Seitenzahlen ...«

»Die Argumentation des Kandidaten wurde für unzureichend befunden.« Darauf einigte sich der Gutachterausschuß. Dr. hist. Wladimir Bojarski setzt indes ungehindert seine hocheffektive wissenschaftliche Arbeit im Institut für Geschichte der UdSSR fort. »Ein überaus freundlicher Mensch, so haben ihn damals die meisten eingeschätzt«, schrieb mir in einem Brief sein Kollege Viktor Farsobin. »Die Frauen waren von ihm begeistert: Er gab sich galant, küßte ihnen die Hand. Wenn mich nicht alles täuscht, haben wir seine frühere Parteistrafe aufgehoben. Wir waren zu träge, um der Sache auf den Grund zu gehen. Schlamperei!« Was konnten sie denn machen? Ihr Gegenspieler war nicht irgendwer, sondern ein Oberstleutnant des KGB!

Noch eine Stelle aus der Personalakte des Kandidaten belustigte mich. 1954 wurde ihm bescheinigt: »W. A. Bojarski ist seit dreiundzwanzig Jahren wissenschaftlich und praktisch tätig ... Während seiner Dienstzeit im NKGB-MGB-MWD der UdSSR betätigte er sich auch als Pädagoge ...«[139]

»Bojarski machte die Untersuchungsführer darauf aufmerksam, daß die Zahl der Nachtverhöre bei ihnen zu niedrig sei«, berichtet sein ehemaliger Mitarbeiter in der Moskauer MGB-Verwaltung, Leutnant Tschernow. »Er forderte die Untersuchungsbeamten auf, besser zu arbeiten und den Festgenommenen Geständnisse abzuringen.«[140] War *diese* pädagogische Arbeit gemeint? Warum eigentlich nicht.

Bojarski macht als Wissenschaftler ebenso schnell Karriere wie als Tschekist. 1958: leitender Lektor des Akademie-Verlages, 1959: Redaktionsleiter, 1960: Dozent an der Moskauer Hochschule für Polygraphie, also Lehrer und Vorbild der Studenten, 1967: wissenschaftlicher Oberassistent für Geschichte der Wissenschaft und Technik und wissenschaftlicher Sekretär des Redaktionskollegiums ›Populärwissenschaftliche Literatur‹ beim Verlags- und Redaktionsbeirat der Akademie, 1968: Dozent am Lehrstuhl ›Verfahrenstechnik, Mechanisierung und Organisation der Erztagebaue‹ an der Moskauer Hochschule für Bergbau. Er ist Autor von dreiundfünfzig Abhandlungen und Mitautor eines Lehrbuchs, das die Grundlage für seine Habilitationsschrift war. Der zweite Verfasser des Lehrbuchs war Michail Agoschkow, damals korrespondierendes, heute ordentliches Mitglied der sowjetischen Akademie, seit kurzem »Held der sozialistischen Arbeit«.

Agoschkows wissenschaftliche Laufbahn begann in den dreißiger Jahren in Nordossetien, an der Hochschule für Buntmetalle in Ordshonikidse. Bojarski war sein Student.

Ich traf Agoschkow in der Jahresvollversammlung der sowjetischen Akademie, in der Aula der Moskauer Staatsuniversität, wo ordentliche und korrespondierende Mitglieder der Akademie über die Zukunft der sowjetischen Wissenschaft berieten. Unter den Anwesenden befand sich auch Sacharow.

Agoschkow war alt, über achtzig, und hörte schwer.

»Erinnern Sie sich an den Namen Bojarski?« fragte ich.

»Bojarski?« Er dachte nach. »Ja, ich glaube. Ich hatte einmal einen solchen Studenten. Ein begabter junger Mann, ja ...«

»Haben Sie ihn später getroffen?«

»Ich glaube nicht. Nein, ich kann mich nicht erinnern ... Warum interessiert Sie das?«

»Er war Untersuchungsführer im NKWD.«

»Ach so? Aber er war ein so begabter junger Mann ...«

Er eilte in die Wandelhalle. Eine Pause war gerade angesagt worden.

»Man kann einen Soldaten nicht zur Verantwortung ziehen, weil er die Befehle seiner Kommandeure gewissenhaft erfüllt hat«, schrieb Agoschkow 1965 in einem Rehabilitierungsgesuch für Bojarski an die Militäroberstaatsanwaltschaft. Auch Iljin, ehemaliger Kommissar der Staatssicherheit, Vorstandsvorsitzender für Organisationsfragen des Moskauer Schriftstellerverbandes und KGB-General, verteidigte ihn. »Ich hatte Gelegenheit, mich von Bojarskis Fähigkeiten (obwohl er noch jung war) zu überzeugen. Er kannte sich in Wesen und Charakter verschiedener nationaler Bewegungen und ihrer Geschichte gut aus und ging mit den Agenten sehr klug um ...«[141]

Agoschkow lehrte an der Hochschule für Buntmetalle in einer für diese Institution wie für viele andere Lehranstalten schrecklichen Zeit. Von 1937 bis 1939 »unterwanderten« diverse »konterrevolutionäre«, »trotzkistische« und »faschistische« Organisationen, an deren Entstehung der »Student« und Leiter der Agentengruppe »Lehranstalten, Professoren und Intellektuelle«, Wladimir Bojarski, nicht unbeteiligt war, die Lehreinrichtungen. An der Hochschule für Buntmetalle wurden viele Studenten, Professoren und Dozenten verhaftet. Agoschkow gehörte zu den wenigen, die unbehelligt blieben.

1938 trat Agoschkow als Experte auf einem anderen Gebiet auf, in der Strafsache gegen die konterrevolutionäre Organisation einer Grube. Bojarski leitete dort die Ermittlungen.[142]

Ein Jahr zuvor setzte Agoschkow seine Unterschrift auf das Diplom Nr. 8707 über die Absolvierung der Fakultät für Bergbau der Hochschule für Buntmetalle. Das Diplom gehörte Bojarski. Er hatte seine Diplomarbeit mit »ausgezeichnet« verteidigt und war »Bergbauingenieur der Erzbergbauindustrie« geworden.[143]

Eine 1950 vom MGB eingeleitete Spezialuntersuchung ergab: »Hinweise auf die Absolvierung der Hochschule und die Aushändigung eines Diploms an Bojarski sind nicht vorhanden. Die Ausstellung des Diploms war gesetzwidrig.[144] – »Unter den Absolventen der Hochschule ist der Name Bojarski nicht zu finden«, ergab eine Recherche der Militäroberstaatsanwaltschaft von 1990.[145]

Auf dem gefälschten Diplom war neben Agoschkows Unterschrift zu lesen: »im Auftrag des Dekans der Fakultät für Bergbau«, das heißt, der Dekan sollte offenbar nichts davon wissen. Eine Reihe anderer Papiere Bojarskis tragen den gleichen Vermerk: »im Auftrag von ...«[146]

1978, als der Oberstleutnant seine Habilitationsschrift verteidigte, ging eine weitere anonyme Anzeige gegen ihn ein. »Ich kann den wissenschaftlichen Wert der Arbeit nicht beurteilen, denn Bojarski war nie Bergmann, um so mehr kenne ich seine moralischen Eigenschaften. Bojarski trägt die Schuld an der Diffamierung und Liquidierung von Parteifunktionären in unserem Land und in der Tschechoslowakei ... Er hat dem Wissenschaftlichen Beirat verschwiegen, daß er aus der Partei ausgeschlossen war ...«[147] Als Retter in der Not bot sich wieder

Agoschkow an: »Ich kenne Bojarski seit etwa fünfzig Jahren gut und bezeuge ...« So heißt es im Stenogramm K-003, 11.03 der Sitzung des Sonderrates beim Institut für Naturwissenschaften und Technik der sowjetischen Akademie.[148]

»Haben Sie Bojarski danach getroffen?« fragte ich Agoschkow. »Nein, ich kann mich nicht erinnern ...« Nun, so was kommt vor.

Die anonyme Anzeige schrieb Marija Grigorjewna Malkowa. Sie war mit Jefim Semjonowitsch Lichtenstein, dem wissenschaftlichen Sekretär des Verlags- und Redaktionsbeirates der sowjetischen Akademie, verheiratet. Den Oberstleutnant Bojarski lernte Lichtenstein noch als Chefredakteur des Akademie-Verlages kennen. Bojarski wurde ihm, so Lichtensteins Witwe, als ein rühriger (stimmt) und leidgeprüfter (erstaunlich) Mann vorgestellt.[149]

»Er war so niedergeschlagen, so unglücklich«, erinnerte sich Marija Grigorjewna.

Lichtenstein nahm später Bojarski zu sich in den Beirat. In der Akademie hat sich Bojarski rasch eingearbeitet.

»Verstehen Sie doch, der Beirat bestimmte die Verlagspläne, die Akademiemitglieder kamen als Bittsteller. Niemand wollte Jahre auf die Veröffentlichung seines Buches warten. Dort wurden Beziehungen auf ganz hoher Ebene geknüpft«, versuchte sie mir klarzumachen.

Der Oberstleutnant hatte bald schon die nötigen Beziehungen geknüpft, zumal ihn seine Zentrale dazu verpflichtete. Er machte seinem Chef das Leben schwer, da der ihm jetzt im Wege stand. Lichtenstein, den ein solcher Undank schwer traf, wurde krank. Seine Frau wählte einen damals ganz und gar nicht unüblichen Weg, um ihn zu verteidigen.

Woher wußte sie von Bojarskis Vergangenheit? Ihr Mann erzählte ihr davon. Der Chefredakteur eines sowjetischen Verlages wurde vom ZK der KPdSU auf diese Stelle berufen. Der KGB, nicht das ZK, überprüfte seine Biographie. Man wollte eben sichergehen. Der künftige Chefredakteur wurde dann zu einer Aussprache in die Fünfte (ideologische) KGB-Verwaltung vorgeladen. In jedem »ideologischen Bereich« waren KGB-Leute tätig, und sie sollten bei ihrer Arbeit nicht gestört werden. Ich bin ganz sicher, daß auch Lichtenstein über die Rolle des Oberstleutnants aufgeklärt worden ist.

Der anonyme Brief, den Malkowa mit den Worten schloß: »Ich bin eine ehrliche Kommunistin, unterschreibe aber den Brief bewußt nicht, weil er (Bojarski) viele ehrliche Menschen zugrunde gerichtet hat«, verdarb natürlich dem Doktor die Laune.

Es brodelte unter den Wissenschaftlern, die Gerüchte und Diskussionen nahmen kein Ende.

Die einen zollten Bojarski Anerkennung: »In allen Bereichen der Produktions- und Forschungsarbeit bewährt er sich als ein der Sache der Partei treu ergebener, ehrgeiziger, moralisch gefestigter, bescheidener und einfühlsamer Mensch und Genosse.«

Die anderen meinten übrigens ganz zu Recht, daß anonyme Briefe in den Papierkorb gehörten und als Dokument ohne jede Bedeutung seien.

Noch andere forderten die Prüfung der Vorwürfe. Hat Bojarski seinen Ausschluß aus der Partei verheimlicht? Wenn ja, sei das natürlich ein großes Vergehen. Stimmt es wirklich, daß er nie Bergmann gewesen ist?

Bojarski beantragte bei der Moskauer Staatsanwaltschaft ein Strafverfahren gegen Unbekannt. Die Frage war so ernst, daß das ZK der KPdSU sich der Sache annahm.[150]

Sehr bald hatte man die anonyme Absenderin gefunden. Malkowa wurde gerichtlich nicht belangt, wohl wegen ihres Alters, sie erhielt lediglich einen strengen Verweis.

Bojarski nahm die Glückwünsche entgegen: »Gott sei Dank, alles hat sich geklärt.« Unter den Gratulanten waren, wie ich annehmen darf, nicht nur Agoschkow, sondern auch andere langjährige gute Freunde und Gönner: Rshewski, Rektor der Moskauer Hochschule für Bergbau, korrespondierendes Mitglied der Akademie, und Melnikow, der Patriarch der Bergbauwissenschaft, ohne dessen Zustimmung eine erfolgreiche Habilitation undenkbar war.[151]

Der wissenschaftliche Beirat trat erneut zusammen. Die Lektüre des Stenogramms dieser Sitzung war für mich ein Genuß. Das offizielle Papier verriet, mit welcher Ehrerbietung und welcher Angst die Sitzungsteilnehmer, durchweg renommierte, ergraute Professoren und Mitglieder der Akademie, schüchterne Fragen an den Oberstleutnant stellten.

»Hat man ... in der Tschechoslowakei Ihre Arbeit in dem

Sinne beanstandet, wie es im anonymen Brief steht?« fragte ein Akademiemitglied und »Held der sozialistischen Arbeit«, der sich an der Entwicklung der weltraumgestützten Verteidigungswaffen beteiligte.

»Nein«, antwortete Bojarski resolut, »in der Tschechoslowakei gab es keine Beanstandungen. Seit ich in der Partei bin, hat es sie nicht gegeben, und es gibt sie auch heute nicht.«

Da waren alle zufrieden. »Genosse Bojarski folgt in seiner Produktions- und Forschungsarbeit sowie im Alltag den Normen der kommunistischen Moral ...«[152] Dagegen war nichts einzuwenden.

Einige Jahre darauf erlangte Bojarski den Titel eines Professors.

Zum Zeitpunkt unserer Bekanntschaft war in seinen offiziellen Unterlagen zu lesen: »Verfasser von mehr als zweihundert wissenschaftlichen Abhandlungen (darunter zwölf Monographien), Lehrbüchern und anderem Lehrmaterial; führender Experte der Geschichte des Bergbauwesens und der Bergbautechnik ...« Ein brillanter Schuft, das muß man ihm lassen. Wenn er doch seine Energie und seine Fähigkeiten für eine gute Sache eingesetzt hätte!

Wer Bojarski die Arbeiten geschrieben hatte, konnte ich trotz aller Mühen nicht schlüssig herausfinden. Der Verfasser der Dissertation wurde meiner Meinung nach erschossen. Bei der Habilitationsschrift ist die Sache weitaus transparenter. Die meisten Artikel und Monographien entstanden in Zusammenarbeit mit Agoschkow und dessen Schülern. Verglichen mit dem Preis eines Menschenlebens, ist dieser Preis wirklich nicht zu hoch.

Das Rätsel um Bojarskis Geburtsjahr – 1913 oder 1915 – löste Oberst Viktor Schejin, der die Untersuchungen besonders wichtiger Fälle beim Militäroberstaatsanwalt der UdSSR leitete.

Schejin prüfte im Geburtsregister des Geistlichen Konsistoriums von Wladikawkas (so hieß Ordshonikidse vor der Revolution) alle Eintragungen von 1913 und 1915 und fand heraus, daß der Vater des Oberstleutnants, Ananij Wladimirowitsch Bojarski, am Höheren Geistlichen Seminar gelehrt hatte. Patentante des 1915 geborenen Wladimir Bojarski war die Tochter eines zaristischen Obersts.

Dieser Umstand bewog Bojarski, sein Geburtsjahr zu verheimlichen. Er tauschte die Geburtsurkunde seines Bruders in der MGB-Personalakte ganz einfach aus. Bojarski hatte Angst, daß der Betrug eines Tages herauskommen könnte. Seine Angst war berechtigt. Denn es hätte geheißen, daß er aus einer »sozial fremden Familie« stammte. »Sozial fremd« aber bedeutete in der sowjetischen Praxis »feindlich«. Für »Elemente« wie er schloß die Revolution das Tor in die lichte Zukunft und verweigerte den Zugang zur Hochschule. Von einer Karriere im NKWD oder MGB konnte dann keine Rede sein. 1937 hätte ein solcher Fakt ausgereicht, als »Volksfeind« verhaftet zu werden. Bojarski indes zog es vor, andere in Haft zu nehmen.

Ich neige immer mehr zu der Ansicht, daß das Internationale Gericht in Den Haag die Verbrechen untersuchen sollte, die im Namen der kommunistischen Idee begangen wurden. Die kommunistische Idee sollte als eine Idee verurteilt werden, die Massenmord und Vergehen gegen die Menschlichkeit sanktionierte. Sie sollte verurteilt werden, so wie die nationalsozialistische Ideologie in Nürnberg – obzwar nur zum Teil – verurteilt worden ist.

Nach meinen Veröffentlichungen über Bojarski aberkannte die Oberste Attestationskommission Bojarski die Titel Dr. hist. und Dr. habil. techn.[153] Auf Antrag der Moskauer Hochschule für Bergbau (dort hatte auch eine stürmische Versammlung stattgefunden) und des Akademischen Instituts für komplexe Erschließung von Bodenschätzen entzog das Staatliche Komitee für Bildungswesen Bojarski die Professur und die Lehrberechtigung.[154] Das Präsidium der sowjetischen Akademie der Wissenschaften setzte ihn als wissenschaftlichen Oberassistenten ab.[155] Der Moskauer Journalistenverband schloß ihn aus.[156] Wie sehr ich mich dadurch auch geschmeichelt fühle, kann ich nicht umhin zu sagen, daß alle diese Entscheidungen jetzt eigentlich ungesetzlich sind. Denn niemand hat Bojarskis Doktorarbeit und Habilitationsschrift geprüft. Er verlor seine Titel aufgrund des unrühmlichen Punkts 104 der ›Bestimmungen über die Verleihung wissenschaftlicher Grade‹: »für Vergehen, die mit der Würde eines sowjetischen Wissenschaftlers unvereinbar sind«. Dieser Punkt war in der Vergangenheit eine willkommene Handhabe im Kampf gegen Andersdenkende gewesen.

Alles wiederholte sich wie seinerzeit in der »Tauwetter«-Periode. Die Öffentlichkeit forderte Rache. Einen ausrangierten KGB-Mann in aller Form bestrafen – bitte sehr, schon geschehen, und damit Schluß.

Nur das Komitee für Staatssicherheit der UdSSR wahrte das Gesicht: Bojarski blieb Oberstleutnant, verdienter Mitarbeiter der »Organe« und »Ehren-Tschekist«. Die Militäroberstaatsanwaltschaft hatte seinetwegen einige Unannehmlichkeiten. Nach Monaten angestrengter Arbeit klagte sie Bojarski mehrerer schwerer Verbrechen an, unter anderem »des Mordes auf eine für die Getötete besonders qualvolle Art, unter Ausnutzung ihrer hilflosen Lage«.

Wie war das möglich? Die Verjährungsbestimmungen waren noch nicht aufgehoben, die Repressalien noch nicht als Völkermord definiert. Bojarski reichte bei der Staatsanwaltschaft Berufung ein. Er heuerte einen Rechtsanwalt an; einer schien ihm aber zu wenig. Das Kollektiv der Veteranen der Fünften Armee, in der Bojarski die »Smersch«-Organisation geleitet hatte, stellte einen zweiten Anwalt. Die öffentliche Verteidigung übernahm KGB-Oberst a.D. Petrenko, seinerzeit ein Untergebener Bojarskis, der eine geheime Anzeige gegen sein widerrechtliches Vorgehen in Charbin erstattet hatte.[157]

Lange überlegte ich, weshalb Bojarski sich zu diesem Schritt entschloß, und kam zu dem Schluß: Zum einen hatte ihn das Ganze aus dem Konzept gebracht. Es hagelte nur so von »Aberkennung« und »Ausschluß«, er wollte diese Lawine aufhalten – nach dem Motto: Wer nicht verurteilt ist, hat keine Schuld. Zum anderen glaubte er, die Untersuchung sei lediglich eine Geste der Militäroberstaatsanwaltschaft, denn wer käme schon auf die Idee, Augenzeugen der Ereignisse zu suchen, die fünfzig Jahre zurücklagen. Schejin fand sie, Bojarskis Mitstreiter wie auch seine Opfer.

»Bojarski, du hast damit gerechnet, daß alle tot sind, aber einige leben noch, zum Beispiel ich, Chassan Ikajew«, sagte einer von ihnen. Das hatte Wladimir Ananjewitsch nicht erwartet...

Schejin klärte die alten Menschen, die Kinder der Erschossenen und in den Lagern Getöteten darüber auf, daß sie als Geschädigte das Recht haben, gegen Bojarski eine Zivilklage einzureichen, um zumindest den materiellen Schaden erstattet zu bekommen. Keiner der achtzig Zeugen hat das getan. »Gegen diesen Schuft vor Gericht gehen? Danke, nein, dieses Ekel verdirbt uns noch den Rest unseres Lebens …« Ja, es wäre ihm ein leichtes gewesen, ihr Leben zu verderben, denn nach sowjetischem Recht muß der Kläger bei einer Zivilklage die Beweise erbringen. Diese Menschen wollten mit diesem Amt nichts mehr zu tun haben.

Zum dritten war Bojarski felsenfest überzeugt, daß »sein« Komitee, dem er sein Leben lang die unerschütterliche Treue wahrte, ihn nicht im Stich lassen und eine öffentliche Verhandlung verhindern würde.

Er hatte sich verrechnet. Der KGB brauchte ihn nicht mehr, er war zu alt und hatte sich zu sehr aus dem Fenster gelehnt. Trotzdem wird es keinen Prozeß geben. Die Strafsache kann erst dann verhandelt werden, wenn der Oberstleutnant Artikel 201 unterschreibt, das heißt, wenn er mit der Anklage einverstanden ist. Verständlicherweise erschien Bojarski nicht beim Militärstaatsanwalt (er wird dort nie auftauchen) und unterschrieb die gegen ihn erhobene Klage nicht.

Ich gestehe offen: Nach dem, was ich von den NKWD-MGB-KGB-Untersuchungsführern erfahren habe, bin ich entschieden gegen jede Verschärfung der Gesetze. In diesem Land sind die Menschen so verhärtet, von jeher so rachsüchtig, daß eine solche Verschärfung eines Tages zu einer Falle für uns alle werden kann. Außerdem ist es dafür jetzt schon zu spät.

Bojarskis Weg ist keine Ausnahme. Tausende NKWD-MGB-Mitarbeiter, die in die Reserve oder in die »effektive Reserve« versetzt wurden, aber de jure wie de facto Tschekisten blieben, richteten sich in ihren »neuen Wohnungen« ein.

Sie besetzten wieder hochrangige Stellen, überwachten die Kontakte der Mitarbeiter in den Ministerien, »geschlossenen« Forschungsinstituten und Betrieben mit geheimer Adresse (»Schließfachbetriebe«). Chwat arbeitete zum Beispiel bis 1975 im Ministerium für mittleren Maschinenbau. Sie erhielten leitende Stellungen in Personalabteilungen (Stalin sagte nicht umsonst: »Die Kader entscheiden alles«), waren für die Arbeit mit Ausländern an Universitäten und Hochschulen verantwortlich. Sie sollten die ideologische Haltung der Bevölkerung und der Armee kontrollieren, so wie General Iljin im Schriftstellerverband oder General Jepischew, Abakumows

Stellvertreter, in der Armee, als Leiter der Politischen Hauptverwaltung. Sie saßen als Leiter in Stadt- und Gebietsbehörden, Ministerräten, bekleideten verschiedene Posten in Zeitungen und Verlagen, in der Miliz und der Staatsanwaltschaft.

So war es in den siebziger und achtziger Jahren, und so ist es auch heute.

Die Tschekisten sind aber nicht allein damit befaßt, die Ideologie ihres Amtes in den »neuen Wohnungen« zu verbreiten. Sie drohen einstigen Informanten, ihre Namen preiszugeben, und halten sie kurz. Unverdrossen werben sie neue Informanten an. Nicht nur Bojarski hatte einen solchen Mann wie Agoschkow.

So entstand auf einer höheren Ebene als zu Stalins Zeiten das riesige und gefährliche Schattenkabinett des KGB. Dieser Apparat war straff organisiert: »effektive« Reserve, Vertrauenspersonen, Geheimagenten und inoffizielle Informanten. Die Sicherheitsorgane infiltrierten die staatlichen und gesellschaftlichen Strukturen und schufen so ein enges, nicht mehr zu lösendes Geflecht. Darum scheint mir jeder Vergleich des KGB mit der CIA oder dem FBI naiv. Wenn jemand »UdSSR« und »KGB« verwechselt, ist er von der Wahrheit nicht weit entfernt.

Das erschreckendste Ergebnis der Arbeit dieses Amtes (NKWD-MGB-KGB), das in enger Zusammenarbeit und unter Leitung der Politorgane, der KPdSU, wirkte, ist das, was ich »negative Auslese« nenne. Im Laufe eines jahrzehntelangen Ausleseprozesses wurde eine besondere Abart des Homo sapiens gezüchtet: der Sowjetmensch.

In der ersten Phase töteten sie die besten Vertreter des Adels, der Intellektuellen, der Arbeiter und Bauern. Danach wählten sie unter denen, die übriggeblieben waren, die eifrigsten und gehorsamsten aus, sie bekamen die Führungsposten. Bojarski ist das sichtbare Beispiel einer solchen Auslese. Solche Beispiele gibt es viele: Chruschtschow und Breschnew, den wir heute lautstark tadeln, und auch Gorbatschow.

Ich erinnere mich noch heute, wie mich seinerzeit der Brief von Alkazew, einem ehemaligen Strafgefangenen, erschüttert hat. (Alkazews Fall »bearbeitete« übrigens auch Bojarski.) »Ich grüße Sie aus der fernen Taimyr-Tundra, der blühenden Industriestadt Norilsk, der Perle des Polarkreises, wie die Journalisten sie nennen. Hier war nur kahle, öde Tundra, als man uns im August 1939 aus dem zentralen Gefängnis auf den So-lowki-Inseln mit dem Dampfer ›Budjonny‹ nach Dudinka und dann mit der Eisenbahn (in Güterwagen, in denen Tausende starben) hierher gebracht hatte. Erschöpft und entkräftet, bar-fuß – so begann ich hier zu arbeiten. Obwohl ich frühzeitig gealtert bin und ein Herzleiden habe, bin ich darauf stolz, daß mein Leben nicht umsonst war, nicht ohne Nutzen für unseren Großen Staat ...«

Der »Große Staat«! Es gab Millionen Menschen wie Alka-zew, eine potentielle, nötigenfalls effektive Reserve des KGB ...

Dazu können wir uns gratulieren. Mit solchen Menschen nutzte der KGB überaus geschickt die relative Liberalisierung des Regimes (er verlor die letzte Angst vor ihm) und übernahm einen Großteil der Staatsgewalt – ein objektives, logisches Er-gebnis der Entwicklung der UdSSR zu einem totalitären Staat. Eine neue Oligarchie kam auf: KPdSU, KGB und militärisch-industrieller Komplex. Die negative Auslese ging weiter, der KGB riß im ganzen Land die Macht an sich.

Fünftes Kapitel
KGB und Perestroika

Im Herbst 1990 verbreiteten amerikanische Zeitungen eine sensationelle Nachricht: Die Perestroika in der Sowjetunion ist das Werk des Komitees für Staatssicherheit der UdSSR. Zum Beweis druckten sie Auszüge aus dem eben erschienenen Buch über den KGB von Andrew und Gordiewsky ab.[158]

Noch war diese Nachricht in aller Munde, als in den Kommentaren einiger westlicher Politologen eine weitere Sensation gemeldet wurde: Gorbatschow verdankt seinen Machtantritt dem KGB. Das überraschte niemanden. Ähnliches hatte schon Awtorchanow, der bekannte Sowjetologe aus München und ehemalige sowjetische Dissident, in seiner Abhandlung ›Von Andropow bis Gorbatschow‹ behauptet.[159]

Na, endlich! Nun wußten sie es auch hier.

Der an Gorbimanie erkrankte westliche Leser, der von der Struktur und dem Wirken der sowjetischen Machtorgane nur eine vage Vorstellung hat, war schockiert. Mir schien, daß die Amerikaner (ich arbeitete damals als Praktikantin bei einer amerikanischen Zeitung) das nicht für bare Münze nahmen und dazu neigten, in diesen Enthüllungen einen Angriff der rechten Konservativen auf die junge sowjetische Demokratie und ihren Leader Michail Gorbatschow zu sehen. Dann fiel in Berlin die Mauer ...

Es gab keinen Taxifahrer in New York, Washington, Chicago oder San Francisco, der es nicht für angebracht hielt, seine Bewunderung für Gorbatschow zu äußern. Ich kann nicht sagen, daß ich mich aus solchen Gesprächen heraushielt. Ich hatte persönliche Gründe, Gorbatschow dankbar zu sein. Unter Breschnew, Andropow und Tschernenko hatte ich kein Ausreisevisum bekommen, erst im vierten Jahr der Perestroika erbarmte man sich meiner und gab mir den roten Reisepaß mit Hammer und Sichel. Ich sagte ja und amen zu allem, was die Taxifahrer erzählten, aber einer von ihnen ging mir schrecklich auf die Nerven; er erklärte mir, der Sowjetbürgerin, wie schlecht Jelzin sei, weil er Gorbatschow kritisiere, und was Gorbatschow unternehmen müsse, um alle Russen schnell glücklich zu machen. Gott sei Dank war es eine kurze Fahrt. Aber lang genug, um darüber nachzudenken, wie gut die Erste (Haupt-)Verwaltung des KGB, vor allem die Abteilung »A« (»Desinformationsdienst«), arbeitete, denn sie lieferte den westlichen Journalisten eben die Informationen, die für die Manipulation der öffentlichen Meinung nötig sind. Es scheint seltsam, daß solche Informationen daraufhin auch von den sowjetischen Massenmedien verbreitet werden, aber dann als Meinung des Westens.

»Ihr Russen seht alles viel zu düster, sogar jetzt, wo alles gut läuft, seht ihr nur den langen Arm des KGB«, meinten meine Gesprächspartner, die nie in Rußland waren und trotzdem, aus der Entfernung von neun Flugstunden, unser Leben optimistisch beurteilten. »Außerdem ist es gar nicht so wichtig, wer der Urheber der Perestroika ist, der KGB oder Gorbatschow oder beide.«

Natürlich ist das sehr wichtig, denn das erklärt die ursprünglichen Ziele der Perestroika und ihre unerfreulichen, aber logischen Ergebnisse, denen wir uns später gegenübersahen.

»Der KGB – der Urheber der Perestroika.« Ist das nicht Unsinn? Ist das nicht paradox? Für die »düsteren Russen« eigentlich ja. Weil unserer Meinung nach jeder Geheimdienst ein Machtorgan ist, das im verborgenen wirkt, in der politischen Arena nie offen auftritt, natürlich konservativ ist und a priori keine guten Absichten hegt – alles andere als gute Absichten, versteht sich.

Es ist alles andere als paradox, wenn wir die vorgefaßte Meinung aufgeben, der KGB sei nur eine Geheimpolizei, nur eines von vielen Ministerien, wenn auch mächtiger als zum Beispiel das Finanz- oder das Handelsministerium. Auch sollten wir aufhören, das Ganze zu einem Agentenroman herunterzuspielen, etwa in der Art: Im April 1985 trafen sich eines Abends einige KGB-Leiter – Viktor Tschebrikow (damals Vorsitzender), sein kluger erster Stellvertreter Filipp Bobkow (ideologische Aufklärung) und Wladimir Krjutschkow, der Chef der Ersten (Haupt-)Verwaltung (Auslandsaufklärung) und künftige KGB-Vorsitzende – und tranken Tee.

Nach dem Teetrinken kamen sie auf eine Idee: Es ist an der Zeit, Falschmeldungen in Umlauf zu bringen, die Sowjetunion sei kein »Reich des Bösen« mehr und entwickle sich zu einer offenen, demokratischen Gesellschaft. Der Westen wird sich freuen, denn seine Geduld ist am Ende, was die sowjetische Abrüstung betrifft. Vielleicht schenkt er uns etwas Geld, und wir lösen mittlerweile unsere wirtschaftlichen Probleme. Als sie das beschlossen hatten, luden sie Gorbatschow ein, über den sie so manches kompromittierende Material besaßen (für alle Fälle, falls er ihnen aus dem Ruder läuft und sie gezwungen wären, ihn zu zügeln), und sagten zu ihm: »Freund, mach dich an die Arbeit.«

Wie klingt das? Ich habe mir das nicht ausgedacht. Daß die Perestroika weiter nichts als eine strategische Desinformation des Kreml ist, hört man ziemlich oft. Die Verfechter dieser Meinung behaupten – sie stützen sich vor allem auf das Buch ›New Lies for Old‹ von Anatoli Golitsyn,[160] einem ehemaligen sowjetischen Aufklärer, der schon 1961 die UdSSR verlassen hat –, daß der KGB eine solche strategische Täuschung der öffentlichen Meinung im Westen bereits 1959 konzipiert hätte. Der KGB hat es immer glänzend verstanden, Desinformationen zu verbreiten, dafür gibt es die Abteilung »A«. Es wäre aber falsch, die intellektuellen Möglichkeiten dieser Institution zu überschätzen.

In Wirklichkeit war alles viel komplizierter. Da wir jedoch keine exakten Dokumente besitzen, bleibt uns nichts übrig, als den unsicheren Weg analytischer Rekonstruktionen zu gehen.

Im vorangegangenen Kapitel sprach ich davon, daß unmittelbar nach dem 20. Parteitag der KPdSU, auf dem der Personenkult um Stalin zum ersten Mal verurteilt wurde, und nach Chruschtschows »Säuberungen« der KGB in verschiedene Strukturen des Staates und der Partei einzudringen begann. Beamte des KGB arbeiteten schon früher in den Gebietskomitees der Partei und in den Ministerien, es handelte sich aber um Agenten und Denunzianten. Nun nahm das Ganze ein breiteres Ausmaß an. Die einstigen Mitarbeiter des KGB, jetzt in Zivil, erhielten ein neues Arbeitsgebiet, was aber gar keinen Einfluß auf ihren Ehrgeiz und ihr Machtstreben hatte. Schon bald merkte jeder, daß mit diesen Umbesetzungen die Erneuerung des KGB zu Ende war. Wie ehedem führte der KGB die Aufgaben der Geheimpolizei aus, er befaßte sich mit der politischen Aufklärung und unterdrückte Andersdenkende. Die Beamten schienen jetzt noch unabkömmlicher.

Während die Tschekisten ihre Uniformen einmotteten, erhielten die Partei- und Komsomolfunktionäre von gestern neue Uniformen, neue Dienstgrade und standen beim KGB in Lohn und Brot. Viele »Ideologen« strömten in das neue Komitee, angeführt von Alexander Schelepin, der als Erster Sekretär des ZK des Komsomol einige Jahre für die lichte Zukunft gekämpft hatte und jetzt nach der Leitung des KGB schielte.

Schelepin war nicht lange KGB-Vorsitzender, drei Jahre, aber das Komitee behielt ihn in guter Erinnerung. Jaroslaw Karpowitsch, KGB-Oberst a.D. und überzeugter Gegner Krjutschkows, erzählte mir, daß Schelepin scharf war auf Mitarbeiter mit höherer Bildung, die in Forschungsinstituten oder an Universitäten arbeiteten. In seiner Amtszeit wurde die wissenschaftlich-technische Basis des KGB begründet, wurden die Grundlagen für die heutige Macht des Komitees gelegt. Brauchte Stalin damals Folterknechte, so waren jetzt kluge Köpfe zur Unterdrückung des eigenen Volkes gefragt.

Schelepin tauschte den Sessel des KGB-Vorsitzenden gegen den Sessel des ZK-Sekretärs aus ... und gehörte drei Jahre später zu jenen, die Chruschtschow stürzten. Die Schlüsselrolle in jener Palastrevolution spielte ein Tschekist, den Schelepin auf dem Stuhl des KGB-Chefs sehen wollte: Wladimir Semitschastny, früher erster Sekretär des ZK des Komsomol. Unter seiner Leitung stießen weitere Ideologiewächter, ehemalige Partei- und Komsomolfunktionäre, zum Komitee.

Zugegeben, diese Auffrischung sollte die Vampire und Monster aus dem KGB entfernen und der Institution einen zivilisierteren Anschein geben. Es wäre aber naiv anzunehmen, daß der perfekte Mechanismus der Repressalien, die das Regime nie zur Kenntnis nehmen wollte, nicht auch die klaren Köpfe vernebelte. Die neuen Mitarbeiter engagierten sich besonders dann, wenn es gegen Andersdenkende ging, denn nur auf diesem Gebiet konnten sie ihre »Professionalität« voll entfalten.

War es ein Zufall, daß gerade unter Schelepin und unter Semitschasny der Desinformationsdienst der Ersten (Haupt-) Verwaltung erweitert wurde und einen besonderen Status erhielt? Dieser Dienst konnte mit Recht alle Leitungen der KPdSU und des Komsomol, die von jeher die Tatsachen fälschten und die sowjetische Geschichte auf ihre Art schrieben, als seine Filialen ansehen. »Wären die Sowjets in der Industrie und in der Landwirtschaft ebenso unternehmend gewesen wie im Bereich der Desinformation«, schrieb Admiral Stanford Turner, CIA-Chef unter Carter, »dann hätten sie uns längst auf jedem Gebiet überholt.«[161]

Die Umbesetzungen hatten zur Folge, daß der Partei- und Staatsapparat sich immer mehr mit dem KGB verflocht. Allmählich bildete sich ein neuer Machttyp heraus: die Oligarchie der Parteifunktionäre, KGB-Leute und Militärs. In dieser Oligarchie nahmen der KGB und der militärisch-industrielle Komplex eine Zeitlang einen untergeordneten Platz ein, die KPdSU dominierte. Für eine gewisse Zeit.

Aber wir wollen nichts simplifizieren. Die Strukturen des repressiven Apparats wuchsen nicht in ein oder zwei Jahren mit der staatlichen Macht zusammen. Unter Chruschtschow machte der KGB eine schwere Zeit durch, die Parteinomenklatura erinnerte sich an die Vergangenheit und hatte panische Angst vor ihm, bei jeder Gelegenheit versuchte sie, ihn auf seinen Platz zu verweisen. Dennoch war der Prozeß des Zusammenwachsens nicht mehr aufzuhalten. Der Zwangsapparat wollte nicht mehr nur der gehorsame Diener sein.

Dieser Prozeß fand 1967 seinen folgerichtigen Abschluß, als der ZK-Sekretär Juri Andropow die Leitung des KGB übernahm. Zum ersten Mal seit dem Tod Stalins führte ein Mann aus der Parteispitze das Komitee für Staatssicherheit, zum ersten Mal seit Berija saß ein KGB-Vorsitzender im obersten Verwaltungsorgan des Landes, im Politbüro des ZK. »Diese Ernennung führte ... zu einer solchen Annäherung von Partei und KGB, daß sie jetzt als zwei Abteilungen ein und derselben Organisation zu arbeiten begannen«, schrieb der englische Historiker Geoffrey Hosking in seiner ›Geschichte der Sowjetunion‹.[162]

So entstand die Struktur einer Oligarchie, so begann eine der düstersten Perioden in der poststalinistischen UdSSR.

Ich erinnere mich gut an den August 1968, ich war damals zehn Jahre alt und machte mit meinen Eltern Urlaub am Schwarzen Meer, bei Odessa. Eines Tages verdunkelten Flugzeuge plötzlich den Himmel über dem Strand. Ihr Getöse vermischte sich mit dem Lärm der Panzer, die in der Nähe vorbeirollten. Mein Vater, der an der Front gewesen war, glaubte, ein Krieg hätte begonnen. Doch die sowjetischen Panzer rollten, um den Prager Frühling zu unterdrücken.

Ende Dezember 1979 bereitete ich mich mit meinen Kommilitonen auf irgendein Examen vor, als das Fernsehen berichtete, daß unsere Truppen der »Bitte der afghanischen Führung« Folge leisten und in Afghanistan einmarschieren. Wir waren perplex, wir saßen da und rechneten nach: Alle zwölf Jahre begann das Regime eine blutige Intervention, 1956 in Ungarn, 1968 in der Tschechoslowakei, 1979/80 in Afghanistan. Und jedes dieser Ereignisse war untrennbar verbunden mit dem Namen Juri Andropow, einem Mann, den Gorbatschow in den ersten Jahren der Perestroika fast zum Initiator der demokratischen Umwandlungen im Land erklärt hatte.

KGB-General Oleg Kalugin erzählte später, daß der KGB darauf bestand, in der Tschechoslowakei hart durchzugreifen. Er suchte die politische Spitze davon zu überzeugen, daß anderenfalls die Tschechoslowakei dem Einfluß der Sowjetunion entzogen und ein Opfer der NATO würde und so weiter und so fort. Kalugin, damals Leiter der sowjetischen Aufklärung in den USA, schickte ein Dokument aus Washington, aus dem hervorging, daß die CIA in keinerlei Beziehung zum Prager Frühling stand. Diesem Dokument schenkte man keine Beachtung.[163]

Die Karriere Andropows, der zu dieser Zeit schon Generalsekretär des ZK der KPdSU war, krönte 1983 der Abschuß eines koreanischen Passagierflugzeuges durch Jagdflugzeuge der sowjetischen Luftabwehr. Aber damit war das Blutvergießen nicht zu Ende. Andropow, jener »Vater der Demokratie«, gründete die Fünfte Verwaltung des KGB, die ideologische Abwehr, die die »Produktion« politischer Häftlinge in der UdSSR in Gang setzte. So revanchierten sich die KGB-Leute für Chruschtschows Tauwetter und stilisierten Stalin wieder zum Nationalhelden und Retter des Vaterlandes hoch. Von Repressalien war kein Wort zu hören.

Mein Kollege Jaroslaw Golowanow schrieb damals die Biographie des sowjetischen Raumschiffkonstrukteurs Sergej Koroljow und brauchte dessen KGB-Akte, denn Koroljow hatte in einem Lager auf der Halbinsel Kolyma und im Gefängnis gesessen.

»Wozu brauchen Sie das?« fragte ihn Filipp Bobkow, der für die Künstlerverbände im KGB verantwortlich war.

»Weil das die Wahrheit ist«, antwortete ihm Golowanow.

»Eine solche Wahrheit brauchen die Sowjetbürger nicht«, entgegnete Bobkow schroff.

Damals gab es überall Denunzianten. Einmal kaufte ich bei einem jungen Mann mit der Maschine geschriebene Gedichte von Nikolai Gumilew, Ossip Mandelstam und Anna Achmatowa. Ich erinnere mich, daß diese drei schmalen Heftchen fünfundzwanzig Rubel kosteten, mein halbes Stipendium. Ein paar Tage darauf wurde ich ins Parteibüro der Fakultät für Journalistik, an der ich damals studierte, zitiert. Die Genossen wiesen mich darauf hin, daß für den Besitz und die Verbreitung verbotener Literatur sieben Jahre Lager drohten.

General Schebarschin, Chef der Ersten (Haupt-)Verwaltung, mit dem ich unlängst sprach, bestätigte die zu meiner Zeit unter den Studenten kursierenden Gerüchte, daß die Staatssicherheit jedes Jahr Listen der jungen Leute zusammenstellte, die für die Immatrikulation an der Fakultät für Journalistik der Lomonossow-Universität empfohlen wurden. Das war eine Elitefakultät, die Konkurrenz bei den Aufnahmeprüfungen war groß, und es war schwer, einen Studienplatz zu bekommen. Den Sicherheitsleuten hingegen standen Studienplätze in unbeschränkter Zahl zur Verfügung. Dort ließ der KGB seine Kader für die sowjetischen Massenmedien ausbilden; denen, die später im Ausland arbeiten sollten, gab er vorab eine zweite »Identität«: Natürlich denunzierten sie aus Dankbarkeit.

Ein Merkmal der Atmosphäre jener Zeit war der ungehemmte und schamlose Antisemitismus, den eine Abteilung (Kampf gegen den Zionismus) der Fünften Verwaltung, unterstützt vom ZK, eifrig schürte. In der Redaktion der ›Komsomolskaja Prawda‹, wo ich in meiner Naivität eine Stelle zu finden hoffte und wo ich die letzten drei Studienjahre als freie Mitarbeiterin verbrachte, stellten die Verfechter der Reinheit der russischen Nation Listen jener Journalisten auf, die Juden oder Halbjuden waren oder die man wegen ihrer »verfehlten« Ehe zu Juden und Freimaurern abstempelte. Der Ideologe dieser Aktion war der damalige Cheflektor der ›Komsomolskaja Prawda‹, Waleri Ganitschew, heute Cheflektor der rechtsextremen Literaturzeitschrift ›Roman-Gaseta‹.

»Wie heißt sie?« fragte Ganitschew im Redaktionskollegium, wo über meine Aufnahme in den festen Mitarbeiterstab verhandelt wurde. »Albaz? Sie sagen, daß sie viel veröffentlicht? Gibt es unter unseren jungen Mitarbeitern nicht Leute mit anderen Namen?« So fand meine Zusammenarbeit mit der ›Komsomolskaja Prawda‹ ein jähes Ende.

In den nächsten eineinhalb Jahren arbeitete ich, die ich einen ausgezeichneten Universitätsabschluß und einige journalistische Erfahrungen vorweisen konnte, bei einer anderen Zeitung. Ich öffnete die Briefe, die in die Redaktion kamen, und schickte Antworten an die Leser. »Du verstehst wohl, warum ich dich nicht als Korrespondentin einstellen kann«, erklärte mir der Chefredakteur dieser Zeitung, durchaus kein Antisemit. »Mit einem Namen, wie du ihn hast, läßt die Abteilung für Agitation und Propaganda des ZK niemand arbeiten. Warte ab ...« Ich habe keinen Grund, mich zu beklagen, ich wurde nicht verhaftet und nicht angeworben, obwohl sie es versuchten (davon später). Das war ein Geschenk des Schicksals.

Unter Andropow waren die Grenzen zwischen KGB und Parteiapparat fließend. Und das auf allen Machtebenen. So avancierte zum Beispiel Gaidar Alijew vom KGB-Chef in Aserbaidschan zum Ministerpräsidenten der Unionsrepublik und später zum stellvertretenden Vorsitzenden des Ministerrates der UdSSR. Giwi Gumbaridse machte in Georgien eine glänzende Karriere.

Und wie sah es auf der mittleren Ebene aus? »Mittlere« Ebene ist eigentlich falsch, sagen wir: »auf einer der oberen« Ebenen, also auf der Zwischenetage, zwischen der obersten Macht, die de jure und de facto besteht, und der Macht, die de jure nicht existiert, in Wirklichkeit aber große Machtbefugnisse hat. Arkadi Wolski, Referent des KGB-Vorsitzenden Andropow, rückte zum Leiter der Industrie-Abteilung des ZK auf, vor dem sich die Minister duckten. Heute ist er Präsident des wissenschaftlich-industriellen Verbandes, einer recht merkwürdigen Organisation, die Milliardenumsätze hat und Gerüchten zufolge einer der wichtigsten Kanäle für den Geldumlauf der Partei und des KGB ist.

General Abramow, Leiter der Fünften (ideologischen) Verwaltung des KGB, wechselte schon am Anfang der Perestroika auf den Posten des stellvertretenden Oberstaatsanwalts der UdSSR. Ausgerechnet ihn – offenbar gab es keinen anderen – beauftragte man mit der Rehabilitierung der Opfer unter Stalin.

Ich kann mir vorstellen, wie sich die KGB-Leute amüsierten! Nach dem Putsch vom August 1991 wurde er seines Amtes enthoben. Jewgeni Iwanow, der Abramow im KGB ablöste, hatte zuvor als stellvertretender Sektorenleiter der administrativen Abteilung im ZK der KPdSU gearbeitet. Auch General Worotnikow, der Iwanows Nachfolger wurde, kam von den Parteiorganen.

Im Frühjahr 1991 informierte die Presse, daß Sterligow, Geschäftsführer des Ministerrates der Russischen Sowjetrepublik, wieder im Komitee für Staatssicherheit arbeite und zum Generalmajor befördert worden sei. Offenbar würdigte man damit nicht nur seine Leistungen im russischen »Weißen Haus«, sondern auch die früheren Verdienste. Mehrere Jahre leitete Sterligow, damals noch KGB-Oberst, die Wirtschaftsverwaltung des Ministerrats der UdSSR, der die Verteilung von Waren an die Nomenklatura oblag, und später, als Nikolai Ryshkow Premierminister war, die Sektion VI der Abteilung Wirtschaft im Ministerrat.

Diese Sektion hatte die Aufgabe, die Vorgänge in der Industrie zu verfolgen und alle Daten, die der Regierung vorgelegt wurden, auf ihre Richtigkeit zu prüfen (das heißt zu prüfen, ob die Minister den Regierungschef belogen), sowie die Tätigkeit der Mitarbeiter im Ministerrat zu kontrollieren. Unter Sterligows Leitung arbeiteten Offiziere, die der KGB in den Ministerrat abkommandiert hatte, damit sie dort die KGB-Verwaltungen repräsentierten. Diese Sektion war dem KGB und dem Ministerrat unterstellt, die Mitarbeiter hatten zwei Dienstausweise ...

KGB-Oberst Jewgeni Kolgin, Mitarbeiter des Sekretariats des KGB-Vorsitzenden Andropow, avancierte zu seinem Sekretär, als dieser Generalsekretär des ZK der KPdSU wurde, und nahm später denselben Posten unter Tschernenko und Gorbatschow ein.

Ein Beispiel aus der kommunalen Machtebene: Prilukow, Chef der KGB-Verwaltung Moskau, arbeitete zuvor in einem Moskauer Stadtbezirkskomitee der KPdSU. Sein Vorgänger Tschelnokow kam gleichfalls aus der administrativen Abteilung des ZK, in die er seinerzeit aus dem KGB übergewechselt war. Und so weiter und so fort.

Es ist interessant, daß Anatoli Lukjanow, der Vorsitzende

des Obersten Sowjets der UdSSR, vorher als ZK-Sekretär und als Leiter der administrativen Abteilung gearbeitet hat.[164] Vizepräsident der UdSSR wurde im Dezember 1990 auf die nachdrückliche Bitte und das Zureden des Präsidenten Gorbatschow hin – auf dem Vierten Kongreß der Volksdeputierten der UdSSR im zweiten Wahlgang – Gennadi Janajew, ein Mann, der achtzehn Jahre lang verschiedene leitende Positionen im Komitee der Jugendorganisationen und im Verband der »Freundschaftsgesellschaften« (unter anderem der Sowjetisch-Deutschen Freundschaft) innehatte, die der KGB von jeher für seine Zwecke zu nutzen verstand.[165]

Wie sah das Beziehungsgefüge innerhalb dieser Oligarchie aus? Wer war wem unterstellt: der KGB der KPdSU oder die KPdSU dem KGB? Die Mitarbeiter des KGB antworten natürlich: Das Komitee litt unter der Übermacht der Parteifunktionäre und unter der Kontrolle durch die Partei. Wie war es aber wirklich?

Der in Ungnade gefallene KGB-Generalmajor Oleg Kalugin behauptet, das Komitee sei heute in der Lage, jede Organisation und jeden Menschen im Land zu kontrollieren, auch die Deputierten, die ja den Status der Immunität haben. Es hört Telefongespräche ab, sammelt belastendes Material und kann gegen jeden ein Verfahren einleiten – außer gegen die Parteielite. Sobald jemand auf einer bestimmten Sprosse der parteistaatlichen Hierarchie steht, zum Beispiel ein Sekretär des Gebietskomitees, der Vorsitzende des Gebietsrates der Volksdeputierten oder ein hoher Leiter des Komsomol, ist er tabu, das heißt, eine Dienstanweisung verbietet, bei diesen Leuten operative Maßnahmen einzuleiten, also ihre Telefone abzuhören, sie zu observieren, sie mit der Videokamera zu filmen und so weiter. Falls irgendwelches Belastungsmaterial gegen sie vorliegt oder auftauchen sollte, muß es vernichtet werden.[166] Das ist ein Befehl von oben.

Dazu bemerkte Kalugin: »Das bedeutet nicht, daß man die Nomenklatura des Gebietskomitees nicht abhören durfte, wenn es erforderlich schien. In solchen Fällen war es der Parteimacht überlassen, zu entscheiden, wer abgehört werden sollte«.[167]

Nach den Aussagen vieler meiner Gesprächspartner aus dem KGB, die bis heute noch dort beschäftigt sind, besteht das

Problem einzig darin, von welchem Dienstgrad an ein Mitarbeiter des KGB Belastungsmaterial gegen die Parteielite sammeln darf. Den gewöhnlichen Mitarbeitern ist das verboten, schon gar nicht auf eigene Faust. Aber jeder Leiter einer KGB-Gebietsverwaltung hat seine Vertrauensleute, die bei Bedarf oder auf Befehl von oben die nötigen Unterlagen beschaffen.

Daß das läuft, bewies die Lawine von Strafprozessen und Untersuchungen, die nach Breschnews Tod, als Juri Andropow der erste Mann im Staat wurde, sich über das ganze Land wälzte. Der KGB-Vorsitzende und künftige Generalsekretär hatte all die Jahre Dossiers über den Amtsmißbrauch des parteistaatlichen Apparats angelegt.[168] Unter Andropow begannen Untersuchungen zum Fall der sogenannten Usbekischen Mafia, der Erste Sekretär Usbekistans, Raschidow, beging Selbstmord. Zur gleichen Zeit setzten die Ermittlungen gegen den Innenminister Stscholokow ein, der Breschnew sehr nahestand, weil sein erster Stellvertreter Breschnews Schwager Tschurbanow war (heute Häftling in Nishni Tagil).

Ich bin überzeugt, daß der KGB alle, die für das Komitee – aus welchen Gründen auch immer – von Bedeutung waren, beschatten ließ.

Übt die KPdSU eine ähnliche Kontrolle auf den KGB aus? Natürlich. In jeder KGB-Verwaltung sitzen Vertrauenspersonen der Partei. Leute aus diesen Kreisen denunzieren gern. Das Denunzieren ist mitunter einträglich, man kann nebenbei die eigene Karriere fördern und Alltagsprobleme lösen (sich zum Beispiel eine neue Wohnung beschaffen). Das Übel der Genossen ist aber, daß ihre technischen Möglichkeiten viel geringer sind, denn das Komitee verfügt über Spezialanlagen und Sonderdienste für das Abhören der Telefone, die Observierung bestimmter Personen, die Kontrolle der Korrespondenz und so weiter.

KGB und KPdSU hatten immer Reibungen miteinander. Die KGB-Leute ärgerten sich, wenn diese Laien von Parteifunktionären sich in ihre Angelegenheiten mischten, wenn sie ihnen etwas stahlen oder nach Auszeichnungen und Orden gierten. Und die Parteifunktionäre fühlten sich nicht wohl in ihrer Haut, um es gelinde auszudrücken, denn sie konnten nie sicher sein, daß sie nicht observiert wurden, wenn sie den Hörer abnahmen oder zu ihrer Freundin fuhren.

Natürlich hatte das Politbüro früher einen höheren Status als der KGB, der zum Ministerrat der UdSSR gehörte. Von einer offiziellen Unterstellung des KGB unter die parteistaatlichen Strukturen kann allerdings keine Rede sein. Zwischen der KPdSU und dem KGB als Bestandteile einer Oligarchie bestanden gute partnerschaftliche Beziehungen, sie waren zwei Abteilungen einer einheitlichen Organisation. Durchaus nicht zufällig saßen die KGB-Leiter der Stadt-, Rayon-, Gebiets- und Republiks-Verwaltungen in den jeweiligen Führungsgremien von Staat und Partei.

Die Beziehungen zwischen KGB und der dritten Säule der Oligarchie, dem militärisch-industriellen Komplex, dem Fundament des totalitären Regimes, waren noch bis vor kurzem durchaus nicht paritätisch.

Über den sowjetischen militärisch-industriellen Komplex sind im Westen viele Bücher erschienen. Im folgenden will ich versuchen, an Hand der mir zugänglichen neuesten Daten einen knappen Abriß zu geben – nur um klarzumachen, worum es eigentlich geht.

Der militärisch-industrielle Komplex der Sowjetunion beschäftigt 14 400 000 Menschen.[169] Diese Ziffer schließt die Armee von vier Millionen Mann ein. Zum Vergleich: Die Streitkräfte der USA haben die halbe Stärke: 2 133 000 Mann.[170] 1941, als der Krieg gegen Deutschland begann, zählte die Rote Armee nur 1 330 000 Mann, erheblich weniger als heute.[171] Und das im Frieden, in einer Zeit, da meine Landsleute hungern.

Die Rüstungswerke produzierten im Jahre 1989 1 700 Panzer, 5 700 Panzerwagen und 1 850 Geschütze. Das ist das 2,3fache, 8,7fache beziehungsweise 12,5fache der Produktion in den USA. 1989 wurden in der UdSSR dreimal soviel U-Boote, eineinhalbmal soviel Jagdflugzeuge, fünfzehnmal soviel interkontinentale Raketen und sechsmal soviel Raketen kurzer Reichweite wie in den USA hergestellt.[172] Die Zahl der 1990 gebauten Panzer stieg auf 3500 an, war also viereinhalbmal so groß wie in den USA.

Das kostet viel Geld. Das offizielle Budget des militärisch-industriellen Komplexes beläuft sich auf 96,5 Milliarden Rubel und macht fast ein Drittel des gesamten Staatshaushalts aus.[173] Das Institut für strategische Forschungen in London hält diese

Angaben von Gorbatschow für stark untertrieben (die Vorgänger des Präsidenten nannten zwanzig Milliarden Rubel, eine aberwitzige Summe) und vermutet, daß die Militärausgaben der UdSSR zweihundert bis zweihundertzwanzig Milliarden Rubel erreichen, was fast die Hälfte des Haushalts von 1989 ausmacht.[174] Die Zahlen sowjetischer Experten klingen noch weniger optimistisch. Ihrer Meinung nach machen unsere Rüstungsausgaben, legt man ihnen reale Preise zugrunde, zweihundertsechsunddreißig bis dreihundert Milliarden Rubel aus. Hinzu kommen Ausgaben in harter Währung, die streng geheim sind.

Es ist merkwürdig, daß die obige Summe der Höhe des Haushaltsdefizits im November 1991 entspricht. Weniger merkwürdig ist die Tatsache, daß das Budget des Verteidigungsministeriums selbst nach offiziellen Angaben genauso hoch ist wie die Ausgaben für die Volkswirtschaft, die Wissenschaft, für soziale und kulturelle Belange, für die Justiz, für die Beseitigung der Folgen der Tragödie in Tschernobyl und das Programm zur Rettung des Aralsees, der faktisch tot ist, und der dortigen Anwohner. Durchaus nicht merkwürdig ist, daß in einem der reichsten Länder der Erde heute allesamt Habenichtse sind, daß nach offiziellen Angaben achtzig Prozent der Bevölkerung unter der Armutsgrenze leben.

Dieses militärisch-industrielle Ungeheuer verschlingt fünfundzwanzig Prozent des Nationaleinkommens, achtzig Prozent des wissenschaftlichen Potentials, achtzig Prozent des Maschinenbaus und zweiundvierzig Millionen Hektar Boden (für die Unterbringung der Truppen, für Flughäfen und Militärstützpunkte, dazu kommen zweiundzwanzig Millionen Hektar für Raketenbasen).[175] Der militärisch-industrielle Komplex verbraucht den Löwenanteil der sowjetischen Produktion: sechzig Prozent der Eisen- und Stahlerzeugung und nahezu die gesamten hergestellten Buntmetalle.[176] Nach inoffiziellen Angaben arbeiten für den militärisch-industriellen Komplex über siebenundachtzig Prozent der Betriebe unseres Landes.[177] Im Februar 1991 gab Gorbatschow zu, daß unsere Wirtschaft »die militanteste Wirtschaft der Welt« ist, mit den höchsten Ausgaben für die Verteidigung.[178] Nach Meinung einiger Experten werden diese Ausgaben in der nächsten Zukunft weiter zunehmen.[179]

So also sieht es bei uns aus.

In der UdSSR hatte die Ideologie immer das Primat (von den letzten Jahren der Perestroika abgesehen), alle anderen Bereiche, auch die Wirtschaft, waren von sekundärer Bedeutung. Sie spielte die Rolle einer Hure, man bediente sich ihrer, weil man ohne sie nicht auskam. Längst wußten alle, daß die Kolchosen und Sowchosen das Land nicht mehr ausreichend mit Lebensmitteln versorgen konnten. Dennoch tönten sowjetische Ideologen: »Wenn wir den Bauern Grund und Boden geben, ist das die Rückkehr zum Privateigentum.«

Begriffen sie nicht, daß der Enthusiasmus der Sowjetbürger nur in Kriegszeiten angefacht werden konnte, daß die fortwährenden Aufrufe: »Die Partei hat angeordnet!« die Arbeitsproduktivität nicht erhöhten, weil die privaten Interessen des einzelnen nicht berücksichtigt wurden? »Sollen wir womöglich Privatunternehmen gestatten? Zwei Klassen schaffen – Arme und Reiche?« sagten jene, die sich das ganze Land als ihr Privateigentum angeeignet hatten.

Sahen sie denn nicht, daß die Investitionen von Milliarden und Abermilliarden Rubel in den militärisch-industriellen Komplex und in die Stützung der totalitären Regime überall in der Welt das an Bodenschätzen reichste Land an den Rand des Ruins brachten? Für sie war das leeres Geschwätz. Diese Ungeheuer glaubten weder an Teufel und Dämonen noch an Sozialismus und Kommunismus. Das einzige, was sie bewegte, war ihr Streben nach Macht. Privateigentum und Markt setzen persönliche Freiheiten voraus, die aber waren eine Gefahr für das Regime, das sich angemaßt hatte, über das Schicksal der Bürger, die sich der Sklaverei nicht bewußt waren, uneingeschränkt zu verfügen. Die Ideologie, die das Vorrecht der Geheimpolizei und der Partei war, beherrschte auch 14 400 000 Beschäftigte im militärisch-industriellen Komplex.

Die Ideologen hielten sich die Militärs vom Leibe. Sie hatten Angst vor der millionenstarken, gut bewaffneten Armee. Die Macht traute keinem und fürchtete, daß die Maschinenpistolen eines Tages gegen sie gerichtet werden könnten. Angst hatte schon Stalin, der vor dem Krieg drei von fünf Marschällen und alle Kommandanten der Militärbezirke erschießen sowie alle Befehlshaber der Korps, Divisionen und Brigaden und fünfzig Prozent der Regimentskommandeure entweder erschießen oder in Lager bringen ließ. Anfang des Krieges war jeder fünfte Offizier der Roten Armee Repressalien ausgesetzt.

Unter Chruschtschow brachte man die Offiziere zwar nicht hinter Gitter (oder in geringerer Zahl), aber man ließ sie auch nicht an die Macht heran, wie das Beispiel des Marschalls Schukow beweist. Schukow hatte Chruschtschow geholfen, mit Berija fertig zu werden, er unterstützte ihn gegen Molotow und Kaganowitsch, den Leuten aus Stalins nächster Umgebung, die Chruschtschow zu stürzen versuchten. Aus Dankbarkeit verjagte Chruschtschow den damals populären Heerführer aus Moskau. Später verweigerten Chruschtschow und seine Nachfolger Marschall Schukow den Zugang zur Moskauer Machtzentrale. Die Armee nahm auch an der Palastrevolution von 1964 nicht teil, man setzte auf die Truppen des KGB.

Soviel ich weiß, gab es unter Breschnew nur zwei Fälle, wo Männer in Uniform aus politischen Motiven gegen die Macht auftraten.

Da war Unterleutnant Viktor Iljin, der 1969 am Borowizki-Tor des Moskauer Kreml auf das Auto schoß, in dem der Generalsekretär Breschnew kommen sollte. Man erklärte Iljin für geisteskrank, er verbrachte achtzehn Jahre in der Einzelzelle einer psychiatrischen Klinik in Kasan. Ob Iljin krank oder gesund war, ist bis heute nicht erwiesen.[180]

Der zweite Fall geschah 1973 in Leningrad. Kapitänleutnant Wladimir Sablin entführte einen Zerstörer, der auf der Reede lag, steuerte ihn in neutrale Gewässer, wurde aber gefaßt und erschossen.[181]

Mitarbeiter der Militäroberstaatsanwaltschaft erzählten mir von noch anderen Fällen, die den Funktionären am Alten Platz und am Lubjanka-Platz viel zu schaffen machten, aber es ging dabei um Befehlsverweigerung und nicht um politische Dinge.

Mit solchen Vorgehen befaßte sich im KGB die Dritte Verwaltung, die Spionageabwehr, genauer: die politische Polizei. Ursprünglich sollte sie gegen die Spionage in den Streitkräften vorgehen. Möglicherweise tat sie das auch. Doch weitaus mehr interessierte sie sich für Andersdenkende. Unter ihrer Kontrolle standen: Verteidigungsministerium, Generalstab, Hauptverwaltung Truppenaufklärung des Verteidigungsministeriums, Landstreitkräfte, Marine, Luftwaffe, Truppen des Innenministeriums und Kernwaffen-Einheiten.

Die KGB-Leute vertraten die Meinung, daß eine Kontrolle der Spionageabwehr durch die Militärs dem Staat jede Chance nähme, die Militärs selbst in Schach zu halten. Ich habe da meine Zweifel, denn in meinem Land gab es Denunzianten genug. Es ging vielmehr um Informationskanäle, auf die man um keinen Preis verzichten wollte.

Zu jedem Regiment und zu jeder größeren Einheit gehörte eine Sonderabteilung, eine KGB-Abteilung selbstverständlich. Bevor ich über diese Abteilungen etwas sage, möchte ich eine Geschichte erzählen.

Eines Tages kam ein Oberst zu mir in die Redaktion, nennen wir ihn Oberst Salmatow. Er brachte ein Manuskript von zweihundert Schreibmaschinenseiten mit. Die Lektüre bereitete mir große Mühe, weil der Oberst, gelinde gesagt, keine gewandte Feder führte. Der Text verriet aber, daß seine vermeintlich gewandte Feder ihm geholfen hatte, den Dienstgrad eines Oberst zu erreichen. Er schrieb Denunziationen gegen seine Kollegen.

Salmatows Lebenslauf war trivial. Kurz nach Abschluß der Offiziersschule beorderte man ihn, noch bevor er sich in der neuen Einheit einleben konnte, in die Sonderabteilung dieser Einheit. Dort erklärte man ihm, wie groß seine Verdienste um die Partei und das Sowjetvolk sein könnten, wenn er... Kurzum, man warb ihn an. Bald unternahm er mehrere Versuche, um davon wegzukommen. Da holte der KGB-Offizier ein Blatt Papier, deckte die Unterschrift ab und gab Salmatow einen Bericht zu lesen, eine Denunziation: In einer Gesellschaft hatte er sich, leicht angetrunken, einige Freiheiten erlaubt, er hatte höhere Kommandeure kritisiert und Witze über den Generalsekretär erzählt. Der KGB-Offizier machte ihn auf die Folgen aufmerksam und instruierte ihn, was er unternehmen müsse, um schnell Karriere zu machen. Salmatow ging auf alle Ratschläge ein. Auf den nächsten siebzig Seiten berichtete er, wie die KGB-Leute ihm die Hölle heiß machten und Informationen forderten, wie schwer es ihm immer fiel, seine Kollegen anzuschwärzen. Das war nicht interessant. Weitaus interessanter war die Bemerkung, daß die Sonderabteilungen häufig die Frauen der Offiziere anwarben. Sie waren in der Regel gesprächig, sorgten sich um ihre Männer, sie arbeiteten vielfach in Kantinen, Clubs, Frisiersalons, wo die Offiziere ihrer Zunge freien Lauf ließen.[182]

Nach Angaben einiger Experten waren dreißig bis vierzig Prozent der Armeeangehörigen Agenten oder Vertrauenspersonen des KGB.[183]

Des weiteren überwachten die Politorgane die Armee. Anfang 1991 wurden sie aufgelöst und durch militärpolitische Organe ersetzt. Man wechselte lediglich das Etikett der Dienststelle. Darstellungen aus der ehemaligen Fünften Verwaltung (Schutz der verfassungsmäßigen Ordnung) zufolge arbeiteten die Politorgane mit den Parteiinstanzen und mit der Fünften Verwaltung zusammen. Sie verstanden sich gut.

In der sowjetischen Presse erscheinen von Zeit zu Zeit Artikel über die nicht ganz unproblematischen Beziehungen zwischen den Armee- und Politoffizieren. Als Journalistin interessierte mich die Armee nicht, aber eines Tages hatte ich Gelegenheit, mit dem Kommandeur einer Einheit aus dem Gebiet Gorki zu sprechen. Er verschwieg nicht, daß er seinen Politoffizier haßte, aber er verbarg auch seine Furcht vor ihm nicht.

»Warum haben Sie Angst vor ihm?« fragte ich ihn. »Sie sind Oberst und er nur Major.« Der Kommandeur lächelte. »Warum? Ich weiß ja nicht, was er seiner politischen Verwaltung und anderen Stellen berichtet. Wenn er etwas Nachteiliges über mich schreibt, bin ich erledigt. Die Garnison, in der ich diene, liegt hundert Kilometer von der Stadt entfernt, eine zivilisierte Gegend also. Aber sie können mich irgendwohin schicken, wo sich die Füchse gute Nacht sagen, wo es keine Schule gibt, keine Geschäfte, keine Krankenhäuser, und schon gar kein Theater. Ich habe Familie. Meine Frau arbeitet hier, sie ist Hochschulabsolventin. Was kann sie dort im Norden machen? Sie wird mich verlassen ...«

»Und wenn Sie sich weigern?« fragte ich naiv.

»Mich weigern?« Er sah mich an, als sei ich nicht bei Trost.

»Ich bin Soldat. Natürlich kann ich den Dienst quittieren. Und dann? Was soll ich dann tun? Wo soll ich wohnen? Für einen Offizier a.D. ist es praktisch unmöglich, eine Wohnung zu bekommen. Ich will an die Militärakademie. Dafür brauche ich ein Gutachten von den Politorganen. Jetzt sitze ich da und überlege mir, was die Halunken über mich schreiben werden. Wenn ich nicht an die Akademie gehe, werde ich mein ganzes Leben in diesem Loch verbringen.«

Er schwieg kurz und fügte dann hinzu: »Ihr Zivilisten habt überhaupt keine Ahnung, wie wir Militärs uns ducken müssen, wir sind Sklaven ...«

»Der KGB hat große Machtbefugnisse in der Armee«, sagte ein anderer Offizier. »Die Einheit, in der ich diente, hatte dreihundert Mann. Der wichtigste Mann war der KGB-Offizier. Er konnte jeden Offizier zu sich beordern und mit ihm machen, was er wollte.«[184]

Der beorderte Offizier wurde zwar nicht gleich verhaftet oder vor das Militärtribunal gebracht oder in die Psychiatrie eingewiesen, obwohl auch das vorkam. Zeugen gibt es genug, zum Beispiel die Aussage des ehemaligen KGB-Majors Boris Bugrow. In einem offenen Brief an die ›Komsomolskaja Prawda‹ schrieb er: »Ja, ich bin der Oberbevollmächtigte der Sonderabteilung des KGB aus der Truppeneinheit, in der du, Iwan Rjabow, als Offiziersschüler gedient hast. Du dachtest, daß nur die UNO bei uns Ordnung schaffen kann.« Der Offiziersschüler hatte einen Brief an die UNO geschrieben und sich über die Rechtlosigkeit und Willkür in der UdSSR beklagt. »Ich schickte dich in die Psychiatrie, nicht weil du wirklich krank warst, sondern weil ich ein ärztliches Attest über deinen psychischen Zustand haben wollte.«[185]

Die Kontrolltätigkeit des KGB in einer anderen, weitaus wichtigeren Sphäre des militärisch-industriellen Komplexes – in den Forschungsinstituten, Fabriken und Labors, also dort, wo man die Waffen entwickelt und herstellt – ist viel umfassender als in der Armee. Das ist verständlich, denn militärische Geheimnisse müssen in aller Welt gewahrt werden. Dafür ist die Sechste Verwaltung verantwortlich.

Verständlicherweise legt man auf die Entwicklung der Atomwaffen größten Wert. Der »Pate« des sogenannten Ministeriums für mittleren Maschinenbau, das sich mit der Atombombe und anderen nuklearen Waffen befaßte, war seinerzeit kein Geringerer als Lawrenti Berija. Er betreute diesen Industriezweig bis 1953, bis er als »englischer Spion« verhaftet wurde. Die Agenten Berijas und seiner Nachfolger überwachten nicht nur die verantwortlichen Konstrukteure, sondern auch ihre Frauen, Geliebten und Freunde. Selbst nach allen Säuberungen unter Chruschtschow änderte sich nichts. So amtierte zum Beispiel Generaloberst a.D. Ogolzow, der ehemalige Stellvertreter Abakumows, bis zu seiner Pensionierung als Vizedirektor des geheimen Forschungsinstituts Nr. 1, wo er für den Geheimnisschutz verantwortlich zeichnete.

Leute, die zehn oder zwanzig Jahre im militärisch-industriellen Komplex tätig waren, erzählten mir, daß die Staatssicherheit die Privattelefone abhörte. Sie wachte auch über die Dienstreisen der Wissenschaftler innerhalb der UdSSR, alle Formalitäten erledigte ein KGB-Mitarbeiter. Die Erste Abteilung befaßte sich mit Dissertationen »geheimen« Inhalts. Eine solche Erste Abteilung gibt es in allen Rüstungsbetrieben, in »offenen« Forschungsinstituten sowie an Hochschulen und Universitäten. Dort arbeiten in der Regel Leute aus der »aktiven Reserve«, also pensionierte KGB- oder Armeeoffiziere.

Ich fragte meine Gesprächspartner nach dem Verhältnis der Leiter in den Forschungsinstituten und Labors zu den KGB-Offizieren. Die Antwort fiel immer eindeutig aus. Der Direktor wollte sich auf keine Auseinandersetzung mit ihnen einlassen, immerhin durfte er in der Regel kein einziges Dokument unterschreiben, das nicht vorher von seinem »Stellvertreter« abgezeichnet war.

Einem sowjetischen Leser braucht man nicht zu erläutern, was es bedeutet, wenn ein Dokument nicht unterzeichnet wird. »Ohne Dokument bist du kein Mensch« – dieser Satz ist zu einem Axiom unseres Lebens geworden. Und was bedeutete es, wenn jemand in einem »geschlossenen« Forschungsinstitut arbeitete und kein »Papierchen« kriegte? Die Sicherheitsleute prüften die Regierungstreue aller Angehörigen des Mitarbeiters bis ins siebente Glied, sie prüften, ob er Verwandte im Ausland hatte und ob er nicht selber ein Agent des CIA war. Das geplante Experiment konnte nicht stattfinden, die Arbeit wurde eingestellt, die Dissertation nicht angenommen, die Pläne wurden nicht erfüllt, die Nerven waren dahin... Es konnte passieren, daß ein habilitierter Doktor, der eine einzigartige Waffe entwickelt hatte, beim Vizedirektor antichambrieren mußte, ihm schmeichelte, ihn demütig bat... Aber auf keinen Fall ließ er sich auf eine Auseinandersetzung mit ihm ein.

Und wenn doch? Wenn jemand die Nerven verlor und den »Vize« anschrie, ging er zum Direktor und beklagte sich. Aber der nahm nicht Partei für ihn. »Hör mal, versuch diese Angelegenheit allein zu regeln.« Jetzt konnte alles geschehen. Zum Beispiel verbot man ihm – wegen Verletzung von Betriebsgeheimnissen – den Zugang zu geheimen Dokumenten. Es blieb ihm nichts übrig, als von dem »geschlossenen« in ein »offenes« Institut überzuwechseln. Das aber war schlecht ausgerüstet, denn die »zivile« Wissenschaft konnte von einer Finanzierung, wie sie im militärisch-industriellen Komplex üblich war, nur träumen. Die Arbeit wird eingestellt, die Dissertation zieht sich hin, das Gehalt war viel, viel niedriger ...

Man sage nicht, ich leide an KGB-Paranoia, auch wenn ich mich manchmal dabei ertappe, wie ich unter meinem Schreibtisch nachsehe, ob dort nicht ein KGB-Mann sitzt. Aber das ist unser Leben, in dem der KGB die erste Geige spielt. Ich wiederhole: Nicht Repressalien und Lager, sondern der kontrollierte Alltag brachte es mit sich, daß die Zahl der Denunzianten stieg und der KGB immer mächtiger wurde. Im militärisch-industriellen Komplex war die Machtgier der Staatssicherheit grenzenlos.

Militärgeheimnisse müssen geschützt werden. Das ist in allen Ländern so. Pierre Marion, Chef des französischen Sicherheitsdienstes, sagte einmal, daß der Industriespionage des KGB niemand das Wasser reichen könne.[186] Schlimm ist, daß es in der Sowjetunion kein Gesetz über Geheimnisschutz gibt. Was ein Geheimnis ist oder sein kann, definiert jede Institution nach eigenem Gutdünken, per Dienstanweisung. Der KGB zum Beispiel regelt das mittels sechstausend »Dienstanweisungen«. Das Strafmaß für die Verletzung der gar nicht existierenden Gesetze steht aber nach Artikel 74 des Strafgesetzbuches der Russischen Sowjetrepublik fest.[187]

Ein Letztes: Angaben der Soziologin Olga Kryschtanowskaja zufolge haben 28,3 Prozent der KGB-Elite ihre Karriere in Betrieben des militärisch-industriellen Komplexes begonnen, 20 Prozent kamen aus dem Parteiapparat, 13,2 Prozent arbeiteten zuvor im Bildungswesen, meist an Hochschulen, 47 Prozent der heutigen KGB-Leitungskader wurden im Komsomol »gestählt«.[188]

Diese einträchtige Gesellschaft – KGB, KPdSU und militärisch-industrieller Komplex – leitete in der UdSSR die Perestroika ein. Zur Triebkraft der Umwandlungen wurde das Komitee für Staatssicherheit, das zu dieser Zeit mit dem Partei-

und Staatsapparat verschmolzen war, sich schon 1985 angesichts der Korruption und des Niedergangs der KPdSU Einfluß zu verschaffen wußte und in diesem oligarchischen Machtsystem dominierte.

Wenn die Historiker irgendwann das Glück haben, endlich an die geheimen Archive des KGB und der KPdSU aus den achtziger Jahren heranzukommen, werden sie dort kein einziges Dokument finden, welches eindeutig zu beweisen vermag, daß der KGB der Urheber der Perestroika in der UdSSR gewesen ist.

Was werden sie dort finden? Berichte der Sechsten (Wirtschafts-)Verwaltung des KGB an die Zentrale des Komitees, in denen zu lesen ist, daß sich die sowjetische Wirtschaft in einer tiefen Krise befindet. Darlegungen der Ersten (Haupt-)Verwaltung (Auslandsaufklärung) über die Erfolge des Westens in der Elektronik und Computertechnik und bei der Entwicklung neuer Technologien. Analysen der Wissenschaftler aus dem militärisch-industriellen Komplex, aus denen hervorgeht, daß der sowjetische militärisch-industrielle Komplex hinter dem des Gegners hoffnungslos zurückbleibt. Alle öffentlichen Erklärungen über die Verteidigungskraft der UdSSR und ihre Errungenschaften im Bereich der strategischen Waffen werden sich trotz der Milliardeninvestitionen und trotz der Produktion von mehreren zehntausend Panzern und Raketen als leeres Geschwätz herausstellen. Ist das alles, was die Historiker finden? Nein, wahrscheinlich nicht.

In den Archiven des ZK der KPdSU werden sie auf den Bericht einer geheimen Gruppe von Wirtschaftsexperten stoßen, die auf Befehl des Generalsekretärs Juri Andropow gebildet wurde. Diese Gruppe bereitete, gestützt auf Analysen der Reformen in China, Jugoslawien und Ungarn, Vorschläge zur Liberalisierung der sowjetischen Wirtschaft vor.[189] Als Juri Andropow eineinhalb Jahre nach seinem Machtantritt starb und ihn der dreiundsiebzigjährige, an Bewegungsstörungen leidende Tschernenko ablöste, war es mit der Arbeit dieser Gruppe aus.

Die Historiker werden enttäuscht sein. Sie können auf die sowjetische Presse zurückgreifen, zum Beispiel auf das Interview mit Filipp Bobkow, dem ersten Stellvertreter des KGB-Vorsitzenden und ZK-Mitglied: »1985 hat der KGB eingesehen, daß die Sowjetunion ohne Perestroika nicht weiterkommen kann«.[190] Oder sie lesen nach, was der KGB-Vorsitzende Wladimir Krjutschkow zum besten gab: »Die Staatssicherheit war es, die zuallererst, noch vor 1985, gesagt hat, was man heute auf Schritt und Tritt hört: So kann man nicht mehr weiterleben!«[191] Zum ersten Mal log der KGB-Vorsitzende nicht, selbst wenn der KGB etwas anderes meinte als die Demokraten.

Was hatte den KGB bewogen, »zuallererst« von Reformen in der UdSSR zu sprechen? Warum war ausgerechnet die Staatssicherheit der Urheber der Wandlungen, die sie selber zu zerstören drohten, sie aber doch nicht zerstörten?

Die Motive sind offensichtlich. Wer sonst im Lande außer dem KGB wußte, was in der Sowjetunion, was in der sowjetischen Wirtschaft wirklich geschah? Das ZK der KPdSU? Das Politbüro, dessen Mitglieder im Durchschnitt älter als siebzig waren? (1985 war das jüngste Mitglied des Politbüros, Romanow, sechsundsechzig Jahre alt, der Premierminister Tichonow knapp achtzig). Woher sollten sie realistische Informationen haben, wenn von überall getürkte, auf allen Ebenen geschönte Berichte eingingen, die die Parteispitze so liebte?

In dieser Periode unseres Staates war die körperliche Verfassung der Elite das allerwichtigste, bemerkte bissig Akademiemitglied Arbatow, der den Regierungskreisen nahestand.[192] Wie sich der kranke Generalsekretär fühlte, in welcher Laune seine ebenso siechen Kollegen am Morgen aufwachten – davon hing die Politik des mit Atomwaffen gespickten riesigen Landes ab. Der KGB, so Oleg Kalugin, kannte zwar die Lage im Land, »schönte« aber auch die Berichte für die ersten Männer des Staates. Der KGB schonte die Nerven der Parteioberen, die kurz nacheinander aus dem Leben schieden, machte sich aber nichts vor. Ein Beispiel dafür lieferte Andropow, der einige Veränderungen in der Wirtschaft einleiten wollte, aber nicht mehr dazu kam.

Der KGB wußte gut Bescheid: Die Ölpreise fielen, die Devisenbestände gingen zurück, es gab immer weniger Geld, um Ausrüstungen für Betriebe des militärisch-industriellen Komplexes im Westen zu kaufen. Der Rückgang der Arbeitsproduktivität nahm katastrophale Ausmaße an, die sporadischen Investitionen im Maschinenbau erwiesen sich als uneffektiv (achtzig Prozent aller Maschinenbau-Betriebe arbeiteten für den militärisch-industriellen Komplex.) Die Wirtschaftsexperten warnten: 1984 wurde für jeden in den Maschinenbau investierten Rubel ein Viertel weniger produziert als noch vor fünfzehn Jahren.[193]

Es geschah Furchtbares: Das materielle Fundament des totalitären Regimes, das die UdSSR zu einer in der ganzen Welt gefürchteten Großmacht gemacht hatte, begann allmählich zu zerfallen. Der »Körper« des Regimes, der militärisch-industrielle Komplex, war schwer krank. Die vom KGB angespornte Spitze der Oligarchie machte sich hektisch daran, ihn zu heilen. Aus den Hilferufen entnahmen sie, daß die Wirtschaft des Landes völlig entkräftet und nicht mehr fähig war, den Bedarf des militärisch-industriellen Komplexes zu decken. Die Existenz des Machtsystems war in Gefahr. Reformen mußten her. Aber welche? Solche, die das Machtsystem nicht bedrohten und den militärisch-industriellen Komplex retteten.

Die chinesischen Erfahrungen zeigten, daß die Liberalisierung der Wirtschaft mit einer strengen Kontrolle der regierenden Partei durchaus zu vereinbaren ist. »Die Hauptaufgabe besteht jetzt darin, möglichst schnell zur Produktion von Maschinen und Ausrüstungen überzugehen, die den Einsatz neuester Technologien gewährleisten.« So definierte Gorbatschow im April 1985 die Ziele der Perestroika. »Von erstrangiger Bedeutung sind der Maschinenbau, die EDV-Technik, der Gerätebau, die Elektrotechnik und Elektronik, die Katalysatoren des wissenschaftlich-technischen Fortschritts.« Gorbatschow nannte die Industriezweige, die vorwiegend für den militärisch-industriellen Komplex arbeiteten.[194]

Wadim Petschenew, Berater des Generalsekretärs für theoretische und ideologische Fragen (Arbatow zählte ihn zu den »grauen Eminenzen«, die einen bestimmten Einfluß auf die Führungsspitze ausübten), meinte, daß der künftige Reformer an zwei Konzeptionen festhielt: Beschleunigung der ökonomischen Prozesse und Anerkennung der internationalen Rolle des Leninismus, insbesondere der historisch-theoretischen Leistungen Lenins. Petschenew fügte nicht ohne Sarkasmus hinzu, daß alle Versuche der ZK-Berater, einen etwas radikaleren Ton in den Reden der führenden Persönlichkeiten anzuschlagen, auf die Vergangenheit kritisch einzugehen und eine grundlegende Veränderung des Wirtschaftsmechanismus zu fordern, von Gorbatschow, damals ZK-Sekretär und zweiter Mann der Partei und des Staates, immer, wenn auch sanft, abgewehrt wurden.

Im Dezember 1984, also sechs Monate vor Verkündung der Perestroika, trat Gorbatschow in einer Rede einem »marktwirtschaftlichen Sozialismus« entschieden entgegen und betonte, daß »die historische Überlegenheit der Länder des Sozialismus auf der Planwirtschaft« beruhe.[195]

Man darf Petschenew, der sich von Gorbatschow brüskiert fühlte (weil Gorbatschow ihn gleich nach seinem Machtantritt aus dem ZK entfernte), nicht alles glauben. Natürlich mußte sich Gorbatschow 1984 drehen und wenden, damit er die alten Leute aus dem Politbüro bei der Stange hielt und sich den Posten des Generalsekretärs nicht vermasselte. Seine Ansichten änderten sich mit der Zeit. Da wir aber über die Ursachen der Perestroika sprechen, sind die Zeugnisse des erfahrenen Apparatschiks von besonderem Interesse.

In allen Reden Gorbatschows aus den ersten Jahren der Perestroika war von »Beschleunigung«, von »wirtschaftlich-technischem Fortschritt«, von »Entwicklung des Maschinenbaus« zu hören. Der neue Vorsitzende des Ministerrates der UdSSR, Nikolai Ryshkow, der aus dem militärisch-industriellen Komplex kam, sagte in seinem Referat auf dem 27. Parteitag der KPdSU: »Der Maschinenbau wird sich eineinhalbmal schneller entwickeln als die gesamte Industrie ... Die Investitionen für den Maschinenbau werden um das 1,8fache erhöht.«[196] Und sie wurden erhöht.

Die Kaufhallen waren leer, die sozialen Spannungen stiegen, man mußte einen Ausweg finden. So wurde – nein, nicht die Redefreiheit, sie kam später – die Glasnost verkündet, die zum Symbol der Perestroika wurde.

Dieses jesuitische Vorgehen, die soziale Lage mit Hilfe der Massenmedien zu entspannen, ist eigentlich eine Erfindung Stalins aus dem Jahre 1947. Auf einer Sitzung im Kreml forderte er, für alle unerwartet, das Gesicht der ›Literaturnaja gaseta‹ zu ändern. »Alle Zeitungen in der Sowjetunion sind mehr oder weniger offizielle Publikationsorgane, die ›Literaturnaja gaseta‹ ist die Zeitung des Schriftstellerverbandes, sie kann die Fragen inoffiziell erörtern, unter ihnen solche, die wir offiziell nicht stellen wollen oder können. Die ›Literaturnaja gaseta‹ kann bei vielen Fragen schärfer sein als wir, sie kann in einigen Fragen vom offiziellen Standpunkt abweichen. Vielleicht werden wir die Zeitung dafür ab und zu kritisieren, aber sie darf keine Angst haben und soll so weitermachen.«[197]

Diese braven Schüler des Genossen Stalin! Sie überschätzten ihre Möglichkeiten. Sie kamen nicht auf den Gedanken, daß das Sowjetland von 1985 kein Lager mehr war wie die UdSSR von 1947. Sie kamen nicht auf den Gedanken, daß der Dampf von siebzig Jahren, den sie jetzt aus dem Regimekessel ließen, auch sie verbrühen konnte. Den Dampf wieder in den Kessel zu leiten, ohne Kanonen und Blutvergießen, das wird ihnen aber nicht gelingen ...

Eine Frage bleibt noch offen: Warum wurde Gorbatschow zum Generalsekretär des ZK gewählt und konnte zum Reformator der Gesellschaft werden? Meiner Meinung nach ist diese Frage sekundär. Er war das jüngste Mitglied des Politbüros, galt im Westen als umgänglich und kannte die Spielregeln des Apparats – der richtige Mann also für jene an der Spitze der Oligarchie, denen eine grundsätzliche Wandlung der Gesellschaft unumgänglich schien. Nicht auszuschließen ist, daß Gorbatschows Nähe zu Andropow, der ihn bekanntlich früher schon förderte, dabei eine Rolle spielte.

Andropows Sekretär Arkadi Wolski, heute Präsident des einflußreichen wissenschaftlich-industriellen Verbandes, berichtete, daß Andropow kurz vor seinem Tod Gorbatschow für die Funktion des Generalsekretärs empfohlen hatte. In seinem politischen Testament schrieb der einstige KGB-Vorsitzende und Noch-Generalsekretär: »Genossen Mitglieder des ZK der KPdSU, aus Ihnen bekannten Gründen kann ich die Leitung des Politbüros und des Sekretariats des ZK der KPdSU nicht wahrnehmen ... Deshalb bitte ich Sie, auf der nächsten ZK-Sitzung diese Frage zu behandeln und Genossen Michail Sergejewitsch Gorbatschow mit der Leitung des Politbüros und des Sekretariats des ZK zu beauftragen.« Im Klartext hieß das, Gorbatschow zum Generalsekretär des ZK der KPdSU zu ernennen, weil nur der Generalsekretär die Sitzungen des Politbüros leiten durfte.

Das weitere schien einer Kriminalgeschichte entnommen. In dem Text, der auf der ZK-Sitzung verlesen wurde, fehlten diese

Zeilen. Gorbatschow mußte ein knappes Jahr auf den Thron warten; auf dem Thronsessel, den Andropow für ihn frei gemacht hatte, nahm der todkranke Konstantin Tschernenko Platz. Erst im April 1985 kam Gorbatschow endlich an die Macht.[198]

In den ersten zwei Jahren der Perestroika wurde Andropow in den »Kirchenkalender« aufgenommen, der neue Generalsekretär erwähnte ihn in allen Reden.

Ein interessantes Detail: Als Gorbatschow 1984 England einen offiziellen Besuch abstattete (damals war er noch der zweite Mann im Staat), setzte der KGB – insbesondere die Erste (Haupt-)Verwaltung – alles daran, damit die Visite ein Erfolg wurde und ein nachhaltiges Echo im Westen und in der Sowjetunion fand. Darüber schrieb Gordiewsky, in jener Zeit noch Resident der sowjetischen Aufklärung in London.[199] Die Erste (Haupt-)Verwaltung leitete damals General Krjutschkow, dessen Karriere untrennbar mit Andropow verbunden war. Krjutschkow arbeitete mit ihm in Ungarn, als dieser dort Botschafter war. Später wurde er sein Referent im ZK. Als Andropow die Leitung des KGB übernahm, bekam Krjutschkow einen wichtigen und vielversprechenden Posten: Leiter des Sekretariats des KGB-Vorsitzenden. 1988 ernannte man Krjutschkow zum Vorsitzenden des Komitees für Staatssicherheit.[200] Er war der erste Chef der Auslandsaufklärung, der zum Vorsitzenden des KGB gemacht wurde. Aus der Umgebung des Präsidenten hörte man, daß Krjutschkow zu Gorbatschows nächsten Mitstreitern zählte.

Um einem Mißverständnis vorzubeugen: Ich behaupte nicht, daß Gorbatschow eine Schöpfung des KGB war. Das wäre zu einfach, denn sogleich wäre man versucht zu behaupten: »Gorbatschow ist ein Agent des KGB.« Gorbatschow war der Elite der Oligarchie genehm, folglich auch dem KGB. Kein Wunder, daß sich Gorbatschow dafür revanchierte. Ja, er war dem KGB und Krjutschkow verpflichtet. Aber ich betone: Daß Gorbatschow die Rolle des Reformers übernahm, war sekundär. Von primärer Bedeutung war, mit allen diesen Reformen den militärisch-industriellen Komplex und damit das Regime selbst zu retten. Das hatte eine zunehmende Verarmung des Landes zur Folge. Die Reformen bedrohten – einstweilen – weder den Fortbestand des militärisch-industriellen Komplexes noch des KGB.

Den Fortbestand der korrumpierten, aber immer noch starken KPdSU – der erste vernichtende Schlag der Demokraten richtete sich gegen sie – stellte jetzt der KGB, die mächtigste Säule der Oligarchie, in Frage. Der KGB war nicht mehr bereit, hinter den Kulissen zu wirken. Und das war der größte Fehler, den der KGB in den von ihm initiierten und mit seiner Hilfe durchgeführten Wandlungen, die sich Perestroika nannten, machen konnte. Das ist meine persönliche Meinung. Unbestritten ist indes die Tatsache, daß die Perestroika dem KGB den Weg zur Alleinherrschaft geebnet hat.

Sechstes Kapitel
Die letzten Jahre – der Untergang zeichnet sich ab

Ein Mann hatte sich erhängt.

Er arbeitete bei der Straßenbahn in Rostow am Don, beteiligte sich aktiv an der Arbeit des Klubs »Der Schutz«, einer Vereinigung, die entstanden war in der Hoffnung, sich gegen die staatliche Willkür wehren zu können, nachdem Gorbatschow die Bevölkerung zur Unterstützung der Perestroika aufgerufen hatte.

Der Mann hieß Anatoli Otresnow und war fünfunddreißig Jahre alt.

Er hatte sich durch nichts hervorgetan, hatte kein Hobby, war ein untadeliger Kollege, wenn auch ein nicht allzu verträglicher Mitbürger. Er hatte weder Familie noch Freunde. Wenn etwas Besonderes an ihm war, dann seine zügellosen Äußerungen: Er beschimpfte öffentlich die KPdSU, die Behörden und die Verfassung, was 1988 in einer Provinzstadt nicht ungefährlich war, zumindest meinten das die Mitglieder des Klubs, für den das Parteikomitee der Stadt keine Sympathie hegte.

Bevor er starb, schrieb er einen Brief, den er ›Beichte‹ nannte. Der Brief schloß mit den Worten: »Alle Menschen sind Schufte, sie sind der letzte Dreck.«

Unmittelbar danach stellte sich heraus: Anatoli Otresnow war ein KGB-Spitzel, ein kleiner Zuträger, den man in die neue demokratische Vereinigung eingeschleust hatte. Er sollte sie überwachen und in Verruf bringen. Zur Belohnung wurde ihm eine Einzimmerwohnung versprochen, für ihn ganz allein!

Er war in einem Kinderheim aufgewachsen, hatte in der Armee gedient und kannte nichts anderes als überfüllte Wohnheime oder ein armseliges Untermieterdasein. Sein Lebensziel war ein eigenes Zuhause gewesen, ein eigenes Dach über dem Kopf. Doch man hat ihn betrogen, ihm wurde nur ein Zimmer in einer Mehrfamilienwohnung angeboten. Sein Traum war zerstört! Dabei träumte er nicht von einem Urlaub in Hawaii oder von exotischen Frauen in der Südsee, sondern von etwas, was einem Sowjetbürger das halbe Leben bedeutet: von einer Wohnung für sich allein. Man hatte ihn an der Nase herumgeführt. Vielleicht war er nicht gut genug gewesen als Zuträger? Er entschied sich für den Freitod ... Nikolai Popkow, Korrespondent der ›Literaturnaja gaseta‹, berichtete darüber erst am 27. Dezember 1989 in seinem Artikel ›Die Schlinge‹.

Es war merkwürdig: Der Artikel beeindruckte die Leser nicht sonderlich und erregte kein Aufsehen. Und doch war es das erste Mal, daß die sowjetische Presse über einen KGB-Spitzel schrieb, der eine demokratische Organisation unterwandern sollte. Und das zur Zeit der Perestroika, der Glasnost und des Neuen Denkens! Die Leser nahmen den Artikel schweigend zur Kenntnis ...

Offenbar waren sie an Spitzel und Zuträger gewöhnt und konnten sich das Leben nicht ohne sie vorstellen. »Natürlich vertrauten wir dem Volk ... Aber keine Überwachung? Das geht doch nicht ... Wie würde das Komitee für Staatssicherheit dastehen?« Wladimir Semitschastny, der unter Chruschtschow den KGB leitete, war erstaunt: »Wenn das Komitee nichts weiß, wenn es weder die Stimmungen noch die Meinungen kennt, wird uns das Volk eines Tages, wenn etwas geschieht, fragen: Freunde, wo seid ihr damals gewesen? Wofür werdet ihr eigentlich bezahlt?«[201]

Den Mechanismus bei der täglichen Erfüllung dieser Aufgaben und das Verhältnis zwischen dem Komitee und den neuen gesellschaftlichen Organisationen erläuterte seinerzeit General Oleg Kalugin: »Als in den frühen Achtzigern die Rockfans in Leningrad schlagartig zunahmen, wurde auf Anregung des KGB ein Rockklub gegründet. Mit dem einzigen Ziel, die Fans unter Kontrolle zu bringen und zu manipulieren.« Alle waren daran gewöhnt, auch wenn es unangenehm war. Ebenso sinnlos wäre es, sich über das schlechte Wetter aufzuregen, man spannt den Regenschirm auf – und basta. »Die Methoden sind die gleichen wie vor dreißig oder fünfzig Jahren. Geändert haben sich nur die ›Objekte‹, heute sind das Streikkomitees oder neue politische Parteien«, meinte Kalugin.[202]

Im Dezember 1989 erschien jener Artikel. Etwa zur gleichen Zeit erfreute uns das Zentrale Fernsehen mit einer interessanten Sendung: Der KGB-Vorsitzende Krjutschkow empfing am Lubjanka-Platz mehrere Journalistinnen des Internationalen Presse-Clubs. Krjutschkow war zuvorkommend und gastfreundlich: Jeder Dame ließ er Blumen und das zweibändige

›Rote Buch der Tscheka‹ (eine Tscheka-Version des Völkermords in den ersten Jahren nach der Revolution) überreichen. Die Damen waren gerührt und stellten taktvolle Fragen. Als ich später das Stenogramm dieser Begegnung las, hatte ich Tränen in den Augen.

Den Spitzel Anatoli Otresnow erwähnte Krjutschkow bei dieser Begegnung natürlich nicht; überhaupt war von Agenten, Spitzeln und Zuträgern, von alledem, was die einfachen Leute (aber nicht nur sie) interessiert, nicht die Rede. Er sprach über die Rechte der Sowjetbürger (»Unsere Arbeit dient dem Schutz der Menschenrechte«), über die Erziehung »gesetzestreuer Tschekisten« und ließ sich über die Leistungen des KGB im Bereich der Glasnost aus.[203] Die »theoretisch-praktische« Konferenz »Demokratie, Perestroika und KGB-Organe« habe stattgefunden, gefaßt sei der Beschluß »Komitee der Staatssicherheit und Glasnost«, das ›Informationsbulletin des KGB‹ liege vor (er verschwieg, daß niemand an dieses Bulletin auf legale Weise herankommt), das Zentrum für die Verbindung mit der Öffentlichkeit arbeite unter Vorsitz des KGB-Generals Alexander Karbainow.

Karbainow leitete früher die Erste Abteilung der Fünften Verwaltung, die sich für das Wirken der Schriftsteller, Musiker und bildenden Künstler allzu lebhaft interessierte. Karbainows Interesse an ihnen war so groß, daß man ihn zum stellvertretenden Leiter der gesamten Verwaltung machte. Später berief man ihn ins ZK der Partei, und nun fiel ihm ein neuer, sehr wichtiger Posten zu.

Als Krjutschkow auf das Verhältnis des KGB zu Andersdenkenden, den Dissidenten, zu sprechen kam, wurde er eindeutig. »Die Organe der Staatssicherheit kämpften nicht gegen Andersdenkende, sondern gegen bestimmte rechtswidrige Aktionen, darum haben wir solche Begriffe wie Dissidenten, politische Gefangene nicht akzeptiert.« So war das also! Der KGB akzeptierte diese Begriffe nicht, kerkerte aber die Leute trotzdem ein...

Bereits im November 1989, etwa einen Monat vor Krjutschkows Auftritt im Presse-Club, wurde in Swerdlowsk Sergej Kusnezow, ein aktives Mitglied der »Demokratischen Union«, zu drei Jahren Freiheitsentzug verurteilt, eben wegen seiner Aktivitäten als Bürgerrechtler. Da man inzwischen die politisch motivierten »Kerker«-Artikel (Artikel 70: Antisowjetische Agitation und Propaganda und Artikel 190.1: Verbreitung bewußt falscher Informationen zur Verleumdung der sowjetischen Gesellschafts- und Staatsordnung) abgeschafft hatte, verurteilte man Kusnezow nach dem Strafgesetzbuch. Krjutschkow betonte, daß es sich um Artikel handle, die bei Kriminellen angewandt werden: Artikel 130 (Verleumdung) und Artikel 191.1 (Widerstand gegen Milizbeamte).

Im Klartext: Kusnezow hatte antisowjetische Flugblätter verbreitet und von den Behörden untersagte Kundgebungen organisiert. Die Perestroika war unterdessen so weit gediehen, daß ein Versammlungs- und Demonstrationsgesetz angenommen wurde. Die Bürger durften jetzt demonstrieren, wenn sie sich »ordentlich« verhielten.[204] Die »Demokratische Union« indes verhielt sich immer schon »unordentlich« (meiner Ansicht nach aber auch nicht immer vernünftig), darum erhielt die Swerdlowsker Miliz den Befehl, die Kundgebung aufzulösen. Sie setzte Knüppel ein. Einige Monate darauf entließ man Kusnezow aus dem Gefängnis (die internationale Öffentlichkeit hatte gegen seine Inhaftierung protestiert), nun hatte er doch kein Verbrechen begangen. Ich glaube nicht, daß dies den KGB-Chef in Verlegenheit brachte. Ende 1989 nahm das Komitee derartige Wechselfälle der Perestroika gelassen hin.

Was gab es noch an Interessantem in jenem Stenogramm? Zum Beispiel die Fragen der Journalistinnen nach den Privilegien der KGB-Führung. Krjutschkows Antwort war denkbar aufrichtig und entsprach den besten Traditionen sowjetischer Demagogie: »Das einzige Privileg eines hochgestellten KGB-Mitarbeiters ist die höhere Verantwortung für seinen Auftrag...« Freilich, fügte er dann hinzu, eine gewisse Kategorie der Tschekisten dürfe in Staatsdatschas wohnen, »gegen Bezahlung« (!), und Dienstwagen benutzen; das Komitee besitze eigene Erholungsheime, Polikliniken und Kleingartensiedlungen... Ich kann mir vorstellen, wie die »einfachen« KGB-Mitarbeiter lachten!

Selbst die KGB-Leute nennen die vierte Etage des neuen (ziemlich düsteren, aus grau-schwarzem Granit errichteten) Gebäudes an der Lubjanka eine »Zone«. Das ist tschekistischer Humor, denn im Unterschied zur »Straflagerzone«, mit der der KGB oft identifiziert wird, dürfen einfache Tschekisten die »Zone« der vierten Etage nicht betreten. Zu den besonders streng gehüteten »Staatsgeheimnissen« gehört wohl auch die »Sonderkantine« für den Vorsitzenden, seine Stellvertreter und die Mitglieder des Kollegiums. Wie ich hörte, werden in der »Sonderkantine« leckere Speisen ausschließlich aus hochwertigen Produkten zubereitet, die der einfache Tschekist – und der einfache Sowjetbürger – noch nie in seinem Leben gesehen hat. (Es ist kein Scherz: Wurst und andere Delikatessen aus Fleisch werden in dem weithin bekannten Moskauer Mikojan-Fleischkombinat eigens für die Partei- und Staatselite hergestellt.)

Für die »klassenlose« Gesellschaft, in der es weder Arme noch Reiche gibt, wo alle gleich sind, ist das seit langem etwas Alltägliches, die Perestroika hat da wenig verändert.

Eine weitere Realität wird streng als Geheimnis gehütet: Die Elite des Sicherheitskomitees bestellt über sowjetische Außenhandelsorganisationen nach Katalogen westlicher Firmen für die hochgestellten Mitarbeiter und deren Familienangehörige solche Waren, die es in sowjetischen Geschäften weder gab noch gibt. Bezahlt werden diese »Sonderimporte« mit harter Währung, denn sowjetische Rubel sind im Westen vorerst wertlos.[205] – Soviel zum »einzigen Privileg« der führenden KGB-Mitarbeiter, von dem Krjutschkow sprach.

Die Journalistinnen fragten Krjutschkow, wie die Radikalen und Konservativen miteinander auskommen, wer von ihnen im KGB dominiert. Da ließ sich der KGB-Chef über die »eherne Geschlossenheit« aus ...

Von »eherner Geschlossenheit« des KGB kann nicht die Rede sein. Schon seit langem nicht mehr. Seit langem schwelt es dort, die Gegensätze zwischen den »Profis« und den »Parteiapparatschiks« brechen immer mehr auf. Die »Apparatschiks« begannen ihre Karriere im Komsomol oder in der Partei, stiegen in die Chefetagen auf, wurden als Reserveoffiziere (in der Sowjetunion besteht die Wehrpflicht) auf jeder neuen Stufe ihrer Erfolgsleiter befördert, wechselten dann – nach dem zweijährigen Besuch der KGB-Hochschule – in das Komitee über, wo für sie leitende Posten, in der Regel nicht unter dem Stellvertreter eines Abteilungsleiters, bereitstanden.

Den »Profis«, die als einfache operative Bevollmächtigte anfangen mußten, gefielen diese »Senkrechtstarter« nicht. Die

»Profis« meinten, daß ihre Konkurrenten von der tschekistischen Arbeit wenig verstünden und ihre Sessel in den Chefetagen, das hohe Gehalt und die Auslandsreisen nicht verdienten. Möglicherweise haben sie recht. Wenn nun (erinnern wir uns an die Auslassungen von Semitschastny) die Kenntnis der *Meinungen und Stimmungen* in der Bevölkerung das wichtigste Ziel des KGB ist, dann dürften die Genossen aus dem Parteiapparat hier »am richtigen Platz« sein.

Eine nicht zu unterschätzende Rolle spielen bei dieser Konfrontation die Auslandsreisen, von denen die Erste (Haupt-) Verwaltung (Auslandsaufklärung) reichlich Gebrauch machte. Wenn ein Sowjetbürger ins Ausland fahren konnte, wenn er in einer Botschaft oder als Korrespondent arbeitete, zählte er zur Kategorie der Wohlhabenden. Im Ausland kaufte er für sein Gehalt alles, was man in der Sowjetunion nur bei Schiebern und zu einem gepfefferten Preis kaufen konnte. Manche kamen zu viel Geld. Sie kauften einen Videorecorder oder einen Fernseher und verkauften ihn zu Hause – mit hohem Gewinn. Nicht nur die KGB-Leute, sondern auch Mitarbeiter anderer sowjetischer Einrichtungen im Ausland brachten gefragte Waren mit. KGB-Oberstleutnant Valentin Koroljow zufolge »arbeiteten in den Auslandsstellen der Ersten (Haupt-)Verwaltung Diplomaten, Journalisten, Vertreter von Außenhandels-, Fremdenverkehrs- und sonstigen sowjetischen Einrichtungen«. Nach Koroljow war es dieser materielle Anreiz, der viele junge Leute, meist Kinder der Parteiapparatschiks aus der Nomenklatura, zum Eintritt in die »Organe«, vor allem in die Erste Verwaltung verlockte, was die Symbiose von KGB und Partei durchaus begünstigte.

Wie Koroljow weiter bemerkt, dienen in der Ersten (Haupt-) Verwaltung zehn bis zwanzig Prozent »Heimatlose«, das heißt, sie kommen nicht aus der Nomenklatura. Wer solche »Ahnen« nicht vorweisen kann, wird aus der KGB-Hochschule in die Zweite (Haupt-)Verwaltung geschickt. »Ich kannte nur einen einzigen Absolventen ›ohne Ahnen‹, der in die Erste (Haupt-)Verwaltung kam ... Es gab aber auch Fälle, daß Leute für die Zweite Verwaltung empfohlen wurden, sie hatten sich während des Studiums als Zuträger der Fakultätsleitungen betätigt.«[206]

Der materielle Anreiz ist in unserem bettelarmen Land nicht

nur Honig für die Tschekisten, sondern auch eine willkomme-ne Handhabe, Leute für die Sicherheitsorgane zu gewinnen und den Einfluß der Tschekisten auf die Sowjetbürger auszu-dehnen. Der Wunsch, ins Ausland zu fahren, ist groß, die Aus-stellung der nötigen Reisepapiere obliegt immer noch dem KGB. Das Komitee und nicht die Parteiorgane sprechen das letzte Wort. Wenn der KGB sagt: »Wir besitzen eine Akte über diese Person«, fragt selbst ein hochgestellter Leiter nicht: »Was steht denn in der Akte?« Die »Reisepapiere« werden fünf Jah-re aufbewahrt. Früher durfte der KGB jedem Bürger ohne An-gabe des Grundes die Reise verweigern.

Ich zum Beispiel war acht Jahre lang »für das Ausland ge-sperrt«. Die Personalabteilung der Zeitung, an der ich damals arbeitete, sagte frei heraus: »Reich keinen Antrag auf eine Aus-landsreise ein, du bekommst sowieso eine Absage.« Wie ich unlängst erfuhr, mußte mein Reiseantrag 1989 vom stellvertre-tenden Vorsitzenden des KGB, von Agejew, genehmigt werden! »Wahrscheinlich lag gegen Sie etwas Schwerwiegendes vor«, bedeutete man mir. Aber was? Werde ich das jemals erfahren?

Heutzutage geht das Komitee weniger unverblümt vor, es zögert die Ausstellung der Ausreisedokumente hinaus. Damit die Betroffenen eine Konferenz oder ein Symposium versäu-men. Also muß man betteln, sich erniedrigen und manchmal auch ihre kleinen Aufträge annehmen. Oder man entschließt sich zu einer Kontroverse, die für den Wagemutigen schlimm enden kann.

Ich erlebte das im Sommer 1991. Damals wollte ich zu einer Journalisten-Konferenz in die USA fahren und über »KGB und Perestroika« sprechen. Das Ausreisevisum wurde mir bis zum letzten Tag vorenthalten, obwohl das amerikanische Kon-sulat versicherte, daß alle Papiere im sowjetischen Außenmini-sterium sein müßten. Die Amerikaner sagten mir sogar, an wel-chem Tag und zu welcher Uhrzeit der Bote die Dokumente der sowjetischen Behörde übergeben hatte.

Dann rief mich eine Vertrauensperson an: »Dich wollen un-sere Behörden nicht ausreisen lassen . . .« Ich will nicht wieder-holen, was ich darauf sagte, obwohl ich wußte, daß mein Ap-parat abgehört wird. Ich sprach von einem Skandal, den ich machen würde, wenn ich jemand von der westlichen Presse treffen sollte . . . Ich erhielt das Ausreisevisum. Ich hatte nichts zu verlieren, meinen Ruf im KGB kannte ich und zählte nicht auf die Sympathie der »Organe«, zumal ich bei einer einflußreichen Zeitung arbeitete. Die Sicherheitsleute mögen keinen Lärm.

Was macht aber jemand, der keinen Ausweis der ›Moskowskije nowosti‹ hat? Ganz alltägliche Dinge prägten die Abhängigkeit der Sowjetbürger vom KGB, nicht allein die Angst vor Repressalien oder dem Straflager, wie manche glauben.

In den letzten zwei Jahren machten im KGB einige Leute von sich reden, die von der westlichen Presse »KGB-Dissidenten« genannt wurden. Der erste »Abtrünnige« war KGB-Oberst Jaroslaw Karpowitsch, der in der »ideologischen Abwehr« gearbeitet hatte. Ihm folgte Generalmajor Oleg Kalugin. Dem ersten nahm KGB-Chef Krjutschkow den Titel »Ehren-Tschekist«. Mit dem zweiten sprang man härter um: Auf Drängen des KGB aberkannte ihm Präsident Gorbatschow per Erlaß alle Dienstgrade und Auszeichnungen, und Premierminister Ryshkow strich ihm die Rente. Gegen Kalugin wurde ein Strafverfahren nach Artikel 74 StGB der Russischen Föderation wegen »Verrats eines Staatsgeheimnisses« eingeleitet. Nach den Ereignissen vom August 1991 erhielt Kalugin, abermals per Erlaß des Präsidenten[207], ohne Angabe von Gründen und ohne Entschuldigung, seinen Dienstgrad, die Auszeichnungen und seine Rente wieder. Der neue KGB-Vorsitzende Bakatin machte ihn zu seinem Berater.

Später berichtete die Presse über Oberst a. D. Michail Ljubimow, der den sowjetischen Geheimdienst in Dänemark geleitet hatte, dann über Koroljow und über Rubanow, der im Sommer 1991 die Analyse-Abteilung im KGB leitete. Zu denen, die immer noch im KGB dienen und diese Institution öffentlich kritisieren, zählen Oberstleutnant Alexander Kitschichin (ideologische Abwehr), Major Alexander Mawrin (KGB-Verwaltung Wolgograd) und andere.

Wenn ich mich nicht irre, publizierte der Westen im Sommer 1990 einen Brief, in dem fünf KGB-Offiziere behaupteten, das Komitee torpediere die Reformen in der Sowjetunion. Als Antwort darauf unterzeichneten dreihundert Mitarbeiter der Zentrale ein Schreiben an den Obersten Sowjet der UdSSR, wo sie gegen die »Beschmutzung« des KGB protestierten.

Am 29. November 1991 wartete ›Rossijskaja gaseta‹ mit einer Sensation auf. Sie druckte eine Erklärung von vierundsechzig Mitarbeitern der KGB-Verwaltung Swerdlowsk ab, in der es hieß, daß »die KGB-Organe die demokratische Umgestaltung im Land potentiell gefährden« und daß das Komitee immer noch außerhalb der Kontrolle durch das Parlament stehe. Dieses Aufbegehren konnte ohne sonderliche Sanktionen beendet werden, durch Versprechungen und gutes Zureden. Aus Swerdlowsk kommt Jelzin, die Behörden wollten wahrscheinlich kein Aufsehen, um die Popularität des führenden russischen Politikers nicht noch mehr zu stärken.

Einige meiner Kollegen zählen auch jene Geheimdienstler, die sich in den Westen abgesetzt haben, zu den politischen Gegnern des KGB. Ich kann ihre Auffassung nicht ganz teilen. Der politische Protest dieser »Abtrünnigen« hatte die Entlarvung (Inhaftierung und schlimmstenfalls Hinrichtung) noch tätiger Agenten, die sich mit dem Vorgehen der Überläufer nicht identifizierten, zur Folge und war in gewisser Hinsicht unmoralisch. Gibt es aber eine Moral bei einer *solchen* Arbeit?

Kann man behaupten, daß dieser Unterdrückungsapparat wirklich viele Dissidenten hervorgebracht hat? Ich habe nachgerechnet, möglicherweise ein paar Leute übersehen. Bedenkt man, daß allein in Moskau mindestens neunundachtzigtausend Geheimdienstler tätig sind, kann man die Zahl der Kritiker nur als Tropfen auf den heißen Stein sehen.

Ich habe große Bedenken, auch die zu den Dissidenten zu zählen, die der KGB für Radikale und Abtrünnige hält. Immerhin ließen sie sich anwerben und nahmen die ihnen gebotenen Privilegien an. Obwohl sie wußten oder wissen mußten, was der KGB im In- und Ausland trieb, machten sie mit, jahrelang. Inzwischen war ihnen der Boden zu heiß geworden, und sie begehrten auf. Daß sie sich mitschuldig gemacht hatten, wurde ihnen kaum bewußt. Sie wollten einfach weg. Alle Achtung vor ihrem Mut: Mit dem KGB (und seiner Führung) in Konflikt zu geraten, wenn man noch die Tscheka-Uniform trägt, bedarf starker Nerven. Dennoch halte ich sie nicht für Kritiker oder Gegner des KGB.[208]

Meiner Meinung nach gab es in der gesamten poststalinistischen Periode nur einen einzigen Dissidenten aus dem KGB: Viktor Orechow. Er war Hauptmann, arbeitete in der Moskauer Verwaltung, in der »Fünften Linie« (ideologische Abwehr) und ging gegen Andersdenkende vor. Im August 1978 wurde er festgenommen und zu acht Jahren verurteilt, die er bis auf die letzte Minute in einem Straflager der Autonomen Republik der Mari, in der »Sonderzone für ehemalige Mitarbeiter der Rechtsschutzorgane«, absaß. Ihm wurde vorgeworfen, dienstliche Informationen »mißbraucht« und den Dissidenten geholfen zu haben (er warnte sie vor bevorstehenden Haussuchungen und Festnahmen).[209]

Orechow hatte sich freiwillig zu den Sicherheitsorganen gemeldet. Nach dem obligatorischen Armeedienst (in der Grenztruppe) ließ er sich an der KGB-Hochschule »Felix Dzierżyński« immatrikulieren, von den Geheimdienstlern (in Anspielung auf das höchste Strafmaß der UdSSR: Tod durch Erschießen) »Höchst-Schule« genannt, studierte dort an der renommierten Fakultät für Aufklärung und Abwehr und lernte auch Türkisch. Er verschlang die Spionageromane mit ihrer geheimnisumwitterten Atmosphäre, arbeitete aber zunächst in der KGB-Abteilung eines Moskauer Stadtbezirks, denn er hatte keine »Ahnen«. Im Rang eines Leutnants betreute er eine Textil-Hochschule, wo er unter den ausländischen Studenten nach Spionen Ausschau hielt, aber keine fand. Es gelang ihm indes, einige Studenten »für die Zusammenarbeit zu gewinnen«, wie das Anwerben hieß. Dann rückte er in der KGB-Verwaltung des Moskauer Gebiets auf. Er war davon überzeugt, daß die Dissidenten bekämpft werden müssen, weil sie mit ihren Gerüchten die UdSSR verunglimpften. Er zwang einige Personen zur Zusammenarbeit, bestellte sie zu »prophylaktischen« Gesprächen und ordnete, wenn er es für erforderlich hielt, das Abhören an.

In der Wohnung eines Verdächtigen wurden Geräte installiert. Das war sehr aufwendig, wie mir Orechow sagte. »Zuerst muß festgestellt werden, wer nebenan, über und unter dem Verdächtigen wohnt. Manchmal muß das ganze Treppenhaus »durchleuchtet« werden. Dann muß der Betreffende aus der Wohnung gelockt werden. Ein Geheimbeamter spricht mit der Kaderabteilung des Betriebes, wo der (oder die) Verdächtige arbeitet, und schlägt vor, dem (der) Verdächtigen Urlaub zu geben und ihn (sie) in ein Erholungsheim oder Sanatorium zu schicken. Gelegentlich heißt es ganz offen: Der Betroffene muß aus Gründen der Staatssicherheit auf sein Grundstück fahren oder eine Dienstreise unternehmen. Im allgemeinen gibt es da keine Probleme. Dann installiert eine ›Sonderbrigade‹ der Zwölften Abteilung die Geräte. Die Minikamera wird an eine Leitung angeschlossen, die in die obere Wohnung führt, und unauffällig plaziert, hinter einem Schrank etwa. Ein Maler gleicht die beschädigten Tapeten geschickt aus. Wenn der Verdächtige nicht wegfahren will oder eine Dienstreise ablehnt, ›blockiert‹ ihn eine KGB-Brigade an seiner Arbeitsstelle, eine andere Brigade ›blockiert‹ die Ehefrau, eine weitere Brigade dringt in die Wohnung ein und baut die Geräte ein.«

Manchmal beteiligte sich Orechow an Haussuchungen, auch an ungesetzlichen. Wenn feststand, daß ein Dissident eingesperrt werden sollte, wurde die Wohnung durchsucht, wenn der Betreffende sich nicht zu Hause aufhielt. Wenn die Durchsucher herausbekommen hatten, wo zum Beispiel verbotene Literatur liegt, kamen die Beamten mit einem offiziellen Haussuchungsbefehl.

Orechow arbeitete gut und lebte auch gut. »Du mußt wissen, ich gehörte zur Elite«, sagte er mir. »Ich verdiente dreihundertdreißig Rubel im Monat, damals eine Stange Geld. In jedes Lebensmittelgeschäft, jedes Warenhaus ging ich durch den Hintereingang, ich brauchte mich nicht anzustellen, mit dem Fuß stieß ich die Tür zu jedem Minister auf. Alle hatten Angst. Ich konnte jeden Leiter anrufen und ihm sagen: ›Hier ist Orechow aus dem KGB … Wann hätten Sie Zeit für mich?‹ Darauf bekam ich zur Antwort: ›Wann es Ihnen paßt.‹«

Orechow hatte viele Vergünstigungen. Er fuhr mit dem Bolschoi-Theater nach Japan und paßte auf, daß niemand aus dem Ballettensemble Beziehungen zu Ausländern aufnahm oder sich absetzte. Der kapitalistische Wohlstand beeindruckte ihn. Als er nach Hause kam, befaßte er sich wieder mit den Dissidenten, er las die Literatur, die man bei ihnen »sichergestellt« hatte: Bücher aus dem illegalen »Selbstverlag«: Solschenizyn, Awtorchanow und Sinowjew. Da kam ihm eine Erleuchtung: Die Autoren lügen nicht, sie übertreiben zwar, schreiben aber die Wahrheit: In unserem Land herrscht Willkür, wir sperren die Leute ein, die für dieses Land nur Gutes wollen.

Eines Tages bestellte Orechow Mark Morosow zu sich, weil bekannt war, daß er antisowjetische Schriften verbreitete. Morosow hatte ›Archipel GULAG‹ bei sich. Sie kamen ins

Gespräch. Seitdem versorgte Morosow den KGB-Mann mit Literatur über Bürger- und Menschenrechte. Einmal sagte Orechow zu ihm: »Warne ... In seiner Kleidung hat man eine Wanze versteckt.« Ein anderes Mal rief ihn Orechow aus einer Telefonzelle an: »Juri Orlow soll am ... festgenommen werden.«

»Das Schicksal führte mich auf recht merkwürdige Weise mit Orechow zusammen«, erzählt Alexander Podrobinek, ein bekannter Bürgerrechtler und Chefredakteur der Zeitung ›Express-Chronika‹, die jahrelang im Untergrund erschien. »Am 10. Oktober 1977 machte er mit einer KGB-Brigade unter Katalikow eine Durchsuchung in meiner Moskauer Wohnung. Zwei Monate später ließ er mich wissen, daß Unterlagen gegen mich vorlagen und man mir einen Prozeß anhängen wollte. Am 19. Mai 1978 nahmen mich Beamte seiner Abteilung fest, drei Tage zuvor hatte Orechow mich davon in Kenntnis gesetzt. Als mich der KGB im Dezember 1977 zur Ausreise aus der UdSSR zwang und drohte, anderenfalls gegen mich und meinen Bruder strafrechtlich vorzugehen, versorgte mich Orechow mit Informationen, die darauf schließen ließen, daß es dem KGB ernst war. Die Zahl der Haussuchungen, vor denen Orechow mich warnte, war zweistellig.«[210]

Natürlich war Orechow nicht in der Lage, Dissidenten vor Haussuchungen zu bewahren, selbst wenn er es gewollt hätte. Aber auf diese Weise konnten die Tschekisten die Dissidenten nicht überrumpeln, denn sie hatten Zeit, alles zu verstecken, ihre Freunde und Bekannten, die nach ihnen festgenommen würden, zu warnen und den westlichen Reportern mitzuteilen, daß es ein Spektakel geben werde, das der KGB nicht mag.

»Im Januar 1977 wurde Juri Orlow von Orechow über seine bevorstehende Festnahme informiert.« Orlow tauchte eine Woche unter, obwohl seine Wohnung observiert wurde. Später wurde er doch noch festgenommen, aber er hatte eine Woche Freiheit gewonnen. Wenn Gefängnis und jahrelanges Straflager drohen, bedeutet eine Woche viel. »Im Februar 1977 informierte Orechow über ›operativ-technische Sondermaßnahmen‹ gegen Stscharanski und über geplante Haussuchungen bei Lawut und anderen. Er wußte, daß Morosow mit antisowjetischen Flugblättern zu tun hatte, und ließ ihm eine Warnung vor einigen Maßnahmen gegen Griwnina und Skwirski zukommen. Morosow gab diese Informationen an seine Gesinnungsfreunde weiter.«[211]

Aus dem Gefängnis wandte sich Orechow an den KGB-Vorsitzenden Andropow, den Chefideologen Suslow und Generalsekretär Breschnew. Das war ein naiver Versuch, ausgerechnet diese Leute davon zu überzeugen, daß er im Interesse der Staatssicherheit gehandelt hatte. Die Dissidenten, so schrieb er, seien Menschen, die sich um ihr Vaterland sorgen, der Kampf gegen sie bringe den Staat in Mißkredit und sei reine Geldverschwendung. Natürlich erhielt er keine Antwort.

In der Verhandlung erzählte Morosow ausführlich über Orechows Beziehungen zu den Dissidenten. Morosow erhängte sich im Gefängnis von Tschistopol.

Ich fragte Orechow: »Waren Sie nicht entsetzt, als Sie das Urteil über Sie hörten: acht Jahre Straflager?« Er erwiderte: »Ganz und gar nicht. Ich freute mich. Endlich kommt die Wahrheit an den Tag! Schließlich war das kein gewöhnlicher Fall, sondern der Fall eines KGB-Hauptmanns. Ich hoffte, man werde die Angelegenheit genau prüfen und begreifen, daß ich nicht irgendwelchen Dieben geholfen hatte, sondern Menschen, die nur das Beste für ihr Land wollten.«

Orechow wurde 1986 aus dem Gefängnis entlassen: Er hatte seine volle Strafe abgesessen. Dieser Mann bezahlte alle seine Rechnungen! Er machte sich keine Illusionen mehr über das Regime. Seine Gesundheit war angegriffen. Als wir uns in meiner Redaktion trafen, trug er Hauspantoffeln, seine kranken Füße waren geschwollen, die Schuhe paßten nicht mehr...

»Ich habe Orechow seit langem gesucht«, sagte mir die bekannte Bürgerrechtlerin Larissa Boogoras. »Mir scheint, die Bürgerrechtler jener Jahre fühlten sich Orechow gegenüber schuldig. Um einige ihre Mitkämpfer gab es im Westen viel Lärm: Präsidenten und Parlamente setzten sich für sie ein. Von Orechow aber wußte im Westen niemand. In den achtziger Jahren wurde zwar ein Komitee zu seiner Verteidigung gegründet, aber die Bürgerrechtler machten weder ihn noch seine Familie ausfindig... Auch ich suchte ihn, hatte jedoch weder im Adressenbüro noch bei der Moskauer Staatsanwaltschaft Erfolg.« Orechow schrieb an die ›Literaturnaja gaseta‹, aus dem Straflager, wo er sich für eine gerechte Behandlung der Gefangenen einsetzte und in den Hungerstreik trat. Die Tschekisten dort staunten. »Wie konntest du das nur tun? Ein KGB-Hauptmann ... Du durftest ins Ausland fahren und in Moskau arbeiten ... Man hat dich einigen Führungsgremien empfohlen ... Wie konntest du nur?« Orechow antwortete ihnen: »Ich tat das, damit solche Leute wie ihr niemanden mehr so etwas fragen!« Auf seine Briefe aus dem Lager reagierte damals die Zeitung nicht. Als Orechow entlassen wurde, war es Igor Gamajunow, ein Mitarbeiter der ›Literaturnaja gaseta‹, der ihn als erster interviewte.

Wieder in Moskau, gründete Orechow eine Kooperative, wo er mit seinen neuen Kollegen Herbst- und Winterjacken näht. Sehr gute Jacken übrigens.

Viktor Orechow ist in meinen Augen der einzig wirkliche KGB-Dissident, einer unter Hunderttausenden, die nicht wie er dachten und handelten. Wenn Krjutschkow sich über die »eherne Geschlossenheit« der Tschekisten ausließ, widersprechen dem zwar die ideologischen Meinungsverschiedenheiten zwischen den Konservativen und den Radikalen, aber in einem anderen Sinn entspricht sie den Tatsachen. General Kalugin, erbitterter Opponent des Vorsitzenden, bestätigte ihn an diesem Punkt: Zwar sind in den Jahren der Perestroika radikal denkende Leute im KGB aufgetaucht, aber sein Kern blieb trotz der neuen Offenheit und der demokratischen Entwicklung sehr konservativ.[212] Was steckt also hinter dieser »Geschlossenheit«?

Dafür gibt es mehrere Erklärungen. Manche sind einfach. Das Komitee ist eine militärische Organisation, und wenn die Führung befiehlt, unter den Andersdenkenden Agenten zu werben oder Unterlagen über das unlautere Vorgehen des KGB zu vernichten, bleibt einem KGB-Mitarbeiter nichts übrig, als den Befehl auszuführen.

Kann er einen Befehl verweigern? »Was soll das heißen, Befehlsverweigerung? Wir sind schließlich Militärs! Befehl ist Befehl! Wegen Befehlsverweigerung konnte ich suspendiert werden, dann hätte man einen anderen mit der Vernichtung der Unterlagen beauftragt«, sagte KGB-Oberstleutnant Kitschichin.[213]

»Die KGB-Führung ist allmächtig. Wer Kritik übt, dem stellt die Führung ein Bein. Er bekommt eine schlechte Beurteilung, Denunzianten werden auf ihn angesetzt. Wer aufmuckt, wird entlassen und findet nirgendwo eine Anstellung. Bei wem kann sich der Entlassene beschweren? Bei einem Gericht? Bei der Kommission für Verteidigung und Staatssicherheit (des Obersten Sowjets der UdSSR)? Wer kann sich für ihn einsetzen? Auf die Anfrage einer noch so hohen Instanz kann die KGB-Führung antworten: Die Entlassung des Genossen erfolgte im Zusammenhang mit operativen Fragen, die wir nicht publik machen dürfen! Darum schweigen auch die aufrichtigen KGB-Offiziere oder tadeln jene, die es gewagt hatten, die Wahrheit zu sagen. Angst herrschte im KGB immer schon. Grenzenlose Angst lähmte jahrzehntelang die Organisation«, meinte Ljubimow.[214]

Daneben gibt es aber für diese seltsame Geschlossenheit des KGB-Imperiums Ursachen, die in der gesellschaftlichen und sozialen Stellung der KGB-Mitarbeiter zu suchen sind: Sie haben Macht, und sie werden gemieden. Abtrünnig werden heißt die Macht verlieren und nirgendwo neu Fuß fassen können. Wer will sich schon freiwillig solche Nachteile einhandeln?

Orechow hat dies angedeutet: »Ich gehörte zur Elite ... In jedes Warenhaus ging ich durch den Hintereingang..., mit dem Fuß stieß ich die Tür zu jedem Minister auf.« Selbst wenn Orechow übertreibt und wenn man in Betracht zieht, daß er in der Breschnew-Zeit der »Elite« angehörte, sagt er im Grunde die Wahrheit. Die Tschekisten werden nicht geliebt. Sie werden von anständigen Leuten nicht eingeladen. Heute schon gar nicht. Dennoch hat ein KGB-Ausweis magische Kraft, was bei dem herrschenden Mangel an Lebensmitteln und technischen Waren, bei den miesen Dienstleistungen nicht ohne Bedeutung ist. Deshalb klammern sich diese Leute an ihren gut bezahlten Arbeitsplatz, obwohl in der letzten Zeit etwa fünfhundert Personen im Jahr aus dem KGB ausschieden. Es gehen vor allem jene, die in Kooperativen, Gemeinschaftsunternehmen oder bei der Mafia unterkommen, wo ausgebildete Juristen, Ökonomen, Ingenieure, Leibwächter oder Leute mit Beziehungen gesucht werden. Im zivilen Sektor gibt es nicht viele Möglichkeiten, angesichts der steigenden Arbeitslosigkeit werden sie noch geringer.

Ljubimow beschrieb den sehr plausiblen Grund, warum ehemalige Tschekisten es schwer haben, eine Arbeit zu finden: Man hat vor ihnen Angst, denn sie könnten im Auftrag von oben gekommen und Zuträger sein. Für Hunderttausende Tschekisten bietet die Arbeit im Komitee nicht allein die Befriedigung ihrer Machtgelüste (was nicht unwichtig ist), sondern auch volle Fleischtöpfe. Um der Fleischtöpfe willen inhaftieren sie Menschen, die im Aufwind der Perestroika unabhängige Betriebe gründen, lösen mit Knüppeln die Kundgebungen der Demokraten auf und werben Agenten an. Sie wissen, daß der Zusammenbruch des Regimes ihren persönlichen Ruin bedeutet. Die Erfahrungen der Länder Osteuropas – die Auflösung der Stasi in der ehemaligen DDR, die Liquidierung der Sicherheitsorgane in der Tschechoslowakei und die Reduzierung der »Organe« in Ungarn – liefern dafür überzeugende Beweise.

Die wichtigste Ursache für die konservative Geschlossenheit des Komitees für Staatssicherheit läßt sich jedoch schwer fassen und wird euphemistisch die »Mentalität« des KGB-Mitarbeiters genannt.

General Kalugin erklärt das so: »Gorbatschow verkündete die Priorität menschlicher Werte, er gab die alten Stereotypen und alten Ideen auf. Für den Erhalt dieser Stereotypen arbeitete ein Heer von KGB-Mitarbeitern. Die Partei sagte: der internationale Imperialismus... Der KGB entschlüsselte sogleich diesen Begriff: fremde Geheimdienste, feindliche Exilorganisationen, Zentren ideologischer Sabotage, internationaler Zionismus, der Vatikan, der Sender ›Liberty‹. Für das Wirken gegen diese Institutionen setzte das Komitee seinen Apparat ein. Denn es war klar, wer ein Feind war. Nun sind menschliche Werte gefragt... Was soll aber mit dem Vatikan, mit dem Sender ›Liberty‹ geschehen? Was sollen die Leute tun, vor deren Augen vertraute Stereotypen schwinden? sie fühlen sich demoralisiert. Oder sie setzen einer solchen Entwicklung Widerstand entgegen, der unvermeidlich zu einer politischen, einer konservativen Philosophie führt. Noch unlängst prangerten die Parteiaktivisten einer KGB-Abteilung auf einer Versammlung – unter stürmischem Beifall – die Schriftsteller Rybakow, Schatrow und Granin als Abtrünnige an, die die ›Verräter und die schleichende Konterrevolution preisen‹.«[215]

Einen meiner prominenten Kollegen hatte die KGB-Hochschule zu einem Treffen mit Teilnehmern höherer Lehrgänge eingeladen, also mit jungen Tschekisten der Perestroika-Periode. Er kam völlig fertig zurück. »Du kannst dir nicht vorstellen, wie sie die unabhängige Presse, die neuen Unternehmer und die Demokraten hassen!«

»Ein Land, das den ›Archipel GULAG‹ gelesen hat, wird sich grundlegend ändern.« So etwa schrieb Alexander Solschenizyn. Die Tschekisten hatten das Buch längst gelesen, ehe es 1989 im ganzen Land erhältlich war. Doch dann stand das ganze Land Schlange nach Wurst oder Käse und beschimpfte Gorbatschow, weil er die Union an das Ausland verkaufen wollte, beschimpfte die baltischen Völker, weil sie Unabhängigkeit wollten, und die Demokraten, weil sie den Sozialismus verraten hätten. Das Wort »Volksschädlinge«, das in einem genialen Buch tausendfach auftaucht und zu Stalins Zeiten Millionen Menschen in Straflager und Gefängnisse getrieben hat, ist in den Menschenschlangen vor den Lebensmittelgeschäften immer häufiger zu hören.

Als ich den KGB-Oberst Kitschichin, einen durchaus ernsten Kritiker des KGB, danach fragte, wann seine Verwaltung endlich aufgelöst wird, antwortete er: »Man darf sie auf keinen Fall auflösen!«

»Meinen Sie das im Ernst? Sind Sie wirklich der Meinung, daß das Komitee für Staatssicherheit immer noch die Stimmungen, Meinungen und Gedanken der Bürger kennen muß?«

»Aber natürlich! Sonst...« Im weiteren wiederholte der Oberst lediglich Semitschastny, den KGB-Vorsitzenden aus der Chruschtschow-Zeit.

Einige Zahlen aus einer Umfrage, die die soziologische Abteilung des Komitees im Mai und Juni 1991, im sechsten Jahr der Perestroika, durchführte: 50 Prozent der Studenten an der KGB-Hochschule, der Tschekisten von morgen, bekennen sich zum »Bimoralismus«, das heißt, sie glauben, daß es eine doppelte Moral gibt: eine für »uns« und eine für die »anderen«. 35 Prozent stimmen darin überein, daß der Zweck die Mittel heiligt. 33,3 Prozent meinen, daß die Moral eines Tschekisten sich von der eines gewöhnlichen Bürgers unterscheiden muß. 77,6 Prozent sind überzeugt, daß Sabotage die Ursache für die schlechte Lage im Land ist. 19,3 Prozent erklären unsere Not als Folge des Wirkens westlicher Geheimdienste. 13,4 Prozent vermuten, daß radikal gesinnte Mitglieder informeller Vereinigungen von ausländischen Geheimdiensten finanziert werden. 42,3 Prozent geben diesen Diensten die Schuld für die Zuspitzung der nationalen Beziehungen in der UdSSR. 62,6 Prozent rechtfertigen die Anwendung von Gewalt bei der Auflösung von Demonstrationen (auch wenn es zu einem Blutvergießen kommen sollte, wie in Tbilissi im April 1989, wo neun Personen ums Leben kamen).[216]

Der KGB ist immun gegen die Perestroika, gegen radikale Reformen und andere Erneuerungsbewegungen. Demokratie ist hierzulande nicht möglich, solange eine Behörde existiert, die ihre Arbeit zwar unter neuen Losungen, aber mit alten Methoden und denselben Leuten verrichtet. Daher zerschlugen die Länder, die sich von dem totalitären Regime wirklich trennten, zuallererst die alten Strukturen der Staatssicherheit.

Jan Ruml, heute führender Mitarbeiter im Innenministerium der Tschechoslowakei, dem auch das Department für Staatssicherheit angeschlossen ist, antwortete auf die Frage, wie er ohne die altgedienten, professionellen Offiziere der Staatssicherheit auskommt: »Profis, die unter dem früheren Regime tätig waren, brauchen wir heute nicht.«[217] Das klingt hart, schließlich geht es um Menschen.

Aber wie sah die Wirklichkeit der Perestroika denn aus? Märchen über Glasnost und Perestroika im KGB tischte Krjutschkow den Journalistinnen und uns allen in den letzten Jahren auf. Gorbatschows Politik des Neuen Denkens, die dem militärisch-industriellen Komplex in dem wahnwitzigen Wettlauf (»Wir müssen Amerika einholen und überholen!«) eine Verschnaufpause gönnen sollte, gab dem Komitee für Staatssicherheit die Chance, sich stärker auf das eigene Land zu konzentrieren. Denn zum ersten Mal in mehr als siebzig Jahren erhob das Land den Kopf. Und diesen Kopf – Hunderttausende Köpfe – mußte man kennen.

»Genosse, glaub mir: er geht auf, ein heller Stern, er soll nun Glasnost heißen. Und das Komitee der Sicherheit wird unsre Namen aufzeichnen.« Diese Version des bekannten Gedichts ›An Tschaadajew‹ von Alexander Puschkin verbreitete sich schnell nach dem ersten Kongreß der Volksdeputierten der UdSSR (1989), als die parlamentarische Opposition, die Zwischenregionale Deputiertengruppe, entstand und die Politisierung ihren Höhepunkt erreichte.

Wie verteilten sich die Rollen?

Die Erste (Haupt-)Verwaltung, deren Potenzen bei der Unterstützung des internationalen Terrorismus und der Errichtung autokratischer Regime in Afrika jetzt nicht mehr (oder kaum) gefragt war, konzentrierte sich auf Desinformationen. Gorbatschow sollte durch das »unlautere Spiel« des Westens eingeschüchtert und die öffentliche Meinung des Auslands (vor allem im Hinblick auf die Haltung zu den Opponenten des Präsidenten) »bearbeitet« werden.

Boris Jelzin bekam das meiste ab. Die KGB-Führung war seit 1989 bestrebt, Jelzin und andere Mitglieder der Zwischenregionalen Deputiertengruppe in Mißkredit zu bringen.[218]

Als im Frühjahr 1991 der Wahlkampf begann, verschickte die KGB-Führung chiffrierte Fernschreiben an die Mitarbeiter mit der Forderung, gegen Jelzin zu stimmen.[219] Die rechtsgerichtete Presse – ›Prawda‹, ›Sowetskaja Rossija‹ und andere – schürten gewaltig. Man kann zu Jelzin stehen, wie man will, aber wenn ›Sowetskaja Rossija‹ ihn zum Beispiel der Kumpanei mit der italienischen Mafia bezichtigte, war das mehr als unter der Gürtellinie.

Eifrig lancierte man Falschmeldungen in den Westen: Die ausländischen Korrespondenten verbreiteten sie gern, schließlich war die Konkurrenz der Massenmedien bei der Jagd nach sensationellen Meldungen über die Sowjetunion groß und die Beschaffung von Informationen schwierig. Wer hatte schon mehr als oberflächliches Wissen um die Realitäten des sowjetischen Lebens und die Kabalen der politischen Spitze.

Wie bezog der KGB die ausländischen und sowjetischen Medien in sein Spiel ein? Die Presseabteilung des Außenministeriums, gleichbedeutend mit dem KGB, erteilte den Journalisten die Genehmigung, in eine »heiße« Region des Landes zu reisen, zu der andere keinen Zugang hatten. Die westlichen Korrespondenten erhielten entsprechendes Informationsmaterial. Gestützt auf solche Quellen, erschien Ende September 1990 in der amerikanischen Wochenschrift ›Guardian‹, die Kalugin zufolge seit langem Kontakte (auch finanzielle) mit Leuten aus dem KGB unterhält, ein mit Sarah Diamont gezeichneter Beitrag über materielle Zuwendungen der CIA-nahen Kreise an die Zwischenregionale Deputiertengruppe.

Damit schien die Einmischung der CIA in die inneren Angelegenheiten der Sowjetunion bewiesen. Am 4. November 1990 druckte ›Sowetskaja Rossija‹ diese sensationelle Neuigkeit ab. Im Februar 1991 wiederholte Präsident Gorbatschow (ohne allerdings die Quelle zu nennen) diese Meldung, er sprach von »fremden Forschungszentren und fremden Köpfen«, die den Demokraten Anweisungen gäben. Im Juni machte Krjutschkow dem sowjetischen Volk mit den »einflußreichen Agenten« der CIA angst. Welch seltsame Übereinstimmung ...

Ich will meine Kollegen aus dem Westen nicht diffamieren. Es gibt großartige Beiträge von David Remnik in der ›Washington Post‹, von Bill Keller in der ›New York Times‹, von Jeff Trimble im ›U.S. News and World Report‹, von Hendrick Smith, dem Autor des besten Buches über Rußland und die Russen (›Russians‹), und von den Moskauer Korrespondenten meiner Lieblingszeitung ›Chicago Tribune‹. Sie kennen dieses Land, haben viele Jahre in der UdSSR gelebt und wissen, daß *Tatsachen* hierzulande wenig bedeuten.

Der eigentliche Sinn, der dieser oder jener Nachricht zugrunde liegt und nicht selten »wahrheitsgetreuen« Fakten zuwiderläuft, ist in der Regel anderswo verborgen: in einer Hintergrundinformation, in einem Kontext, der einem Ausländer häufig nicht bekannt oder kaum verständlich ist. Daraus erklärt sich die Naivität vieler Publikationen über die Sowjetunion in der ausländischen Presse. Und genau das gibt dem KGB die Chance, westliche Korrespondenten zu manipulieren, was er seit Jahren weidlich nutzt. Warum finden Pressekonferenzen nur für ausländische Korrespondenten statt? Ganz einfach: Die sowjetischen Journalisten würden die Veranstalter beim Wort nehmen und öffentlich entlarven, wie sehr gelogen wird.

Für die »hauseigenen« Druckerzeugnisse gibt es in der Ersten (Haupt-)Verwaltung eine Abteilung für politische Literatur, deren Mitarbeiter offiziell zur Presseagentur ›Nowosti‹ gehören. Es entbehrt nicht einer gewissen Pikanterie, daß diese Abteilung in demselben Gebäude wie die Redaktion der ›Moskowskije nowosti‹, wo ich arbeite, untergebracht ist, nur einen Aufgang weiter.

Einige Leute aus der Ersten (Haupt-)Verwaltung gingen einer ziemlich heiklen Beschäftigung nach: Sie observierten führende Persönlichkeiten des Landes und machten selbst vor

Gorbatschow, Jakowlew und Schewardnadse nicht halt. Der Bespitzelung bekannter Politiker schlossen sich auch Beamte der Siebenten Verwaltung an. Als Jakowlew einmal mit Kalugin sprechen wollte, trafen sich beide auf einer verkehrsreichen, lauten Straße im Moskauer Zentrum. Trotzdem wurde ihr Gespräch (von zweiundsiebzig KGB-Mitarbeitern, die sich mit versteckten Mikrophonen unters Volk mischten) mitgeschnitten.

Die Zweite (Haupt-)Verwaltung observierte nicht nur CIA-Agenten, deren Zahl rapide zunahm, sofern man den Meldungen in der sowjetischen Presse Glauben schenken darf (diese Meldungen verfehlten ihren Zweck nicht, viele unpolitische Menschen sahen darin den Grund für unsere Tragödie), sondern registrierte auch die Stimmungen der eigenen Bürger. Beamte aus der »aktiven Reserve« wurden in sowjetische Einrichtungen »abkommandiert«.

Auch in meiner Redaktion ist ein solcher »Reservist« am Werk. Er ist ein netter, hilfsbereiter Mann, der die Ausländer, die bei uns als Redakteure oder Übersetzer unserer fremdsprachigen Ausgaben arbeiten, überwachen muß. Er informiert seine Leitung darüber, welche Beiträge, die sich kritisch mit dem KGB auseinandersetzen oder ihn gar ablehnen, gerade zum Druck vorbereitet werden. Major Wladimir fühlt sich offenbar nicht wohl dabei, er tut mir schon lange leid. Im Frühjahr 1990, als mein Artikel ›Lubjanka. Wird das ein Ende nehmen?‹ unangekündigt erschien (ich hatte die Arbeit daran geheimgehalten), braute sich über unserem Wladimir ein Gewitter zusammen. Seine Chefs rügten ihn, weil er sie nicht vorgewarnt hatte, womöglich mit Absicht, und drohten ihm die Entlassung an. Damals kam er ungeschoren davon. Als Natascha Geworkjan und ich dann wieder etwas über das Komitee vorbereiteten, sagten wir ihm: »Wolodja, melde dich bitte für die nächste Zeit krank!« Ich weiß, daß die »aktive Reserve« andernorts bei weitem nicht so nett und kollegial gewesen ist.

Aber natürlich waren nicht wir Journalisten das wichtigste »Objekt« des Komitees. Die »graue Masse«, wie man meine Mitbürger nicht selten apostrophiert, hatte den Behörden jahrzehntelang erlaubt, sie mit Füßen zu treten, nun brachte sie unerwartet neue Führer hervor, gründete unzählige politische Parteien und gesellschaftliche Organisationen.

Hinter geschlossenen Türen konferierten die Führungsgremien des KGB. Die einfachen Tschekisten (vor allem aus der ideologischen Abwehr) erhielten den Befehl, unter den Oppositionellen »geheime Helfer« anzuwerben. Die Kontrolle dieser Organisationen sei nötig, denn sie könnten eines Tages gegen die Staatsordnung aufbegehren und die verfassungsmäßigen Rechte der Bürger einfordern.[220]

Es gab keine Kundgebung, keine Demonstration, keine Zusammenkunft demokratisch gesinnter Intellektueller, an der nicht auch die Tschekisten teilnahmen. Zur »Wahrung der öffentlichen Ordnung« machten sie (heimlich) Videoaufnahmen der besonders engagierten Redner. Dafür wurden auch Offiziere der Hauptverwaltung Aufklärung des Verteidigungsministeriums eingesetzt.

Als im Sommer 1989 die erste machtvolle Welle der Bergarbeiterstreiks einsetzte, machte die KGB-Führung ein weiteres »Objekt« aus: die Arbeiterbewegung. Den »Hegemon«, wie das Proletariat noch gestern hieß, hatten die Lebensumstände und der Wodka zu Boden gedrückt, doch plötzlich, über Nacht, war er aufgestanden und zu einer ernst zu nehmenden politischen Kraft geworden. Die Leute aus dem KGB überkam Unbehagen. Sie hatten inzwischen gelernt, mit den Intellektuellen fertig zu werden, der Arbeiterprotest aber war für sie, vor allem für die junge Tschekisten-Generation, etwas Neues. Die Älteren konnten sich noch erinnern, wie 1962, als das »Tauwetter« Chruschtschows dem Ende zuging, die Arbeiter, die in Nowotscherkassk gegen die Teuerung protestierten, zusammengeschossen wurden. Damals durften sie schießen. Jetzt mußten sie behutsamer vorgehen.

Hier ein Bericht des KGB, der der Presse zugespielt wurde:
»Vom 30. April bis 2. Mai 1990 tagte in Nowokusnezk der Erste Unionskongreß unabhängiger Arbeiterbewegungen, an dem Vertreter der Streikkomitees aus Workuta, Karaganda, aus dem Kusbass, Donbass und anderen Regionen teilnahmen. Besonderes Interesse für den Kongreß zeigten die den gegnerischen Geheimdiensten nahestehenden, in der UdSSR akkreditierten ausländischen Journalisten, Vertreter der ›Solidarność‹ aus Polen, NTS-Mitglieder und informelle verfassungswidrige Organisationen wie ›Sajudis‹, ›Ruch‹ und andere.

Für die Durchführung geeigneter Maßnahmen in Nowokus-

nezk wurden, um die Stadtorganisation des KGB zu unterstützen, außer geheimen Quellen (also außer KGB-Agenten) mehrere Mitarbeiter der Sechsten Verwaltung und der Verwaltung
Schutz der verfassungsmäßigen Ordnung des KGB der UdSSR
abkommandiert.

Im Ergebnis der durchgeführten Maßnahmen ist es gelungen, die zersetzenden Absichten des Gegners bei der Beschaffung negativer Informationen über die Lage der Arbeiter zu
lokalisieren. Die gemeinsamen Aktionen bei der Anleitung der
Quellen, die als Delegierte, Konsultanten und Gäste zum Kongreß kamen, erlaubten es, die Annahme extremistischer Beschlüsse und deren Verwirklichung durch die einzelnen Arbei-
terdelegationen und ihre Führer zu verhindern, die Bildung
einer zentralen Leitung der Streikbewegung zu vereiteln und
den Einfluß der radikal eingestellten politischen Abenteurer
und verfassungsfeindlichen Organisationen auszuschalten.

Für die persönliche Initiative und Beharrlichkeit, für die
hohe Qualität und politische Reife bei der Realisierung der
komplexen operativen Maßnahmen gegen die Ausländer und
einzelne sowjetische Vertreter der informellen politischen
Organisationen während des sogenannten Ersten Kongresses
unabhängiger Arbeiterbewegungen sowie für die erzielten positiven Ergebnisse belobigen wir auf Befehl des Vorsitzenden
des KGB der UdSSR die nachstehenden Mitarbeiter ... Leiter
der Verwaltung Schutz der verfassungsmäßigen Ordnung des
KGB der UdSSR, Generalmajor J. F. Iwanow, Leiter der Sechsten Verwaltung des KGB der UdSSR, Generalmajor N. A. Sawenkow 3. Juni 1990.«[221]

Dieses bemerkenswerte Dokument bedarf keines Kommentars, höchstens einer kleinen Ergänzung. Ein solches Vorgehen
fand den erhofften Widerhall unter den Betriebsleitern. In einem Wolgograder Werk, das Traktorenteile herstellt, wurde
ein Streikkomitee gegründet, das die Betriebsleitung prompt
verbot. Dagegen protestierten die Arbeiter mit Flugblättern, die
sie an die Mauern der Fabrik klebten. Sogleich wandte sich der
stellvertretende Werkleiter Atopow an den KGB von Wolgograd und bat um »Hilfe bei der Normalisierung der Lage im
Betrieb«.[222]

Schließlich bot sich dem KGB ein weiteres – ziemlich wich-
tiges – Betätigungsfeld, wo man nicht zimperlich sein durfte:

die Volksfronten der Unionsrepubliken, die sich an die Spitze der Befreiungsbewegungen in den Kolonien des letzten Imperiums der Welt, des sowjetischen Großreichs, stellten. Vorab möchte ich bemerken, daß es in diesen Fronten und Bewegungen einen mittelalterlichen Nationalismus und Chauvinismus, Russenhaß und Unmut gegen die Nachbarn anderen Blutes oder anderer Religionen gibt. Diese Mentalität machte sich das Komitee zunutze. Wir werden noch erfahren, wer das Blutbad in Sumgait (wo nach offiziellen Angaben zweiunddreißig Personen ermordet wurden), in Fergana (hundertzwölf Opfer), in Nowy Usen (drei Tote), in Osch (dreihundertzwanzig Ermordete), in Baku und Berg-Karabach angerichtet hat ... Aber schon heute steht soviel fest: Das Komitee hatte seine Hand im Spiel.

Alma-Ata 1986. Einigen Informationen zufolge verteilten KGB-Mitarbeiter kurz vor dem Blutbad Waffen an die Arbeiter (in der Regel besteht das Proletariat in den Republiken aus Russen) und hetzten sie gegen die »nationalistisch eingestellten« kasachischen Studenten auf.[223]

Tbilissi 1989. Am Vorabend des 9. April wurde in die Hauptstadt Georgiens ein KGB-Regiment verlegt. KGB-Mitarbeiter machten Videoaufnahmen, als »Speznas«-Einheiten eine friedliche Demonstration mit Panzern, Feldspaten und Giftgas auflösten und die Teilnehmer bis in die Hauseingänge verfolgten.[224]

Armenische Pogrome in Baku 1990. Am Tag nach dem Blutbad, als praktisch alle Armenier aus der Stadt abtransportiert worden waren, marschierte die Armee in Baku ein, ging mit Panzern und Maschinengewehren gegen die Bevölkerung vor und tötete mehr als hundertzwanzig Personen. Der KGB gab das offen zu.

»Mußten die Truppen in der Nacht vom 19. zum 20. Januar Baku besetzen?« fragte ein Journalist.

»Ja«, antwortete der erste stellvertretende KGB-Vorsitzende Bobkow.

»Aber alle Armenier waren schon weg!« meinte der Journalist.

»Nicht auf die Armenier kam es an«, erwiderte Bobkow. »Wenn wir keine Truppen nach Baku entsandt hätten, gäbe es in Aserbaidshan eine ganz andere Macht.«[225] Eine »ganz andere Macht«, also die Volksfront, die Mitte Januar faktisch die Republik kontrollierte und in der Stadt Nachitschewan die Kommunisten absetzte. Nach dem Einmarsch der Truppen sprengten die Sondereinheiten des KGB die Gebäude des Fernsehens von Baku. Die Volksfront wurde auseinandergejagt, ihre führenden Leute wurden eingekerkert.

Im November 1991 ist eine noch erschütterndere Information bekannt geworden. Nach Angaben der Gruppe, die die Hintergründe des Blutbads vom Januar untersucht, haben die Tschekisten die Pogrome provoziert, um vor dem Ausland und vor der UdSSR den Einmarsch der Soldaten und den Mord auf offener Straße zu rechtfertigen. Der Chef der aserbaidshanischen Tschekisten, Wagif Gussejnow, tauchte unter, nach ihm wird gefahndet.[226]

Sommer 1990. Massenmord an den Meschi-Türken im usbekischen Fergana.

1991: Zusammenstöße zwischen den Kirgisen und Usbeken in Osch. »Der KGB wußte, daß dort ein Blutbad vorbereitet wurde«, sagte Oberstleutnant Kitschichin aus der Abteilung »S«.[227] Obwohl er davon wußte, unternahm er nichts. Derselbe Kitschichin, dem die Umsiedlung der Wolgadeutschen in das Gebiet Saratow (vor dem Zweiten Weltkrieg lag dort die Autonome Republik der Wolgadeutschen) anvertraut wurde, sagt ganz offen, daß der KGB – im Verein mit den lokalen Parteiinstanzen – die russische Bevölkerung gegen die Wolgadeutschen aufhetzte.[228]

Baltikum. Noch 1988 gründete man dort – als Gegengewicht zur Volksfront – die »Interbewegung«, eine Vereinigung zum Schutz der russischsprachigen Bevölkerung, die Organisation »Jedinstwo« (Einheit) und andere. Bekanntlich gab und gibt es dort Probleme mit den Russen. Das Vorgehen dieser vom KGB ins Leben gerufenen Organisationen spitzte die Probleme weiter zu. So kam es zur Ermordung mehrerer Personen, die in der Nacht vom 12. zum 13. Januar 1991 den Fernsehturm von Vilnius verteidigten. An diesem Gemetzel war die Gruppe A-7 der Siebenten KGB-Verwaltung beteiligt. Aus mir zugänglichen Quellen geht hervor, daß die Tschekisten auch Lettland und Estland »befrieden« wollten, aber das ging angesichts der Leichen nicht mehr. Man enthob Bobkow seines Postens und ersetzte ihn durch

General Viktor Gruschko, der die Zweite Verwaltung geleitet hatte und Krjutschkow nahestand.

Nach der Tragödie in Litauen waren in Lettland und Estland in den Gebieten, wo Russen leben, geheimnisvolle Explosionen zu vernehmen. Irgendwelche Terroristen machte man nicht ausfindig. Die Verwaltung »S« bedauerte Major Sapunow, der nach einer Explosion am Kopf verletzt und aus Lettland zurückbeordert wurde. »In der Verwaltung behauptete man, er habe bei einer Tanzveranstaltung einen schweren Schlag auf den Kopf bekommen«, sagte Kitschichin. »Ich glaube nicht, daß ein KGB-Mitarbeiter auf einer Dienstreise zum Tanz ging und sich in eine Schlägerei mit den Einheimischen einließ.«[229] Das ist in der Tat wenig glaubhaft, denn wem war damals nach Tanzen zumute. Die Letten erwarteten eine Wiederholung der Ereignisse von Vilnius und bauten in Riga Barrikaden, es gab Übergriffe seitens der Sonderabteilungen der Miliz (OMON). Ende Januar kamen bei Zusammenstößen mit der OMON in Riga vier Personen ums Leben.

Warum provozierte der KGB nationale Konflikte in den Kolonien oder unterstützte den extremistischen Flügel der antisemitischen Bewegung »Pamjat« (Gedächtnis) in Rußland, wenn er über die ganze Macht im Land verfügte?[230] Dafür gibt es mindestens drei Gründe.

Erstens: Der KGB stützte die totalitäre Macht, indem er der russischen Bevölkerung in den Ostseerepubliken, die nicht grundlos Schikanen seitens der Balten fürchtete, Hilfe angedeihen ließ. Die Russen waren dort eine Art »Fünfte Kolonne«, sie waren Geiseln der Zentrale und konnten auf Hilfe nur aus Moskau hoffen.

Zweitens: Die nationalen Konflikte brachten die Demokraten bei den Russen in Mißkredit; die Demokraten, so meinte man, ließen allem freien Lauf, und nun »rempelten die Fremden unsere Menschen« an. »Der Einmarsch der Truppen in Vilnius war richtig, sonst hätten die Litauer dort die Russen abgeschlachtet«, sagte mir ein netter, intelligenter Kollege, der vor der Perestroika sehr fortschrittlich war. Nach dem Blutbad vom Januar 1991 erschien in ›Moskowskije nowosti‹ ein redaktioneller Artikel mit der Überschrift: ›Das Verbrechen eines Regimes, das nicht von der Bühne abtreten will‹. Der Artikel war ein Beweis für die Zivilcourage unseres Chefredakteurs Jakowlew. Schon damals erhielt die Redaktion eine Flut von zustimmenden Anrufen und Briefen. Mit allen Mitteln bereitete der KGB das Volk vor, ein mögliches Blutbad in Rußland zu rechtfertigen.

Drittens (der wohl ausschlaggebende Grund): Die nationalen Zusammenstöße förderten die Instabilität des Landes und ließen das Volk glauben, daß eine »starke Hand« vonnöten sei, um den Staat vor dem Zusammenbruch und einem Bürgerkrieg zu retten. Mit der »starken Hand« identifizierte sich ausgerechnet der KGB. Doch davon später.

Völlig unerwartet – jedenfalls für mich als wirtschaftlichen Laien – schob sich in den letzten Jahren der Perestroika die Sechste Verwaltung des KGB in den Vordergrund, die »Ökonomen«.

Als die ersten Privateigentümer (Genossenschaftler, Pächter, neue Unternehmer) auftauchten und gewisse persönliche Freiheiten in Anspruch nahmen, begannen sich die »Ökonomen« aus dem KGB für sie zu interessieren. Das Komitee verheimlichte nicht einmal, daß die Gemeinschaftsunternehmen, die sowjetische Bürger gemeinsam mit Ausländern gegründet hatten, unter tschekistischer Kontrolle stehen. »Dem KGB liegen Informationen vor, wonach westliche Geheimdienste die Gründung und die Tätigkeit der Gemeinschaftsunternehmen aufmerksam verfolgen«, bedeutete Krjutschkow. Das stimmte durchaus. Aber auch der KGB war fleißig am Werk, denn so manche Gemeinschaftsunternehmen gründete das Komitee selber. Firmen dieser Art boten eine vorzügliche Chance für Kontakte mit Ausländern, sie waren ein durchaus respektabler Ort für die Unterwanderung des aufkommenden Standes sowjetischer Unternehmer und nicht zuletzt für eigene Transaktionen.

Das Geld des KGB (und der Partei) machte nahezu achtzig Prozent der Einlagen in den neuen Banken, Börsen und Konzernen aus. Die ausländischen Investoren stört überhaupt nicht, daß sie es mit Geld aus dem KGB zu tun haben. Im Gegenteil. Der Umstand, daß diese oder jene Handelsfirma den KGB mit seinen Beziehungen und seiner Macht im Kampf gegen bürokratische Strukturen hinter sich weiß, bietet den Ausländern die Gewähr, daß die neuen Partner sie nicht an der Nase herumführen und sich nach dem Gewinn der ersten Million nicht aus dem Staube machen. Vielleicht haben sie sogar recht, sie verstehen sich auf ihr Fach. Bekanntlich verfügen der KGB und die Hauptverwaltung Aufklärung des Verteidigungsministeriums über ein weltweites Netz von Scheinfirmen und getarnten Unternehmen.

Eines der ersten erfolgreichen KGB-Unternehmen in der UdSSR war der berüchtigte Konzern ANT, der 1986 nicht ohne Beteiligung der Ersten und der Sechsten Verwaltung gegründet wurde. Als Direktor des ANT trat KGB-Hauptmann Rjaschenzew (früher Neunte Verwaltung) auf. Dreißig von siebenunddreißig in der Konzernverwaltung Beschäftigten kamen (so das Ergebnis einer parlamentarischen Anfrage an den Generalstaatsanwalt der UdSSR) aus dem KGB, aus dem Innenministerium oder aus Betrieben des militärisch-industriellen Komplexes.[231] Der ANT war eine Organisation, die geheimgehalten wurde. Wie aus einigen Quellen verlautet, befaßte sie sich unter anderem auch mit dem geheimen Export sowjetischer Waffen in Krisengebiete. Sie wurde von Beamten der Sechsten Abteilung des Ministerrates der UdSSR kontrolliert.

»Glaubten Sie diesen Informationen?« fragte ein ›Iswestija‹-Korrespondent den damaligen Ministerpräsidenten Ryshkow.

»Ja«, antwortete er, »die Informationen waren zuverlässig.«[232]

Der Konzern flog 1990 auf. Der KGB hatte ihn beim »illegalen Verkauf von Panzern ins Ausland« auf frischer Tat ertappt. In Wirklichkeit war der KGB gezwungen, die kommerziellen Interessen und die Interessen der Aufklärung hintanzustellen und politischen Schritten den Vorrang zu geben. Der Skandal um den ANT sollte die russische Regierung unter Jelzin, dessen Vize Gennadi Filschin ein Geschäftsabkommen des ANT unterschrieben hatte, kompromittieren und die Marktstrukturen, die sich noch im embryonalen Zustand befanden, desavouieren (»diese Genossenschaftler verhökern unser Land«). Außerdem wollte das Komitee die ramponierte KPdSU, die jedwede Autorität eingebüßt hatte, vor dem Allerschlimmsten bewahren. Die wichtigste Aufgabe kam dabei Iwan Poloskow zu, der durch diesen Skandal politische Karriere machte und bald Erster Sekretär der Kommunistischen Partei Rußlands wurde.

Der ANT wurde geopfert, was den KGB nicht hinderte, seine

kommerziellen Vorhaben – unter anderem mit Hilfe des Parteivermögens – ohne die geringsten Skrupel weiter zu betreiben. Mir liegen Angaben vor, nach denen dieses Kapital der Vereinigung »Aserbaidshan« (Pressemeldungen zufolge beträgt ihr Umsatz mehrere Millionen US-Dollar),[233] der Russischen Börse, dem Russischen Handelshaus und dem Forschungs- und Industrieverband zur Verfügung gestellt wurde. Der letztere wird von Arkadi Wolski, dem ehemaligen Assistenten des KGB-Vorsitzenden und Generalsekretärs Andropow, geleitet.

Der Sechsten Verwaltung des KGB schlug erst am 23. November 1990 die Sternstunde, als der Oberste Sowjet die »Organe« mit dem »Kampf gegen die Wirtschaftssabotage« beauftragte. Am 26. Januar 1991 segnete der Sondererlaß des Präsidenten der UdSSR, ›Über die Maßnahmen zur Sicherung des Kampfes gegen Wirtschaftssabotage und andere Verbrechen im ökonomischen Bereich‹, diesen Auftrag ab. Damit legitimierte Gorbatschow das Komitee, dessen Mitarbeiter bereits die Banken überwachten, die Kontrolle über die staatlichen wie die privaten Unternehmen zu übernehmen.

Ein »Stab zur Bekämpfung der Wirtschaftssabotage« wurde gebildet. Die ›Prawda‹, Organ des ZK der KPdSU, und die ›Sowetskaja Rossija‹, Organ der Kommunistischen Partei Rußlands, berichteten regelmäßig, ohne ihre tschekistischen Quellen zu verheimlichen und ohne aus ihren tschekistischen Sympathien einen Hehl zu machen, von der Entdeckung mit Zwiebeln beladener Güterwagen, von heimlich gelagerten Streichhölzern, von Machenschaften der Genossenschaften und dem Ausverkauf der »Reichtümer Rußlands«.[234]

Diese »Allunions-Zählung der Fleischkonserven«, wie die linke Presse die Aktion ironisch nannte, war gar nicht so dumm. Natürlich nahmen die Waren in den Geschäften dadurch nicht zu, die Versorgung verschlechterte sich von Monat zu Monat, aber in den Schlangen war immer häufiger ein Wort aus der Stalinzeit zu hören: Saboteure. Dzierżyńskis eiserne Hand, die damals den Genossenschaftlern gedroht und die Kaufleute an die Kandare genommen hatte, heimste nun politische Dividenden ein. »Hände weg vom KGB, dem einzigen Verteidiger unseres Vaterlandes!« So las ich es oft in meiner Post. Das Komitee genoß jetzt politischen Kredit auch in der

größten Gruppe des Landes: in den verarmten Bevölkerungs-
schichten. Die Perestroika hatte ihnen nichts außer neuer Not
und Entbehrung gebracht.

Auf die Frage der Soziologen: Was empfinden die Menschen
Ihrer Umgebung? antworteten Ende 1990 zweiundvierzig Prozent der Befragten: Müdigkeit, Apathie, Verbitterung und Aggressivität; zweiundzwanzig Prozent sagten kurz und bündig:
Angst.[235] Von Glasnost allein wird niemand satt. Die Perestroika gab ihnen keinen Grund und Boden, keine Wohnung.

Der »Mann auf der Straße« rief immer lauter nach einer
starken Hand. Laut Angaben des Unionszentrums für Meinungsforschung hielten es im Januar 1991 knapp siebzig Prozent der Bevölkerung für unumgänglich, daß eine »straffe Ordnung« errichtet werden muß.[236] Die Zahl der Bürger, die ihre
Hoffnungen auf die Armee setzten, welche das Land unter ihre
Kontrolle stellen sollte, war gestiegen. Im September 1990
machte sie acht Prozent aus, im Januar 1991 bereits zwanzig
Prozent.[237]

Die KPdSU war gespalten und trat allmählich von der politischen Bühne ab. Die Soziologen bezeugten es: Zweiundsech-
zig Prozent der Bevölkerung Rußlands hielten nichts mehr von
ihr.[238]

Die Demokraten waren zersplittert, stritten in der Presse und
kamen zu keinem Einvernehmen. Sie waren sich nur über eines einig: Nieder mit der KPdSU!

Nach dem ersten Kongreß der Volksdeputierten 1988 ver-
ging keine Kundgebung oder Demonstration (und ich nahm an
vielen teil), auf der nicht gegen die KPdSU zu Felde gezogen
wurde. 1989 war ein Jahr des moralischen Niedergangs der
Partei, obwohl der berühmte Artikel 6 der UdSSR-Verfassung,
der die KPdSU zur führenden und lenkenden Kraft der Gesellschaft erklärte, immer noch gültig war. Das Komitee für Staatssicherheit verfolgte natürlich die Entwicklung mit größter Aufmerksamkeit. Die Kundgebungen, die – davon bin ich überzeugt – bei weitem nicht nur die Demokraten organisierten
und lenkten, zielten auf die Einnahme der Bastion KPdSU.

Die Spitze der Oligarchie war sich im klaren, daß sie Verlu-
ste in Kauf nehmen mußte, und entschloß sich, die Partei
preiszugeben. Als »führende und lenkende Kraft der Gesellschaft« stand die KPdSU im Blickpunkt der Macht. Das Volk

identifizierte alle Verbrechen und das Regime zu Recht mit ihr. Um so mehr, als die Korrumpiertheit der Parteielite allgemein bekannt war. Ihre Gier nach materiellen Gütern und Privilegien, nach »Futterkrippen«, Datschen, Luxuswohnungen, Spezialkrankenhäusern, wirkte auf alle wie ein rotes Tuch. Daß auch die anderen in der Oligarchie, die Führungsspitze des militärisch-industriellen Komplexes und des KGB, das gleiche taten, wurde weitgehend übersehen.

Die Zeitungen waren voll von Berichten über die Parteiapparatschiks: wie sie die Armee gegen das Volk aufbringen und Soldaten auf ihre Mitbürger schießen lassen, wie sie den KGB zwingen, die Telefone der Nachbarn und Kollegen abzuhören und sie zu bespitzeln. Das war richtig – aber mit Einschränkungen. Die Bosse der KPdSU, des militärisch-industriellen Komplexes und des KGB hielten seit jeher zusammen und handelten in vollem Einvernehmen. Die Rolle des »Sündenbocks«, der das unzufriedene Volk von der Oligarchie, in der der KGB die Führung übernommen hatte, ablenken sollte, übernahm die KPdSU. Die »Bastion« geriet ins Wanken und drohte einzustürzen. Sonderbar, auf den Kundgebungen von 1990 und 1991 habe ich kein einziges Mal gehört: Nieder mit dem KGB!

Die Demokraten stürzten die Kommunisten und sahen nicht, daß sich eine selbständige politische Kraft herausbildete, die die KPdSU nicht mehr brauchte. Oder fast nicht mehr brauchte.

1989 wurden zwölf KGB-Mitarbeiter, meist Vorsitzende der Republikkomitees, als Volksdeputierte gewählt, das heißt, sie erhielten zusätzliche Vollmachten. Ein Jahr später wurden nach Angaben der Soziologin Olga Kryschtanowskaja 2756 KGB-Leute in die Parlamente der Republiken und in die örtlichen Sowjets gewählt, sechsundachtzig Prozent wurden schon im ersten Wahlgang gewählt. Die Bürger gaben ihnen vorbehaltlos ihre Stimme, weil sie hofften, daß die Repräsentanten der »starken Hand« endlich Ordnung schaffen würden. Ein Netz operativer Sondergruppen entstand, die eine erfolgversprechende Taktik im Wahlkampf ausarbeiteten. Schon im Juli 1989 hatte der KGB die »Kommission für die parteipolitische Unterstützung der operativen und administrativen Tätigkeit« gebildet. Ihre Hauptaufgabe bestand darin, nach »unkonventionellen Methoden der Propaganda zu suchen«.[239]

Wie jeder Politiker sorgte sich auch der KGB um sein Image.

Nicht ohne Erfolg. Natürlich gab es Fehlgriffe und Ungeschicklichkeiten. Zum Beispiel die offensichtliche Lüge über die Zahl der GULAG-Opfer von 1934 bis 1947. Krjutschkow sprach von 963 776 Opfern. Wie töricht, eine solche Zahl öffentlich bekanntzugeben, da es doch buchstäblich keine einzige Familie gibt, von der nicht mindestens ein Mitglied in Lenins und Stalins Kerkern den Tod gefunden hat. Für einen Politiker war das zweifellos ein Fehler. Man verzieh ihm aber den Mißgriff. Natürlich schlug die Öffentlichkeit – hauptsächlich die Intellektuellen – Lärm, erregte sich, richtete jedoch den Blick bald auf den Hauptfeind, die KPdSU.

Im März 1990 stimmte der dritte Kongreß der Volksdeputierten der UdSSR für die Aufhebung des Artikels 6 der sowjetischen Verfassung, der die Führungsrolle der Partei festgeschrieben hatte. Die Demokraten feierten den Sieg. Die Tschekisten auch. Man sprach immer lauter von einer Militärdiktatur.

In der tragischen Geschichte, die Perestroika heißt, gibt es ein Paradoxon. Die Demokraten verjagten die KPdSU von der politischen Bühne, ohne selbst eine reale Macht in den Händen zu haben, und veränderten so das bis dahin bestehende Gleichgewicht der politischen Kräfte zugunsten einer Säule der Obligarchie, die sich traditionsgemäß zur Ideologie der Gewalt bekannte. Die Kommunistische Partei war in diesem Land, wo es kaum Freiheiten gab, die einzige Kraft gewesen, die es vermochte – sei es auch aus Selbsterhaltungstrieb –, die Aggressivität des KGB und des militärisch-industriellen Komplexes zu dämpfen ...

Es war ein großer Fehler des Komitees für Staatssicherheit, die politische Bühne zu betreten. Wenn der KGB, wie es seiner Struktur entspricht, nach wie vor hinter den Kulissen geblieben wäre, hätte er viel mehr erreichen können. Die Machtgier brachte ihn um den Verstand.

Im Winter und Frühjahr 1991 ergaben Meinungsumfragen, wie groß die negative Einstellung der Bevölkerung zu allen Staatsstrukturen ist. Das Vertrauen in den Präsidenten Gorbatschow oder den Obersten Sowjet der UdSSR war stark geschwunden. Nahezu jeder zweite Bürger (achtundvierzig Prozent) äußerte sich negativ über die Tätigkeit der Regierung. Auch der Kurs des KGB war gefallen. Zweiundfünfzig Prozent aller Sowjetbürger lehnten die örtlichen Machtorgane ab, einundfünfzig beziehungsweise fünfundvierzig Prozent der Einwohner von Städten wie Moskau und Gorki sprachen sich gegen die nichtstaatlichen politischen Organisationen aus, vierzig Prozent erteilten dem Komitee für Staatssicherheit eine Absage.[240]

»Wenn Zerrüttung und Chaos die Grenze erreichen, jenseits derer Panik ausbricht, wird das Pendel nach rechts ausschlagen, hin zur Macht des Mannes mit dem Gewehr«, warnten die Soziologen.[241]

Das »Pendel« der Machtorgane schwang im Frühjahr 1991 längst schon zur rechten Gruppierung des politischen Spektrums. Der KGB hatte zu jener Zeit den Kampf innerhalb der Machtelite längst gewonnen. Er konnte siegen, da er das ganze Land mit einem perfekten Spitzelsystem unter Kontrolle hatte, da er alle anderen Strukturen paralysiert und er mit dem wirksamen Mythos vom »Kampf gegen die Wirtschaftssabotage« bei einer unterversorgten und notleidenden Bevölkerung ein leichtes Spiel hatte. Aber mehr noch: Die Konzentration seiner Machtbefugnisse versetzten ihn, der ursprünglich nur ausführendes Organ der Partei gewesen war, in die Lage, ausnahmslos alle Lebensbereiche der Gesellschaft – Politik, Wirtschaft, Justiz, Privatleben – zu kontrollieren und über das Informationsmonopol, die Grundlage staatlicher Entscheidungen im Sowjetkommunismus, zu verfügen. Das bestimmt die Macht des KGB.

Das staatliche Informationsmonopol landete beim KGB, weil Alternativen fehlten. Alle wichtigen Informationen, auch die aus der Hauptverwaltung Aufklärung des Verteidigungsministeriums, werden dem KGB geliefert. Dort werden sie gefiltert, in der Ersten (Haupt-)Verwaltung die aus dem Ausland, die innenpolitischen in der Analyse-Verwaltung. Die Chefs der Verwaltungen filtern erneut und geben das Ergebnis an den Vorsitzenden. Der leitet sie nach oben, zum Beispiel an den Präsidenten – oder auch nicht, wie das vor dem blutigen Gemetzel in Sumgait und Fergana der Fall war.

Die Führung des Landes erhielt die Informationen in Form von Merkzetteln, die in der Regel der KGB-Vorsitzende unterzeichnete, oder in Form von Telegrammen. Das hing von der Zuständigkeit der Leiter der Verwaltungen und ihrer Stellvertreter ab. Hierbei gab es mehrere Klassen von Informationen: die sogenannte »erste Signierung« für Gorbatschow und seine nächste Umgebung und die »zweite Signierung« für die untergeordneten Leitungen, die nicht unbedingt alles wissen sollten.

Außer den genannten gibt es auch bestellte Informationen. Wie KGB-Oberst Rubanow treffend sagte, »bestellt der KGB sich selber die Musik«.

Die Rayon- und Stadtbehörden des KGB erhalten zum Beispiel eine Anweisung über die »Bereitstellung von Informationen über die operative Lage der Arbeiter«. Darin wird *vorab* instruiert, welche Informationen der KGB, der sich bescheiden »Zentrum und Instanzen« nennt, benötigt. Major Alexander Mawrin von der KGB-Verwaltung des Gebiets Wolgograd machte es deutlich:

»Faktoren und Bedingungen, die die *negative* (hier und im weiteren Hervorhebungen von mir) Beeinflussung der Arbeiter durch die Massenmedien fördern; Entwicklungsdynamik der unabhängigen Arbeiterbewegung und ihr Zusammenwirken mit internationalen Organisationen und Gewerkschaften (also Kontakte mit dem Westen); Einschätzung der *negativen* Folgen *destruktiver* Erscheinungen durch operative Quellen ... Kurzum, das Programm ist vorgegeben. Die Aktionen sind unbedingt ›extremistisch‹, die Tätigkeit ist immer ›destruktiv‹, die Erscheinungsformen sind ›negativ‹ ... Die so aufbereiteten Informationen können die Leitung des KGB und den politischen Auftraggeber irreführen. Es besteht die Gefahr, daß die Gegenmaßnahmen (der Machtorgane) dem Geschehen nicht angemessen sein können, denn die Angst hat tausend Augen.«[242]

Die gleiche »Informationsküche« schilderte Major Schewzow, Mitarbeiter der KGB-Verwaltung für das Gebiet Rostow. Sein Bericht enthielt noch die Vorbereitung empörter oder wohlwollender »Stellungnahmen« des Volkes zu dieser oder jener Maßnahme der Exekutive.

So kann es nicht verwundern, daß wir in den letzten zwei Jahren zornerfüllte Reden des Präsidenten Gorbatschow hörten, der offensichtlich aus der Informationsküche des KGB bedient wurde: »extremistische Elemente«, »gesellschaftsfeindliche Kräfte«, »destruktive Handlungen«, »wir wissen, woher diese Angaben stammen«, »wir wissen sehr wohl, von wo das ausgeht«, »das Volk wird das nicht zulassen«, »man muß noch klarstellen, wer hinter den Forderungen der Bergleute steht« ...

Existierten Kanäle, über die die Informationen zur Führungsspitze, auch zu Gorbatschow, gelangten, ohne daß der KGB seine Finger im Spiel hatte? Es gab die Nachrichtenagentur TASS, es gab Partei- und Staatsorgane. Doch die führenden Männer vertrauten Informationen aus diesen Quellen nicht, denn sie waren es gewöhnt, daß von dort nur frisierte und geschönte Nachrichten kommen. Nicht zufällig gab es im Ministerrat der UdSSR eine Filiale der Sechsten KGB-Verwaltung (Sektor Nr. 6), wo die in verschiedenen Ministerien und Ämtern eingehenden Angaben überprüft wurden. Die Exekutive hatte es sich längst angewöhnt, in erster Linie den Informationen aus dem KGB zu vertrauen.

Eine aufschlußreiche Bestätigung dafür fand ich in den Erinnerungen von Jegor Ligatschow, dem ehemaligen Mitglied des Politbüros des ZK der KPdSU und zweiten Mann im Staat, wo er über die Ereignisse vom September 1988 berichtete, als Gorbatschow auf der Krim Urlaub machte und Ligatschow ihn in Moskau vertrat.

»Man hatte mir eine Information des Komitees für Staatssicherheit über die Destabilisierung der Situation in Litauen auf den Tisch gelegt. Sie erregte sogleich meine Aufmerksamkeit, ich mußte mir Klarheit über das Geschehen in der baltischen Republik verschaffen. Ein paar Tage später kam das Mitglied des Politbüros Jakowlew aus Litauen zurück ... Ich fragte ihn nach der Lage in Litauen. Alexander Nikolajewitsch antwortete: ›Nichts Besonderes. Die üblichen Perestroika-Prozesse.‹ Ich war verblüfft über den krassen Unterschied zwischen der Meinung des Politbüromitglieds und der Information des Komitees für Staatssicherheit. Ich rief Tschebrikow, den damaligen KGB-Vorsitzenden, an und bat ihn, die Lage doch nicht so zu dramatisieren. ›Was heißt das, nichts Besonderes?‹ wunderte er sich, ›die Situation ist alarmierend, dort herrschen Unruhen, die nationalistischen Kräfte beginnen sich zu konsolidieren.‹ Mir war klar: Ich mußte der Sache auf den Grund gehen.«[243]

Man muß sich vor Augen halten, daß Regierende, wo immer auf der Welt, auf die Informationen anderer angewiesen sind. Und die Informationen aus dem Ausland kommen in der Regel aus den Botschaften (und von den Geheimdiensten). 2200 von 3900 Mitarbeitern des Außenministeriums der Sowjetunion waren KGB-Leute.[244] Es arbeitete also nahezu die Hälfte des Botschaftspersonals für das Komitee.

Boris Pankin, ehemaliger Botschafter der UdSSR in der Tschechoslowakei, nach dem Putsch vom August 1991 Außenminister, seit Ende November 1991 Botschafter in Großbritannien, berichtete: »In den Botschaften machten diese Burschen fast die Hälfte des Personals aus. Sie kontrollierten das Kollektiv und hielten sogar die Botschafter an der Kandare ... In der Tschechoslowakei zum Beispiel war es bis zu meiner Ankunft ganz schlimm. Wenn unsere Diplomaten ihre Glaubwürdigkeit unterstreichen wollten, setzten sie das Gerücht in Umlauf, daß sie im Auftrag (des KGB) arbeiteten.« Und weiter: »Ich frage einen Stellvertreter des Ministers (für auswärtige Angelegenheiten): ›Sind die Botschaften wirklich für die Aufklärung da?‹ Er sieht mich verdutzt an, weil er offenbar meine Frage nicht versteht. ›Wozu denn sonst, Boris Dmitrijewitsch?!‹ Das als Antwort an meine Opponenten, die im April 1991 nach der Veröffentlichung meines Artikels ›Eine Zeitbombe‹, wo ich über das Informationsmonopol des KGB schrieb, über mich herfielen. ›Wovon sprechen Sie?‹ fragten sie empört. ›Die Kanäle des Außenministeriums haben mit dem KGB nichts zu tun.‹ Nichts? Wer den August-Putsch miterlebte, gab diese Illusion auf.«[245]

Seit Anfang 1991 hatte Gorbatschow ein schlechtes Verhältnis zur Presse, was sich durch persönliche Motive erklären läßt. Der Präsident las nicht alle Zeitungen, sondern nur Auszüge, die seine Assistenten ihm vorlegten. Wie Jelzin in den ›Aufzeichnungen eines Unbequemen‹ schreibt, wurden die Presseauszüge für die politische Spitze unter anderen von der Neunten KGB-Verwaltung angefertigt.[246]

Der Präsident mußte aber auch eigene Informationsquellen haben, und vor allem Leute, denen er vertraute. Seit Januar 1991 wurden sie aber aus seiner Umgebung allmählich hinausgedrängt. Schewardnadse reichte seinen Rücktritt ein, dann ging Jakowlew, nach ihm Gorbatschows Wirtschaftsberater Petrakow (ihm konnte Gorbatschow die Unterschrift unter die Erklärung der ›Moskowskije nowosti‹ zu den Ereignissen in Vilnius nicht verzeihen) und schließlich Schatalin, ein weiterer

Wirtschaftsberater. Sie alle galten als Reformer und Demokraten. An ihre Stelle traten Janajew, der viele Jahre das Komitee der Jugendorganisationen und den Verband der sowjetischen Freundschaftsgesellschaften leitete (die unter KGB-Einfluß standen), und Pugo, der neue Innenminister, der die Parteikontrollkommission beim ZK der KPdSU führte und zuvor mehrere Jahre KGB-Vorsitzender von Lettland gewesen war. Zum engsten Vertrauten Gorbatschows wurde Lukjanow, der dem Komitee sehr nahestand.

Im Herbst 1990 verfolgte die Weltöffentlichkeit den »Rechtsruck« Gorbatschows. Einige Monate zuvor hatten Schatalin und Jawlinski in dem Reformprogramm »Fünfhundert Tage« vorgeschlagen, die Vollmachten des Zentrums (Moskau) an die einzelnen Republiken zu delegieren. Dieser Vorschlag war nicht als Angriff auf die Verfassung oder auf das Ansehen der politischen Führung gedacht, sehr wohl aber auf das Eigentum der Oligarchie. Würde die Leitung der Wirtschaft in die Zuständigkeit der Republiken übergehen, dann gingen alle Ansprüche der Elite verloren. Die Oligarchie erkannte den Ernst der Lage.

Nun begann eine offene Demonstration der Stärke.

Am 6. September 1990 veröffentlichte die ›Prawda‹ ein Manifest des militärisch-industriellen Komplexes: ›Status für die Rüstungsindustrie‹, von sechsundvierzig Generalen unterzeichnet – vom Direktor einer Fabrik, die Stoffe für Soldatenmäntel herstellt, bis zu den hauptverantwortlichen Konstrukteuren der größten Werke für Weltraumfahrt und der Rüstungsfirmen. Der militärisch-industrielle Komplex warnte: Er werde weder seine Macht noch sein Eigentum aufgeben.

Am 11. September 1990 informierte Jelzin den Obersten Sowjet Rußlands: Truppen bewegen sich auf Moskau zu. Die Information stammte von »Stschit« (Der Schild), einer Organisation für den sozialen Schutz der Armeeangehörigen. Oberst Sergej Kudinow, Leiter der Politischen Abteilung der (ehemaligen) Offiziershochschule für Kommandeure der Luftlandetruppen in Rjasan, setzte Jelzin in Kenntnis, daß das Rjasaner Fallschirmjägerregiment, Abteilungen der Tulaer Division und der Pskower Luftlandedivision Munition und Kampftechnik erhalten hätten und nach Moskau beordert worden seien.[247]

Das Verteidigungsministerium parierte nervös: Die Truppen werden in die Umgebung von Moskau verlegt, um ... bei der Kartoffelernte zu helfen und sich auf die November-Parade auf dem Roten Platz vorzubereiten.»Stschit« fragte an: Brauchen die Einheiten die volle Gefechtsausrüstung auch für die Kartoffelernte?

An demselben Tag sagte Gorbatschow im Obersten Sowjet der UdSSR, daß er dazu neige, das Programm »Fünfhundert Tage« von Schatalin und Jawlinski zu unterstützen.[248] Eine Woche später lehnte er es definitiv ab.

Anfang Oktober behandelte der Ministerrat der UdSSR – damals noch unter Ryshkow – Sofortmaßnahmen gegen die Kriminalität, die sich im ganzen Land gefährlich verbreitete. Der KGB-Vorsitzende Krjutschkow sagte, daß alle Abteilungen des ihm unterstellten Amtes bereits damit befaßt seien, und forderte – eine Erhöhung des KGB-Budgets. Der Innenminister – damals noch Bakatin – meinte, das Wachstumstempo der Kriminalität sei gegenüber dem Vorjahr um vierzig Prozent zurückgegangen,[249] was aber ohne Eindruck blieb. Ende des Monats faßte der Ministerrat den Beschluß ›Vorschläge über außerordentliche Maßnahmen gegen Verletzungen der Rechtsordnung‹, worin dem KGB eine »außerordentliche Rolle« zugewiesen wurde.[250] Bakatin wurde überraschend seines Amtes enthoben, an seine Stelle trat der ehemalige Tschekist Pugo.

Im November 1990 betrat der bis dahin nur wenigen bekannte »Zentristische Block der politischen Parteien« die Bühne. Ministerpräsident Ryshkow und der Vorsitzende des Obersten Sowjets der UdSSR, Lukjanow, empfingen die Delegation und sagten dem Block jede Unterstützung zu. Diesem Block gehörte unter anderen Wladimir Shirinowski an, Vorsitzender der Liberal-Demokratischen Partei, der einen Monat zuvor aus seiner Partei »wegen Zusammenarbeit mit dem KGB« ausgeschlossen worden war.[251] Die linke Presse meinte, das sei ein Block von Marionetten und politischen »Doppelgängern«, die die Losungen der Perestroika und Glasnost benutzten, um die echten Demokraten aus der politischen Arena zu verdrängen.

Im selben Monat wurde Leonid Krawtschenko, ein bekannter Gegner der Demokraten, zum Vorsitzenden des Staatlichen

Komitees für Fernsehen und Rundfunk der UdSSR, der stärksten Propagandamaschine des Regimes, ernannt. Bei seinem Amtsantritt erklärte er: »Ich bin hier, um den Willen des Präsidenten zu vollstrecken.« Bis dahin leitete Krawtschenko die Nachrichtenagentur TASS, unter deren »Dach« der KGB im Ausland wirkte.

Am 14. November 1990 rief Lukjanow Gorbatschow an und teilte ihm mit, daß die Deputierten mit dem Programm von Schatalin und Jawlinski unzufrieden seien.

Am 17. November hielt das Politbüro des ZK eine Nachtsitzung ab, zu der Gorbatschow bestellt wurde.[252] Am Morgen forderte er auf der Parlamentstagung außerordentliche Vollmachten für sich – und erhielt sie. Das Programm »Fünfhundert Tage« wurde mit keinem Wort erwähnt.

Im Dezember sprach der KGB-Vorsitzende Krjutschkow im Zentralen Fernsehen und gab unzweideutig zu verstehen, wer die Macht im Lande hatte.[253]

Im Dezember fand der Vierte Kongreß der Volksdeputierten der UdSSR statt. Die Demokraten waren in der Minderheit. Den Ton gaben die Anführer der Gruppe »Sojus« an: die Obersten Petruschenko und Alksnis. »Sojus« setzte sich für den Fortbestand des Imperiums und den Schutz der russischsprachigen Bevölkerung in den Republiken ein. Es ist inzwischen bekannt, daß Lukjanow ein glühender Anhänger, wenn nicht gar der Gründer dieser Gruppe war. Auch Krjutschkow machte aus seinen Sympathien für »Sojus« keinen Hehl. »Es werden Befürchtungen laut, man müsse sich bei einem entschlossenen Vorgehen zur Wiederherstellung der Ordnung damit abfinden, daß Blut vergossen wird ... Fließt denn nicht schon heute Blut? ... Ich will niemanden erschrecken, aber das Komitee für Staatssicherheit ist überzeugt, daß wir noch ernstere und folgenschwerere sozialpolitische Erschütterungen nicht vermeiden können, wenn sich unser Land weiterhin in dieser Richtung bewegt. Es kommt darauf an, Opfer zu verhindern, neue zu verhüten.«[254]

Schewardnadse reichte auf dem Kongreß seine Demission ein. Gorbatschow nahm sie ohne weiteres an. Die Gruppe »Sojus« jubelte, das war ihr Sieg. Schewardnadse warnte: »Die Diktatur ist im Anzug ...«

Im Januar 1991 floß in Vilnius Blut. Ende Januar gab es Tote in Riga. In den baltischen Republiken bildeten sich geheimnisumwitterte Komitees zur nationalen Rettung, deren Mitglieder und politische Ziele niemand kannte. Später erfuhren die Journalisten, daß überall geheime Machtzirkel, die sogenannten »engeren Sitzungen«, entstanden. Sie sahen ihre Aufgabe darin, das Land auf die Einführung einer »besonderen Verwaltungsperiode« vorzubereiten. Sie nahmen Beschlüsse an, die die örtlichen Wehrkommandos, KGB-Verwaltungen und Rechtsabteilungen der Exekutive formuliert hatten. Die Tätigkeit und die Dokumente dieser Zirkel wurden streng geheimgehalten.[255]

Am 26. Januar 1991 verabschiedete Präsident Gorbatschow ein ganzes Paket von Erlassen, darunter den Erlaß über den Kampf gegen die Wirtschaftssabotage, deren Ausführung bekanntlich dem KGB übertragen wurde, und den Erlaß über die Einführung des doppelten Streifendienstes durch Kräfte der Miliz und der Armee auf den Straßen der sowjetischen Städte. Auf diese Weise wurden die Voraussetzungen für die administrative Kontrolle der Betriebe durch den KGB geschaffen und die Machtorgane auf eine mögliche Verhängung des Ausnahmezustandes eingestellt.

Am 30. Januar traf sich die KGB-Führung mit den Leitern des Zentristischen Blocks, mit Woronin, Shirinowski und Wolkow. Das Treffen verlief in völligem Einvernehmen.

Im Februar brach der Präsident öffentlich mit den Demokraten, sie seien eine destruktive Kraft und lebten von Almosen aus dem Ausland. Der neue Premier Pawlow, dessen drei Vize aus dem militärisch-industriellen Komplex kamen, beschuldigte das Finanzkapital des Westens, einen unerklärten Krieg gegen die Sowjetunion zu führen.[256]

Im März hielt Generalleutnant Nikolai Leonow, KGB-Chef der Analyse-Verwaltung, auf dem ersten Kongreß der Vereinigung »Sojus« eine Rede und nahm kein Blatt vor den Mund: »Die überwältigende Mehrheit meiner Kollegen und ich, wir stehen unter Ihrem Banner.«[257] Im Juni wurde eine »Sojus«-Delegation mit allen Ehrenbezeigungen in Bagdad empfangen. Saddam Hussein war von ihnen begeistert. Gesinnungsgenossen!

Das Unionszentrum für Meinungsforschung führte Anfang 1991 in allen fünfzehn Republiken der UdSSR eine Befragung

durch. Auf die Frage »Was ist Perestroika?« antworteten achtzehn Prozent: »Ein Versuch der Führungsspitze, um den Preis
einer gewissen Demokratisierung der Gesellschaft die Macht
zu behalten.« Siebzehn Prozent meinten, daß mit diesem Wort
»der Machtkampf in der oberen Schicht verhüllt wird«. Vierzehn Prozent sagten, es sei »eine überlebte Losung, die sich
erschöpft hat«. Nur sieben Prozent sahen in der Perestroika
weiterhin eine revolutionäre Umgestaltung der Gesellschaft.[258]

Im Mai 1991 nahm der Oberste Sowjet der UdSSR, seit langem ein »Parlament im Taschenformat«, mit nur einer Gegen-
stimme das »Gesetz über den KGB« an, das die Arbeit des
KGB legitimierte, also auch die Prüfung der Postsendungen
und das Abhören der Telefongespräche ... Punkt 9 des Artikels 14 erlaubt den Tschekisten, »zu jeder Tageszeit ungehindert die Wohnungen und andere Räumlichkeiten der Bürger«
zu betreten, wenn der KGB den Verdacht hat, daß dort Verbrechen begangen werden, die die Sicherheit des Staates bedro-
hen.

In der Geschichte der nachstalinistischen UdSSR hat es kein
Gesetz gegeben, das die Verletzung der elementaren Menschenrechte und alle Rechtsbeugungen des repressivsten Amtes im Land legitimiert hätte. Die Verfasser des Gesetzes waren
der KGB und das Komitee für Fragen der Verteidigung und
Staatssicherheit der UdSSR, das eigentlich die parlamentarische Kontrolle über den KGB ausüben sollte. Dem achtunddreißig Mitglieder zählenden Komitee gehörten an: sechsund-
zwanzig Vertreter der Armee und des militärisch-industriellen
Komplexes, zwei Tschekisten und fünf Sekretäre aus den Gebietskomitees der KPdSU.

Bis zum 6. September 1991 amtierte der junge Deputierte
Sergej Zypljajew als Sekretär. Im September ließ er sich etwas
zuschulden kommen: In einer Sitzung über Jugendfragen sagte
jemand, daß der KGB in alter Manier vorgehe, zum Beispiel
kompromittierendes Material über die Volksdeputierten sam-
mele, Zypljajew stimmte dem zu und meinte, das neue Komitee, das er vertrete, erwecke kein Vertrauen. Einen Tag darauf
verlor er das Amt des Sekretärs.[259]

Am 12. Juni 1991 wurde zum ersten Mal in der Geschichte
des Staates der Präsident Rußlands gewählt. Jelzin hatte keine
ernst zu nehmenden Konkurrenten. Die Demokraten waren

dennoch schockiert: Sieben Prozent der Stimmen, was Millionen Wähler sind, vereinigte der »liberale Demokrat mit KGB-Vergangenheit« Shirinowski auf sich.

Am 21. Juni 1991 forderte Ministerpräsident Pawlow vom Obersten Sowjet Sondervollmachten für sich. In einer geschlossenen Sitzung des Parlaments sprachen Verteidigungsminister Jasow, Innenminister Pugo und der KGB-Vorsitzende Krjutschkow. Alle drei prophezeiten Zerrüttung und Chaos und machten den Deputierten angst. Gorbatschow erteilte allen vieren eine gebührende Abfuhr. Die Presse bezeichnete das Ganze als einen »Parlamentsputsch«. Die Deputierten, die nicht Parlamentsmitglieder waren, forderten den Rücktritt der »Putschisten«. Gerüchte waren im Umlauf, daß der KGB-Vorsitzende gehen müsse. Er ging nicht. Man verständigte sich.

Im Juli 1991 wurde in der Residenz des Präsidenten, in Nowo-Ogarjowo, der Unionsvertrag ausgearbeitet, den neun Republiken und der Präsident zu unterzeichnen bereit waren. Er war eine Art politische Variante des Programms »Fünfhundert Tage«.

Am 17. August 1991 druckten die Zeitungen eine Erklärung von Alexander Jakowlew, dem ehemaligen Mitglied des Politbüros und ehemaligen Mitglied des Präsidialrates, zu seinem Ausschluß aus der KPdSU: »Im Leitungskern der Partei hat sich eine einflußreiche stalinistische Gruppierung herausgebildet ... Die Parteiführung löst sich entgegen eigenen Erklärungen vom demokratischen Flügel in der Partei, bereitet sich auf einen Partei- und Staatsstreich vor.«[260]

Am Morgen des 19. August 1991, um vier Uhr etwa, hatte ich dieses Kapitel in einer ersten Fassung zu Ende geschrieben. Zu dieser Zeit wurde der Ausnahmezustand verhängt und ein Staatsstreich vollzogen. Am Abend zuvor, am 18. August, hatte man in der Siedlung bei Moskau, in der ich wohne, mit der üblichen Verspätung von vierundzwanzig Stunden die Tageszeitungen mit der Erklärung von Alexander Jakowlew ausgetragen. Ich wußte nicht, daß sich soeben etwas Schreckliches ereignet hatte, ich ging ruhig schlafen. Die Arbeit an diesem Buch nahm ich erst im Oktober 1991 wieder auf, denn nach dem Putsch hatte ich in meiner Zeitung alle Hände voll zu tun.

Siebentes Kapitel
Der Putsch

Aus meinem Tagebuch.
    19. August. Also ist es doch geschehen ... Mein Mann weckte mich am Morgen mit den Worten: »Wach auf, Kassandra, der Putsch ...« Ein gewisses Staatliches Komitee für den Ausnahmezustand hatte bekanntgegeben, daß Gorbatschow krank sei und seine Pflichten als Präsident nicht wahrnehmen könne. Schwachköpfe! Es war ihnen wohl nichts Besseres eingefallen. Die gleichen Worte wie im Herbst 1964, als Chruschtschow gestürzt wurde! Staatsoberhaupt ist Janajew. Außer ihm gehören Krjutschkow, Pugo und Jasow – die heilige Dreieinigkeit! – dem Komitee an, des weiteren Premierminister Pawlow, Tisjakow, Präsident des Verbandes staatlicher Betriebe, Baklanow, erster Stellvertreter des Vorsitzenden des Verteidigungsrates der UdSSR, und Starodubzew, Vorsitzender des Bauernverbandes. Diese »Plejade talentierter Persönlichkeiten« hatte uns Krjutschkow im Juni schon versprochen!
    Die »Dreieinigkeit« ist klar: KGB, Innenministerium und Armee. Janajew ist das Deckmäntelchen, er soll allem den Anschein der »Verfassungsmäßigkeit« geben: Der Vizepräsident ersetzt den Präsidenten, der ganz unerwartet schwer erkrankt ist, ausgerechnet am Vorabend der für den 20. August vorgesehenen Unterzeichnung des Unionsvertrages! Daß Pawlow dazugehört, ist auch klar: Nicht von ungefähr hatte er im Juni Sondervollmachten für sich verlangt! Baklanow und Tisjakow vertreten die »Verteidigungsindustrie«, den militärisch-industriellen Komplex. Und Starodubzew? Eine der üblichen sowjetischen Regeln: Ein »Vertreter des Volkes« muß dabeisein, dazu noch vom Land, einer, der sich für den Fortbestand der Kolchosen einsetzt. Interessant, daß Lukjanow nicht dazugehört. Hält er vielleicht dem Präsidenten die Treue? Oder zieht er, wie gewohnt, die Fäden hinter den Kulissen?
    Das Notstandskomitee gibt bekannt: Im Lande herrscht Chaos, die Ordnung muß wiederhergestellt werden, der Ausnahmezustand wird für sechs Monate verhängt, die Tätigkeit der politischen Parteien und Bewegungen ist suspendiert, die

Kontrolle über die Presse steht bevor. »Unter Mißbrauch der Freiheiten und unter Mißachtung der keimenden Demokratie sind extremistische Kräfte entstanden, die auf die Auflösung der Sowjetunion zusteuern.«[261] Der Schreck ist ihnen in die Glieder gefahren, daß sie ihr Eigentum verlieren!

Mich beschäftigen zwei Dinge. Erstens: Was geschieht mit meiner Familie, vor allem mit meiner Tochter Ljolka, wenn mir etwas zustößt. Daran will ich nicht denken. Zweitens: Wohin mit dem Manuskript? Es ist verrückt: Viele Jahre schreibe ich schon über den KGB, ich weiß, was von ihm zu erwarten ist, und habe doch nicht an ein Versteck gedacht! Mein Arbeitszimmer ist voll von Unterlagen, Dokumenten, Manuskripten, Büchern aus dem Westen. Ich stecke das Manuskript in die Tasche, vielleicht kann ich es heute den Abschreiberinnen geben und es dann – in Reinschrift – irgendwie in den Westen schmuggeln ... Und wenn es mir mißlingt? Na, dann soll es mißlingen ...

Zum zweiten Mal in diesem Jahr fange ich ein Tagebuch an, das erste Mal versuchte ich es vor sieben Monaten. Damals töteten die Tschekisten und die Militärs Menschen in Vilnius. Aber die Ereignisse scheinen weit weg, heute geschieht alles in nächster Nähe, vor unseren Fenstern. Soeben rumpelt an der Redaktion eine Panzerkolonne vorbei. Mit rasender Geschwindigkeit. Passanten springen auf die Fahrbahn, rufen den Soldaten etwas zu und drohen mit den Fäusten. Ein Panzer biegt absichtlich nach rechts ab und will einen Mann anfahren, im letzten Augenblick entkommt der den ratternden Raupen ...

Die Redaktion ist voller Menschen: Kollegen und Autoren. Jegor Jakowlew, mein Chefredakteur, ist nicht da. Er ist im »Weißen Haus« (das Parlamentsgebäude der Russischen Sowjetrepublik). Soviel wissen wir: Die Zeitung wird heute nicht erscheinen, in der Druckerei sind Soldaten mit Maschinenpistolen. Im CNN-Fernsehen sehen wir Panzerkolonnen über den Kutusow-Prospekt und den Gartenring rollen. Unserer Redaktion gegenüber, auf der anderen Seite des Puschkin-Platzes, neben dem ›Iswestija‹-Verlag stehen auch Panzer (oder Schützenpanzerwagen, da kenne ich mich nicht aus). Es sind Truppen der motorisierten Schützendivision Taman, einer Elite-Einheit. Die Soldaten erzählen, sie seien um fünf Uhr morgens geweckt worden, man habe ihnen befohlen, in Moskau

Studenten aufzugreifen, die sich weigern, in der Armee zu dienen.

Nachrichten aus dem »Weißen Haus«: Jelzin hat in einem Erlaß das Notstandskomitee für verfassungswidrig erklärt und dazu aufgerufen, dem Komitee den Gehorsam zu verweigern. Er rief in Gorbatschows Residenz in Foros auf der Krim an und erhielt zur Antwort, Gorbatschow sei nicht in der Lage, an den Apparat zu kommen. Daraufhin wollte er den Vizepräsidenten Janajew sprechen, der aber kam auch nicht ans Telefon, man sagte ihm, Janajew ruhe nach der schweren Nacht aus und habe gebeten, ihn nicht zu stören. Inzwischen sind bei Jelzin alle Telefone des Regierungsnetzes abgeschaltet.

Verhaftet sind Urashzew von »Stschit«, Telman Gdljan, Volksdeputierter, der als Untersuchungsführer die Korruption in den Chefetagen der Staatsmacht bekämpft hatte, und einige andere. Die Tschekisten nahmen Urashzew auf der Straße vor dem »Weißen Haus« fest, zerrten ihn unter den Augen der überraschten Passanten in ein Auto und preschten davon.

Rätselhaft bleibt, warum das Komitee Jelzin nicht festgenommen hat. Hat es ihnen an Geschick dazu gefehlt? Das bezweifele ich. Hatten sie Angst?

Um neun Uhr erschien Alexander Ruzkoi, der Vizepräsident der Russischen Föderation, im »Weißen Haus« und ordnete an, Maschinenpistolen an die Miliz auszugeben und das Gebäude der russischen Regierung unverzüglich unter Bewachung zu stellen. Ruzkoi ist Flieger, er kämpfte in Afghanistan und wurde dort mit dem Titel »Held der Sowjetunion« ausgezeichnet.

Zwei Uhr nachmittags. Mein Chef ist wieder da, er sagt, Jelzin sei sehr entschlossen, die Lage bleibe aber ernst. Unsere Zeitung werde heute nicht erscheinen, wir sollten Flugblätter hektographieren. Er sagte, daß jeder von uns selbst entscheiden solle, ob er in der Redaktion bleiben wolle oder nicht. Nicht ausgeschlossen, daß bewaffnete Miliz auch hier eindringt. Und überhaupt … Alle lächelten und blieben in der Redaktion. Einige Kollegen sind gar nicht erst gekommen.

Halb fünf Uhr nachmittags. Endlich die erste Meldung des Komitees, eine TASS-Meldung: Die unabhängigen demokratischen Zeitungen sind verboten, auch ›Moskowskije nowosti‹, die rechten Zeitungen – ›Prawda‹, ›Sowetskaja Rossija‹ und

›Krasnaja swesda‹ – dürfen weiter erscheinen. Den anderen Presseorganen steht eine »Neuregistrierung« im neuen Kontrollamt für Massenmedien bevor. Die Kollegen von ›Kommersant‹ kriegten sehr schnell heraus, daß weder sie noch wir einem Verbot entgehen werden.

Jemand, der seinen Namen nicht nennen wollte, rief Jegor über die Regierungsleitung an: »Du Hund, du wolltest mich fertigmachen. Schalte das Radio ein ...« Im Rundfunk werden – zum hundertsten Mal! – die Erlasse des Notstandskomitees verlesen. Jegor bleibt ruhig, er ist in seinem Element.

Soeben kommen Kollegen von der ›Iswestija‹ (die meisten schämen sich, daß ihre Zeitung nicht verboten ist). Sie erzählen, daß es in der Verlagsdruckerei zu einer Schlägerei gekommen sei. Die Setzer weigerten sich, ohne Jelzins Genehmigung an die Arbeit zu gehen. Der Chefredakteur Jefimow kehrte eiligst aus dem Urlaub zurück, stürzte in die Druckerei und brüllte die Leute an. Niemand weiß, wie alles endet. Über dieses Vorkommnis schrieb ich in unserem Flugblatt, in dem wir uns bei den Lesern entschuldigten, daß sie keine normale Ausgabe bekommen haben.

Ich rufe das Zentrum für öffentliche Arbeit beim KGB an, um zu erfahren, was man dort von den Ereignissen hält. Von der geheuchelten Perestroika-Höflichkeit keine Spur mehr, am anderen Ende der Leitung ist der Ton grob und überheblich. Was? Ihr wollt ein Interview? Schreibt eure Fragen auf eine Liste und steckt sie in den Kasten. Wir werden uns die Fragen ansehen ... Die Stimme verrät hämisches Grinsen.

Inzwischen wurde bekannt: Der Moskauer KGB hat den unabhängigen Sender Moskauer Echo verboten, Radio Rußland ist abgeschaltet, im Fernsehzentrum halten Tschekisten vor jedem Aufzug und vor jedem Studio Wache, um das Areal sind Panzer postiert, die Journalisten werden vor dem Eingang abgetastet. Die Kollegen von Westi, dem Informationsprogramm des russischen Fernsehens, seilen Geräte aus dem Fenster ab.

Wie kommt es, daß die Telefone bei uns nicht abgeschaltet sind und die internationale Leitung funktioniert? Wir werden von überall her angerufen und mit Informationen versorgt. Sherry Jones, die Leiterin der Washington Media Association, hat uns aus Washington erreicht, über Helsinki zwar, aber dennoch! Sie berichtet, daß man in Amerika die CNN-Programme verfolge und sich mehr Sorgen um uns mache als wir selber.

Sieben Uhr abends. Gekommen ist ein Freund, den ein Bekannter aus dem KGB angerufen hat: In Moskau sollen siebentausend Personen festgenommen werden, auch elf Journalisten aus unserer Zeitung. Ich und Natalja stehen auf der Liste. Welch eine Auszeichnung! Wir danken euch, Freunde, ihr habt unsere Arbeit nicht vergessen!

Nacht. Ich gehe zu einer Freundin. Nach Hause kann ich nicht: Der Kutusow-Prospekt und die Minsker Chaussee sind voller Panzer und Schützenpanzerwagen. Zu Hause ist alles ruhig.

20. August.

Seit dem frühen Morgen verfassen wir Flugblätter. Vor der Redaktion steht eine Schlange wie vor einem Lebensmittelgeschäft. Unsere Boten – Schüler – brauchen die Flugblätter gar nicht auszutragen, sie werden ihnen buchstäblich aus den Händen gerissen. In Moskau herrscht totaler Informationsmangel. Das Fernsehen zeigt das Ballett ›Schwanensee‹. CNN-Sendungen sind für »normale« Sowjetbürger unzugänglich. Die Flugblätter sind im Nu vergriffen. Die Leute ärgern sich, daß es zuwenig davon gibt, und verlangen, daß jeder nur ein Exemplar bekommt. Unsere Kopiergeräte arbeiten auf Hochtouren, aus dem Soros-Fonds haben wir zwei weitere Geräte bekommen. Inzwischen geht uns das Papier aus.

Ein Anruf: Nahezu das gesamte Personal des Moskauer KGB ist ausgeschwärmt, um die Straßen zu »observieren« und Kundgebungen zu verhindern. Viele KGB-Agenten haben sich vor dem russischen Parlament in die Menschenmenge gemischt, die die russische Regierung schützen will. Mit Provokationen ist zu rechnen.

Beim Chef versammeln sich die Redakteure von elf verbotenen Zeitungen, wir werden eine gemeinsame Untergrundzeitung herausbringen. Mit einer Druckerei in Tallinn ist bereits alles abgesprochen. Wir faxen Informationen der ›Moskowskije nowosti‹ nach Paris, New York, Berlin und Rom, für ›Liberation‹, ›New York Times‹, ›Repubblica‹ ... Warum sind unsere Fax-Geräte nicht abgeschaltet? Warum landen in Moskau Maschinen aus dem Ausland, warum werden die Züge in alle Teile der Sowjetunion und ins Ausland nach Fahrplan abgefertigt? Warum werden die Flugblätter nicht verboten, die unsere Jungen sogar auf die Panzer kleben? (»Die Panzer werben für ›Moskowskije nowosti‹ am besten«, scherzen wir in der Redaktion.) Ist das wirklich ein Putsch? Oder was ist es?

Jelzin unterzeichnet einen Erlaß, der ihn zum Obersten Befehlshaber der Armee erklärt. Jelzin zauderte lange, den Erlaß zu unterzeichnen, weil er Angst hatte, die Armee zu spalten.

Drei Uhr nachmittags. Ich fahre mit dem Auto durch die Stadt. Von gelegentlichen Staus abgesehen, ist der Verkehr normal. Vor dem Hauptpostamt stehen zwei Schützenpanzerwagen, das Tor zum Fernsehzentrum bewachen Soldaten der Luftlandetruppen, auf dem Gartenring rollen acht Panzer und zwei Schützenpanzerwagen an uns vorbei. Viele gepanzerte Fahrzeuge sind um das russische Parlament zusammengezogen.

Vier Uhr nachmittags. Der Platz vor dem »Weißen Haus« ist voller Menschen. Aus den Lautsprechern ist zu hören: »Siebente Kette antreten! Fünfte Kette zum Eingang acht!« Vorbereitungen auf einen Sturm, der schon in der nächsten Stunde losbrechen kann. Wir können nicht durch die Absperrkette.

»Frauen dürfen nicht herein!«

Andrej Makarow, ein in Moskau bekannter Rechtsanwalt, der uns begleitet, sagt: »Das sind keine Frauen. Das sind Journalistinnen.«

Wir haben weder Zeit noch Kraft, beleidigt zu sein. Unsere Flugblätter sind im Nu vergriffen. Aber nicht nur unsere.

Neun Uhr abends. Nachrichten lösen im Fernsehen die tanzenden Schwäne ab und kündigen das Ausgehverbot in Moskau ab zehn Uhr nachts an. Mein Chef hat angeordnet, daß alle die Redaktion verlassen. Sascha Schalganow, der verantwortliche Redakteur der ›Moskowskije nowosti‹, fährt mit den Stenotypistinnen weg, um eine Untergrundausgabe unserer Zeitung vorzubereiten; sie soll in Leningrad gedruckt werden. In der Redaktion von ›Kommersant‹ arbeitet man an einer gemeinsamen Ausgabe aller verbotenen Zeitungen. Unser Parlamentskorrespondent Wladimir Orlow ist im »Weißen Haus«. Meine Kollegen Natalja, Tatjana, Wladimir Gubarjow und ich haben beschlossen, diese Nacht in der Redaktion zu bleiben, wir müssen Material für die Untergrundausgabe vorbereiten und faxen.

21. August, 0.30 Uhr. Wir telefonieren mit dem »Weißen Haus« und erfahren, daß sich etwa vierzigtausend Leute vor dem Gebäude versammelt haben. Es regnet. Japanische Regenschirme werden verteilt. Irgendwo in der Nähe wird geschossen. Ob mit Platzpatronen oder scharfer Munition, weiß niemand. In der Unterführung unmittelbar vor der amerikanischen Botschaft sind Barrikaden aus Trolleybussen errichtet worden, um Panzern den Weg zu versperren. Ich rufe die Presseabteilung der US-Botschaft an und bekomme zur Antwort:

»Rufen Sie bitte das Außenministerium in Washington an. Wir erteilen keine Informationen.«

Ich: »Soviel uns bekannt ist, sterben in diesem Augenblick Menschen vor Ihren Fenstern.«

Antwort: »Rufen Sie bitte das Außenministerium in Washington an ...«

1.40 Uhr. Wieder ein Kollege aus dem Parlamentsgebäude am Apparat. Dort ist eine Ruhepause eingetreten, keine Schießereien. Die Militärs meinen, daß solche Operationen ihre eigenen Gesetze haben. Der nächste Angriff sei gegen vier Uhr morgens zu erwarten.

2.10 Uhr. Tatjana erwischt über das Regierungstelefon Gennadi Burbulis, Staatssekretär der Russischen Föderation. »Schlagt Alarm, Mädchen! Sagt allen: Die Putschisten sind dreist geworden! Überall stehen Panzer und Schützenpanzerwagen. Im Gebäude befinden sich etwa zweihundert Deputierte und sehr viele Journalisten. An alle haben wir Maschinenpistolen verteilt.« Auf die Frage: »Wo ist Jelzin?« antwortet Burbulis: »Jelzin ist hier.«

Das ist das Ende! Wir entkorken eine Flasche Kognak und trinken auf all das Gute, das gewesen ist. Auch auf unsere Zeitung. Mir tun unsere Fax-Geräte und Computer leid. Wenn die OMON-Leute kommen, schlagen sie alles kurz und klein. Und was ganz bleibt, stehlen sie. Ich faxe an Freunde in die Vereinigten Staaten: »Kümmert euch um meine Tochter, falls mir etwas zustößt.« Die Mitteilung kommt nicht durch. Aber die Fax-Verbindungen im Inland funktionieren immer noch. Alle fünfzehn Minuten schickt Igor Koroljow unsere Informationen an die ›Kommersant‹-Redaktion.

2.47 Uhr. Wir rufen wieder Burbulis an. Er sagt: »Ich telefonierte mit Jasow und Janajew. Sie sagten mir, daß sie für die

Vorgänge keine Verantwortung übernähmen, die Politiker Rußlands seien an allem schuld … Eben kommt Eduard Schewardnadse herein …«

Über die Regierungsleitung rufe ich den Empfang von Jasow an.

Ich: »Uns liegen Informationen vor, denen zufolge Marschall Jasow ein Rücktrittsgesuch eingereicht haben soll.«

Der Diensthabende am Empfang, ein Major (seinen Namen murmelte er, so daß ich ihn nicht verstand): »Das höre ich zum ersten Mal. Von Ihnen.«

Ich: »Es wird gesagt, Jasow sei erkrankt.«

Major: »Das höre ich zum ersten Mal. Von Ihnen.«

Als Natalja gestern das Verteidigungsministerium angerufen hatte, bekam sie zu hören: »Mit einer solchen Zeitung wie Ihrer wollen wir überhaupt nicht reden.« Am Empfang von Pugo schwieg das Telefon. Bei Krjutschkow wollten wir es erst gar nicht versuchen. Nicht, daß wir Angst hatten, aber die Zeitung ist verboten, das Ausgehverbot ist verhängt, ihnen könnte sonstwas in den Kopf kommen …

3.45 Uhr. Wieder ein Telefongespräch mit Burbulis. Er sagt: »Soeben sind Informationen eingegangen, daß die Witebsker Luftlandedivision des KGB auf Moskau marschiert. Ich rief Krjutschkow an, zunächst stritt er alles ab, meinte dann aber, er werde nach dem Rechten sehen.«

»Wo ist Jelzin?«

»Jelzin ist immer noch hier.«

4.30 Uhr. Wie Burbulis erfahren hat, marschiert die KGB-Division auf Moskau. Gewisse Truppenteile werden vom Parlamentsgebäude abgezogen. Burbulis: »Einige Panzerfahrzeuge fahren weg, dafür kommen neue.«

5.25 Uhr. Burbulis: »Keine Truppenbewegungen mehr. Eine Wende scheint eingetreten zu sein. Wir werden sie vor Gericht stellen.«

Früher Morgen. Die Kollegen, die an der Untergrundzeitung gearbeitet haben, sind zurück. Wir machen das Flugblatt ›Chronik einer Blutnacht‹ fertig. Vor der amerikanischen Botschaft sind drei Menschen ums Leben gekommen. Alexander Machow, der Zeuge war, diktiert in die Schreibmaschine: »Drei Schützenpanzerwagen rollen heran. Eine Barrikade aus sechs Trolleybussen und zweitausendfünfhundert Leute versperren ihnen den Weg. Die Menge entfaltet ein Plakat: ›Verbrüderung!‹ Zwei Schützenpanzerwagen halten. Das dritte Fahrzeug – Nr. 536 – will weiterfahren, aber die Leute umringen es. Der Schützenpanzerwagen rammt die Barrikade. Mehrere Menschen klettern auf das Fahrzeug. Es fährt wieder an, zwei Personen geraten unter die Raupen. Eine Masse aus Blut und Fleisch. Ich stehe etwa zehn Meter weiter weg. Die Menge ist aufgebracht, sie bitten die Bewohner der umliegenden Häuser um leere Flaschen und füllen sie mit Benzin. Das Panzerfahrzeug wird in Brand gesteckt. Die Besatzung springt heraus und beginnt zu schießen, einem jungen Mann wird der halbe Schädel weggerissen ...«

21. August, abends. Nun ist alles vorbei. Die Putschisten sind hinter Schloß und Riegel. Schrecklich sieht Gorbatschow aus mit den violetten Säcken unter den Augen. Soeben ist er mit seiner Familie aus Foros nach Moskau zurückgebracht worden.

In der Redaktion küssen sich alle, beglückwünschen sich.

Am nächsten Morgen stellt sich heraus, daß unsere Stenotypistin Anja Oreschetschkina und die technische Redakteurin Natascha Senina von der Miliz festgenommen wurden, als sie in der Nähe des Lubjanka-Platzes unsere Flugblätter klebten. Um neun Uhr erließ das Notstandskomitee die letzte Verfügung, wonach die Verbreitung »aufrührerischer Flugblätter« verboten war. Bevor die Milizionäre Anja und Natascha entließen, baten sie sie um ein Flugblatt zur Erinnerung – obwohl die Verfügung dafür die Festnahme von dreißig Tagen oder eine Strafe von tausend Rubel vorsieht.

Mittags fuhr ich nach Hause, um ein paar Stunden zu schlafen. Meine dreijährige Tochter Ljolka begrüßte mich mit den Worten: »Hast du schon die Junta besiegt, Mama?« Mir war nach Weinen zumute. Was für ein Land ist das, wo dreijährige Kinder in ihrem Wortschatz das Wort »Junta« haben?

Wladimir Dudnik, Generalmajor der Reserve und Militärberater der Kommission für den Notstand im Moskauer Stadtsowjet, ist nicht allzu optimistisch: »Gewiß, die Divisionen Taman und Kantemirowka ziehen wieder ab. Aber heute früh ist nicht weit von Moskau eine Luftlandedivision aus Moldowa unter Generalmajor Wostrotin (der sich im Afghanistan-Krieg hervorgetan hatte) eingetroffen. Die Division landete vorgestern in Kubinka. Generalmajor Gratschow brachte die Division auf der Minsker Chaussee zum Stehen. Gegenwärtig ist sie vor Moskau bei Odinzowo konzentriert und bleibt vorerst eine ernste Gefahr: zehntausend Mann auf modernen, schnellen Fahrzeugen. Die meisten Offiziere haben Afghanistan- und Tbilissi-Erfahrungen ... Diese Division allein reicht aus, Moskau niederzuwalzen.« Wostrotin erklärte, er werde nur die Befehle seines Kommandos ausführen, nicht aber die des russischen Präsidenten, den er als seinen Befehlshaber nicht anerkenne. Die Division wird von einer Gruppe von Deputierten der Russischen Föderation und des Moskauer Stadtsowjets kontrolliert.

Als Dudnik dem Kommandeur des Vorausregiments, Oberstleutnant Prudtschenko, Jelzins Erlaß aushändigen wollte, sagte der: »Niemand bringt mich davon ab, Leute wie Sie niederzuwalzen oder zu erschießen ...«

Dudnik zufolge stehen dem KGB nach wie vor mehrere Luftlande- und Sturmeinheiten zur Verfügung, außerdem eine »Speznas« der Ersten (Haupt-)Verwaltung, deren Stärke nicht bekannt ist. Diese Leute sind dazu verdammt, dem System die Treue zu halten, sie können jederzeit eingesetzt werden.

»Wir dürfen nicht vergessen, daß rund um Moskau viele Truppenteile, darunter auch Sondereinheiten, liegen«, warnt Dudnik. »In Golizyno sind zwar Raketentruppen stationiert, aber einige Einheiten können ohne weiteres sofort eingesetzt werden. Außerdem befinden sich in Odinzowo und Golizyno die Militärschulen des Innenministeriums und des KGB. Wie die Division »Felix Dzierżyński« zu den Vorgängen steht, weiß niemand. Solange sie nicht alle auf den Präsidenten Rußlands vereidigt sind, stellen sie eine potentielle Gefahr dar. Heute gilt der Befehl des Kommandeurs mehr als der Eid.« Wird Dudnik mit seinem Pessimismus recht behalten?

Zehn Uhr abends. Die erste Pressekonferenz Gorbatschows nach dem Arrest in Foros. Er ist unvorsichtig: »Ich werde Ihnen ohnehin nicht die ganze Wahrheit sagen.« Er tut mir im Augenblick leid. So etwas wünsche ich nicht einmal meinem Feind. Dabei ist er, Gorbatschow, für den Alpdruck der letzten Tage verantwortlich. Und die drei ermordeten jungen Männer hat er auch auf dem Gewissen ...

Heute ist der 21. August, der 23. Jahrestag des Einmarsches

der sowjetischen Truppen in Prag. Das Regime hat den Jahrestag nach »bester« Tradition begangen: mit Leichen und Blut ...

Diese Zeilen schreibe ich bereits Ende November 1991. Gorbatschow hatte recht: Die ganze Wahrheit über die Ereignisse im August werden wir wahrscheinlich niemals erfahren. Jedenfalls vorläufig nicht.

Sonderbar, daß Informationen die Eigenschaft haben durchzusickern. Wer Ohren und Augen hat, der hört und sieht so manches. Da müssen mitunter die Quellen der »durchgesikkerten« Informationen eine Zeitlang ungenannt bleiben.[262] Der Leser, so hoffe ich, wird mich verstehen.

Meine Sicht der Dinge, meine Version, hat sich bestätigt. Bis ins Detail sogar. Das Komitee für Staatssicherheit und sein Vorsitzender, Armeegeneral Krjutschkow, war, wie Gorbatschow sich ausdrückt, die »Haupttriebkraft und Haupttriebfeder« des Putsches.[263]

Alles fing im Dezember 1990 an, genauer: am 9. Dezember, drei Tage vor der aufsehenerregenden Erklärung des KGB-Vorsitzenden im Zentralen Fernsehen der Sowjetunion, von der ich im ersten Kapitel berichtete.

An jenem Tag lud Krjutschkow Generalmajor Wladimir Shishin, den stellvertretenden Leiter der Ersten (Haupt-)Verwaltung und früheren Leiter des Sekretariats des KGB-Vorsitzenden, seinen Vertrauensmann also, und Oberst Alexej Jegorow, im Dezember 1990 Referent von Generalleutnant Viktor Gruschko, dem Leiter der Zweiten (Haupt-)Verwaltung und späteren ersten Stellvertreter des KGB-Vorsitzenden, zu sich ein.

Krjutschkow beauftragte Shishin und Jegorow, ein Papier über vordringliche Maßnahmen zur »Stabilisierung« des Landes für den Fall der Verhängung des Ausnahmezustands zu entwerfen.

Sie führten den Auftrag aus. In diesem Geheimpapier warnten sie, daß ein Ausnahmezustand negative Reaktionen bei einem Teil der Bevölkerung auslösen werde.

Im Januar 1991 wurde der erste Versuchsballon gestartet: in Vilnius. Es lief nicht alles nach Plan, weshalb Krjutschkow seinen ersten Stellvertreter Bobkow feuerte.

Im März, noch bevor der Kongreß der Volksdeputierten

Rußlands begann, marschierten Truppen in Moskau ein, mehrere Hunderttausend Moskauer gingen auf die Straße. Im März ergriff Krjutschkow drei Maßnahmen: Er ließ sich drei Armeedivisionen geben und unterstellte die KGB-Verwaltung der Stadt und des Gebiets Moskau, die den Behörden der Hauptstadt unterstand, dem Zentralapparat des KGB (Geheimbefehl Nr. 0036 vom 19. März 1991). Außerdem wurden in der Verwaltung Schutz der verfassungsmäßigen Ordnung operative Sondergruppen gebildet, deren Aufgaben vorerst unklar blieben.

In den darauffolgenden vier Monaten wurde Gorbatschow intensiv bearbeitet, der wie immer nach einer Kompromißlösung suchte: Er wollte das Land »zur Räson bringen«, aber auch sein Gesicht im Westen (und die zugesagten Kredite) nicht verlieren. Der KGB wartete nicht untätig ab.

Im Winter und Frühjahr, als Präsident Gorbatschow und Premierminister Pawlow den Wortlaut der öffentlichen Erklärungen des KGB-Vorsitzenden übernahmen, stellten die Tschekisten buchstäblich das ganze Land »unter Observierung«.

Schon seit 1989 wurden die Untersuchungsführer und Volksdeputierten Telman Gdljan und Nikolai Iwanow bespitzelt, weil sie öffentlich Gorbatschow der Korruption bezichtigten. Die Telefone fast aller Mitglieder der oppositionellen Zwischenregionalen Deputiertengruppe wurden an das Abhörnetz angeschlossen, was mehr als zweihundert Personen betraf, und Hunderte, ja Tausende Telefongespräche der Deputierten aller Ebenen aufgezeichnet.

Man hörte sie im Büro, in der Wohnung und auf der Datscha ab. Der KGB verwendet ein besonderes System, das auf bestimmte Worte und Wendungen reagiert und automatisch die Nummer des Telefons registriert, früher beispielsweise auf »Nieder mit der KPdSU«, in den Augusttagen auf »Putsch«, »Panzer«, »KGB«.[264]

Einige bekannte Politiker wie etwa Juri Afanassjew oder Galina Starowoitowa wurden von Zeit zu Zeit unter »äußere Observierung« gestellt. Im Sprachgebrauch des KGB hieß das »Tiefenbearbeitung«. Die Geheimberichte über Politiker wurden in zwei Exemplaren angefertigt, das Original blieb im operativen KGB-Archiv, den Durchschlag bekamen die ZK-Sekretäre, die nicht selten solche Informationen bestellten. Diese »Dokumente des KGB der UdSSR« wurden Ende August sichergestellt, als die neuen Behörden die Parteizentrale auf dem Alten Platz versiegelten.

Der KGB zapfte nicht nur die Leitungen der Oppositionellen an, sondern auch die Telefone der Friseuse von Raissa Gorbatschowa und der Tennistrainerin von Boris Jelzin, der übrigens regelrecht umstellt war: Man hörte seine Töchter ab, machte sogar die Sauna, die der russische Politiker gern besuchte, »durchsichtig«.

Wer wurde noch abgehört? Der russische Vizepräsident Alexander Ruzkoi, der russische Premier Iwan Silajew, der Vorsitzende des russischen Obersten Sowjets Ruslan Chasbulatow, der russische Staatssekretär Gennadi Burbulis, der Moskauer Oberbürgermeister Gawriil Popow, der russische Presse-Minister Michail Poltoranin, Wadim Bakatin, ehemaliger Innenminister und Mitglied des Präsidentschaftsrates, der Außenminister (bis Dezember 1991) Eduard Schewardnadse, Alexander Jakowlew, der »Vater der Perestroika«, Iwan Laptew, Vorsitzender einer Kammer des Obersten Sowjets der UdSSR. Diese Liste ist bei weitem nicht vollständig. Ich beschränke mich lediglich auf die Namen aus dem Bericht der Staatlichen Kommission zur Untersuchung der KGB-Tätigkeit, der beiden Präsidenten – Gorbatschow und Jelzin – vorgelegt wurde.

Der KGB machte vor nichts halt. Ein zuverlässiger Informant sagte mir, daß man im Panzerschrank von Valeri Boldin, dem berüchtigten Sekretär des sowjetischen Präsidenten, ein Tonband fand (gegenwärtig befindet es sich in der russischen Staatsanwaltschaft), das auch die intimsten Gespräche der Politiker festhielt.

Krjutschkow traute niemandem, nicht einmal seinen Komplizen während des Putsches: Er ließ auch die Leitungen von Janajew, Lukjanow und dem ZK-Sekretär Dsassochow anzapfen ... Das widerlegt die Behauptung, die Tschekisten hätten die Partei-Nomenklatura nicht bespitzelt. Im Gegenteil.

Die Beziehungen zwischen dem KGB-Vorsitzenden und dem Präsidenten der UdSSR sind unklar. Die Untersuchungskommission besitzt ein Dokument von Krjutschkow: »Angesichts der fortwährenden feindseligen Tätigkeit des ehemaligen KGB-Generals Oleg Kalugin, die der Staatssicherheit Schaden zufügt und die Beziehungen der UdSSR zu anderen Ländern unterhöhlt, muß der gemaßregelte General ›tiefenbearbeitet‹ werden.« Und weiter: »Der Präsident ist informiert, seine Zustimmung liegt vor.«[265] Ich würde gern wissen, ob Gorbatschow auch der Bespitzelung Jakowlews und Schewardnadses zustimmte. Vielleicht ist der Zusatz in diesem Dokument eine Fälschung, eine rettende »Hintertür«.

Ende November 1991 interviewte der Journalist Juri Stschekotschichin den sowjetischen Präsidenten. Das Gespräch berührte auch die Ereignisse vor dem Putsch. Der Journalist nannte Gorbatschow einige Persönlichkeiten, deren Telefone angezapft waren, darunter Jakowlew, Schewardnadse und Lukjanow. Gorbatschow war sehr erstaunt: »Was, auch ihn hat man abgehört?« Dabei hatte er zwei Wochen vor dem Interview den Bericht über die Tätigkeit des KGB während des Putsches erhalten, wo die erwähnten Personen verzeichnet waren. Hatte Gorbatschow keine Zeit, den Bericht zu lesen? Im Gegenteil, er hatte ihn gelesen, denn er bat, diese Namen aus dem Bericht der Kommission zu streichen ...

Hörte der KGB die Leitungen Gorbatschows ab? Davon bin ich überzeugt, obwohl meine Gesprächspartner es vorziehen, seinen Namen nicht zu nennen.

Krjutschkow wußte alles über den Präsidenten und hatte genügend Möglichkeiten, auf Gorbatschow Druck auszuüben. Er trichterte Gorbatschow erfolgreich ein, daß nur entschlossene, außerordentliche Maßnahmen gegen die »destruktiven« Kräfte die Sowjetunion vor einem Zusammenbruch bewahren können. Dem Präsidenten wurde suggeriert, seine einzige Stütze seien selbstverständlich der KGB und die Armee.

Für die Bespitzelung des Präsidenten hatte der KGB einen Überwachungsdienst, der genug Informationen über Gorbatschows Privatleben lieferte, die Unterlagen beweisen dies (sie werden übrigens geheimgehalten).

Nach Kalugin arbeiteten allein in der Ersten Abteilung des Überwachungsdienstes (ehemalige Neunte Verwaltung) fünfzehnhundert Leute, die sowohl die Familie des Präsidenten und der anderen hochgestellten Persönlichkeiten als auch deren Umgebung bespitzelten. In dieser Abteilung waren Reinemachfrauen, Dienstmädchen, Köche, Fahrer, Gärtner und andere tätig.

Wenn auch eine Reinemachfrau den Präsidenten kaum ernsthaft beeinflussen konnte, so gab es dafür genug Leute aus seiner nächsten Umgebung, zum Beispiel Boldin, ohne dessen Zustimmung kein Fetzen Papier auf den Schreibtisch des Präsidenten gelangte, oder Kobjakow, der früher die Zweite Abteilung der Fünften KGB-Verwaltung leitete, und viele andere.

Meinen Informationen zufolge stützte sich Krjutschkow auf die Erste (Haupt-)Verwaltung, wo ihm ergebene Leute arbeiteten. Ihnen oblag die heikle Bespitzelung der führenden Politiker, Gorbatschow eingeschlossen. Sie fanden bei ehemaligen oder noch tätigen Agenten, die jetzt in der Umgebung des Präsidenten arbeiteten, Hilfe und Unterstützung. Deshalb wohl mußte der Leiter der Ersten Verwaltung, Leonid Schebarschin, den Hut nehmen. An dieser Stelle möchte ich erwähnen, daß solche Informationen und die Namen einiger Leute, die inzwischen wichtige Posten erhielten (und vielleicht immer noch am »Haken« des Geheimdienstes hängen), mir aus höchst zuverlässigen Quellen bekannt sind.[266] Wird die Untersuchung, wird das Gericht diese Namen nennen? Da habe ich wenig Hoffnung. »Ich werde Ihnen ohnehin nicht die ganze Wahrheit sagen«, warnte der Präsident.

Gorbatschow fuhr, wie offiziell mitgeteilt wurde, nach Foros, auf die Krim, um sich zu erholen. Am 5. August traf sich Krjutschkow zum ersten Mal mit den künftigen Mitgliedern des Staatlichen Komitees für den Ausnahmezustand in einem KGB-Hotel. Solche Treffen gab es bis zum 17. August. Man arbeitete an den Putschplänen. Mit den strategischen Aspekten des Putsches befaßte sich Garde-Generalmajor Pawel Gratschow, Kommandeur der Luftlandetruppen und Held des Afghanistan-Krieges. Derselbe Gratschow, der später – zu aller Überraschung – beinahe zum Helden der drei Augusttage wurde und danach als erster Stellvertreter des Verteidigungsministers amtierte ...

Am 15. August wies Krjutschkow den Leiter der Zwölften Abteilung, Kalgin, und den Leiter der Verwaltung Regierungs-Fernmeldewesen, Beda, mündlich an, das Leitungsnetz der Regierung zu überwachen. Sein erster Stellvertreter, General Agejew, beriet auf einer Sondersitzung über die Durchführung der »Abhörkontrolle«.

Am Sonnabend, den 17. August, informierte der KGB-Vorsitzende seine Stellvertreter und die Leiter der Verwaltungen von der bevorstehenden Verhängung des Ausnahmezustands.[267] Niemand widersprach ihm.

Am 17. August waren die Sondereinheiten A-7 (diese Einheiten, auch unter dem Namen »Alpha« bekannt, hatten im Januar 1990 das Fernsehzentrum Baku gesprengt und im Januar 1991 das Fernsehzentrum Vilnius erstürmt) und die Sondereinheiten der Ersten (Haupt-)Verwaltung, die Gruppe »Kaskad« und das selbständige Lehrregiment (gelegentlich als »Gruppe B« bezeichnet), in erhöhte Gefechtsbereitschaft versetzt worden. Sie wurden von ihren Basen bei Moskau in die Hauptstadt verlegt und im Dzierżyński-Klub untergebracht. Manchen Informationen zufolge sollte A-7 Jelzin festnehmen.

Am 18. August flog eine Delegation nach Foros und wollte Gorbatschow überreden, einen Erlaß über die Verhängung des Ausnahmezustands zu unterzeichnen oder aber seine Vollmachten dem Vizepräsidenten Janajew zu übertragen. Der Delegation gehörten an: Valeri Boldin, der das Sekretariat des Präsidenten leitete und einer der einflußreichsten Männer in der Umgebung von Gorbatschow war (er war zehn Jahre sein Berater); Oleg Baklanow, der Gorbatschow im Verteidigungsrat vertrat; Valentin Warennikow, Oberbefehlshaber des Heeres im Verteidigungsministerium; Generalleutnant Juri Plechanow, Leiter des KGB-Überwachungsdienstes (außer Gorbatschow war nur er befugt, Fremde in die Datscha in Foros vorzulassen); sowie Oleg Shenin, Mitglied des Politbüros des ZK der KPdSU. (Sie alle wurden nach dem Scheitern des Putsches festgenommen.)

Um 17 Uhr 50 ließ Beda alle Telefone Gorbatschows, einschließlich der strategischen und Satellitenverbindungen, abschalten. Sein Befehl lautete: »Die Leitungen von Moskau, Kiew, Sewastopol und Simferopol nach Jalta und Foros sind auf manuelle Bedienung umzuschalten.« »Manuell«, also nur per Vermittlung der Telefonistinnen.[268] Am 19. August waren dann auch alle Sonderleitungen bei Jelzin und Silajew gekappt. Das KGB-Regiment von Sewastopol sperrte Gorbatschows Datscha von der Landseite und eine Gruppe Küstenschiffe, die Plechanow und seinem Stellvertreter Generalow direkt unterstellt war, von der Seeseite ab.[269] Der Präsident stand unter Hausarrest, seine Leibwächter schützten ihn. (Ge-

227

gen wen?) Der Leiter der Leibwache, General Wladimir Medwedew (bei seinen Kollegen hieß er Onkel Wolodja), verließ seinen Präsidenten und flog nach Moskau ...

Am selben Tag wurde auch die Fünfzehnte KGB-Verwaltung (»Bunker-Verwaltung«) in Gefechtsbereitschaft versetzt. Dieser Verwaltung unterstehen die unterirdischen Anlagen, nach Aussagen mancher Tschekisten auch die Verbindungstunnel zwischen den wichtigsten staatlichen Einrichtungen, dem KGB-Sitz am Lubjanka-Platz und der Parteizentrale auf dem Alten Platz, ein unterirdischer Flugplatz, ein Bunker für die Nachrichtenagentur TASS sowie Arbeits- und Schlafräume für hochgestellte Persönlichkeiten. Die »Bunker-Verwaltung« war für den persönlichen Schutz der Putschisten verantwortlich.[270] Sie hat versagt.

In der Verwaltung Schutz der verfassungsmäßigen Ordnung wurden operative Einsatzgruppen gebildet, sie sollten alle Personen, die – wie es in einem chiffrierten Schreiben hieß – »fähig waren, die Leute aufzuwiegeln«, festnehmen und internieren.[271] Diesen Auftrag erhielt auch die Moskauer KGB-Verwaltung. Dreihunderttausend Haftbefehle lagen schon gedruckt vor, man brauchte nur noch die Namen einzutragen.[272] Die Haftbefehle trugen die Unterschrift von Generaloberst Nikolai Kalinin, der den Moskauer Militärbezirk befehligte und (nach Verhängung des Ausnahmezustands) Kommandant von Moskau war.[273] Die Tschekisten sollten zusammen mit der Armee die wichtigsten Objekte besetzen: die Staatsbank, die Staatsmünze, den Staatsschatz, das Fernsehen, die Telefon- und Telegrafenämter.[274]

In dem Telegramm Nr. 14555 befahl General Prilukow die Bildung eines Einsatzstabs. Seine Aufgabe war, »alle Handlungen bei der Abwehr gegnerischer Wühl- und Sabotageaktionen, die auf Objekte der Industrie, des Transport- und Fernmeldewesens und lebenswichtige Betriebe gerichtet sind, zu verstärken sowie besondere Vorkommnisse, Sabotageakte, alle Arten der Schädlingstätigkeit und gesellschaftsfeindliche Aktionen zu verhindern«. Prilukow veranlaßte Kitschichin zufolge eine »verstärkte Einsatzvariante« für die nichtstaatlichen operativen Gruppen und die Sondereinheit »Wolna«, sie sollten bis zur »Sonderverordnung aus dem Zentrum« gefechtsbereit bleiben.

Die Tschekisten saßen nicht untätig da, sie gingen auf die Straßen und Plätze und mischten sich unter die Verteidiger des »Weißen Hauses«. Sie bekamen Unterstützung von Offizieren aus der Hauptverwaltung Aufklärung des Verteidigungsministeriums und von Mitarbeitern der Diplomatischen Akademie des Generalstabs, die am 19. August den Befehl bekamen, Zivilkleidung anzulegen und Informationen über die »Meuterer« und »Rädelsführer« auf den Kundgebungen und bei den Barrikaden zu sammeln.[275] Die Hauptverwaltung Aufklärung wurde außerdem beauftragt, die Arbeit der unabhängigen Sender zu »unterbinden«.

Sondergruppen wurden auch in der Dritten (Haupt-)Verwaltung (militärische Abwehr) gebildet. Sie erhielten Handfeuerwaffen und Dienstreiseaufträge ohne Angabe des Reiseziels. Einige Leute aus diesen »Sondergruppen« wurden später in Vilnius und Riga entdeckt.[276]

In der Nacht vom 18. zum 19. August unterzeichneten die Putschisten das berüchtigte Dokument über Gorbatschows Erkrankung und die Verhängung des Ausnahmezustands. Dann tranken sie, manche unmäßig. Nur Krjutschkow blieb nüchtern.

Die darauffolgenden Ereignisse sind bekannt. Die Gruppe A-7 sollte Jelzin festnehmen. Sie nahm ihn nicht fest. Sie sollte das »Weiße Haus« stürmen. Sie stürmte es nicht. Sie sollte siebentausend Personen abtransportieren. Sie tat es nicht.

Die ganze Welt begrüßte den Sieg der Demokratie. Das Land erlebte eine kurze Euphorie – und verfiel wieder in Depression. Bald schienen nur noch die Journalisten der Frage nachzugehen, wer die Regie führte in der August-Inszenierung, deren Akteure wir alle waren, ohne daß wir uns dessen bewußt geworden sind. Auch war nicht klar, ob es sich um die Premiere oder nur um die Generalprobe gehandelt hatte.

Was war geschehen? Warum ging dem Putsch, den der KGB ein Jahr lang sorgfältig vorbereitet hatte, so schnell, an einem einzigen Tag, denn am 20. August waren die Putschisten bereits die Verlierer, der Atem aus? Warum verwandelten sich die Putschisten in ein klägliches, kraftloses Häuflein gebrochener und erschreckter Leute, die noch gestern so selbstsicher aufgetreten waren? Haben sie Jelzins Popularität unterschätzt? Möglicherweise, obwohl er ihnen in den letzten Jahren bewiesen hatte, wie beharrlich er sein konnte. Haben sie vergessen, daß das Land im August 1991 ganz anders war als 1985? Auch dies ist möglich, obwohl eine improvisierte Umfrage am 20. August folgendes Bild ergab: Zweiundfünfzig Prozent der russischen Bevölkerung unterstützten Jelzin, die meisten von ihnen sahen in ihm den führenden Politiker Rußlands und nicht die Verkörperung einer abstrakten Idee der Freiheit, wie es in Osteuropa der Fall gewesen war. Achtundzwanzig Prozent sprachen sich für das Notstandskomitee aus. Zwanzig Prozent nahmen die Ereignisse gleichgültig auf. In den meisten Kleinstädten und Dörfern Rußlands merkten die Leute nichts von dem Putsch, weil sie nach Salz und Streichhölzern Schlange standen. »Was sich da in Moskau tut, geht uns nichts an.«[277] Mit einer solchen Meinung der Bevölkerung läßt sich jede beliebige Staatsordnung errichten.

Die Popularität Gorbatschows war längst fast auf den Nullpunkt gesunken. Die Intellektuellen, die seine Kompromisse und Winkelzüge satt hatten, und die in den Perestroika-Jahren völlig verelendete Bevölkerung hätten sich für ihn nicht eingesetzt. Die Putschisten versprachen in ihrer ersten Verordnung, den Kampf gegen »Mißwirtschaft und Verschwendung von Volksvermögen« aufzunehmen, die Preise einzufrieren, die Löhne zu erhöhen, jedem Städter fünfzehnhundert Quadratmeter zur Nutzung zu übergeben. Das war nicht wenig, an diese fünfzehnhundert Quadratmeter Ackerland denken heute noch viele.

Eine weitere Überlegung: War die Tapferkeit der Moskauer so groß und waren mithin die Tschekisten unfähig, da sie es bislang gewohnt waren, in einer Atmosphäre von Angst und Schrecken gegen das Volk vorzugehen? Dies ist vielleicht teilweise richtig.

In jener Nacht vom 20. zum 21. August 1991 schliefen fast alle neun Millionen Bewohner Moskaus. Die Fenster waren dunkel. Etwa vierzigtausend (nach anderen Angaben siebzigtausend) vorwiegend junge Menschen schickten sich an, das »Weiße Haus« zu verteidigen. »Unsere Agenten befanden sich unter den Verteidigern des russischen Parlaments und im Parlamentsgebäude. Nachts inspizierten wir alle Barrikaden. Ehrlich gesagt, das waren ›Spielzeugfestungen‹, die sich ohne Mühe stürmen ließen … Meine Jungs sind praktisch unverwundbar. Alles hätte höchstens eine Viertelstunde gedauert«, meinte später Generalmajor Karpuchin, der die A-7 befehligte.[278] Hätte es viel Blut gegeben und viele Menschenleben gekostet?

Als in Vilnius der Sturm auf das Fernsehzentrum beginnen sollte, marschierte »Alpha« mitten durch eine Ansammlung von etwa fünftausend Menschen, ohne einen einzigen Schuß abzugeben. Wer in Litauen starb, war ein Opfer linkischer und sinnloser Handlungen der Soldaten, wie in Moskau später auch. (Das Blut der Litauer haben die »Alpha«-Leute dennoch auf dem Gewissen.) Die Erstürmung des russischen Parlaments war eigentlich nicht nötig. Um Jelzin und seine Mannschaft auszuschalten, hätten die »Sondertruppen« gereicht, die im »Weißen Haus« waren oder zu seiner Bewachung gehörten.

Erklärt sich das Scheitern des Putsches aus dem allgemeinen Verfall des Systems, der zur Unentschlossenheit des Notstandskomitees und zur Zersetzung des KGB führte? Wieder sage ich: Das ist nur ein Teil der Wahrheit.

Der KGB ist unheilbar krank wie der ganze Organismus des totalitären Regimes. Dafür gibt es viele Beweise. Hier einige kurze Auszüge aus den Unterlagen einer »Sonderuntersuchung« und aus Briefen von Mitarbeitern der Gebietsverwaltung Rostow an die übergeordneten Instanzen in Moskau.

»Aus dem Arbeitsraum der Untersuchungsabteilung hat ein Ausländer geheime Unterlagen, darunter verschlüsselte Telegramme, gestohlen ... Der Fremde schlich sich in das Gebäude der KGB-Verwaltung, brach die Panzerschränke auf und verschaffte sich Zugang zu vertraulichem Material. Wie sich herausstellte, war es ein Betrunkener ... Eine Sondergruppe des Innenministeriums der UdSSR nahm den Leiter der KGB-Stadtverwaltung Asow fest, der im Süden mit einem gefährlichen Mörder Urlaub machte ... Moschkarenko, ein Mitarbeiter der Abteilung, unterhielt nicht genehmigte Kontakte zu einem Ausländer, bekam von ihm importierte Heimelektronik-Geräte, die er zu spekulativen Preisen weiterverkaufte, er gab ihm dafür Unterlagen und verriet ihm seine Zugehörigkeit zum KGB ... Wassilzew, ein anderer Mitarbeiter der Abteilung, informierte ein Objekt der Observierung (einen Mafioso, J.A.), daß sich die KGB-Organe für ihn interessieren ... Krawtschenko, Leiter der Abteilung Regierungs-Fernmeldewesen, verkaufte zu spekulativen Preisen mehr als eine Tonne Benzin und Schmieröl aus Dienstbeständen. Das Geld brauchte er, wie er gestand, um eine Kommission aus dem Zentralapparat des KGB bewirten zu können ...« Und so weiter, und so fort.

Es bedarf keiner Erklärung, daß die Denunziation zur Regel in den Beziehungen zwischen den KGB-Mitarbeitern geworden ist; auch die »Bewirtung« und Beschenkung der Obrigkeit war üblich. (Die Gerüchte wollen wissen, daß Krjutschkow keine Geschenke von seinen Untergebenen annahm und das System der »Beschenkung« beseitigen wollte.) Daß der KGB krank ist, steht außer Frage. Bekanntlich leben Krebskranke, solange ihr Herz das Blut im Organismus bewegt. Der KGB ist das Herz des Systems, transportiert Gift in den Kreislauf, klammert sich an das Leben und droht, uns alle zu töten ...

Zweifellos jagten die »sanften« Revolutionen in Osteuropa den Tschekisten Angst ein. Sie waren verwirrt, als eine aufgebrachte Menschenmenge den Stasi-Sitz in Berlin stürmte, der tschechoslowakische Sicherheitsdienst STB aufgelöst wurde und viele Geheimdienstler in Ungarn eine neue Beschäftigung suchen mußten ...

Apropos ehemalige sozialistische Länder. Es ist bekannt, daß die Geheimdienste in den Ostblockstaaten eigentlich Filialen des KGB waren, die die Elfte Abteilung anleitete.[279] Bekannt ist ferner, daß alle Leiter der Verwaltungen verpflichtet waren, ein Praktikum an der KGB-Hochschule zu durchlaufen. Viele Sicherheitsleute absolvierten außerdem die üblichen Drei- oder Fünfjahreslehrgänge.[280] Die »Perestroika« in diesen Ländern bestimmte ebenfalls der KGB.

»Schon im Jahre 1988 entwarf Moskau einen Plan zur Ablösung der damaligen Regierungsmannschaften in der Tschechoslowakei, in Bulgarien und Rumänien durch kommunistische Reformer«, bezeugt Jan Ruml, heute stellvertretender Innenminister der ČSFR, ehemaliges Mitglied der Bewegung »Charta 77« und ein bekannter Dissident.[281]

Es gibt Beweise dafür, daß beim Sturz des Regimes Ceausescu der KGB seine Hand im Spiel hatte.[282] Ich bin überzeugt, daß der KGB auch an der Absetzung Honeckers, der bekanntlich in Opposition zur sowjetischen Perestroika stand, maßgeblich beteiligt war. Die Stabilität des Warschauer Militär- und Wirtschaftsblocks machte es erforderlich, daß in allen sozialistischen Ländern mehr oder weniger ähnliche politische Verhältnisse herrschten. In Berlin-Karlshorst befand sich eine KGB-Zentrale, von wo aus dreihundertfünfzig Offiziere das sowjetische Geheimdienstnetz in Westeuropa leiteten, wie der deutsche Bundesverfassungsschutz in seinem Jahresbericht mitteilte.[283]

Die elektronischen Archive der Staatssicherheit der DDR wurden zwei Tage vor der Erstürmung des Stasi-Hauptquartiers in die Sowjetunion gebracht. Die Mitarbeiter der DDR-Zentrale und die aus Moskau angeforderten Spezialisten der Operativ-taktischen Verwaltung des KGB können sich zu dem geglückten Unternehmen beglückwünschen.

Die Ereignisse in Osteuropa führten den Tschekisten vor Augen, daß sie nicht imstande waren, die Lawine – das Verlangen des Volkes nach einem normalen Leben und nach persönlicher Freiheit – aufzuhalten. Am Beispiel der Tschechoslowakei und der DDR begriffen sie, daß bei einer grundlegenden Veränderung des Regimes (die über kosmetische Operationen hinausging, von denen die Intellektuellen im KGB gern träumten) für sie kein Platz bleibt. Eine neue, wirklich demokratische Macht wird auf sie verzichten. Mithin würde der KGB nicht allein seinen Einfluß einbüßen, die Tschekisten der unteren Ränge verlören auch ihr Brot. So wurde ihr Kampf gegen die Demokraten zum Kampf um die eigene Existenz. Deshalb brauchten sie einen Umsturz, der die Rückkehr in das totalitäre Gleis sicherte. Es lag in ihrem Überlebensinteresse, ihn zu unterstützen.

Wenig glaubhaft ist folglich das Gerede über die überraschende Wandlung der Tschekisten, der Armeeführer und der Elite des militärisch-industriellen Komplexes zu Demokraten und Antikommunisten oder das Gefasel über die angebliche Weigerung der Gruppe »Alpha«, das »Weiße Haus« zu stürmen, was den Umsturz vereitelt haben soll. (»Offenbarungen« dieser Art füllten im Herbst 1991 die in- und ausländischen Zeitungen.) Die Unterlagen über die KGB-Tätigkeit während des Putsches, die wir lesen konnten (obwohl sie geheimgehalten werden), bestärkten mich in meiner Skepsis.

Die Untersuchung hat gezeigt: Am 19. August, am ersten Tag des Putsches, stellten sich nur einige wenige Tschekisten gegen das Notstandskomitee. Die überwältigende Mehrheit nahm am Umsturz teil und wartete den Ausgang ab. A-7 bekam keinen

Befehl, den Sitz der Regierung Rußlands zu stürmen. Es gab den Befehl nicht.

Geschehen war etwas anderes. Die »zweite Staffel der Macht« – die lokalen Schattenkabinette des KGB, des militärisch-industriellen Komplexes und der Armee sowie die Partei- und Staatsnomenklatura an der Basis – griff nicht in den Umsturz ein. Oder anders gesagt: Den Umsturz unterstützte nicht jener »Transmissionsriemen«, der in einem totalitären Staat das »Haupt« mit den »Gliedern« verbindet. Ohne diesen Transmissionsriemen sind Befehle keine Befehle mehr, sie werden einfach nicht befolgt. Die »zweite Staffel« wartete am 19. August ab. Aber schon am Abend desselben Tages begriff sie: Die Sache wird scheitern. Daraufhin begann sie ihr eigenes Spiel zu spielen, in dem die Mitglieder des Notstandskomitees nur hinderlich waren.

Ich wiederhole: Im Prinzip haben die Putschisten alles richtig berechnet. Sie scheiterten indes an ihrem Ehrgeiz, der sie daran hinderte, drei Faktoren ins Kalkül zu ziehen: Zum einen gehörten dem Notstandskomitee Personen aus der früheren Machtkohorte an (schon deswegen glaubte ihnen niemand); zweitens waren es Männer, die beim Volk überaus unpopulär waren; drittens (vielleicht das wichtigste) waren sie sogar in den eigenen Behörden unbeliebt.

Premier Pawlow hielt die Bevölkerung allein deshalb für unglaubwürdig, weil er die Preise für Lebensmittel und Waren des täglichen Bedarfs heraufgesetzt und den sinnlosen Umtausch der Fünfzig-Rubel-Scheine veranlaßt hatte, was die sozial Schwachen spürbar traf. Sogar im Ministerrat lachte man über ihn.

Vizepräsident Janajew hatte schon seit langem den Ruf eines Gauklers und Hofnarren von Gorbatschow. Auf der Pressekonferenz am 19. August zitterten seine Hände von übermäßigem Alkoholgenuß, sie wurden zum Witz des Jahres.

Starodubzew, der Oberkolchosbauer, hatte durch seinen Kampf gegen die neuen Landwirte und durch seine Ausfälle gegen die Privatisierung von Grund und Boden das Ansehen in der Bauernschaft verloren.

Marschall Jasow wurde von Tausenden russischen Müttern beschuldigt, ihre Söhne in den Tod in Transkaukasien geschickt zu haben. Außerdem ärgerte der »Greis« den Generalnachwuchs, die jungen Offiziere empfanden ihn als einen Störenfried. »Die Einstellung der Armee zu ihm war eher negativ«, sagte mir ein Offizier aus der Hauptverwaltung Aufklärung im Verteidigungsministerium.

Tisjakow und Baklanow waren den einfachen Bürgern so gut wie unbekannt. Weitaus mehr wog, daß sich Wolski vom Forschungs- und Industrieverband gegen Tisjakow stellte. Baklanow wurde von einflußreichen Leuten aus dem militärisch-industriellen Komplex angefeindet, sie hatten seine sinnlosen Weisungen satt, mit denen er sie als Vorsitzender der militärisch-industriellen Kommission beim Ministerrat und später als ZK-Sekretär für Verteidigungsfragen traktierte.[284]

Pugo löste auf dem Posten des Innenministers den ziemlich bekannten Bakatin ab. Die Käuflichkeit der Miliz war überall bekannt. Auch die Mitarbeiter des Ministeriums liebten Pugo nicht. Außerdem war er Lette, für viele also ein »Fremder«.

Krjutschkow, ein Abkömmling des Parteiapparats, hatte viele Gegner unter den KGB-Profis. Obwohl er wegen seines Verstands, seiner Entschlossenheit und seinen organisatorischen Fähigkeiten geschätzt wurde, wollten ihn seine Kollegen schon lange nicht mehr als KGB-Vorsitzenden haben, und nur mit Gorbatschows Unterstützung behielt er im Sommer 1991 seinen Stuhl.

Kurz, wenn an der Spitze des Notstandskomitees weniger berüchtigte Politiker, sondern vertrauenswürdigere Männer gestanden hätten, wovor uns Gott freilich bewahrte, wäre möglicherweise alles anders gekommen. Dann hätte sich zweifellos auch die »zweite Staffel« der Macht anders verhalten.

Es geschah aber das, was geschehen mußte. Zu den Tatsachen.

Am ersten Putschtag verschickte der Leiter der Ersten (Haupt-)Verwaltung, Leonid Schebarschin, ein chiffriertes Fernschreiben an die KGB-Auslandszentralen mit dem Befehl, die Erklärungen des Notstandskomitees zu verbreiten.[285] Zuvor wurde das Zentrum für Sonderausbildung in Gefechtsbereitschaft versetzt und nach Moskau verlegt. In der zweiten Tageshälfte des 20. August erließ Schebarschin den Befehl, der den Sondereinheiten verbot, ohne seine persönliche Weisung an Maßnahmen des Komitees teilzunehmen.[286] Die Weisung blieb aus.

Am 19. August wartete die bewaffnete Einsatzgruppe der Verwaltung »S« (ideologische Abwehr) auf einen Befehl. Eine andere Gruppe unter Gennadi Dobrowolski versiegelte Druckereien und Rundfunkstationen.[287] Am Abend des 20. August lieferte die Gruppe ihre Waffen in den Depots ab und wartete auf weitere Weisungen. Die Weisungen blieben aus.

»In der ersten Etappe führte General Gratschow (der die Strategie des Umsturzes ausgearbeitet hatte und nach dessen Befehl die Luftlandedivisionen in Moskau einmarschierten) Jasows Weisungen aus, stand aber auch im Kontakt zur russischen Führung. In der zweiten Tageshälfte des 20. August versuchte er zusammen mit dem jetzigen Verteidigungsminister Schaposchnikow, den Sturm auf das »Weiße Haus« zu verhindern und eine tragische Entwicklung der Ereignisse in Moskau abzuwenden.« Soweit die Experten des Russischen Humanitären Verbandes. Der Verband wurde von ehemaligen Mitarbeitern der Abteilung Information der Ersten (Haupt-)Verwaltung des KGB gegründet.

Generalleutnant Gratschow wurde für einen Tag erster Stellvertreter des Verteidigungsministers der UdSSR.

Am 19. August erläuterte der Leiter des Moskauer KGB, Generalleutnant Prilukow, seinen Stellvertretern, Abteilungsleitern und den führenden KGB-Leuten der Stadtbezirke die Aufgaben: besonders aktive Personen festnehmen und die Moskauer auf den Straßen beschatten.

Am 20. August – in der zweiten Tageshälfte – beschloß die Führung des Moskauer KGB, wie Prilukows Stellvertreter, Generalmajor Alexander Korsak, behauptet, »an diesem Hasardspiel nicht teilzunehmen«.[288]

Am 19. August um 17 Uhr 30 erhielt die Einsatzgruppe A-7 den Befehl, den Platz vor dem »Weißen Haus« zu »säubern« und die russische Führung festzunehmen. Wie später die Leiter von A-7 in zahlreichen Interviews erzählten, hatten die »Speznas« sich entschieden, »kein Blutvergießen zuzulassen«.

»Wenn wir Sie richtig verstanden haben, war Karpuchin aber bereit, den Befehl auszuführen?« fragten die Korrespondenten.

»Natürlich«, lautete die militärisch knappe Antwort.[289]

»Wenn du Karpuchins Augen gesehen hättest, wäre dir klar gewesen: Solche Menschen verweigern nie den Befehl zum Morden«, sagte mir Oberst Sergej Stepaschin, Vorsitzender der

Staatlichen Kommission zur Untersuchung der Tätigkeit des KGB. »Ich habe nie in meinem Leben schrecklichere Augen gesehen.«

Der Befehl zum Morden blieb aus.

In der zweiten Tageshälfte des 20. August traf sich Krjutschkow mit den Spezialisten für »unterirdische Verbindungsgänge«, über die die Einsatzgruppen in das »Weiße Haus« gelangen konnten. In jener Nacht, als Zehntausende sich darauf vorbereiteten, mit ihren Leibern die russische Führung zu schützen, hielt Krjutschkow seine letzte Beratung ab. Er war immer noch der Vorsitzende, hatte jedoch keine Macht mehr.

Danach erließ die KGB-Führung keinen einzigen Befehl mehr. Um 4 Uhr 30 fuhren die Mitarbeiter nach Hause.[290] Am Abend des 21. August verhaftete KGB-Generalmajor Sterligow Krjutschkow.[291] In einem der ersten Verhöre sagte dieser: »Ich bereue nicht, was ich getan habe. Wenn ich noch einmal alles von Anfang an machen könnte, würde ich dasselbe tun, nur viel entschlossener, um die Führer Rußlands noch schneller zu enthaupten.«[292]

Am selben Tag wurden auch die anderen Putschisten festgenommen. Pugo wurde in seiner Wohnung tot aufgefunden. Einer offiziellen Version zufolge hatte er sich erschossen. Seine Frau auch.

Generalmajor Sterligow leitet heute das Sekretariat des Vizepräsidenten Ruzkoi.

Die »zweite Staffel«, die sich am Umsturz nicht beteiligte, konnte mithin alle aus dem Weg räumen, die auf der politischen Bühne die »erste Geige« gespielt hatten. Ich befürchte, diese Staffel, die während des Putsches sauber blieb, wird heute, in einer Zeit der Verwirrung und Anarchie, nach und nach die Macht an sich reißen.

Die Kontrollverwaltung des russischen Präsidenten berichtet, daß in den Rayons und autonomen Republiken der Russischen Föderation die lokalen Machtorgane sabotiert und die Verordnungen Jelzins und des russischen Parlaments ignoriert werden.[293]

In den meisten KGB-Verwaltungen wurden die Leiter durch ihre Stellvertreter abgelöst.

Damals, am Abend des 21. August 1991, feierten wir den Sieg. Gegen Mitternacht transportierte ein schwerer Laster, begleitet von einer frohlockenden Menschenmenge und unter den Blicken jener, die hinter den dunklen Fenstern der KGB-Gebäude standen, das gestürzte Standbild des Begründers der Allrussischen Außerordentlichen Kommission (Tscheka), der Vorgängerin des KGB, Felix Dzierżyński, vom Lubjanka-Platz ab. Den »eisernen Felix«.

In jener Nacht wurde nicht der allerschlimmste Tschekist vom Lubjanka-Platz abtransportiert. Bei Gott nicht.

Man sagt, die Geschichte wiederholt sich zweimal: als Tragödie und als Farce. Ich wüßte gern, was der Putschversuch im August 1991 gewesen ist. Was mit dem KGB im Herbst 1991 geschah, hat eine verblüffende Ähnlichkeit mit den Ereignissen Mitte der fünfziger Jahre, als nach Stalins Tod und Berijas Erschießung alles enthüllt wurde, als man versprach, daß sich dies nie mehr wiederholen werde, und man sich an die »Säuberung« der Kader des Komitees machte.

Und doch erlebte das Komitee eine Renaissance, die erst mit den Ereignissen im August 1991 zu Ende zu gehen schien.

Der Herbst 1991 wurde für die Mitarbeiter des KGB in der Tat ungemütlich. Als man in der Nacht des 21. August 1991 den »eisernen Felix« vom Sockel holte, machten sie sich auf das Schlimmste gefaßt, sie nahmen zu Recht an, das dicke Ende werde noch kommen: eine Welle rigoroser Entlassungen, die Auflösung des KGB und die Schaffung eines anderen Geheimdienstes.

Das Organ der neuen Macht, die ›Rossijskaja gaseta‹, brachte am 27. August 1991 die Schlagzeile: Der KGB soll aufgelöst werden.

Das war ein Schock.

Ein Oberstleutnant erzählte damals: »Zum ersten Mal in den vielen Jahren meiner Tätigkeit im Komitee sah ich, wie die Beamten in ihren Zimmern ungeniert Wodka tranken.«

»Das Komitee funktioniert zur Zeit nicht«, sagte mir der neue KGB-Vorsitzende der nicht mehr bestehenden Union, Generalleutnant Wadim Bakatin, den ich im September 1991 interviewte. »Alle warten nur darauf, was mit ihnen geschieht.«

Sie warteten, das stimmt. Aber sie legten die Hände nicht in den Schoß.

Im KGB begann die Vernichtung der Dokumente.

Der Reißwolf lief schon am 21. August auf vollen Touren, als die aufgewühlte Menschenmenge im Begriff war, die Gebäude am Lubjanka-Platz zu stürmen. Zum Glück ist das nicht geschehen, ihre Beute wäre verschwindend klein gewesen im

Vergleich zu den möglichen Opfern. In den Kellerräumen der Archivverwaltung türmten sich an jenem Tag die Akten.[294] In aller Eile stopfte man die Mappen und Kartons in Säcke und verstaute sie in unterirdischen Schächten und Bunkern.[295]

Am 22. August, um vier Uhr nachmittags, erhielten die Mitarbeiter die Anweisung, alle Dokumente zur Vernichtung vorzubereiten. Ob das eine Anordnung von Leonid Schebarschin, dem ehemaligen Chef der Aufklärung, war, den Gorbatschow vierundzwanzig Stunden nach dem Putsch zum Komitee-Vorsitzenden ernannt hatte, oder ob der Befehl von einem weniger hochrangigen Beamten ausging, steht dahin. Wie dem auch sei, eine Stunde später hob man den Befehl wieder auf. Am Tag darauf erhielten die Mitarbeiter der Analyse-Verwaltung die gleiche Anweisung, die ebenfalls nach wenigen Stunden zurückgezogen wurde.[296]

Eine der ersten Maßnahmen Bakatins war der Befehl, die Archive zu versiegeln. Aber außer den Archiven gab es noch Schreibtische und Tresore der Mitarbeiter, die nicht versiegelt wurden.

»Wer in unsere Zimmer einzieht, wird leere Schubladen finden«, sagte mir Kitschichin. »In der Vierten Verwaltung (sie war für die Kirche zuständig) hat man schon das gesamte Material über die höchsten kirchlichen Würdenträger vernichtet.«

Als der neue Leiter der Analyse-Verwaltung, Oberst Wladimir Rubanow, zum ersten Mal sein Zimmer betrat, sah er, daß die Schränke und Tresore tatsächlich leer waren. Sein Vorgänger, Generalleutnant Leonow, ließ lediglich einen kleinen, erst angefangenen grauen Notizblock zurück, in dem Rubanow – Ironie des Schicksals – seinen eigenen Namen fand ...[297]

Die Vernichtung der operativen Archive geht heute (Dezember 1991) weiter. Nach vertraulichen Informationen aus dem Komitee verschwinden Dossiers, Agentenlisten und Akten über die »tiefenbearbeiteten« Personen. Ob das stimmt, ist schwer zu sagen, zumal schon in der ersten Woche nach dem Putsch ein Großteil des Archivmaterials in die Standorte der Truppenteile gebracht wurde, die der KGB befehligte.

Ganz gewiß werden auch die Republiken, die sich zu unabhängigen Staaten erklärten, viele Archivakten vermissen ...

Nach dem Staatsstreichversuch wandte ich mich an zwei KGB-Leiter, an den Chef des russischen KGB, Viktor Iwanen-

ko, und an Wadim Bakatin. Ich bat sie, mir meine Akte zu
zeigen. Weder der eine noch der andere konnte sie finden.
»Höchstwahrscheinlich ist sie schon vernichtet worden«, sagte Iwanenko. Ein Mann, dessen Namen ich nicht nennen darf,
der einen höheren Posten in der heutigen Rechtsprechung hat,
hörte mir aufmerksam zu und erwiderte mit einem Lächeln:
»Ach was, sie wollten Ihnen die Akte nicht zeigen ...«

Wir können nur rätseln, wie viele Unterlagen, die über die
Vorbereitung des Staatsstreichs und die Verstrickungen mit
dem KGB Aufschluß geben, der Reißwolf verschlang. Wieviel
kompromittierendes Material mögen die Tschekisten in ihren
Taschen und Aktenkoffern hinausgeschleust haben? Wann
kommen die Papiere wieder ans Tageslicht? Und was werden
sie dann dafür verlangen, hohe Posten oder harte Währung?

Im Herbst 1991 lautete das Urteil der Tschekisten über den
gescheiterten August-Putsch: »Man hat uns hereingelegt.«

Zunächst trat das KGB-Kollegium geschlossen zurück. Danach siedelten einige »Demissionäre« in ein »staatliches Hotel« um, ins Untersuchungsgefängnis Matrosskaja tischina, wo
die Mitglieder des Notstandskomitees und ihre Kampfgenos-
sen auf den Prozeß warten. Neuer Chef des Moskauer KGB
wurde Oberleutnant der Reserve Jewgeni Sawostjanow, Geophysiker von Beruf, noch vor kurzem die rechte Hand des
Moskauer Oberbürgermeisters und Mitbegründer der Bewegung »Demokratisches Rußland«. Ironie des Schicksals: Als
ich mich vor drei Jahren mit dem Fall Bojarski befaßte, arbeitete Sawostjanow im Akademie-Institut für komplexe Erschließung der Bodenschätze und half mir, jene denkwürdige Versammlung zu organisieren, in der Bojarskis Verbrechen der
Öffentlichkeit bekannt wurden. Schon als Chef des Moskauer
KGB besuchte Sawostjanow eine Versammlung der alten
Tschekisten, wo er Bojarski traf. »Ich sehe Wladimir Ananjewitsch auf mich zukommen, mit ausgestreckter Hand. ›Wladimir Ananjewitsch, entschuldigen Sie, aber meine Hand gebe
ich Ihnen nicht.‹ Bojarski schien davon gar nicht betroffen.«

Die Moskauer Tschekisten faßten sich an den Kopf: An hohe
Parteifunktionäre auf leitenden Posten waren sie gewöhnt, aber
ein Geophysiker, der auch noch auf den Rang eines General-
leutnants verzichtete, das war neu für sie. »Ich bin als Politiker
in den KGB gekommen«, versuchte Sawostjanow seine Mitar-

beiter zu beschwichtigen. Damit wollte er sagen, daß er sich in ihre professionellen Angelegenheiten nicht einzumischen gedachte. Seine Erklärung verwirrte die Presse, denn »Politiker« im KGB hatten sich immer mit Andersdenkenden beschäftigt.

Einige Republiken, unter ihnen die Ukraine, hatten inzwischen erklärt, daß sie das KGB-Vermögen auf ihrem Territorium einziehen und eigene Sicherheitsdienste aufbauen wollten. Alle warteten jetzt darauf, daß auch am Gebäude der KGB-Zentrale in Moskau ein neues, russisches Schild angebracht wird.

Im September gab Bakatin die Auflösung der Verwaltung Schutz der verfassungsmäßigen Ordnung bekannt, die seit den ersten Jahren der Sowjetmacht gegen Andersdenkende vorgegangen war.[298]

Das sowjetische Imperium brach zusammen, und der »Staat im Staat« schien seinen Geist aufzugeben. Am 24. November 1991 meldete ›New York Times Magazine‹ die Sensation: Der KGB der UdSSR wird geschlossen. Kurz darauf wiederholte der Londoner ›Observer‹: Der KGB wird aufgelöst. Wird geschlossen? Wird aufgelöst? – Weit gefehlt.

Am 24. Oktober 1991 unterschrieb Präsident Gorbatschow den Erlaß über die Auflösung des KGB.[299] Offizielle Stellen zogen in der Presse einen anderen Begriff vor: Desintegration, also die Aufteilung des KGB in mehrere unabhängige Dienste. Diesen Begriff verwendete in den Interviews auch Bakatin.

Der Vorsitzende des Interrepublikanischen Sicherheitsdienstes (so heißt jetzt Bakatins Posten) war ehrlich, denn eine Auflösung des Komitees für Staatssicherheit kam gewiß nicht in Frage.

Eine ganz gewöhnliche (wenn auch nicht geplante) Renovierung hatte begonnen,[300] gedacht als Köder – weniger für die Öffentlichkeit im eigenen Land, wo man sich um das tägliche Brot sorgte, sondern für den Westen. Der Westen biß an.

Worin bestand die Renovierung?

Es war einmal ein großes Haus, in dem ein großer Clan, genannt Komitee für Staatssicherheit der UdSSR, wohnte. Sie lebten alle zusammen und stritten zuweilen, aber ihre Blutsbande waren so stark, daß sie sich immer einigten. Sie setzten sich an einen Tisch und aßen, was ihnen die Köche vorsetzten. Da kam der Putsch, und die Köche mußten sich mit weniger schmackhaften Speisen in Matrosskaja tischina bescheiden. Jetzt hing in dem Haus an jeder Tür ein neues Schild.

An einer Tür ist beispielsweise zu lesen: Zentraler Aufklärungsdienst (ZAD), vormals Erste (Haupt-)Verwaltung.

Den ZAD leitet das Akademiemitglied Jewgeni Primakow, früher Berater des Präsidenten, noch früher Direktor des Orientalischen Instituts und des Instituts für Weltwirtschaft und internationale Beziehungen der sowjetischen Akademie der Wissenschaften.

International bekannt wurde Primakow weniger wegen seiner Arbeiten zur Theorie des dritten Weges, sondern wegen seiner regen Kontakte mit dem irakischen Diktator Saddam Hussein, die ihm das Image »Freund von Bagdad« einbrachten.

Die Erste (Haupt-)Verwaltung nahm Primakow kühl auf, die Beamten waren überzeugt, daß er nicht lange den Leiterposten bekleiden würde.[301] Dabei ist er, was die Auslandsaufklärung anbelangt, kein blutiger Laie. »Maxim«, so behaupten seine Kollegen, begann schon 1957 als Korrespondent des sowjetischen Rundfunks im Nahen Osten mit dem KGB zusammenzuarbeiten. 1960 nahm ein anderer »Korrespondent« des sowjetischen Rundfunks (in Washington) Kontakt zu ihm auf: Oleg Kalugin.[302] In seiner ersten Pressekonferenz als Chef der sowjetischen Außenaufklärung distanzierte er sich von der »Familie«, ließ aber durchblicken, daß er »kein absoluter Anfänger« sei.[303] Man erzählt, daß er sich Ende der siebziger Jahre mit Krjutschkow zerstritten habe, aus welchem Grund, weiß bis heute niemand.

Ein anderes »Zimmer« im renovierten Haus erhielt den Namen Interrepublikanischer Sicherheitsdienst (ISD). Als faktischer Rechtsnachfolger des KGB soll er die Arbeit der Sicherheitsorgane in den souveränen Republiken koordinieren. Im ISD sind alle Verwaltungen und Ressorts der Abwehr konzentriert, eingeschlossen der militärische Abwehrdienst, die Verwaltungen zur Bekämpfung des organisierten Verbrechens, die gigantische Operativ-technische Verwaltung, die »Bunkerverwaltung« und die Verwaltung zur Koordinierung der Nachrichtendienste sozialistischer Länder. Gleichwohl sank die Zahl der Mitarbeiter mit jedem Tag. Die einstigen »Leckerbissen« schluckte der KGB Rußlands: den Telefonabhördienst (Zwölfte Abteilung) und die Observierungs-Verwaltung (Siebente

Abteilung). Der russische KGB änderte gleichfalls seinen Namen, er heißt jetzt Föderale Sicherheitsagentur (FSA).

Zwei weitere »Zimmer« bewohnen das Komitee Schutz der Staatsgrenzen und das Komitee Nachrichtenverbindungen der Regierung. Diesem Komitee gehören außer der gleichnamigen Verwaltung von früher an: die Achte (Haupt-)Verwaltung (Beschaffung von Informationen über die Gegenseite) und die Sechzehnte Verwaltung (elektronische Überwachung und Nachrichten-Abhördienst). Die beiden Komitees sind dem Präsidenten direkt unterstellt.[304]

Was hat sich – von den neuen Türschildern abgesehen – also verändert? Nichts. Oder nur wenig. Drei Divisionen zur besonderen Verwendung, die Krjutschkow im März 1991 bekommen hatte, wurden dem sowjetischen Verteidigungsministerium überstellt. Damit hatte es sich. Die KGB-Beamten gehen ihrem alten Job nach, wenn auch mit weniger Elan, was sie mit dem Chaos im Land erklären. Im Zimmer der Untersuchungsführer, die gegen das Notstandskomitee der Putschisten ermitteln, wurden im Oktober zwanzig »Wanzen« entdeckt. Die früheren Leiter sitzen auf ihrem alten Platz, nur in einigen Fällen wurden sie durch ihre Stellvertreter abgelöst.

So löste zum Beispiel General Bulgakow den Chef der militärischen Abwehr, General Shardezki ab, der in den Ruhestand ging. General Starowoitow übernahm das Amt seines am Putsch beteiligten Chefs, des Generals Beda, der die Verwaltung Regierungs-Nachrichtenverbindung geleitet hatte. General Wladimir Klischin von der Abwehr sitzt heute auf dem Stuhl seines früheren Vorgesetzten Wladimir Gruschko, der sich zur Zeit in Matrosskaja tischina »aufhält«. Erster Stellvertreter des Vorsitzenden und Krjutschkows Intimus Lebedew, der im August 1991 die Zeitungen verboten hatte und die Rundfunksender schließen ließ, landete auf dem Stellvertreterposten der einst von ihm selbst geschaffenen Analyse-Abteilung.[305] Der Verantwortliche für wirtschaftliche Gegenspionage, General Sawenkow, der seinerzeit die Auszeichnung der Tschekisten, die sich an der Unterwanderung der Arbeiteropposition beteiligten, befohlen hatte, arbeitet auf seinem alten Platz weiter. »Bei der Ablöse der leitenden Kader war ich konservativ«, bekannte Bakatin.[306]

Die Tschekisten der mittleren Ebene – Oberste und Oberstleutnante – sind erst recht unbehelligt geblieben und machen ihre Arbeit weiter. Einige von ihnen fanden einen Job in neuen Privatdetekteien, in Agenturen zur Überwachung von Geschäftsgeheimnissen sowie in Leibwächterdiensten.[307] Es bleibt zu hoffen, daß die Tschekisten an ihren neuen Arbeitsplätzen, die sie mit gewissen (wenn auch nicht eigenen) Geldmitteln mitfinanziert haben, nicht der Diktatur verfallen. Sie sind aber nur ein Tropfen in einem großen Meer.

Im folgenden zwei Zitate, das eine als Beweis für den Austausch der Türschilder, das andere über die Ergebnisse dieses Täuschungsmanövers.

»Um die aufgebrachten Volksmassen zu beruhigen, der Gefahr eines Femegerichts über die KGB-Mitarbeiter zu entgehen, die Zerstörung der Gebäude und Plünderung der Archive zu verhindern, wurde beschlossen, zu *erklären* (Hervorhebung von mir), daß das Komitee demnächst aufgelöst und in selbständige Einrichtungen aufgeteilt wird.«[308] Das stammt vom Leiter der PR-Abteilung im russischen KGB (pardon, der FSA), Andrej Oligow, und verrät den Standpunkt des russischen Sicherheitsdienstes, der das Komitee absolut nicht »kassiert« wissen will.

»Alle unterstellten Bakatin, er habe das KGB-System zerstört. Weiß Gott, das ist nicht wahr. Wenn Sie nach Kasachstan kommen, werden Sie sehen, daß dort keinem KGB-Mitarbeiter auch nur ein Haar gekrümmt wurde. Oder Kirgisien – ich bin erst vor kurzem dort gewesen. Alles blieb beim alten. Das gleiche können Sie in der Moskauer Verwaltung und in Kemerowo sehen. Das heißt, alle diese Kapillaren da unten, alle Strukturen sind unangetastet geblieben ...« So Wadim Bakatin in einem Interview mit mir am 13. Dezember 1991.[309] Übrigens, das sagte er zwei Wochen nach dem aufsehenerregenden Artikel ›Closing Down the KGB‹ von David Wise in ›New York Times Magazine‹ ...

Bedarf es eines Kommentars?

Ja, doch, es hat sich manches im KGB verändert, das ist nicht abzustreiten. Zum ersten Mal in der nachstalinistischen Geschichte der UdSSR ist ein Staatsoberhaupt KGB-Chef geworden: Präsident Michail Gorbatschow. Im Herbst 1991, bis 12. Dezember, als Jelzin de jure per Erlaß Rußland für das Komitee für zuständig erklärte, hatte er die Verfügungsgewalt über das Komitee für Regierungs-Nachrichtenverbindungen (das auch jeden Schritt der »Opponenten«, der russischen Regierung, kontrollierte), die Grenztruppe (zweihundertzwanzigtausend Mann), die Fernmeldetruppen (weitere zwanzigtausend Soldaten und Offiziere), den Überwachungsdienst (mehrere tausend Mitarbeiter), die KGB-Eliteeinheit A-7 (»Alpha«), den Interrepublikanischen Sicherheitsdienst und den Zentralen Aufklärungsdienst. Bakatin und Primakow, beide enge Vertraute Gorbatschows, waren eigentlich seine Stellvertreter. »Gorbatschow baut einen persönlichen Aufklärungsdienst auf«, munkelten die Leute in der Ersten (Haupt-)Verwaltung, als sie von Primakows Ernennung erfuhren.

Wahrscheinlich fand Gorbatschow nach dem Putschversuch keine andere Lösung. Oder er konnte sich nicht überwinden... Ich weiß es nicht.

»Inwieweit kontrollieren Sie den KGB?« fragte ich Bakatin im Dezember.

»Nicht so richtig«, gab er, wie immer sehr offen, zu. »Ich bin mir völlig sicher, daß sie mir alles verheimlichen können, was sie wollen.«

Ich hatte die Möglichkeit, seine Behauptung zu prüfen, und stellte fest, daß er noch viel zu optimistisch war.

Hatte Gorbatschow den KGB unter Kontrolle? In den ersten Monaten nach dem Putsch, war das wohl so, aber er konnte ihn nicht im geringsten so führen, wie vormals der Armeegeneral Krjutschkow.

Gorbatschows Tage waren gezählt. Nach dem »Beloweshski-Abkommen« der drei slawischen Republiken Rußland, Ukraine und Weißrußland vom November 1991 war er nicht weiter Präsident der zerfallenden UdSSR. Ich gehöre weiß Gott nicht zu denen, die Steine auf ihn werfen. Schließlich hat er, ohne es zu wollen, das Imperium Sowjetunion zerstört. Und dafür gebührt ihm unser Dank – wie auch Chruschtschow, der seinerzeit die Tore der Stalinschen Kzs geöffnet hatte. Gott verhüte, daß wir unter den Trümmern des Imperiums begraben werden...

Wer lenkte eigentlich in der Vorweihnachtszeit 1991 die Geschicke des KGB? Bakatin mußte zurücktreten, da er es endgültig verdarb mit seinen Kollegen, als er das Schema der im neuen Gebäude der US-Botschaft installierten Abhöranlage dem amerikanischen Botschafter gab.[310] Ein Präzedenzfall, nicht allzu sinnvoll, denn ich glaube nicht, daß der amerikanische Sicherheitsdienst diesem Schema hundertprozentig vertrauen kann. Dennoch wertete der KGB diesen Schritt als Verrat. Die Zeitungen meldeten: Weder Gorbatschow noch Jelzin wußten davon. Das ist nicht wahr, sie wußten es. Mehr noch, sie haben ihre Zustimmung gegeben. Aber das ändert nichts an der Sache.

»Wer den KGB kontrolliert, wollen Sie wissen?« fragte mich ein Vertrauter aus Jelzins Umgebung. »Niemand. Zumindest trifft das für die Zentrale und die Komitees zu. Sie werden einstweilen von Gorbatschow verwaltet und hören nur auf ihre eigenen Chefs ... Derzeit inventarisiert die Lubjanka die Dokumentation, die Wachen vor den Gebäuden wurden verdoppelt.«

Also doch eine Renaissance?

Es lohnt ein genauerer Blick auf den russischen KGB. Er wurde im März 1991 gegründet, war aber bis September eine Fiktion, hatte einen Chef, Viktor Iwanenko, einige Stellvertreter und zwanzig Mitarbeiter.[311] Zur Zeit stehen Generalleutnant Iwanenko, Direktor der FSA, bereits über zwanzigtausend Offiziere der lokalen KGB-Verwaltungen zur Verfügung. Dazu kommen zweiundzwanzigtausend hauptamtliche Mitarbeiter in Moskau.[312]

Im Herbst, solange Gorbatschow noch »aktiver« Präsident war, gab es eine einmalige Konstellation, die man hierzulande nicht kannte: Zwei Ämter ein und desselben Sicherheitssystems, ISD und FSA, boten einander heftig Paroli und gaben den Journalisten die Chance, ressortspezifische Informationen zu bekommen. Diese Situation war eine Art Gewähr, daß die Tschekisten nicht wieder versuchen würden, ihre Machtansprüche auf das ganze Land auszuweiten. Dazu hatten sie einfach keine Zeit. Kann man sich überhaupt eine bessere Kontrolle eines Sicherheitsdienstes vorstellen als die Kontrolle durch einen anderen einschlägigen Dienst?

Am 26. November 1991 unterschrieb Jelzin den Erlaß Nr. 233, ›Über die Umbildung des Komitees für Staatssicherheit der RSFSR in die Föderale Sicherheitsagentur‹, und bestätigte darin die Struktur des neuen Amtes.

Bis auf einige wenige Ausnahmen und neue Bezeichnungen

ist die Struktur des ehemaligen KGB geblieben. Ebenso umfassend wie früher sind die Funktionen und Pflichten des FSA: vom Schutz der Persönlichkeit bis zur Information der Staatsorgane. Möglicherweise übertreibe ich, es wird sich zeigen. Jedenfalls habe ich unter den Gesetzvorlagen, die dem russischen Parlament zur Diskussion und Annahme unterbreitet werden sollen, weder ein Gesetz über die Unantastbarkeit der Persönlichkeit noch ein Gesetz über das Recht auf Information entdeckt, das heißt jene elementaren Gesetze, die – zumindest auf der Gerichtsebene – die Bürger vor der Willkür des Sicherheitsdienstes schützen können.

In Jelzins Erlaß heißt es in Punkt 6: »Die Föderale Sicherheitsagentur des RSFSR und die ihr unterstellten Organe sind berechtigt, operative Fahndungsmaßnahmen einzuleiten«, also das Lesen von Briefen, das Abhören von Telefongesprächen, die Observierung, »um Verbrechen zu verhindern, nachzuweisen, zu unterbinden und aufzudecken, wenn diese Verbrechen in die Kompetenz der Sicherheitsorgane fallen. Die Beamten, die entsprechende operative und operativ-technische Schritte bestätigen, tragen die Verantwortung für deren Rechtmäßigkeit nach der gültigen Gesetzlage.«[313]

Und wieder entscheidet der Sicherheitsdienst, nicht das Gericht, ob ein Telefon abgehört wird oder nicht. Übrigens hat bis heute niemand die sechstausend unter Krjutschkow geltenden internen Anordnungen und Ausführungsbestimmungen des KGB aufgehoben ... ›Lubjanka – Ist ein Ende abzusehen?‹ hieß mein Artikel vom Frühjahr 1990. Diese Frage stellte ich auch im Dezember 1991 ...

Und wie sieht es mit der politischen Bespitzelung aus? Gehört sie endlich der Vergangenheit an? Weit gefehlt.

»Den politischen Spitzeldienst wird es immer geben«, erklärte Andrej Oligow, Pressesekretär des Direktors der FSA, in einem Interview. »Die Staatsführung, so demokratisch sie sein mag, wird die Sicherheitsorgane beauftragen, die politische Situation im Land zu verfolgen.« Deutlicher kann man es wohl nicht sagen.

Und wie läßt sich das mit der Anordnung des KGB-Vorsitzenden Bakatin vereinbaren, die politische Abwehr aufzulösen? Gemeint ist die berüchtigte Fünfte Verwaltung, die später Verwaltung Schutz der verfassungsmäßigen Ordnung hieß.

Das läßt sich sehr wohl vereinbaren!

Diese Verwaltung wurde aufgelöst. Einige Mitarbeiter gingen in die Spionageabwehr oder in die Verwaltung Bekämpfung des organisierten Verbrechens, die anderen ließen sich in den Arbeitsräumen der russischen Regierung nieder. Wachsen die Strukturen wieder zusammen?

In den regionalen KGB-Filialen blieb alles beim alten, betonte Bakatin.

»Ich kann Ihnen versichern, daß alle Offiziere der Abteilung »S« (ideologische Abwehr) arbeiten, an ganz konkreten Fällen. Sie kommen nicht nur her, um sich sehen zu lassen. Es gibt bei uns keine Nichtstuer«, beteuerte Generalmajor Stanislaw Malik, Leiter des ukrainischen Sicherheitsdienstes, vor dem August-Putsch Vorsitzender des ukrainischen KGB.[314]

»Der Fünfte Dienst im Moskauer KGB (regional zuständig für die ideologische Abwehr) übertraf in bezug auf die Zahl der Mitarbeiter alle anderen«, erzählte mir Jewgeni Sawostjanow, seinerzeit Mitbegründer der Bewegung »Demokratisches Rußland«. Nach seinem Amtsantritt ließ er sich die Jahresberichte aller Sektoren geben, auch die der ideologischen Abwehr. Wie jeder normale Sowjetbürger wollte er erfahren, ob dort auch sein Name steht. Er entdeckte ihn nicht. Alle Angaben über die Demokraten waren sehr sorgfältig mit weißem Korrekturlack verdeckt.

»Und wie steht es mit dem Fünften Dienst heute?« fragte ich.

»Sie arbeiten weiter«, sagte Sawostjanow.

»Aber der ideologische Abwehrdienst ist doch aufgelöst«, staunte ich. Er zögerte. »Also besteht er noch?« Ich ließ nicht locker.

»Das hängt von den Aufgaben ab, die der Staat unserer Verwaltung stellt«, antwortete er schließlich.[315]

Der Staat stellt der Verwaltung eine Aufgabe: die Kommunisten zu beschatten ... Sogleich gingen jene, die gestern noch gegen Dissidenten und »Gesinnungsfeinde der Sowjetunion« zu Felde gezogen waren, daran, Material gegen ihre einstigen Genossen zu sammeln.

Nein, ich bin nicht naiv, ich verstehe das: Die Millionen zählende kommunistische Partei hatte zwar ihre Domänen in den Städten, Bezirken und Gebieten verlassen müssen, löste sich aber nicht auf, die ehemaligen Funktionäre leben dort, wo sie gelebt haben, im selben Land. Ebenso klar ist mir, daß die am 6. November 1991 von Jelzin verbotene KPdSU versuchen wird, zurückzuschlagen und die Macht zurückzuerobern. Sie ist eigentlich schon dabei. Sie nutzt die örtlichen Organe der Exekutive und zahllose Privatunternehmen, die das Parteigeld »waschen«.[316]

Wer kann mir, einer Parteilosen, garantieren, daß die »Organe«, die nun Kommunisten beschatten und sie des Anschlags auf die verfassungsmäßige Ordnung verdächtigen, nicht eines Tages auch mich verdächtigen, meine Briefe lesen, mein Telefon abhören und mich observieren?

Aus zuverlässiger Quelle weiß ich, daß die offenkundigen oder potentiellen Opponenten der russischen Machthaber, also ihre früheren Kampfgefährten, die durchaus keine kommunistischen Fanatiker sind, heute systematisch abgehört werden. Auch mehrere Telefone im »Weißen Haus« sollen angezapft sein.

Die ehemalige KGB-Verwaltung Schutz der verfassungsmäßigen Ordnung trägt seit kurzem einen neuen Namen: Verwaltung zur Bekämpfung des Terrorismus.[317] Angesichts der heutigen Wirren ist es nicht ausgeschlossen, daß sie auch uns, auch die Journalisten, die die neuen Machtorgane kritisieren, zu Terroristen stempeln.

Wie sagte der Pressemann der FSA? »Den politischen Spitzeldienst wird es immer geben.«

»Sie alle behaupten heute, sie seien schon immer gegen den Putsch und den Marxismus-Leninismus, für Marktwirtschaft, Pluralismus und Demokratie gewesen«, sagte mir Bakatin.

»Und wie war es wirklich?« fragte ich.

»Wissen Sie, wir müssen darauf hinwirken, daß sich die Ideologie der Leute in den Organen ändert. Es ist lebenswichtig, die Staatssicherheit zu entideologisieren, denn wenn, sagen wir, die Sozialisten an die Macht kommen, beginnen sie zum Beispiel die christlichen Demokraten zu verfolgen ... Die Menschen selbst müssen sich ändern.«[318]

Bakatins Worten konnte ich keinen Optimismus entnehmen.

Was geschieht also mit dem KGB, wenn die Sowjetunion offiziell nicht mehr existiert? Die Zukunft ist, so fürchte ich, schon vorprogrammiert. An dem »Haus« werden wieder kleine

Reparaturen vorgenommen, die Türschilder werden ausgetauscht ...

»Wie schnell ist der ›desintegrierte‹ KGB wieder einsatzbereit?« fragte ich einen Offizier aus der Hauptverwaltung Aufklärung des sowjetischen Verteidigungsministeriums, der mir weismachen wollte, daß das alte Tschekisten-Schiff leckgeschlagen sei.

»Sofort«, meinte er.

Unterdessen spricht man überall, im Parlament, in der Presse und in den Schlangen vor den Lebensmittelgeschäften, wieder von einem Staatsstreich, wie seinerzeit im August. »Aber diesmal wird er ein Erfolg«, meinte der Oberbürgermeister von St. Petersburg, Anatoli Sobtschak.[319]

Das neue Ministerium für Sicherheit und innere Angelegenheiten besteht jetzt aus dem ISD, der FSA sowie dem Innenministerium der ehemaligen Union und der Russischen Republik. In der Geschichte unseres Landes hat es etwas Ähnliches schon zweimal gegeben. 1934 erhielt das einschlägige Amt den Namen NKWD und wurde Jeshow und Berija unterstellt. Im März 1953, vierundzwanzig Stunden nach Stalins Tod, gab Berija bekannt, daß die einstmals getrennten Organe der Staatssicherheit und der Miliz zum MWD vereinigt werden. Ein Jahr darauf entflocht Chruschtschow sie wieder, weil er sich der Gefahr bewußt war, die von einer derart mächtigen Armee bewaffneter und konspirativ erfahrener Menschen ausgehen konnte. »Die Geschichte zeigt: Wenn sich Staatssicherheit und Miliz vereinigten, setzten immer Repressalien ein«, meinte der Chef der Moskauer Kriminalpolizei, Juri Fedossejew. »Etwas Ähnliches ist auch diesmal denkbar.«[320]

Ziehen wir keine Lehren aus der Geschichte?

Während ich diese Zeilen schreibe, läuft der Countdown der Sowjetunion. Jeder Tag bringt sie ihrem Ende näher. Ich kann nur die einzelnen Tage protokollieren.

Im Dezember 1991 spüren wir, die Bürger dieses leidgeprüften Landes, die Anzeichen einer drohenden Katastrophe: Hungerrevolten, Bürgerkrieg, weitere Tschernobyls, unmotivierte Raketenstarts ... Was erwartet uns?

Noch vor wenigen Monaten sagten die meisten Politologen einen neuerlichen (militärischen?) Putschversuch im späten Frühjahr 1992 voraus. Heute steht indes schon fest: Diese Prognose war zu optimistisch. Gegenwärtig weiß niemand, unter welchem Regime er morgen aufwacht.

Aus meiner Sicht hat der nächste Umsturz kein festes Datum, die Entwicklung keine genau gezogenen Grenzen. Sie könnte Mitte Januar einsetzen, wenn die Preise freigegeben sind, die Inflationsrate nicht wöchentlich, sondern täglich steigt (vor einer Woche handelte die Börse in Tallinn einen Dollar für 302 Rubel – der durchschnittliche Monatsverdienst eines Sowjetbürgers) und die Lebensmittel- und Brennstoffvorräte fast ausgeschöpft sind. Weder Amerika noch die weltweiten humanitären Hilfeleistungen vermögen ein Land mit dreihundert Millionen Einwohnern angesichts der hemmungslosen Korruption in den Behörden vor dem Ruin zu retten.

Die von Lenin beschriebene revolutionäre Situation – die oberen Schichten können die angestauten Wirtschaftsprobleme nicht lösen, und die unteren Schichten wollen dieses schreckliche Dasein nicht mehr dulden (ein Weißbrot, das früher vierundsechzig Kopeken kostete, wird in »kommerziellen« Geschäften von St. Petersburg zu zwanzig Rubel angeboten) – kann durchaus Wirklichkeit werden. Eigentlich drängen sich schon jetzt Parallelen zum denkwürdigen Sommer 1917 auf, als die alten Strukturen der zaristischen Regierung zerstört waren und die neuen – der Provisorischen Regierung unter Kerenski – noch nicht funktionierten. Das Ergebnis kennt jeder: Im Herbst ergriffen die Bolschewiki die Macht, weil sie dem Volk Frieden, Brot und gleiche Rechte für alle versprochen hatten.

Die Verwaltungsstrukturen der UdSSR waren nach der Schließung der Gebiets- und Stadtkomitees der KPdSU nicht mehr intakt. Das ist verständlich, denn die KPdSU war keine Partei im zivilisierten Sinne dieses Wortes, sondern eine Existenzform des totalitären Staates. Ein besseres Geschenk hätte man den Kommunisten nicht machen können: So konnten sie sich aus der Verantwortung für das Chaos im Land stehlen. Die öffentliche Meinung in Rußland neigte immer dazu, Schwache und in Not Geratene zu bemitleiden, sie mit einem Heiligenschein zu umgeben und schließlich auf den Thron zu setzen. Schon sind Stimmen zu hören, die die Freilassung der inhaftierten Mitglieder des Notstandskomitees fordern, vor dem Untersuchungsgefängnis Matrosskaja tischina, wo sie auf den Prozeß warten, veranstalten ihre Anhänger Kundgebungen.

Nachdem die Demokraten ihren Sieg im August stürmisch gefeiert hatten, gingen sie daran, den Kuchen – die ihnen zugefallenen Gebäude und das Vermögen der KPdSU – zu teilen, für solch prosaische Dinge wie die Wirtschaft fanden sie keine Zeit. Inzwischen waren die Geschäfte, vor allem in den russischen Industriestädten, wie leergefegt. Angaben der Moskauer KGB-Verwaltung zufolge gab es hier jetzt nur noch fünf bis zwanzig Prozent des früheren Lebensmittelangebots.[321]

Damit nicht genug. Die Recherchen eines der besten Analytiker unseres Landes, des Leiters der Analyse-Verwaltung des KGB, Wladimir Rubanow, ergaben, daß im Januar und Februar die Brennstoffreserven katastrophal schrumpfen werden, unter anderem das für die Wärmekraftwerke unentbehrliche Öl.[322] Nach Berechnungen der KGB-Verwaltung Wirtschaft wird das Stromdefizit im Winter 1991/92 allein in der Hauptstadt annähernd eineinhalb Millionen Kilowatt betragen. Jeden Morgen stelle ich mit Verwunderung fest, daß Trolleybusse und Züge immer noch verkehren und das Licht im Haus brennt – wahrscheinlich die Folgen des Trägheitsgesetzes eines »riesigen Körpers« wie die ehemalige Sowjetunion und das heutige Rußland.

Die alten Leute erinnern sich an die Hungersnot der Kriegsjahre. Ich fürchte, daß Rußland schon im Januar an die Tradition der Brotrebellionen anknüpft. Falls es dazu kommt, steuert das Land auf einen Staatsstreich zu, der mit dem operettenhaften Versuch im August nicht zu vergleichen sein wird.

Wer könnte dann die führende Rolle übernehmen? Die sattsam bekannte Oligarchie: die KPdSU, der militärisch-industrielle Komplex und der KGB. (Ich belasse die alten Namen, weil die neue Etikettierung nichts an der Sache geändert hat.)

Die Armee. In den meisten Regionen des Landes ist sie im Winter 1991/92 praktisch sich selbst überlassen. Und sie ist gezwungen, sich selbst zu ernähren. Die Soldaten schwärmen auf die Felder der Kolchosen aus und »holen« sich von dort Kartoffeln. Die Republiken, deren Lage ohnehin beklagenswert ist, zeigen kein Interesse, die bewaffneten Riesenscharen zu verpflegen, die vielerorts als Besatzer empfunden werden. Kurzum, das Land ohne Namen besitzt kein Geld für die Versorgung der Fünf-Millionen-Armee. In vielen Einheiten wird die Auszahlung des Solds hinausgeschoben. Soldaten und Offiziere müssen sich ihren Lebensunterhalt selbst verdienen. Der Waffenhandel floriert. Heute ist es leichter, eine Kalaschnikow oder eine Makarow zu kaufen als eine Flasche Wodka.

Die Wohnverhältnisse der meisten Militärs lassen zu wünschen übrig. Hundertdreiundsiebzigtausend Familien der Offiziere und Unteroffiziere haben keine eigene Wohnung, sie müssen sie mit anderen teilen oder in Baracken hausen. In absehbarer Zeit kommen reichlich hunderttausend Offiziere aus Osteuropa hinzu. Ihre Lage ist so schlimm, daß sie durchaus das »Streichholz« werden könnten, welches das ganze Land in Flammen setzt. Natürlich muß das Militärbudget, heute auf dreihundert Milliarden Rubel geschätzt, reduziert werden. Das zwingt die Verantwortlichen, viele Tausende schon in diesem Winter zu entlassen, was die Zahl der Arbeits- und Obdachlosen enorm in die Höhe treiben wird. Diese Menschen werden um ihre Existenz kämpfen.

Nach Schätzungen der Abteilung für militärisch-politische Fragen beim Moskauer Institut für USA und Kanada ist die Armee schon jetzt schwer zu lenken, sie entzieht sich zusehends der öffentlichen Kontrolle.

Ende November 1990 protestierten Offiziere einer Einheit im Generalstab »gegen den Zerfall des Staates und der Armee« und sprachen Gorbatschow und Jelzin das Mißtrauen aus. »Wir brauchen neue Führungspersönlichkeiten«, verkündete Generalmajor Leonid Koschendajew in kategorischem Ton. »Ich denke, das Volk wird sie hervorbringen, ein Volk, das nicht mehr stundenlang vor den Geschäften anstehen und keine Angst vor der Zukunft haben will. Ob es den heutigen Machthabern recht ist oder nicht, die Streitkräfte werden heute politisiert. Die Armee hat keine Lust mehr, ein Objekt der Erniedrigung zu sein ...«

Der Kommandeur des baltischen Militärbezirks, General Mironow (seine Truppen sollen nach Rußland abgezogen werden), erklärte öffentlich, er behalte sich »das Recht vor, den Befehl des Oberkommandierenden nicht auszuführen«, wenn seine Untergebenen nicht sozial abgesichert werden.

Am 19. Dezember fragten Journalisten den sowjetischen

Verteidigungsminister Schaposchnikow: »Wem untersteht heute die Armee?« Der Marschall lächelte. »Wem sie untersteht? Dem Volk!« Im August hatte Schaposchnikow, damals Befehlshaber der Luftstreitkräfte, den Putschisten gedroht, den Kreml zu bombardieren, wenn sie versuchen sollten, das »Weiße Haus« zu stürmen. Die Entschlossenheit des Marschalls brachte dem Land Rettung. Was aber, wenn der Verteidigungsminister, vor eine ähnliche Entscheidung gestellt, seine politische Haltung ändert?

Um die anderen Bereiche des militärisch-industriellen Komplexes ist es nicht besser bestellt. »Dieser Komplex, im August eine der Triebkräfte des Putsches, ist von Kaderveränderungen kaum betroffen. Die Produktionsprozesse sind nicht mehr richtig organisiert, ein gewaltiger Zündsatz für eine soziale Explosion bereitet sich vor, und die kann angesichts der Verzweigung und Verflechtung der Branchen ganze Regionen und Republiken in Mitleidenschaft ziehen«, schrieb Rubanow in einer Analyse für die Regierung. »Es gibt Anzeichen für eine immer schwächer werdende Kontrolle über den nuklearen Komplex. Viele militärische Objekte beklagen den Mangel an Personal. Der Zusammenbruch zentraler Führungsstrukturen kann zur Schwächung der Kontrolle über die Kernenergie führen.«[323]

Iwanenko stellte schon im Sommer 1991 in einem internen Bericht fest: »Die Frage, wie terroristischen Akten bei Anwendung von Kernwaffen vorzubeugen ist, steht heute fast schon auf der Tagesordnung. Wir haben bereits mehrere Beweise für die atomare Erpressung; es gibt Gerüchte über Explosionen in den Kraftwerken Kursk, Rostow und Belojar.« Experten nannten 236 besonders gefährdete Objekte, die »unter strikte operative Kontrolle gebracht werden müssen. 189 von ihnen befinden sich auf russischem Territorium, unter anderem neun der fünfzehn Atomkraftwerke, die noch in Betrieb sind.«[324]

Die KPdSU. Die Parteinomenklatura wurde nach Auflösung der Partei nicht arbeitslos. Nach der Räumung aller Komitees übernahm sie hohe Posten in der Exekutive. Viele Parteifunktionäre wandten sich der Geschäftswelt zu, Firmen mit hohem Startkapital, auch in konvertibler Währung. Ein beträchtlicher Teil der »alten Garde« kehrte in die Wirtschaftsführung und die Verwaltung zurück.[325] Von den elf Oberhäuptern der Republiken, die am 21. Dezember 1991 das Abkommen über die

Gründung der Gemeinschaft Unabhängiger Staaten unterzeichnet hatten, gehörten neun zur früheren Parteielite ...

Der KGB. Die demokratische Entwicklung in der UdSSR hatte die Tschekisten in Angst und Schrecken versetzt. Der Schock, den die Lubjanka nach dem Fiasko im August erlitten hatte, machte die Leute aber nicht klüger.

Ja, es ist gefährlich, die Tschekisten in eine Sackgasse zu treiben. Würden die alten Dienste des Komitees aufgelöst, so würde das viele von ihnen verleiten, zur Mafia zu gehen oder sich dem organisierten Verbrechen anzuschließen. Und dies passiert bereits. Sie kennen sich in der konspirativen Arbeit aus und werden mit offenen Armen aufgenommen. Etwas Schlimmeres, als die alten Strukturen mit neuen Etiketten zu versehen, kann man sich wohl kaum vorstellen. Statt ein realistisches Konzept zu erarbeiten, den rechtlichen Rahmen abzustecken und neue Strukturen zu schaffen, wurde die Staatssicherheit noch durch die Miliz verstärkt. »Wir sind gespannt, ob auch wir Milizpfeifen bekommen«, sagen die Tschekisten mit bitterer Ironie.

Die Leiter des wiederaufgebauten Monsters erklärten ihre Absicht, das Ministerium um bis zu siebzig Prozent zu reduzieren. Ein frommer Wunsch, und ich glaube, es bleibt auch diesmal bei dem Wunsch. Und was machen dann die Wissenschaftler und Techniker des Komitees? Gewiß werden sie versuchen, ihre Kenntnisse und Erfahrungen in der Wirtschaft einzusetzen. Aber ich zweifle, ob ihnen das gelingen wird, denn die neuen Unternehmen verfügen nicht über die hochspezialisierte Technik, die der KGB besaß.

Bemitleide ich die Tschekisten? Nein, ich bemitleide mein Land.

Staatssicherheit und Miliz waren noch nie gut aufeinander zu sprechen. Die Ernennung eines Mannes aus der Miliz zum obersten Chef der Profileute des KGB hat sie in ihrem Ehrgeiz tief gekränkt. Barannikow wird das Komitee ebensowenig kontrollieren können wie seinerzeit Bakatin.

Im KGB macht ein Gesellschaftliches Komitee zur Gewährleistung der Staatssicherheit von sich reden. Ihm gehören durchweg KGB-Mitarbeiter an, die in offener Opposition zu Bakatin standen.[326] Einigen Informationen zufolge gibt es dort auch ein illegales Auswertungszentrum, in dem Tschekisten der mittleren und höheren Ränge tätig sind. Sie analysieren die Lage im Land und die Verhältnisse im Komitee selbst und beeinflussen ihre Kollegen, offenkundig nicht ohne Erfolg.[327]

Barannikow sind eine Million Mitarbeiter des Innenministeriums und mindestens hundertfünfzigtausend Offiziere des KGB unterstellt sowie die Grenz-, Pionier- und Nachrichtentruppen. Wozu das? Um auf das Volk zu schießen, das im August das »Weiße Haus« verteidigte und im Januar oder Februar sich womöglich wieder dort versammelt, um Brot von der Regierung zu fordern?

Das Volk wird sich versammeln, was bleibt ihm anderes übrig? »Die Tagesnorm auf Karten liegt bei dreihundertachtzig Gramm Brot. Bitte schicken Sie zu uns Ihren Korrespondenten, damit er erfährt, wie schlecht es uns geht«, schreibt ein Invalide an die ›Komsomolskaja prawda‹.

Diese Menschen sind im Sozialismus aufgewachsen und kennen nichts anderes. Erzogen im Geist eines totalitären Regimes, erfuhren sie nun auf einmal, daß alles, ihr ganzes Leben, ihre Ideale, für die sie gelitten hatten, ihr quasireligiöser Glaube an eine ferne, aber lichte Zukunft – den Kommunismus –, nichts mehr wert ist. Das hinzunehmen ist schwer. Und wofür? Für eine ebenso abstrakte Idee von Demokratie und Freiheit, die ihnen bisher nichts außer Armut und Not brachte? Diese Menschen haben nur ein Leben. Um eines würdigen Lebensabends willen werden sie auf die Straße gehen. Sie werden demonstrieren, »Gebt uns Brot!« wie 1917 rufen und dann die Geschäfte plündern, die Handelsbetriebe besetzen. Anarchie wird herrschen.

Sie werden nicht von sich aus demonstrieren? Sie haben keine Erfahrung in sozialen Kämpfen? Das ist nicht wahr. Die Perestroika hat ihr Wissen um vieles bereichert. Und – manche werden ihnen dabei helfen.

Der KGB hat ein »Schattenpersonal« im ganzen Land. Wer ist das?

Erstens die sogenannte »effektive Reserve«, Berufsoffiziere des KGB, die entweder offen unter »fremdem Dach« arbeiten oder einen anderen Beruf zur Tarnung ausüben: stellvertretende Leiter von Forschungsinstituten, Verantwortliche für die »Arbeit mit Ausländern« an Hochschulen, Dolmetscher, Pförtner in Ausländerhotels, Ingenieure in Selbstwählzentralen,

Journalisten. Ihr Gehalt bekommen sie an derselben Kasse wie ihre zivilen Kollegen, der KGB zahlt ihnen die Differenz zwischen dem Gehalt eines KGB-Mitarbeiters plus Zulagen für Dienstrang und Dienstalter und der in der Regel geringeren Entlohnung laut Stellenplan ihres »Tarnbetriebs«.

Die zweite, von der Zahl her wahrscheinlich stärkste Gruppe des »Schattenpersonals« setzt sich aus »Vertrauenspersonen« zusammen.

Zweifellos zählen (zählten?) leitende Mitarbeiter der Personalabteilungen dazu. Iwanenko, der seine Laufbahn als einfacher operativer Mitarbeiter begonnen hatte, sagte mir: »Personalleiter sind sehr vertrauenswürdige Leute, sie geben einem Informationen, auf sie ist Verlaß.«

Kitschichin zufolge waren noch vor ein oder zwei Jahren viele Leiter von Massenmedien, Betrieben und Unternehmen, Hochschuldekane, Mitarbeiter der Exekutivkomitees, Parteisekretäre, Chefredakteure der Verlage, Telefonistinnen, Schneiderinnen in Modeateliers und Vertreter der Nomenklatura »Vertrauensleute« des KGB. Was mußten sie machen? Informationen liefern: worüber in ihren Berufskreisen gesprochen wird, zum Beispiel im Schriftstellerverband, in der Zeitung, im Filmklub. In der Regel unterschrieben sie kein Papier über ihre Kontakte mit den »Organen«. Wenn sie als Delegationsleiter ins Ausland reisten, berichteten sie über Leute, die sie dort trafen, deren Meinung zur Sowjetunion, die politische Reife der Delegationsmitglieder. Dafür erhielten sie vom KGB natürlich kein Honorar, sie durften aber als Leiter von Touristengruppen gratis ins Ausland fahren. In den meisten Fällen taten diese Leute nichts Böses, Berichte hielten sie für eine ganz normale Sache. Ich bin sicher, die meisten ahnten nicht einmal, daß sie als »Vertrauensleute« geführt wurden. Und wenn, so hielten sie das für eine Spielregel, die zu beachten der weiteren Karriere förderlich war.

Als Nummer eins für Aussprachen mit »Vertrauensmann«-Anwärtern galt im KGB Armeegeneral Filipp Bobkow vom ideologischen Abwehrdienst. Zu Bobkows Gesprächspartnern zählten renommierte, noch heute angesehene Persönlichkeiten. Ich nenne keine Namen, denn ich habe nicht die entsprechenden Papiere gesehen, obwohl, wie man mir sagte, die Akten vorhanden sind. Und auf das Gedächtnis meiner Gesprächspartner aus dem KGB will ich mich lieber nicht verlassen.

Die dritte, besonders gefährliche Gruppe des »Schattenpersonals« des KGB sind »ehrenamtliche Helfer« (so nennt man sie im Komitee), also Denunzianten.

In dieser Gruppe gibt es viele Kategorien: »Wächter«, »Beobachter«, »Berater«, »Agenten«, »besonders wertvolle Agenten«, »Residenten«. Sie alle haben eine Personal- und Arbeitsakte im KGB.

Die »Wächter« sollen ihre Kollegen beobachten und die Lage im Objekt verfolgen, zum Beispiel in einem Atomkraftwerk. Ähnliche Aufträge führen die »Beobachter« und »Berater« aus.

Zu den »besonders wertvollen Agenten« zählen etwa zehn Prozent aller geheimen KGB-Mitarbeiter. Einer von ihnen war beispielsweise der Arzt von Andrej Dmitrijewitsch Sacharow. Er kümmerte sich weniger um die Gesundheit seines Patienten, sondern hielt ihn – unter Berufung auf das Befinden – davon ab, Erklärungen abzugeben, Proteste zu schreiben oder selbst aufzutreten.[328]

Wie wurden Agenten angeworben? Eine KGB-Vorschrift besagt, daß Jugendliche unter achtzehn Jahren nicht angeworben werden dürfen und Personen über sechzig höchstens für konspirative Wohnungen in Frage kommen.

Der Anwärter wird nach einer »Richtlinie« überprüft: Ist er ein Agent des KGB? Ist er ein Agent des Innenministeriums? Liegt gegen ihn kompromittierendes Material im KGB vor? Liegt gegen ihn kompromittierendes Material im Innenministerium vor? Mit wem steht er in Briefkontakt (vor allem im Ausland)? Die Sechste Abteilung der Operativ-technischen Verwaltung kontrolliert dann den Briefwechsel. Ist er vorbestraft?[329] Außerdem geht ein »Versicherungsagent« zu den Hausnachbarn und erkundigt sich. Dann erst findet die persönliche Aussprache mit dem Kandidaten statt.

Wie das arrangiert wird, weiß ich aus eigener Erfahrung.

Vor zwölf Jahren, am Anfang meiner Journalistenlaufbahn, wurde ich zu einem Kongreß über Raketen- und Weltraumtechnik delegiert. Vor der Perestroika konzentrierte ich mich auf populärwissenschaftliche Themen, vor allem auf die Weltraummedizin. Veranstalter des Kongresses war die Akademie der Wissenschaften der UdSSR. Während des Kongresses sprach mich ein gewisser Iwanow an, ein eleganter, bärtiger, sehr attraktiver Mann Mitte Dreißig aus der Ersten (geheimen) Abteilung des Präsidiums der Akademie.

Er fragte mich nach meiner Arbeit und wollte wissen, wie oft ich Dienstreisen mache und ob ich den Wunsch hätte, auch Kongresse im Ausland zu besuchen. Natürlich, was für eine Frage! »Ich werde Ihnen helfen«, sagte er. »Wir werden Sie auf Dienstreisen schicken. Meine einzige Bitte: Machen Sie für uns eine Kopie Ihrer Interviews mit Ausländern, sie sprechen ja fließend Englisch, nicht wahr? Hervorragend. Gewiß sind Ihre Interviews länger als das, was sie dann in der Zeitung drucken. Wir wären an einigen Details interessiert: Worüber Ihr Gesprächspartner außerdem sprach, wofür er sich besonders interessierte und was er über unser Land äußerte. Aber ich will sie nicht belehren, schließlich sind sie Journalistin«, schmeichelte Iwanow der angehenden Reporterin. Ich kam ins Stottern, sagte etwas von zuviel Arbeit, daß ich nicht wisse, was mein Vorgesetzter von meiner Arbeit halte ... »Denken Sie darüber nach.« Der sympathische Tschekist drängte nicht. Später, auf einem anderen Kongreß oder Symposium, trat er wieder an mich heran. Und da habe ich ihm ziemlich schroff und – wie sich später herausstellte – unvorsichtig erklärt, für zwei Berufe hätte ich keine Zeit. In den darauffolgenden acht Jahren durfte ich kein einziges Mal ins Ausland reisen.

Oberstleutnant Kitschichin, dem ich diesen Vorfall vor kurzem erzählte (wir sprachen gerade über das Denunziantentum, und Kitschichin wich von seiner These nicht ab, daß praktisch jeder angeworben werden kann), war über das Verhalten meines Werbers empört: »Holzkopf! Ich hätte sofort die Finger von Ihnen gelassen.« Ich war geschmeichelt. »Wir haben genug Kandidaten«, meinte er.

Womit lockten die Tschekisten ihre Opfer an?

Erstens sind bei weitem nicht alle von ihnen Opfer, zweitens muß man viele von ihnen nicht erst ködern, sie kommen aus freien Stücken. »Als ich in einer Fabrik in Woronesch gearbeitet habe«, berichtete Oberst Rubanow, »setzten mir die ›freiwilligen Helfer‹ unheimlich zu. Ich nahm sie unter die Lupe und fand meine Vermutung in den meisten Fällen bestätigt. Sie hatten es auf die Posten ihrer Chefs abgesehen und rechneten damit, daß ich ihnen, als Gegenleistung sozusagen, dazu verhelfe.«

Und wenn sie doch geködert werden mußten, stand dafür ein breites Spektrum zur Verfügung, schließlich war der Alltag eines Sowjetbürgers voller Entbehrungen.

»Ich hatte keine Wohnung und konnte auch meine Tochter nicht im Kindergarten unterbringen. Ein KGB-Mitarbeiter deutete mir an, sie würden mir mit der Wohnung helfen.« (W. Alestschenko, Kiew)

»Hätte ich mich nicht auf eine Zusammenarbeit mit ihnen eingelassen, dann hätte ich die Stelle bei Hana nicht bekommen. Die Firma baute in Woronesch eine Videorecorder-Fabrik.« (M. Jaroslawzew, »Felix«)

»Haben Sie irgendwelche Wünsche?« wurde Kriwolatow, damals Kellner in Nowokusnezk, gefragt. »Ich möchte im Restaurant Nowokusnezki arbeiten.« Noch am selben Tag bekam er die Stelle.

»Mich hat der Personalchef des Leningrader Komitees für Rundfunk und Fernsehen vorgeladen. Ich arbeitete in der Literatur- und Hörspielredaktion, anfangs hauptberuflich und später auf Honorarbasis. Ich öffnete die Tür seines Büros, und neben dem Personalchef saß ein dunkelhaariger, stattlicher, adrett angezogener junger Mann. Als mich der Personalchef eintreten sah, sagte er sogleich: ›Gut. Ich gehe.‹ Der junge Mann, Major der KGB-Verwaltung Leningrad, Boris Iwanowitsch Tkatschenko, bot mir die Zusammenarbeit an. Ich willigte ohne langes Zögern ein. Warum? Ich empfand mich als Tschekist der neuen Welle, einer vom Gorbatschow-Aufgebot. Wo wir uns mit Tkatschenko trafen? Entweder bei mir oder in einer konspirativen Wohnung, bei einer alten Frau. Der Major wartete meist schon auf mich, die Frau zog sich in die Küche oder in ein Zimmer zurück. Was ihn interessierte? Was im Rundfunk vor sich geht, worüber im Schriftstellerverband gesprochen wird. Einmal bat er mich, einen jüdischen Schriftsteller näher kennenzulernen, dessen Verwandte in New York lebten; er wollte durch mich ihre Adresse erfahren.« (Wladimir Lyssow, Mitglied des Schriftstellerverbandes)[330]

»Ich arbeitete in der Presseagentur Nowosti. Alle in unserer Redaktion hatten mit dem KGB zu tun. Sonst wäre man bei eventuellen Auslandsreisen von vornherein abgeschrieben gewesen. Unser Abteilungsleiter war ein altgedienter Tschekist, er hatte im Aufklärungsdienst gearbeitet. Mich zog zunächst die Romantik des Kundschafterberufs an. Erst später begriff ich, daß ich in der Falle saß. Ich wollte mit ihnen brechen. Sie drohten mit der Enthüllung meiner Kontakte zu ihnen. Und heute? Heute rufen sie gelegentlich an und bitten mich, einen Artikel über die Lage im Land zu schreiben. Ich schreibe ungefähr das, was in der Zeitung steht, ohne Schminke.« (N.N.)

»Sie sagten mir, wenn ich nicht mit ihnen zusammenarbeite, werden sie meinem Bruder das Leben sauer machen (er arbeitete in einem Rüstungsbetrieb) und meiner Frau auch, der ich mit soviel Mühe eine passende Arbeitsstelle besorgt habe.« (Michail Kasakow, Journalist)

Viktor Orechow, über den ich im sechsten Kapitel schrieb und der acht Jahre in Straflagern dafür büßen mußte, daß er als KGB-Mann Verfolgten half, sieht vier Hauptursachen für die Zusammenarbeit eines »Normalbürgers« mit dem KGB:

Erstens: Karrierismus, zum Beispiel die Möglichkeit, ohne größere Probleme zu promovieren oder sich zu habilitieren.

Zweitens: Der KGB verfügte über kompromittierendes Material, das die ganze Laufbahn gefährden konnte.

Drittens: Angst vor den »Organen«.

Viertens: Furcht vor der Hartnäckigkeit des KGB, wenn jemand nicht mit ihm zusammenarbeiten wollte.

»In acht Jahren hat nur ein Student abgelehnt, obwohl ich ihm viele Unannehmlichkeiten in Aussicht stellte. Laut Plan sollte ich vier bis fünf Neue im Jahr anwerben«, sagte Orechow.[331]

1991 sah der Plan des KGB die Anwerbung von zwei Agenten je Mitarbeiter vor. Einige Tschekisten lockten laut Kitschichin vier oder fünf neue Agenten in ihre Netze. Dafür wurden sie prämiert, es sei denn, die Obrigkeit glaubte, der Betreffende hätte noch besser sein können.

Der Zuträger mußte eine Verpflichtung unterschreiben. Sie lautete etwa: »Ich, Iwanow Iwan Iwanowitsch, erkläre mich freiwillig bereit, mit den Organen der Staatssicherheit zusammenzuarbeiten (als Variante: ... den Organen des KGB in ihrer Arbeit zu helfen). Ich wurde über die Folgen im Falle der Enthüllung meiner Zusammenarbeit belehrt. Alle von mir vorgelegten Materialien werde ich unter dem Decknamen Wesnin unterschreiben. Datum. Unterschrift.« Die Wahl des Decknamens war eine subtile Angelegenheit: Er durfte nicht an Verwandte oder Freunde erinnern, mußte aber einprägsam sein.

Sobald der »Neue« die Verpflichtung unterzeichnet hatte, mußte er eine Agentenmeldung schreiben, ein »Häutchen«, wie sie im KGB-Slang genannt wird.

Das »Häutchen« wurde auch dann gefordert, wenn sich der Angeworbene weigerte, eine schriftliche Verpflichtung über die Zusammenarbeit zu geben. »Es gibt schwierige Fälle«, klagten manche Mitarbeiter. »Ich treffe mich zum Beispiel mit einem Informanten. Er liefert mir eine Information. Wir unterhalten uns. Ich bitte ihn, eine Verpflichtung zu unterschreiben. Er lehnt ab. Ich versuche, ihm klarzumachen: ›Das Papier ist nötig, damit unsere Zusammenarbeit geheim bleibt.‹ Er gibt nicht nach. Dann komme ich ihm von einer anderen Seite: ›Machen Sie für uns eine kurze Notiz, nur die Namen und Tatsachen, damit wir nicht aus Versehen jemanden umsonst bestrafen.‹ Das wirkt sehr oft. Eine Meldung reicht aus, um eine Agentenkarte anzulegen. Er kommt dann um die schriftliche Verpflichtung nicht mehr herum.«

Wie wurde die Arbeit der Denunzianten bezahlt? Orechow erzählte, daß es unter seinen Kollegen üblich war, das Geld für die Agenten im Restaurant zu versaufen. Wenn der »freiwillige Helfer« keine feste Arbeitsstelle hatte, zeigten sich die Tschekisten von ihrer »menschlichen« Seite und stellten einen Antrag an ihre Vorgesetzten: »Da ... (Nachname, Vorname, Vatersname) nicht berufstätig ist, wird eine Vergütung in Höhe von ... beantragt.« Häufiger aber wurde ein Denunziant ganz anders, unter sowjetischen Bedingungen viel effektiver bezahlt. Beispiele dafür nannte ich schon.

Praktisch jeder sowjetische Journalist, der als Korrespondent im Ausland arbeitete, war verpflichtet, sogenannte »Primärkontakt«- und »Sekundärkontakt«-Karten auszufüllen und einem KBG-Mitarbeiter aus dem sowjetischen Botschaftspersonal zu geben. Auch über Gespräche mit örtlichen Politikern mußte berichtet werden. Manche Journalisten mußten einen sogenannten »nassen« Auftrag übernehmen, das heißt zu einem Treff gehen, der für einen Geheimagenten nicht ungefährlich war.

Konnten die Journalisten solche Aufträge ablehnen? fragte

ich meine Kollegen. Ihre Antwort leuchtete mir ein. Wenn jemand ablehnte, mußte er binnen vierundzwanzig Stunden das Aufenthaltsland verlassen, denn er hatte in der Moskauer KPdSU-Zentrale ein Papier unterschrieben: »Ich verpflichte mich, nicht gegen die Verhaltensregeln einer sowjetischen Person im Ausland zu verstoßen.«

Wie hoch war die Gesamtzahl der Informanten im Land? Ich glaube, niemand weiß das heute genau. Bakatin hatte mir gegenüber im Herbst 1991 in Aussicht gestellt, diese Zahlen zu veröffentlichen. Das Material wurde dem Noch-Präsidenten Gorbatschow vorgelegt. Er gab aber seine Zustimmung nicht. Die Angaben, die Bakatin von seinen Mitarbeitern bekam, entsprachen nicht den Tatsachen.

»Sie wollten mich hinters Licht führen«, kommentierte er.

»Und welche Zahl haben sie Ihnen vorgelegt?« fragte ich.

»Vierhunderttausend Menschen.« Er lächelte. »Das mutet nicht sonderlich realistisch an.«

»Und Ihre Einschätzung?« bohrte ich.

»Etwa zwei bis drei Millionen ... wie ich Sie kenne, haben Sie eigene Berechnungen angestellt?«

Ja, er hatte recht. Meine Berechnungen gründeten sich auf Vergleiche mit den Zahlen, die die ehemaligen sozialistischen Länder veröffentlichten.

Als die Stasi-Archive in der DDR geöffnet wurden, stellte sich heraus, daß es in dem 16,5-Millionen-Staat 180000 Agenten gab. Nach Auflösung der STB in der Tschechoslowakei wurden folgende Zahlen publik gemacht: 140000 Informanten in einem Land mit 15,5 Millionen Einwohnern, unter ihnen zwölf Parlamentsabgeordnete, vierzehn Minister und stellvertretende Minister. Mit anderen Worten: In der Tschechoslowakei und der DDR arbeitete ein Prozent der Bevölkerung mit der Staatssicherheit zusammen.[332]

Legt man dieses Verhältnis zugrunde, so muß sich diese Zahl in der nicht mehr bestehenden Sowjetunion auf mindestens 2,9 Millionen belaufen.

KGB-Oberst a. D. Karpowitsch hält diese Zahl für zu niedrig. Nach seiner Schätzung arbeiteten etwa dreißig Prozent der erwachsenen Bevölkerung in dieser oder jener Form mit dem KGB zusammen.[333]

Noch pessimistischer war Kitschichin: »Sechzig bis siebzig

Prozent der Bevölkerung stehen in Kontakt mit dem KGB.«[334] Man denke nur daran, daß auf jedem Teilabschnitt einer Eisenbahnstrecke zwei Agenten im Einsatz waren. (Eine Strecke setzt sich aus fünf Teilabschnitten zusammen.) Praktisch alle Streckenwärter und alle oder fast alle Wagenkontrolleure waren Informanten, sie sollten nicht nur über die Dinge der Eisenbahn informieren, sondern auch über ihre Kollegen.[335]

»Begreifen Sie doch«, sagte mir Rubanow erregt, »der Begriff KGB-Agent oder, wie Sie sich ausdrücken, Denunziant hat nicht so sehr mit dem Verhältnis des KGB zur Gesellschaft zu tun, sondern spiegelt die Mentalität dieser Gesellschaft.«[336]

In den letzten Jahren der Perestroika hat sich daran nichts verändert. Vielleicht nur das eine: Einige radikale Leiter forderten ihre Mitarbeiter auf, ihre Tätigkeit »neu zu durchdenken«. Generalmajor Iwanenko von der russischen Staatssicherheit sagte im Sommer 1991 zu den Tschekisten: »Wir bereiten neue Bestimmungen über die Arbeit mit den geheimen Helfern vor und legen Maßnahmen zur Erneuerung dieses Arbeitsbereichs im KGB fest. Da gibt es neue Ansätze für den Aufbau des Agentenapparats. Ihm sollen nur die Helfer angehören, die aktuelle und ganz konkrete Aufträge ausführen. Alle übrigen, die sogenannten Wächter, Beobachter und Berater – das sind reichlich fünfzig, in manchen Stellen achtzig Prozent – sollten einer anderen Kategorie zugeordnet werden, wo keine Personal- und Arbeitsakten geführt werden und wo andere Arbeitsmethoden erforderlich sind. Die operativen Mitarbeiter müssen eine größere Bewegungsfreiheit bekommen und über die Art und Weise ihres Vorgehens selbst entscheiden.«[337]

Kitschichin berichtete, daß er und seine Kollegen in den letzten Jahren und Monaten neue Zuträger unter den »sozial aktiven Persönlichkeiten« warben, das heißt unter den Demokraten. »Wir erhielten den Auftrag, vor allem in der demokratischen Fraktion des russischen Parlaments Agenten zu werben.«

»Unter den Kommunisten auch?« fragte ich interessiert.

»Wozu denn? Was wir von ihnen erfahren wollten, erfuhren wir ohne Agenten.«[338]

»Wenn ich mir manchmal die Parlamentsabgeordneten ansehe«, sagte Iwanenko, »entdecke ich unter ihnen viele unserer Leute ...«[339]

Die Tschechoslowakei oder die ehemalige DDR zeigen, mit welchem Geschick die entlassenen Stasi- oder STB-Leute die Personalakten der früheren Mitarbeiter – Abgeordnete, Minister, Parteifunktionäre – für die Destabilisierung des Landes nutzen. Etwas Ähnliches bahnt sich offenbar auch in der neuen Gemeinschaft Unabhängiger Staaten an.

Den ersten Skandal, der viel Staub aufwirbelte, gab es in Litauen. Als ein Dossier des Agenten »Jouzas« ans Tageslicht kam, erfuhr man, daß es sich um Vergilius Čepaitis handelte, den bekannten Literaten und Übersetzer, vormals geschäftsführender Sekretär des Sejm-Beirates »Sajudis«, jetzt Vorsitzender des litauischen Parlamentsausschusses, Intimus und Berater des litauischen Staatsoberhaupts.

Čepaitis stand mehr als zehn Jahre beim KGB in Lohn und Brot und lieferte – Meldungen der litauischen Presse zufolge – Informationen über vierzig Personen, auch über seine Gefährten im Kampf für die Unabhängigkeit Litauens. Čepaitis leugnete zunächst alles, mußte dann aber seine Zusammenarbeit mit dem KGB gestehen. Es blieb im dunkeln, wie diese geheimen Papiere in die Hände der Journalisten kamen. Das Komitee hatte vor dem Auszug aus Litauen erklärt, daß alle Akten nach Moskau gebracht würden.[340]

Zu einem zweiten, nicht so spektakulären Skandal kam es in der russischen Hauptstadt. Am 15. November 1991 schickte Jewgeni Kim, Abgeordneter zweier Parlamente – Rußlands und der UdSSR – dem KGB der Russischen Republik (RSFSR) folgende Erklärung: »Hiermit beantrage ich die Kündigung meiner Zusammenarbeit mit dem KGB der RSFSR und mit der KGB-Verwaltung Uljanowsk und bitte Sie, meine im Jahre 1972 abgegebene schriftliche Erklärung über die freiwillige Zusammenarbeit (Deckname ›Akimow‹) sowie meine Verpflichtungen der Organisation gegenüber als hinfällig anzusehen.«[341]

Warum entschloß sich Kim gerade jetzt, das Geheimnis preiszugeben? Der Abgeordnete hüllt sich einstweilen in Schweigen.

Ich meine, die Archive und Dossiers müssen der Öffentlichkeit zugänglich gemacht werden, so schmerzlich das sein mag. Anderenfalls werden sie auf dem »schwarzen Markt« gehandelt und zur Manipulierung mancher Politiker mißbraucht.

Viele Dossiers wurden in den letzten Monaten vernichtet. Ganz gewiß sind aber die sogenannten »Arbeitshefte« mit den Familien- und Decknamen der Agenten erhalten geblieben. Auch dieses Material, das die KGB-Mitarbeiter in ihren Aktenkoffern herausgeschmuggelt haben, kann eines Tages manches anrichten. Die Agenten wissen schließlich nicht, ob ihre Dossiers noch existieren. Alles spricht dafür, daß die Archive geöffnet werden müssen. Wie das geschehen kann, zeigen uns die ehemaligen Ostblockstaaten. Jeder Einwohner in Deutschland kann heute seine Akte einsehen. Wer sich um eine Stelle im öffentlichen Dienst bewirbt, muß nachweisen, daß er nicht für die ostdeutsche Staatssicherheit gearbeitet hat. Ehemaligen Stasi- oder STB-Leuten ist der Zugang zum öffentlichen Dienst verschlossen. Diese Gesetze, denen lange Diskussionen vorausgingen, halte ich für vernünftig.

Und wie ist es darum in der Sowjetunion bestellt? Gleich nach dem gescheiterten August-Putsch forderten die neuen Behörden im Fernsehen ihre Mitbürger auf, die Anhänger des Notstandskomitees einem eigens dafür gebildeten Ausschuß zu melden. Also nach der alten Methode: Liebe Freunde, bitte denunzieren Sie per Telefon, ein Anruf genügt...

Alle diese Leute – Vertrauenspersonen, Agenten, Denunzianten, Informanten und Residenten – sind zur Zeit wahrscheinlich die stärkste Stütze des KGB. Sie sind seine Hände. Und sie sind seine Stimme, die die Massen aufzurütteln vermag. Ich meine damit nicht alle. Die Hälfte dieses Millionenheeres sind Opfer. Sie hassen die Tschekisten, weil diese ihr Leben zerstört haben.

»Ein ZK-Instrukteur nahm zu einer Gruppe von ›Pamjat‹ Kontakt auf und übergab ihr einen Sprengkörper. Er sollte auf einer Massenkundgebung am 28. März 1991 explodieren und Panik auslösen. Die Provokation wurde verhindert.« (Alexander Gurow, ein bekannter sowjetischer Untersuchungsführer und Kenner des organisierten Verbrechens)[342]

Das ZK besteht nicht mehr, wohl aber die faschistische »Pamjat«. Das Russische Fernsehen berichtete unlängst, daß »Pamjat« einen eigenen Radiosender habe, dessen Einschaltquote recht hoch sei ... Wird »Pamjat« die Masse mobilisieren?

Oder wird es Shirinowski sein, der Führer der Liberaldemokratischen Partei (LDP)? Vor zwei Jahren haben ihn die eigenen Leute wegen Kollaboration mit dem KGB aus der Partei ausgeschlossen und die Spaltung der LDP besiegelt. Oder Pyshow von der »Vereinigten Front der Werktätigen«, der zur Abrechnung mit den Juden aufruft? »Die Macht im Land gehört dem weltweiten jüdischen Nazismus. Wir müssen an die Armee appellieren!« verkündete dieser Kämpfer für die Reinheit der russischen Nation.

Genausogut kann Barkaschow dazu beitragen – die führende Figur der »Russischen nationalen Einheit«? Er tönt: »Nur wir können Ordnung schaffen. Das Programm des Notstandskomitees war gut. Es stimmt übrigens fast wörtlich mit dem Programm überein, das wir ein halbes Jahr vor dem sogenannten Putsch erarbeitet haben ...«[343] Auf ihn haben wir gewartet, um zu erfahren, wer sich die Parzellen ausgedacht hatte, die das Notstandskomitee jedem Sowjetbürger versprach.

Als Moskau die drei jungen Männer, die in jener Augustnacht sterben mußten, zwei Russen und einen Juden, zu Grabe trug, hörte ich in der Nähe unserer Redaktion (nicht irgendwo in der gottverlassenen russischen Provinz): »Es muß noch geklärt werden, wie dieser Jude unter die Panzerketten geraten ist.« Ich fauchte den Mann an und redete ihm ins Gewissen. Seine Antwort traf mich wie ein Peitschenhieb: »Ihr Juden habt versucht, Jelzin umzubringen, ihr habt diesen Umsturz gemacht, das werdet ihr jetzt verantworten müssen.« Wissen russische Antisemiten nicht um Treblinka oder Auschwitz? Ist Buchenwald schon vergessen?

Politologen sagten für den Winter 1991/92 einen verstärkten Trend zur Unabhängigkeit der autonomen Völkerschaften in Rußland voraus. Der Nationalismus wird in jenen Regionen die Atmosphäre anheizen. Die Lage der Russen dort und in anderen Republiken wird sich zwangsläufig verschlechtern. Auf den politischen Schauplätzen Rußlands werden rechtsradikale Parteien auftreten und faschistische Losungen verbreiten. Sie werden die Lage der Russen, die in der »Diaspora« leben, zu ihren Gunsten nutzen und einen hohen Preis fordern. Das wird, so ein Kollege, ein »Bündnis der Hungrigen mit den Braunen« sein. In der nächsten Phase kann es zur Spaltung der Armee kommen. Ein Teil von ihr wird in den Republiken die Russen beschützen, der andere die nationale

Garde der souveränen Teilstaaten stärken. Dann ist ein Bürgerkrieg nicht ausgeschlossen. Auf ähnliche Weise ist der Bürgerkrieg in Jugoslawien entflammt.

Gibt es eine Alternative? Ja, aber nur eine scheckliche, und sie heißt Diktatur. Eine Diktatur, die sich auf die nationale Idee gründen wird. Jeder Diktator braucht einen Feind, auf den er die ganze Verantwortung für Hungersnöte, kalte Wohnungen und Armut abwälzen kann.

Die wahren Anführer des künftigen Umsturzes werden noch im Winter Provokationen auslösen und die Spannungen schüren. Im Frühjahr dann, wenn die Armee sich gespalten haben wird und die nationalen Konflikte sich zu einem Bürgerkrieg ausweiten, werden sie die politische Bühne betreten, allen voran die gespenstischen Figuren von der Art eines Shirinowski. Die führenden Politiker in Rußland werden in ein großes Dilemma geraten: entweder auf das meuternde Volk schießen oder sich hinter die rechte Idee stellen. Möge ihnen Gott einen anderen, dritten Weg weisen.

Andernfalls stehen nur die gewohnten Bahnen zur Verfügung. Die Oligarchie wird wieder an die Macht kommen – ohne die KPdSU, sie wird durch eine andere Partei ersetzt, die das Wort »demokratisch« in ihrem Namen führen wird. Die Legitimität dieser Oligarchie wird unstrittig sein, denn sie bekommt die Macht von einem ermatteten, verzweifelten, provozierten Volk.

Schon zur Zeit der Französischen Revolution hieß es: Es ist ein Leichtes, die Republik auszurufen, woher nimmt man aber die Republikaner?

Einige Leser werden sich fragen, warum ich nach dieser apokalyptischen Voraussage nicht sofort Hals über Kopf dieses Land verlasse, zumal meine Tochter erst knapp vier Jahre alt ist.

Erstens, weil ich Journalistin bin. In einem anderen Land zu leben ist für mich nicht interessant. Zweitens, weil es mein Land ist. Und drittens, weil ich an die intellektuellen Fähigkeiten des KGB, des militärisch-industriellen Komplexes und der KPdSU oder einer national-chauvinistischen Gruppierung nicht glaube. Zweifellos wird die Oligarchie den Versuch (oder mehrere Versuche) unternehmen, um die verlorenen Positionen zurückzuerobern. Leider deutet alles darauf hin, und ich fürchte, es wird dann zum Blutvergießen kommen. Eine globale Apokalypse?

Ein Wunder muß geschehen. Ich will nicht, daß meine Voraussagen sich erfüllen. Mögen sie eine Mahnung sein. Damit wir eines Tages erlöst sagen können: Ja, wir standen am Rand des Abgrunds.

Statt eines Nachworts

Einem Autor fällt es immer schwer, den Schlußpunkt zu setzen. Dieses Mal hat das Leben selbst den Schlußpunkt gesetzt: Rika Berg-Rasgon, der ich dieses Buch widme, ist im Dezember 1991 gestorben.

Rika, ich habe dieses Buch trotz alledem geschrieben.

Moskau, im Dezember 1991

Anmerkungen

1 Stoliza 16/1991
2 Literaturnaja gaseta vom 10. 7. 1991
3 John Barron: KGB heute. Moskaus Spionagezentrale von innen. Bern/München 1984. – Emi Night: KGB. Police and Politics in the Soviet Union. New York 1988. – Christopher Andrew/Oleg Gordiewsky: KGB. Die Geschichte seiner Auslandsoperationen von Lenin bis Gorbatschow. München 1991
4 Lew Rasgon: Nepridumannoje (Nichterfundene Geschichten). Moskau 1989
5 Sowetskaja Rossija vom 12. 12. 1990
6 Moskowskije nowosti vom 10. 3. 1991
7 Trud vom 12. 2. 1991
8 Iswestija vom 22. 6. 1991
9 Komsomolskaja prawda vom 5. 7. 1991
10 Iswestija vom 23. 6. 1991
11 U.S. News & World Report vom 25. 3. 1991
12 Siehe Anm. 3
13 Oleg Gordiewsky in einem Interview mit Natalija Geworkjan, in: Moskowskije nowosti vom 3. 3. 1991
14 Jewgenija Albaz/Natalija Geworkjan: Neiswestny nam KGB (Der unbekannte KGB), in: Moskowskije nowosti vom 3. 3. 1991
15 Valentin Koroljow: Sekrety sekretnych slushb (Geheimnisse der Geheimdienste), in: Ogonjok 43/1990
16 Oleg Kalugin: Wsgljad s Lubjanki (Blick von der Lubjanka), in: Nesawissimaja Baltijskaja gaseta März 1991
17 Oleg Kalugin in einem Interview mit Natalija Geworkjan, in: Moskowskije nowosti vom 24. 6. 1990
18 Filipp Bobkow in einem Interview mit Andrej Karaulow, in: Kuranty vom 1. 3. 1991
19 Moskowskije nowosti vom 21. 7. 1991
20 Siehe Anm. 2
21 Siehe Anm. 11
22 Siehe Anm. 19
23 Siehe Anm. 14
24 Siehe Anm. 15
25 Oleg Kalugin in einem Interview mit Natalija Geworkjan, in: Moskowskije nowosti vom 28. 4. 1991
26 Oleg Kalugin: Ne perechodit na litschnosti (Ohne sie beim Namen zu nennen), in: Komsomolskaja prawda vom 3. 7. 1990
27 Stenogramm der Gespräche des KGB-Vorsitzenden Wladimir Krjutschkow mit Journalistinnen vom Internationalen Presseclub (Dezember 1990). Archiv der Autorin
28 Valentin Koroljow: Israilskaja linija (Israelische Linie), in: Stoliza 9/1991
29 Michail Ljubimow: Prisnanije nerasstreljannogo schpiona (Geständnis eines nicht erschossenen Spions), in: Komsomolskaja prawda vom 12. 10. 1990
30 Moskowskije nowosti vom 10. 2. 1990
31 Alexander Kitschichin: KGB segodnja sastschistschajet konstituzionny stroj i unitschtoshenije archiwow (Der KGB verteidigt heute die verfassungsmäßige Ordnung und die Vernichtung der Archive), in: Stoliza 1/1991
32 Bulletin des Obersten Sowjets der UdSSR vom 13. 5. 1991
33 Moskowskije nowosti vom 10. 6. 1990

34 Siehe Anm. 14
35 Siehe Anm. 31
36 Siehe Anm. 14
37 Alexander Schalnjow: Odin den w Akademii FBR (Ein Tag in der FBI-Akade-mie) in: Iswestija vom 24. 5. 1990
38 Siehe Anm. 11
39 Erinnerungen von Jelisweta Schtutzer. Handschrift im Archiv des Instituts für Pflanzenzucht an der Akademie der Wissenschaften der UdSSR und im Archiv der Autorin
40 Mark Popowski und Semjon Resnik, die Biographen von Nikolai Wawilow, mußten Ende der siebziger Jahre die UdSSR verlassen
41 Armen Tachtadshjan: Nenadetaja mantija (Die unbenutzte Richterrobe), in: Woswrastschennyje imena (Wiedergefundene Namen). Moskau 1989, S. 101f.
42 Jewgenija Albaz: Prostscheniju ne podleshit (Pardon wird nicht gegeben), in: Moskowskije nowosti vom 8. 5. 1988
43 Kassationsverfahren Nr. 6628–37. Archiv der Militär-Oberstaatsanwaltschaft der UdSSR
44 Nikita Chruschtschow: Referat auf dem 20. Parteitag der KPdSU am 25. 2. 1956, zitiert nach: Iswestija ZK KPSS 3/1989
45 Leningradskaja prawda vom 21.–23. 12. 1954
46 Verordnungen, Erläuterungen und Vorschriften des Obersten Gerichts der UdSSR. Moskau 1935, S. 100
47 Boris Viktorow: Bes grifa sekrestno. Sapiski wojennogo prokuratora (Ohne Stempel ›Geheim‹. Notizen eines Militärstaatsanwalts). Moskau 1990, S. 192f.
48 Iswestija vom 8. 7. 1991
49 Siehe Anm. 47, S. 234
50 Boris Viktorow: Aktualnyje woprosy teorii i praktiki primenenija sowetskogo ugolownogo sakonodatelstwa ob osobo opasnych gosudarstwennych (kontrre-woljuzionnych) prestuplenijach (Aktuelle theoretische und praktische Fragen der Anwendung des sowjetischen Strafrechts bei besonders gefährlichen [konterrevo-lutionären] Staatsverbrechen). Dissertation. Moskau 1966. Archiv des Autors
51 Krasnaja kniga WTschK (Rotes Buch der Tscheka). Moskau 1989, Bd. 1, S. 5
52 Wladimir Iljitsch Lenin: Werke (Gesamtausgabe), Bd. 35, S. 286 (russ.)
53 Wladimir Iljitsch Lenin: Werke (Sammlung), Bd. 18, S. 189 (russ.)
54 Ebenda, Bd. 24, S. 6 (russ.)
55 Zitiert nach: Stoliza 20/1991
56 Sergej Melgunow: Krasny terror w Rossii (Der Rote Terror in Rußland). New York 1989, S. 21ff.
57 Siehe Anm. 55
58 Siehe Anm. 56, S. 43
59 Josif Wladimirowitsch Gessen: Archiw russkoj rewoljuzii (Archiv der russischen Revolution). Berlin 1921
60 Siehe Anm. 56, S. 6
61 Siehe Anm. 52, Bd. 44, S. 261 (russ.)
62 Siehe Anm. 56, S. 87
63 Ebenda, S. 35
64 Siehe Anm. 55
65 Wassili Grossman: Leben und Schicksal. Berlin 1991
66 Ottomar Haarbauer: Schrecklicher Fund im Wald, zitiert nach: Sa rubeshom 17/1990
67 Komsomolskaja prawda vom 28. 10. 1990
68 Iswestija vom 8. 7. 1991
69 Siehe Anm. 56, S. 187f.
70 Moskowskije nowosti vom 4. 11. 1990

71 Nikolai Mironow: Ukreplenije sakonnosti i prawoporjadka – progammnaja sa-
datscha partii (Festigung der Gesetzlichkeit und Rechtsordnung als programmatische Aufgabe der Partei). Moskau 1964, S. 12
72 Literaturnaja gaseta vom 24. 7. 1991
73 Siehe Anm. 47, S. 326
74 Ebenda, S. 268 f.
75 Wjatscheslaw Artjomow: Orden metschenoszew? (Schwertritterorden?), in:
Moskowskije nowosti vom 23. 6. 1991
76 Siehe Anm. 47, S. 270
77 Ermittlungen gegen S. M. Uschakow-Uschimirski, Bd. 2, S. 185–187. Archiv der
Militär-Oberstaatsanwaltschaft der UdSSR
78 Siehe Anm. 45
79 Gespräch der Autorin mit Boris Viktorow
80 Kassationsverfahren Nr. 6628–37. Archiv der Militär-Oberstaatsanwaltschaft
der UdSSR
81 Siehe Anm. 79
82 Jswestija ZK KPSS 3/1989
83 Telefongespräch der Autorin mit Wladimir Semitschastny am 6. 7. 1991
84 Der KGB-Vorsitzende Wladimir Krjutschkow in einem Interview mit Oleg Moros, in: Literaturnaja gaseta vom 23. 1. 1991
85 Siehe Anm. 79
86 Artikel 14 des Strafgesetzbuches der Russischen Föderation (Fassung von 1941)
87 Der hier erstmals veröffentlichte Brief stammt aus dem Archiv von Boris Viktorow
88 Lew Rasgon: Net, ne raskajalis! (Nein, sie bereuen es nicht!), in: Moskowskije
nowosti vom 5. 8. 1990
89 Siehe Anm. 84
90 Jewgenija Albaz: Lubjanka – budet li etomu konez? (Lubjanka – Ist ein Ende
abzusehen?), in: Moskowskije nowosti vom 11. 3. 1990
91 Verordnung der Militär-Oberstaatsanwaltschaft vom 24. 2. 1959
92 Verordnung der Militär-Oberstaatsanwaltschaft vom 3. 8. 1989
93 Václav Bilak: Prawda ostalas prawdoi (Wahrheit blieb Wahrheit). Moskau 1972,
S. 73 f.
94 Personalakte W. A. Bojarski Nr. 4630 in der Sonderinspektion des NKWD-
MGB. Auch in: Strafsache W. A. Bojarski Nr. 06–58, Bd. 3, S. 247 f.
95 Strafsache W. A. Bojarski Nr. 06–58, Bd. 1, S. 68
96 Ebenda, Bd. 1, S. 6 f.
97 Ebenda, Bd. 14, S. 11
98 Ebenda, Bd. 14, S. 65
99 Ebenda, Bd. 3, S. 404–406, 407–421
100 Ebenda, Bd. 8, S. 11
101 Ebenda, Bd. 3, S. 262
102 Akte W. A. Bojarski Nr. 3612 (Kompromittierendes Material)
103 Siehe Anm. 95, Bd. 13, S. 204–206
104 Ebenda, Bd. 13, S. 11
105 Siehe Anm. 79
106 Interview der Autorin mit Dmitri Kaschirin am 9. 3. 1988
107 Siehe Anm. 95, Bd. 8, S. 69
108 Ebenda, Bd. 8, S. 191–209
109 Ebenda, Bd. 3, S. 161–166
110 Dissertationsakte W. A. Bojarski Nr. 108562, S. 73. Archiv der OAK
111 Interview der Autorin mit Sorma Wolynski im September 1988
112 Siehe Anm. 94 (Aussage des Drehbuchautors und NKWD-MGB-Mitarbeiters
Makljarski)

113 Beschluß des ZK der KPdSU vom 14. 7. 1950
114 Siehe Anm. 94
115 Karel Kaplan: Sovetske experty v Československu (Sowjetische Experten in der Tschechoslowakei). Toronto 1989. Zitiert nach einer im Auftrag der Autorin angefertigten Teilübersetzung aus dem Tschechischen
116 Siehe Anm. 94
117 Siehe Anm. 111
118 Siehe Anm. 94
119 Siehe Anm. 115
120 Siehe Anm. 94
121 Karel Kaplan: Nekrvavá revoluce (Eine unblutige Revolution). Toronto 1985. Zitiert nach einer im Auftrag der Autorin angefertigten Teilübersetzung aus dem Tschechischen
122 Robert Conquest: The Great Terror. Stalin's Purge of the Thirties. London 1968
123 Siehe Anm. 115
124 Meir Cotic: The Prague Trial. New York 1987. Auch in: Karel Kaplan: Sovetske experty v Československu (vgl. Anm. 115)
125 Siehe Anm. 94
126 Siehe Anm. 94 und Anm. 95, Bd. 3
127 Stenogramm K-003, 11.03 der Sitzung des Sonderrats beim Institut für Naturwissenschaften und Technik der Akademie der Wissenschaften der UdSSR (1. 3. 1979)
128 Personalakte W.A. Bojarski im Moskauer Journalistenverband
129 Siehe Anm. 95, Bd. 3
130 Ebenda, Bd. 14, S. 136 (Aussagen des Strafgefangenen Bugakow)
131 Sowetskaja kultura vom 29. 3. 1988
132 Siehe Anm. 110, S. 56
133 Siehe Anm. 94
134 Siehe Anm. 94 (Notizen über die Versetzung Bojarskis in die aktive Reserve)
135 Siehe Anm. 110, S. 23. Anfang der sechziger Jahre ging in der OAK eine Anfrage aus dem Forschungsinstitut beim Ministerrat der Nordossetischen ASSR ein. Der Institutsdirektor Tscherdshijew bat, das Thema der Habilschrift Bojarskis sowie Datum und Ort der öffentlichen Verteidigung der Habilitation zu prüfen. »Es ist durchaus denkbar«, schrieb Tscherdshijew, »daß die Habilitation nicht öffentlich erfolgte. Wir fanden in der Lenin-Bibliothek weder die uns interessierende Habilitationsschrift noch irgendwelche anderen Informationen über das Verfahren.«
136 Ebenda, S. 95
137 Ebenda, S. 38–41
138 Ebenda, S. 32
139 Ebenda, S. 19f.
140 Siehe Anm. 95, Bd. 14, S. 5
141 Ebenda, Bd. 3, S. 370
142 Interview der Autorin mit Viktor Schejin, Untersuchungsführer für besonders wichtige Fälle in der Militär-Oberstaatsanwaltschaft der UdSSR, im März 1990
143 Siehe Anm. 110, S. 55
144 Siehe Anm. 95, Bd. 3, S. 246f.
145 Strafsache W.A. Bojarski Nr. 11–88. Militär-Oberstaatsanwaltschaft der UdSSR
146 Bojarski behauptete, er habe sich den Vorprüfungen in »Geschichte der UdSSR« an der Moskauer Pädagogischen Hochschule unterzogen. Akte Nr. ND 0379–0428/12. Archiv der OAK
147 Siehe Anm. 94
148 Siehe Anm. 127
149 Interview der Autorin mit Marija Grigorjewna Malkowa am 15. 9. 1988

150 Siehe Anm. 127
151 Aus Gesprächen der Autorin mit Bojarskis Kollegen
152 Siehe Anm. 127
153 Beschluß des Präsidiums der OAK vom 21. 4. 1989. Text im Archiv der Autorin
154 Beschluß des Kollegiums des Staatlichen Komitees für Wissenschaft und Technik der UdSSR vom 4. 11. 1989. Text im Archiv der Autorin
155 Beschluß des Präsidiums der Akademie der Wissenschaften der UdSSR vom 22. 6. 1989 auf Antrag der OAK
156 Information aus dem sowjetischen Journalistenverband
157 Beschluß der Militär-Oberstaatsanwaltschaft der UdSSR vom 3. 8. 1989. Strafsache Nr. 11–88. Text im Archiv der Autorin
158 Christopher Andrew/Oleg Gordiewsky: KGB. Die Geschichte seiner Auslandsoperationen von Lenin bis Gorbatschow. München 1991
159 Abdurachman Awtorchanow: Von Andropow bis Gorbatschow. Berlin 1987
160 Anatoli Golitsyn: New Lies for Old. New York 1984
161 Fjodor Burlazki: Woshdi i sowetniki (Führer und Ratgeber). Moskau 1990, S. 275
162 Geoffrey Hosking: A History of the Soviet Union. London 1985
163 Komsomolskaja prawda vom 20. 6. 1990
164 Iswestija ZK KPSS 1/1989
165 Trud vom 28. 12. 1990
166 Siehe Anm. 163
167 Siehe Anm. 17
168 Siehe Anm. 161, S. 363
169 Krasnaja swesda vom 8. 4. 1989; Prawda vom 16. 12. 1989
170 Interview der Autorin mit Sergej Rogow, Leiter der militärpolitischen Abteilung am Institut für USA und Kanada der Akademie der Wissenschaften der UdSSR
171 Komsomolskaja prawda vom 19. 1. 1991
172 Siehe Anm. 170
173 Iswestija vom 12. 1. 1991
174 Siehe Anm. 171
175 Siehe Anm. 170
176 Interview der Autorin mit KGB-Oberst Wladimir Rubanow im September 1991
177 Moskauer Kongreß der Arbeitskollektive der UdSSR im Oktober 1991
178 Iswestija vom 6. 2. 1991
179 Siehe Anm. 170
180 Oleg Moros: Shelesnaja maska (Die eiserne Maske), in: Literaturnaja gaseta vom 17. 10. 1990
181 Komsomolskaja prawda vom 26. 12. 1990
182 Siehe Anm. 14
183 Nesawissimaja gaseta vom 12. 5. 1991
184 Sendung »Im Dienst des Vaterlandes« des Zentralen Fernsehens der UdSSR vom 14. 4. 1991
185 Komsomolskaja prawda vom 20. 7. 1991
186 Komsomolskaja prawda vom 17. 8. 1991
187 Wladimir Rubanow in einem Interview mit Sitschko, in: Komsomolskaja prawda vom 30. 8. 1990
188 Moskowskije nowosti vom 21. 4. 1991
189 Gespräch der Autorin mit der Wirtschaftlerin Tatjana Korjagina im August 1991
190 Nesawissimaja gaseta vom 28. 12. 1990
191 Literaturnaja gaseta vom 23. 1. 1991
192 Snamja 10/1990
193 Nikolai Petrakow: Lizom k lizu (Von Angesicht zu Angesicht), in: Literaturnaja gaseta vom 31. 7. 1985

194 Michail Gorbatschow: Ausgewählte Reden und Schriften. Moskau 1985, S. 12 (russ.)

195 Wadim Petschenew: Gorbatschow – k werschinam wlasti (Gorbatschow – zu den Höhen der Macht). Moskau 1991, S. 90 ff.

196 Materialien des 27. Parteitags der KPdSU. Moskau 1986, S. 241

197 Konstantin Simonow: Glasami tschelowcka mojego pokolenija (Mit den Augen eines Menschen meiner Generation): Moskau 1988, S. 134

198 Das erzählte Arkadi Wolski im September 1990 in einem Interview für die Wochenzeitung ›Nedelja‹. Tschernenkos Referent Wadim Petschenew bestritt diese Version, weil er sich selber an der »Redaktion« des Testaments von Andropow beteiligt hatte.

199 Siehe Anm. 158

200 Iswestija vom 29. 3. 1990

201 Wladimir Semitschastny in einem Interview mit Andrej Karaulow, in: Teatralnaja shisn 5/1989

202 Komsomolskaja prawda vom 26. 6. 1990

203 Siehe Anm. 27

204 Beschluß des Präsidiums des Obersten Sowjets der UdSSR vom 28. 7. 1988 über die Annahme eines Gesetzes über die Durchführung von Versammlungen, Meetings, Kundgebungen und Demonstrationen in der UdSSR

205 Interview der Autorin mit einem KGB-Mitarbeiter (der nicht genannt sein wollte)

206 Siehe Anm. 15

207 Erlaß des Präsidenten der UdSSR Nr. 1067 und 1068 vom 31. 8. 1991

208 Siehe Anm. 26

209 Interview der Autorin mit Viktor Orechow

210 Express-Chronika vom 2. 4. 1991

211 Igor Gamajunow: Kak ismenjajut KGB (Wie sie den KGB verändern), in: Junost 6/1991

212 Siehe Anm. 17

213 Siehe Anm. 31

214 Michail Ljubimow: Rasshalowan bez dokasatelstw (Ohne Beweise degradiert), in: Moskowskije nowosti vom 8. 7. 1990

215 Siehe Anm. 17

216 Moskowskije nowosti vom 3. 11. 1991

217 Jan Ruml in einem Interview mit Natalija Geworkjan in Prag im Juli 1990 (bisher nicht veröffentlicht)

218 Siehe Anm. 163

219 Boris Jelzin in einem Interview mit R. Lynew, in: Iswestija vom 23. 5. 1991

220 Siehe Anm. 31

221 Literaturnaja gaseta vom 17. 4. 1991

222 Alexander Mawrin: Jawka w kurilke (Treffen im Rauchzimmer), in: Komsomolskaja prawda vom 20. 3. 1991

223 Siehe Anm. 11

224 Darüber berichtete Alexander Sobtschak auf dem 15. Kongreß der Volksdeputierten der UdSSR im Dezember 1990

225 Filipp Bobkow in einem Interview mit Andrej Karaulow, in: Nesawissimaja gaseta vom 28. 12. 1990

226 W. Sergejew: Ubijstwo po sakasu KGB (Mord auf Befehl des KGB), in: Nesawissimaja gaseta vom 5. 10. 1991

227 Siehe Anm. 31

228 Gespräch der Autorin mit Alexander Kitschichin im März 1991

229 Alexander Kitschichin: KGB wsjo snal i dejstwowal (Der KGB wußte alles und handelte), in: Nowoje wremja 35/1991

230 Siehe Anm. 15
231 Megapolis-Express vom Oktober 1991
232 Nikolai Andrejew: Delo ANT (Der ANT), in: Iswestija vom 4. 11. 1991
233 Nesawissimaja gaseta vom 5. 10. 1991
234 Sawenkow, Leiter der Sechsten KGB-Verwaltung, in einem Interview für die
    Prawda am 12. 3. 1991. Vgl. auch Sowetskaja Rossija vom 5. 12. 1990
235 Soziologische Analyse von Juri Lewada, in: Moskowskije nowosti vom 6. 1.
    1991
236 S. Schpilko: Porjadok no ne reshim (Ordnung, aber kein Regime), in: Iswestija
    vom 17. 1. 1990
237 Siehe Anm. 235
238 Daten aus der soziologischen Umfrage »Meinungen über die staatlichen Struk-
    turen und die gesellschaftlichen und politischen Organisationen«. Soziologi-
    scher Dienst des Obersten Sowjets der Russischen Föderation, März 1991. Ar-
    chiv der Autorin
239 Olga Kryschtanowskaja: Smena wsech ili smena stilja (Ablösung aller oder Än-
    derung des Stils), in: Moskowskije nowosti vom 21. 4. 1991
240 Siehe Anm. 238
241 Iswestija vom 17. 1. 1990
242 Siehe Anm. 222
243 Jegor Ligatschow: Snak bedy (Zeichen der Not), in: Sowetskaja Rossija vom
    11. 4. 1991
244 Angaben des Außenministeriums der Russischen Föderation
245 Boris Pankin, Außenminister der UdSSR von September bis November 1991, in
    einem Interview mit Afanasjew, in: Komsomolskaja prawda vom 23. 11. 1991
246 Boris Jelzin: Ispowed na sadannuju temu (Aufzeichnungen eines Unbequemen).
    Moskau 1990, S. 147 f.
247 Komsomolskaja prawda vom 26. 9. 1990
248 Prawda vom 12. 9. 1990
249 Boris Pinsker: Kashdy dwadzaty – wrag? (Jeder zwanzigste ein Feind?), in:
    Moskowskije nowosti vom 21. 10. 1990
250 Archiv der Autorin
251 Moskowskije nowosti vom 11. 11. 1990
252 Nach Informationen von Nikolai Petrakow, seinerzeit Wirtschaftsberater
    Gorbatschows
253 Sowetskaja Rossija vom 13. 12. 1990
254 Prawda vom 23. 12. 1990
255 Dmitri Puschkar: Sushennoje sasedanije objawljajetsja otkrytym (Die Sitzung ist
    eröffnet), in: Moskowskije nowosti vom 7. 7. 1991
256 Komsomolskaja prawda vom 14. 2. 1991
257 Kuranty vom 23. 4. 1991; Iswestija vom 22. 4. 1991
258 Moskowskije nowosti vom 24. 3. 1991
259 Budet li nasnatscheno rassledowanije dejatelnosti KGB? (Wird es eine Untersu-
    chung der Tätigkeit des KGB geben?), in: Komsomolskaja prawda vom 9. 9.
    1990
260 Siehe Anm. 186
261 Aus dem Aufruf des Notstandskomitees an das sowjetische Volk am 19. 8. 1991.
    Archiv der Autorin
262 Im weiteren stütze ich mich auf folgende Informationsquellen: Bericht der Staat-
    lichen Untersuchungskommission zur Tätigkeit des KGB der UdSSR während
    des Putsches; Oberst Sergej Stepaschin, Vorsitzender der KGB-Verwaltung Le-
    ningrad, seit November 1991 Vorsitzender des Komitees für Staatssicherheit der
    Russischen Föderation; Generalleutnant Wadim Bakatin, Vorsitzender des
    KGB der UdSSR, nach dem Putsch Vorsitzender des Interrepublikanischen

Sicherheitsdienstes; Generalmajor Viktor Iwanenko, Direktor der Föderalen Sicherheitsagentur (FSA) Rußlands. Außerdem zitiere ich Aussagen einiger Persönlichkeiten, deren Namen ich nicht nennen darf.

263 Gespräch mit dem Präsidenten der UdSSR bei einer Tasse Tee, in: Iswestija vom 20. 9. 1991

264 Allo, my was podsluschiwajem? (Hallo, wir hören euch ab!), in: Argumenty i fakty 38/1991

265 Information der Autorin von Oleg Kalugin

266 Informationen der Autorin von Wadim Bakatin und Viktor Iwanenko

267 Aussagen des ehemaligen Leiters der Moskauer KGB-Verwaltung, Generalleutnant Prilukow, vor der Staatlichen Untersuchungskommission zur Tätigkeit des KGB während des Putsches

268 Prawda vom 6. 11. 1991

269 Iswestija vom 20. 9. 1991

270 Komsomolskaja prawda vom 5. 9. 1991

271 Siehe Anm. 229

272 Iswestija vom 27. 8. 1991

273 Iswestija vom 26. 8. 1991

274 Siehe Anm. 267

275 Komsomolskaja prawda vom 29. 8. 1991

276 Siehe Anm. 229

277 Moskowskije nowosti vom 15. 9. 1991

278 Viktor Karpuchin in einem Interview mit Belowezki und Boguslawski, in: Informationsbulletin ›Serkalo‹ vom 12. 10. 1991

279 Jan Ruml: Estscho ras o »Prashskom wariante« (Noch einmal über die »Prager Variante«), in: Moskowskije nowosti vom 30. 12. 1990

280 E. Tschernych: Wsjo lutschscheje my schljom na eksport (Das Allerbeste schikken wir in den Export), in: Komsomolskaja prawda vom 30. 4. 1991

281 Megapolis-Express 1/1991

282 Der Direktor der rumänischen Staatssicherheit in einem Interview mit Megurjan, in: Komsomolskaja prawda vom 28. 11. 1990

283 Juri Schpakow: Neulowimy Dsho (Der unerrreichbare Joe), in: Moskowskije nowosti vom 29. 9. 1991

284 Pjotr Korotkewitsch in einem Interview mit Stschekotschichin, in: Literaturnaja gaseta vom 2. 10. 1991

285 Gespräch der Autorin mit Sergej Stepaschin im Dezember 1991

286 Interview der Autorin mit Leonid Schebarschin am 15. 10. 1991

287 Siehe Anm. 229

288 Literaturnaja gaseta vom 11. 9. 1991

289 Rossijskaja gaseta vom 28. 8. 1991

290 Siehe Anm. 288

291 Siehe Anm. 272

292 Rossijskaja gaseta vom 27. 8. 1991

293 Rossijskaja ispolnitelnaja wlast – obekt rewanscha KPSS (Die russische Exekutive – Objekt der Revanche der KPdSU), in: Russki monitor vom 10. 11. 1991

294 Interview der Autorin mit Generalleutnant Viktor Iwanenko im September 1991

295 Interview der Autorin mit Oleg Kalugin am 27. 8. 1991

296 Siehe Anm. 229

297 Siehe Anm. 176

298 Jewgenija Albaz: Lubjanka w schoke (Ljubanka im Schock), in: Moskowskije nowosti vom 22. 9. 1991

299 Nesawissimaja gaseta vom 30. 11. 1991

300 Siehe Anm. 298

301 Siehe Anm. 293

302 Interview der Autorin mit Oleg Kalugin im Dezember 1991
303 Kommersant vom 7. 10. 1991
304 Siehe Anm. 299
305 Ogonjok 43/1991
306 Interview der Autorin mit Wadim Bakatin am 13. 12. 1991
307 Nikolai Uljanow: Sekrety i tajny sledujet wygodno prodawat (Die Geheimnisse
    sollten günstig verkauft werden), in: Nesawissimaja gaseta vom 10. 12. 1991
308 Andrej Oligow: Polititscheski sysk budet wsegda (Politische Schnüffelei wird es
    immer geben), in: Sowetski sport vom 13. 11. 1991
309 Siehe Anm. 306
310 Iswestija vom 17. 12. 1991
311 Jewgenija Albaz: Rossijski KGB – jasnosti net (Der russische KGB – keine Klar-
    heit), in: Moskowskije nowosti vom 6. 1. 1991
312 Interview der Autorin mit Viktor Iwanenko am 28. 11. 1991
313 Erlaß Nr. 233 des Präsidenten Rußlands vom 26. 11. 1991. Archiv der Autorin
314 Generalmajor Malik in einem Interview mit Georgi Roshnow, in: Ogonjok
    51/1991
315 Interview der Autorin mit Jewgeni Sawostjanow, in: Moskowskije nowosti vom
    24. 11. 1991
316 Staatssekretär Gennadi Burbulis in einem Interview mit Oleg Moros, in: Litera-
    turnaja gaseta vom 13. 11. 1991
317 Dokumente zum Erlaß Nr. 233. Vgl. Anm. 313
318 Siehe Anm. 306
319 Poisk vom 12. 12. 1991
320 Juri Fedossejew in einem Interview mit Barinow, in: Nesawissimaja gaseta vom
    21. 12. 1991
321 Nesawissimaja gaseta vom 18. 12. 1991
322 Wladimir Rubanow: Ugrosa besopasnosti i neobchodimost sowmestnych dejst-
    vij respublik (Die Bedrohung der Sicherheit und die Notwendigkeit gemeinsa-
    men Handelns der Republiken). Archiv der Autorin
323 Komsomolskaja prawda vom 30. 11. 1991
324 Referat von Viktor Iwanenko auf einer Beratung der russischen KGB-Verwal-
    tungen in Leningrad (Juni 1991). Archiv der Autorin
325 Siehe Anm. 316
326 Iswestija vom 19. 12. 1991
327 Argumenty i fakty 39/1991 und 45/1991
328 Siehe Anm. 312
329 Siehe Anm. 209
330 Literaturnaja gaseta vom 22. 2. 1991
331 Siehe Anm. 209
332 Jewgenija Albaz: Mina samedlennogo dejstwija (Zeitbombe), in: Moskowskije
    nowosti vom 21. 4. 1991
333 Interview der Autorin mit KGB-Oberst Jaroslaw Karpowitsch im März 1991
334 Interview der Autorin mit Alexander Kitschichin am 3. 12. 1991
335 Interview der Autorin mit Viktor Iwanenko im Oktober 1991
336 Interview der Autorin mit Wladimir Rubanow im Oktober 1991
337 Archiv der Autorin
338 Siehe Anm. 334
339 Siehe Anm. 335
340 W. Sarowski: »Agent Jouzas« ne wyjdet na swjas (»Agent Jouzas« wird sich
    nicht melden), in: Komsomolskaja prawda vom 19. 11. 1991
341 Argumenty i fakty 47/1991
342 Stschit i metsch vom 5. 12. 1991
343 Megapolis-Express 51/1991